U0611964

陈邦柱质量工作文集

中国质量协会　编

中央文献出版社

图书在版编目（CIP）数据

陈邦柱质量工作文集／中国质量协会编．—北京：
中央文献出版社，2011

ISBN 978-7-5073-3391-6

Ⅰ．①陈… Ⅱ．①中… Ⅲ．①企业管理：质量管理—中国—文集
Ⅳ．①F279.23-53

中国版本图书馆 CIP 数据核字（2011）第 187147 号

陈邦柱质量工作文集

编　　者：中国质量协会
责任编辑：于俊道
装帧设计：徐　娅
责任校对：张莲芳

出版发行：中央文献出版社
地　　址：北京市西城区前毛家湾 1 号　邮编：100017
电　　话：（010）66118308
网　　址：http://www.zywxpress.com
经　　销：新华书店
印　　刷：北京金点求同印刷有限公司

版　　次：2011 年 12 月第 1 版
印　　次：2011 年 12 月第 1 次印刷
开　　本：16 开
印　　张：33.75 印张
插　　图：2.5 印张
字　　数：385 千字
书　　号：ISBN 978-7-5073-3391-6
定　　价：68.00 元

2009年8月20日，与国务院原总理朱镕基（中）及夫人劳安同志（右）合影。

2007年7月27日，出席全国质量工作会议，受到国务院总理温家宝（左）的接见。

2001 年 10 月 9 日，与时任山东省委书记吴官正（右二）合影，中国质协顾问、原劳动人事部副部长程连昌（左一），时任中国质协副会长兼秘书长马林（右一）陪同。

2008 年 11 月 11 日，向国务院副总理张德江（右）汇报工作时合影。

2008 年 6 月 28 日，向国务院副总理王岐山（右）汇报工作时合影。

2003 年 10 月 27 日，在全国第 25 次质量管理小组代表会议上，与第十届全国人大副委员长王兆国合影（右四为王兆国，左三为陈邦柱，左二为程连昌，左一为冯锐，右三为马林，右二为周宏宁，右一为焦根强）。

2009 年 10 月 11 日，与重庆市委书记薄熙来（右）合影。

2007 年 10 月 25 日，陪同第十届全国人大副会委员长顾秀莲、第十届全国政协副主席王忠禹接见 2007 年国际质量管理小组会议代表团团长（前排右四为顾秀莲，右三为王忠禹，右二为时任国务院国资委副主任王瑞祥，左三为陈邦柱，左二为时任国家质检总局副局长支树平，左一为程连昌，右一为时任共青团中央书记王晓）。

2002 年 9 月 16 日，陪同时任国务委员吴仪接见出席第八届亚太质量组织会议部分代表（前排右五为吴仪，右三为时任国家经贸委主任李荣融，右一为时任国家质检总局副局长王秦平，左四为陈邦柱）。

2000 年 10 月 25 日，与时任江苏省委书记回良玉（右）合影。

2004年9月28日，出席全国质量奖颁奖大会暨全面质量管理25周年大会（左为第十届全国政协副主席郝建秀，右为时任全国总工会副主席、中国质协副会长周玉清）。

2008年10月15日，与第十届全国政协副主席王忠禹（中）、第十一届全国政协副主席白立忱（左）在纪念质量管理小组活动开展30周年大会上。

2002年9月16日，出席第八届亚太组织质量会议，与第九届全国政协副主席孙孚凌（左三）合影（左一为时任中国轻工业联合会会长、中国质协副会长陈士能）。

2000年6月8日，与时任西藏自治区人大常委会主任热地（左二）和自治区主席列确（右二）合影。

2011年8月23日，看望原国家经委主任、中国质协名誉会长袁宝华（左）并合影。

2001年1月18日，时任国家经贸委副主任于珍（右二）来协会指导工作。

2006年11月4日，在全国追求卓越大会上与第十届全国政协副主席王忠禹（左）和时任国务院国资委主任李荣融（中）亲切交谈。

2008年12月4日，与时任工业和信息化部部长李毅中（左）合影。

2008 年 12 月 17 日，与时任国家质量监督检验检疫总局局长王勇（左）合影。

2000 年 6 月 1 日，与时任新疆生产建设兵团司令员张庆黎（右）晤谈质量工作。

2000 年 1 月 5 日，出席中国质协欢迎会议（右三为陈邦柱，右四为时任国家经贸委主任盛华仁，右五为程连昌，右六为时任国家技术监督局局长李传卿，左六为中国质协第一任秘书长宋力刚，左四为中国质协第三任秘书长玄锐，左二为中国质协第四任秘书长钟良，左一为中国质协第五任秘书长罗国英，右二为中国质协第六任秘书长解艾兰，右一、左三、左五分别为时任中国质协副秘书长欧阳庆林、张贵华、马林）。

2001 年 7 月 11 日，在中国质协秘书处全体职工大会上。

2000 年 2 月 26 日，在全国质协秘书长工作会议上（左为程连昌，右为时任国家质量技术监督局副局长王秦平）。

中国质量协会第八次全国会员代表大会领导合影

北京·京西宾馆·2006.4.20

2006 年 4 月 20 日，与中国质协第八届理事会当选副会长以上领导人员合影（前排从左至右分别为刘源张、吴溪淳、陈士能、王晓、黄淑和、陈邦柱、袁宝华、王忠禹、李传卿、周玉清、莫文秀、林宗棠、王秦平、庹震。第二排从左五至右二分别为程连昌、艾丰、陆燕荪、栾恩杰、张凤楼、郎志正、许达哲。第三排右一为戚维明，右四为唐晓芬，第二排左二为马林）。

2001年2月26日，与中国质协第七届理事会当选副会长以上领导人员合影（从左至右分别为南存辉、沙叶、张凤楼、张青林、王宜林、纪明波、张公绪、郑一军、陈邦柱、程连昌、陈士能、艾丰、李保国、李新超、曹湘洪、庹震、马林）。

2002年6月12日，为荣获“全国质量效益型先进企业”颁奖（左五为陈邦柱，左六为中国机械工业联合会名誉会长、中国质协副会长陆燕荪）。

2009 年 4 月 4 日，主持全国质量奖审定会。

2010 年 12 月 2 日，参加全国实施用户满意工程推进大会并讲话（右四为中国质协副会长弋辉）。

2000 年 10 月 25 日，为全国优秀质量管理小组颁奖。

2000 年 12 月 20 日，为全国用户满意工程先进单位颁奖。

2010 年 4 月 27 日，出席全国质量技术奖励暨全国第七届六西格玛大会并讲话（右一为工业与信息化部科技司司长闻库）。

2011 年 6 月 14 日，为中国航天科技集团授牌（左一为中国质协副会长兼秘书长戚维明）。

2009 年 9 月 10 日，出席第二届全国质量文化建设论坛（左四为陈邦柱，左三为《经济日报》原总编辑、中国质协副会长艾丰，右三为北京理工大学教授、中国质协副会长郎志正）。

2006 年 1 月 8 日，出席首届中国杰出质量人颁奖典礼暨新闻发布会并讲话。

2011 年 1 月 21 日，在卓越国际质量科学研究院一届一次理事会上。

2001 年 6 月 11 日，出席中国质协 2001 年学术年会暨第二届中美质量管理交流研讨会。

2002年9月15日，在第八届亚太质量组织会议上，与国际著名质量专家哈林顿博士（右）合影。

2002年12月17日，会见印度质量学会会长加纳克·迈塔(右)。

2006年4月20日，与中国质量协会外籍顾问、日本质量管理专家狩野纪昭（左）合影。

2007年8月22日，出席第12届香港品质管理大会并致辞。

2004 年 9 月 1 日，参加全国质量月质量宣传咨询服务日活动并讲话。

2002 年 3 月 15 日，参加全国“3・15”消费者权益日大型现场咨询活动（左一为时任国家质检总局党组书记李传卿，右二为时任国家质检总局副局长浦长城）。

2011 年 10 月 31 日，出席第八届上海质量研讨会暨国际质量科学院院士论坛，荣获上海白玉兰质量特殊贡献奖。

2009 年 10 月 23 日 接受人民网强国论坛记者采访。

2004 年 12 月 9 日，为刘源张（左）、张公绪（右）和郎志正三位质量管理专家祝寿并合影。

2000 年 6 月 6 日，考察四川省质量管理协会工作并合影，时任四川省质协秘书长傅世乾（右一），时任中国质协秘书长解艾兰（左二）陪同。

2008 年 5 月 15 日，听取海尔集团杨绵绵（前排右四）总裁介绍企业新研发的产品情况，马林（前排左三）陪同。

2007 年 9 月 7 日，视察波司登集团，高德康董事长（后排右四）和江苏省质量管理协会常务副会长浦振英（前排左二）陪同。

2011年6月7日，考察山西汾酒集团，戚维明（左二）和中国质协党委副书记冯锐（右三）陪同。

2009年6月12日，到中航工业西安飞机工业(集团)有限责任公司调研。

2009 年 3 月 23 日，考察 5719 工厂。

2010 年 3 月 19 日，到中国航天科工集团第三研究院视察指导工作，中国质协副秘书长焦根强（右四）陪同。

2008年6月13日，与中国认证认可协会王凤清会长（前排左四）、孙大伟主任（前排右三）到中质协质量保证中心视察工作，中国质协副秘书长兼中质协质量保证中心总经理黄金夫（前排左一）陪同。

2007年8月，访问香港品质学会，中国质协副秘书长段一泓（前排左二）陪同。

2011年6月20—23日，在匈牙利首都布达佩斯举办第55届欧洲质量组织年会上，与国家认监委副主任车文毅（左），上海市质量协会会长唐晓芬（右）合影。

2000年6月9日，考察西藏自治区质量技术监督局工作时合影。

2009 年 3 月 15 日，考察上海新世界股份有限公司并题词。

2008 年 5 月 8 日，考察人民电器。

2007 年 9 月 8 日，视察江苏梦兰集团。

2010 年 5 月 13 日，在浙江纳爱斯集团有限公司考察，浙江省质量协会秘书长姚守豪（右三）陪同。

2010年9月25日，为广东省盐业集团有限公司题词，广东省质量协会秘书长赵丽冰（右二）陪同。

2008年9月1—4日，在中国人民解放军第5720工厂考察。

2000 年 6 月 14 日，与四川宜宾五粮液集团公司董事长王国春（右）在一起。

2010 年 3 月 20 日，在成都光明光电股份有限公司调研。

2002年10月19日，考察瑞丽口岸质量管理工作。

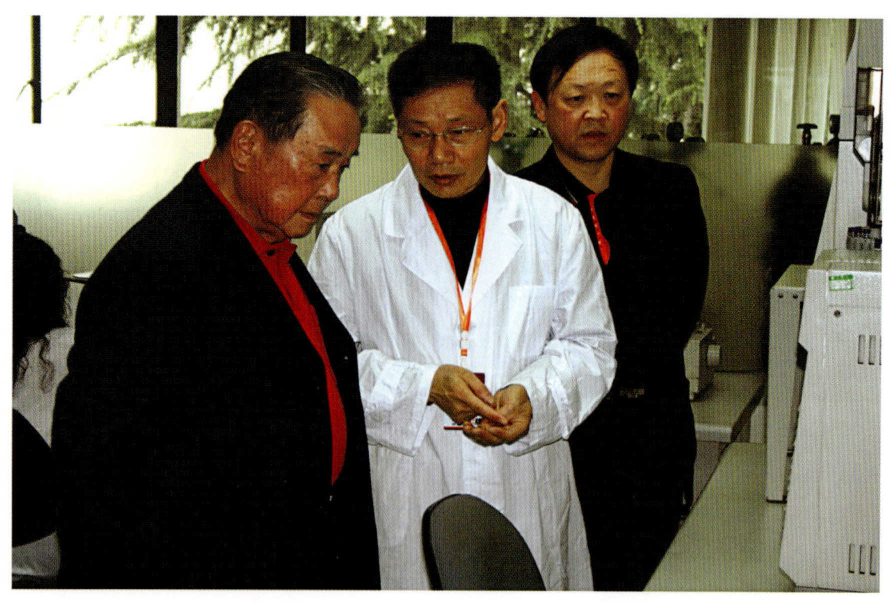

2010年3月27日，在重庆长安汽车股份有限公司考察。

为大庆油田题词。

2000 年 5 月 31 日，考察新疆八一钢厂。

2003 年 8 月 9 日，在东方第一哨碑前留影。

2008 年 5 月 15 日，与青岛市质量管理协会秘书长李建忠（右）合影。

考察葛洲坝留影。

2011年1月，在中国质协中层干部冬训会议上。

序　言

1978年，当时我在国家经委工作，随着我国实行改革开放政策，我们也在关心和思考国外在质量管理方面的做法和经验。经过我们经委的几位同志到国外考察，得出一致意见就是，国家应当设立质量管理方面的专业化服务性组织，这就是中国质量协会（当时叫中国质量管理协会）成立的初衷。中国质协因此也是改革开放以来，我国最早成立的一批承担政府委托工作，服务企业、服务社会的社团组织之一。

转眼中国质协走过32年。这期间我一直关注着质协的发展和成长。质协成立至今先后有三位同志担任会长，他们是岳志坚、宋季文和陈邦柱。这三位同志都是我国经济战线上的老同志、老领导，都有着强烈的责任感和事业上的追求，带领质协从几个人，几间非常简陋的办公室走到今天，在国内、国际上有了一定影响和声誉。这次中国质协的同志把邦柱同志在质协工作以来的工作建议、讲话、发表的文章收录起来，并希望我写个序，我是欣然从命的。

邦柱同志先后担任过企业、地方政府和国家机关的领导职务，有长期从事经济工作的经历和领导经验。他到质协的这十多年来，颇有建树。一是他把质协的工作放到国家宏观经济建设发展的大局中考虑，用大质量的观点分析事物、认识问题，强调质量要从源头抓起，从基础抓起。只有好的企业，才有稳定、持续的产品质量。这些都体现在书中收录的他向中央领导同志建言献策的文章中；二是他提出质协要“服务”立会，使质协真正成为一个专业化、服务型社会组织。他十分关注质协工作的服务内容和质量，提出把质协工作归纳为“五项品牌”活动，突出协会工作的重点，去掉了一些形式上的活动，为企业提供实实在在、有价值的服务，受到欢迎；三是他非常重视各级领导的质量意识和员工质量技能的提升工作。他亲自同国家行政学院魏礼群同志谈，争取质量专家到那里为参加学习的领导同志讲课，受到好评。他对卓越绩效模式在我国优秀企业的推广、大力推广先进质量工具方法的应用等方面大声疾呼，这些在这本文集当中可以略见一斑。还有一些，我就不多讲了。大家可以翻看一下，相信这本文集对从事经济管理工作的同志们，对质量界的朋友会有所帮助和启发。

除了文集反映的一些东西，在现实生活中，凡是同邦柱同志接触的人都会感到，在他身上充满着对党的事业、对国家经济发展和实现质量振兴的满腔热情。邦柱同志政治觉悟高，胸怀大局，视野广阔，实事求是，作风朴实。因此，他在质协工作这段时间，也是协会工作创新发展最好的时期，我作为协会的创建人之一，由衷感到欣慰。

最后，我希望同志们共同努力，为推进我国质量事业和促进我国经济社会实现又好又快发展，贡献我们全部的知识和力量。

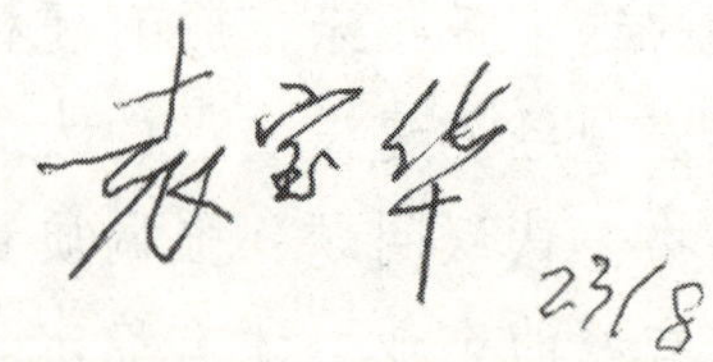

目　录

关于卓越绩效模式

关于用户满意工程

关于质量管理小组活动

关于质量学术研究与质量技术推进

关于全国质协系统建设

关于中国质协机关建设

关于加强质量工作
致党中央和国务院
领导同志的信

关于加快我国质量事业发展的建议*

（二○○六年三月十六日）

我到中国质量协会工作这几年，深感中国质协是一个很好的组织。协会自1979年成立以来，在政府经济质量主管部门领导下，坚持服务立会的宗旨，注重发挥紧密联系质量专家、质量工作者和广大企业的优势，加强与国际质量组织的交流与合作，把先进的质量理念、方法和技术同我国质量工作特色相结合，通过提供专业化和规范化的质量服务，组织全国性的质量推进活动，有力地促进了我国产品、服务质量和企业管理水平的提高，为转变经济增长方式，促进国民经济又好又快的发展做出应有的贡献。中国质量协会在为政府、企业和全社会提供有价值的服务过程中，打造了自己“专业而不可替代，规范而值得信赖”的品牌，受到政府的认可和企业的欢迎，成为了一个有影响力的社团组织。

世界著名质量大师朱兰①博士指出，“二十一世纪将是质量的世纪。”在经济全球化的新形势下，市场竞争日趋激烈，竞争的焦点逐渐由价格转变为质量，而且质量的内涵已由产品、服务质量扩展到企业经营的质量、国家经济增长的质量、环境

---

* 这是节录自陈邦柱同志2006年3月16日致国务院领导同志的信《关于加快我国质量事业发展的建议》的主要部分。

① 约瑟夫·莫西·朱兰（Joseph.M.Juran），世界著名质量管理专家。

的质量、生活的质量等大质量的新概念。质量竞争力已成为衡量国家竞争力的一个重要标志。通过持续改进，不断提升企业、国家的质量竞争力已成为全球性的潮流。美国于20世纪80年代末制订了“国家质量改进法案”，设立了波多里奇国家质量奖，并提出了“卓越绩效模式”。波多里奇国家质量奖对美国经济恢复活力，以及在提高美国国家竞争力和生活质量等方面做出了重要贡献；进入新世纪，日本认真反思经济长期低迷的原因，提出要继续以高质量的产品、服务赢得国际市场的竞争优势，打造“质量日本”；韩国三星、LG等一批企业发起、实行以“质量经营”为主要内容的“新经营战略”，推动了韩国经济快速发展和国际竞争力的提升。

经过二十多年的改革开放，我国坚持走“以经济建设为中心”的道路，国家的经济建设取得了举世瞩目的成就。近几年我国国民生产总值增长速度都达到8%以上。但是我们也要清醒地认识到，在我国经济社会发展中，质量方面仍存在的一些问题和隐患。主要是：产品的总体质量水平不高。从2000年到2004年，国家产品质量监督抽查的平均抽样合格率为77.8%，据测算，每一个百分点的不合格率所造成的损失约为150亿元；我国企业还没有走出“高投入、高消耗”和“粗放管理”的状态，影响到产品质量的稳定性和可靠性，同时影响到企业生产和经营的效率；各个行业从业人员的质量意识、顾客满意意识很不平衡。对员工的知识、技术更新，以及质量工具使用的普及教育、培训还不普遍。

根据《中共中央关于制定国民经济和社会发展第十一个五年规划的建议》中提出的“加快转变经济增长方式，不断提高国民经济整体运行素质和运行质量，实现经济社会又快又好发展”要求，在中国质协第八次会员代表大会召开前夕，向您提出对我国质量事业发展的几点建议：

一、从源头抓质量，大力加强企业全员的质量普及教育培训工作

上世纪80年代，中国质量协会在政府领导下，在全国范围内开展了声势浩大的全面质量管理知识普及教育活动，有超过3000万企业员工参加了培训。对企业员工质量意识和能力的提升起到了很好的作用。为了提高我国产业从业人员基本素质，实现质量振兴的战略目标，建议在政府质量主管部门的领导下，制定我国企业全员质量教育培训工作五年规划，充分发挥中国质协和企业的作用，大力推进全员质量教育培训工作的开展，力争在未来5年内，企业员工质量基本知识教育普及率达到30%，企业内质量专职人员通过考核取得与岗位相应资格的比例达到50%，有关安全和健康类产品生产企业的质量专业人员要求100%通过中级资格考试。

二、大力宣传顾客满意的质量理念，开展用户评价活动，引导企业关注市场、关注顾客，推动广大企业实行顾客导向的质量改进

建议以提升产品和服务质量为核心，加快构建市场质量评价体系，大力推进顾客满意工程活动。中国质量协会全国用户工作委员会在总结过去经验的基础上，积极参与国家顾客满意度指标体系的建立，研究、提出顾客满意度测评的有效方法，更大范围开展用户满意程度评价活动，为国家宏观评价经济产出质量，预测消费趋势提供调查依据。同时配合政府主管部门开发行业质量竞争力指标评价方法。引导企业建立从领导、战略、市场和顾客、人力资源以及研发质量、设计质量、制造质量、销售质量、经营结果等几个方面综合评价企业质量能力和质量竞争力评价体系，促进企业持续的改进活动。

三、积极推广《卓越绩效评价准则》国家标准，加大政府对全国质量奖的指导和支持力度，激励和引导企业加速观念的转变和管理创新，通过持续改进，提升我国企业的管理水平和核心竞争力

卓越绩效模式是美国最先提出来的一种企业经营质量的标准，目前在世界上八十多个国家得到推广应用。学习借鉴国际上的成功经验，经原国家经贸委、国家质检总局批准，中国质量协会于2001年开展了全国质量奖的评审和表彰活动。这项活动本着“少而精”的原则，坚持以《卓越绩效评价准则》为评审标准，依靠专家严格把关，五年来共有海尔集团等35个企业获奖。获奖企业的示范作用有力促进了我国企业整体绩效管理水平和质量竞争力的提升。为了在我国更多企业推广卓越绩效模式，提升经济发展的质量，建议国资委、国家质检总局等政府经济质量主管部门继续加强对这项活动的指导和支持，推动我国各个行业质量管理水平的提升。

四、加强与国际质量组织的交流与合作，不断提升协会业务的国际化水平，为社会提供更有价值的服务

中国质量协会作为亚太质量组织和亚洲质量网的主要成员之一，继续发挥与国际质量组织联系的优势，引进先进的质量理论、方法和技术，加以吸收、消化和利用，为会员企业和各类组织提供有价值的服务。2007年，“第十届国际质量管理小组大会”将在北京召开（国务院已批准），中国质量协会将利用承办本次国际质量会议的机会，邀请国外知名质量专家来华讲学，介绍最新的质量理念和方法，交流各国推行质量管理小组的经验。同时，还要有计划、有针对性地组织我国优秀企业到国外学习和观摩，以增进国际间的交流与合作。

关于推进我国质量事业发展的几点建议*

（二〇〇八年四月二十五日）

我来中国质量协会工作八年来，由于工作关系，有机会和企业、政府和质量管理专家广泛接触，总的感觉是，随着我国经济社会的发展，产品和服务质量问题越来越重要了。改革开放以来，从1978年原国家经委袁宝华①等同志大力提倡，在我国推广“全面质量管理”活动以来，我国质量管理走过30年的路程。已经从“只讲数量、不讲质量”的落后管理经营状态下走了出来。这几年，受到经济全球化的影响，我国产品已经加入到全球供应链中，对质量、标准、性能的要求已逐步实现与国际接轨。一些产品和行业的技术标准和实物质量已达到或超过国际水平，部分产品性能指标优于国外知名品牌，这是好的方面。但是，质量也确实存在一些不容忽视的问题，劣质产品还有一定生存的土壤和市场。去年以来，我国产品质量安全问题受到社会，以至国际上的关注，引起中央的高度重视，采取一系列得力措施，质量管理进一步得到重视和加强。这段时间，中国质协根据国务院的总体安排及国家质检总局的部署、要求，

---

* 这是节录自陈邦柱同志2008年4月25日致国务院领导同志的信 《关于推进我国质量事业发展的几点建议》的主要部分。

① 袁宝华，原中顾委委员，曾任国家经济委员会、国家计划委员会等部门副部长、部长、副主任、主任等领导职务，现为中国质量协会名誉会长。

以服务企业、服务政府、服务社会为己任，利用质协系统的优势，积极参与质量月各项宣传活动；坚持质量知识普及教育和系统培训；组织动员质量专家到基层讲课；承办国际质量管理小组大会；开展国际化质量学术交流；推进用户满意工程活动；推广卓越绩效模式、六西格玛等质量改进方法等。做这些力所能及的事情，既发挥了质协组织不可替代的作用，也得到国家质量行政管理部门的充分肯定。总结这几年的经验，我认为，抓质量必须有“大质量”观念，质量必须从“源头”上抓起。质量事关一个国家或地区的产业整体素质，事关经济社会可持续发展，事关百姓的生活和健康安全。说到底，质量是国家核心竞争力的基础，是实现又好又快发展的保证。质量是一个国家或一个经济组织良性发展的基础和振兴的希望所在。没有质量就没有市场，更没有价值，没有尊严。历数件件往事，使我更加钦佩宝华、镕基[①]等领导同志30年前在百忙之中亲自提议、创建中国质量协会，并一直关心、过问质协发展的用心和远虑。

党的十七大报告，从科学发展观的高度阐述了质量问题的重要性。新一届政府把质量重担交给您，是对您能力的肯定和充分的信任，我作为工作在质量战线上的一员老兵，一定会尽全力支持您工作。根据中央的要求，结合中国质协的情况，提出以下三点建议：

一、应当下大力气抓好质量教育培训工作

目前国际上普遍认可的“大质量”观，强调产品、服务质量的全过程控制和全员参与。要做到这一点，必须夯实基础，基础就是质量知识的普及教育、素质教育，搞好经常性、制度化的质量理念、知识、标准、方法教育培训。我考虑，除了加

① 朱镕基，时任中共中央政治局常委、国务院总理。

强员工教育外，很重要的问题是企业领导者、政府管理者要了解质量管理，具备必需的、基本的质量、标准知识。特别是从实施"质量兴国"战略出发，近些年来一些走上领导岗位的同志更需要补上这一课。因此，我们计划从今年起，开展针对从事经济工作的政府部门领导、企业高级管理人员的质量知识培训。经过一年的准备，目前教材已编写完毕，并经国家质检总局质量司审定，近期就可以开始举办。为推动这项工作，除中国质协作为主要组织者，承担会员企业、企业高层管理者的培训授课任务外，建议将各级行政领导干部质量知识培训列入各级行政学院领导干部培训课程，每期上一课。中国质协提供统一编写的教材，我们也有能力统筹调配各地质协系统专家承担授课任务。这样，经过坚持不懈的努力，力争用五年时间，把县以上行政领导干部普遍培训一遍。

二、健全社会质量发展状况调查报告制度

目前我国产品质量调查是国家质检总局组织的，每年发布一次。但针对质量管理状况的调查还是空白，企业质量管理到底怎么样，存在什么问题，应当采取什么措施，这方面的情况目前还很难说清楚，因此，开展在各地区、行业这方面的专题调查，摸清我国产品、服务和经营质量的现状，取得相关数据和概念，编制年度"中国质量管理现状调查报告"十分必要。这是一项重要的基础工作，是改善我国企业质量经营，实现又好又快发展的重要依据，是国家对产品质量重视和负责的表现，也是质协为政府提供服务的一种方式。去年，我们开始尝试做，按照企业性质分地区、分行业分配调查样本，对企业质量管理发展态势、现代质量管理方法应用、用户感知价值和满意度、质量过程影响的企业绩效表现等进行了比较系统的分析，取得了一些重要数据，也摸索出调查实施的办法。今年打算正式启动这项工作。有利条件，一是质协可以利用专家队伍提出一个好的，可操作的调查方案和形成比较专业的报告；二是利用全国质协系统网络，能够组织起来调查队伍便于项目实施和开展；三是在去年探索、试验基础上，有经验可借鉴。因此，建议国家支持中国质协办好这件事。调查报告除供政府及有关方面作为参考依据外，必要时可以用政府名义发表。调查所需费用除中国质协承担补贴一部分外，请国家列入专项调查事业费（约需800万-1000万元），由财政承担。

三、加强科学、先进的质量管理方法推广应用，发挥“全国质量奖”的作用

在国家质检总局、原国家经贸委的支持下，2001年开始，中国质协把当今国际上普遍推行的卓越绩效模式（质量管理的一种方法和质量奖评审标准）在我国优秀企业推广，并作为“全国质量奖”的评审标准。由于整个过程注意严格规范运作，这一质量推进和质量奖评审活动获得企业和社会的认可和好评。七年来，共有宝钢、海尔等51家企业获得“全国质量奖”。根据目前国际上各国“质量奖”评审主要采取政府委托质量组织运作；或由质量协会负责组织评奖，颁奖活动邀请国家、政府领导出席的通行做法，为更好的发挥“全国质量奖”作用，建议国家对中国质协目前开展的“全国质量奖”活动增加扶持力度，国家质检总局对这项工作及时给予指导和监督，每年的颁奖大会请国务院领导亲自出席，体现政府对质量的关注和期望，促进企业更加重视质量改进，打造名牌产品，不断提高竞争力，推进名牌战略的实施，进一步提升“全国质量奖”的社会影响力和美誉度。我们将继续充分发挥质量组织的专业、专家优势，确保科学、规范运作，将“全国质量奖”培养成为我国质量领域名符其实的最高奖项。

关于加强质量工作的几点建议*

（二〇〇八年十月十日）

2000年年底，根据镕基同志的建议，我从原国家经贸委来中国质量协会，担任会长，从事质量社团组织的工作。由于这个原因，我对企业目前的质量管理状况和产品、服务质量水平有了更加直接的接触和了解。客观上讲，近些年来，我国产品质量总体水平确有新的提高，有些产品和品牌在国际市场上获得良好声誉。但我国产品质量的标准和技术水平与发达国家还有相当差距，与经济全球化发展的要求还不适应。特别是近期发生的一些质量安全事故，引起全社会甚至国际上的广泛关注，影响到国家的形象和信誉。回顾30年来我国推进全面质量管理的历程，各方面收获都很多，但是一个没有真正解决的大问题，就是"把质量看作生命"这个理念还没有深入人心，要做到这一点，还有很长的路要走。当今世界，质量已经成为国际货物贸易、服务贸易竞争的焦点，质量是一个国家或一个经济组织良性发展的基础和振兴的希望所在。没有质量就没有市场，更没有尊严。党的十七大报告，从科学发展观的高度阐述了质量问题的重要性，我国经济社会发展的实践也说明，质量对经

* 这是节录自陈邦柱同志2008年10月10日致中央领导同志的信《关于加强质量工作的几点建议》的主要部分。

济、社会和环境可持续发展的贡献和作用越来越明显。建议结合当前全党开展的深入学习实践科学发展观活动，进一步统一大家的思想。

我的想法，提升我国产品质量，必须从提高经济社会发展质量的目标出发，以大质量的概念指导和推进我国质量工作，把产品质量控制提前到“源头”。在加强质量立法、标准制订和行政监管的同时，在全社会营造重视质量的良好氛围，扎扎实实推进企业全面质量管理体系建设，依靠技术进步和科学管理提高产品的质量，不断增强我国产品核心竞争力，推动质量兴国战略的实施。质量问题，表现在产品上，发生在企业，根子在于管理企业的人是否真正重视了质量。因此，需要从认识、管理到方法等多个方面着手解决。具体建议是：

一、抓认识，大力宣传质量观，强化质量意识教育

目前国际上普遍认可和广泛宣传“大质量观”，核心内容就是“产品、服务质量的全过程控制和全员参与”；“依靠过程和系统的质量保证”。特别强调要从“源头”抓质量，把质量改进和质量控制贯穿在产品设计、研制、制造、检验、销售全过程。即，产品质量问题，关键要做到防患于未然，不能只靠“死”后验尸，我们应当树立和提倡这个观念。在充分利用新闻媒体进行质量问题舆论监督的同时，还要大力宣传加强质量管理取得成效的正面典型和案例，宣传质量对于实现科学发展的重要，教育全党同志重视这个问题。

产品质量的过程控制，要依靠人。应当坚持以人为本，解决好人的观念培养和素质教育问题。办法就是更加重视和继续进行职工的质量知识普及教育。2001 年以来，中国质协在国家质检总局的支持、帮助下，开始新一轮“全国职工质量知识普及教育活动”，已有100余万新员工通过培训和全国统一考试，效果很好。我想，不仅要对员工培训，更要对领导干部加强培训。领导干部不重视质量，不懂得使用科学先进的质量管理方法，不下工夫去抓质量，产品肯定要出问题。因此，特别需要开展针对领导干部的质量教育培训工作。这项工作，要由政府行政管理部门牵头，起到动员、组织的作用。具体事情应当充分发挥社会质量组织的专长和力量，承担编写教材、讲课等任务。为了开展好这项工作，建议利用国家干部培训制度，在党校、行政学院开办针对企业领导者、政府管理者的质量管理知识培训讲座。近日，中国质量协会在国家行政学院的支持下，在今年新学期开办了这样的课程，讲授基本的质量、标准知识和领导干部如何重视和抓质量的工作方法，学员很欢迎，坚定了我们把这个课讲好的信心。

二、抓基础，摸清企业质量管理现状，建立我国质量管理现状调查报告制度，为国家科学决策提供依据

核心内容之一，就是编制年度“中国质量管理白皮书”。这是一项紧迫的质量管理基础工作。目前我国针对企业质量管理状况的调查还是空白。企业质量管理水平直接影响到产品质量。目前质量管理到底怎么样，企业的技术基础如何，影响产品质量的关键因素是什么，产品生产过程存在哪些问题和缺陷，应当采取什么质量改进措施，这方面的情况现在仅有一些概念和总体性的评价，还很难用一手材料或数据说清楚、叫得准。

开展在各地区、行业这方面的专题调查，摸清我国产品、服务和经营质量的现状，取得相关数据和概念，编制年度“中国质量管理现状调查报告”是国家对产品质量重视和负责的表现，也是一项重要的基础工作。这项工作完成的好，能够为提高我国企业质量管理水平，实现又好又快发展提供重要的数据和依据。中国质协非常希望在政府的指导、帮助和支持下，动员全国各地方、行业质协的力量，承担具体调查工作。

三、抓方法，加强科学、先进的质量管理方法推广应用

建国以来，我国企业在管理实践中结合实际创造了许多科学的质量管理方法，包括："鞍钢宪法"、大庆的"三老四严"、武钢的"质量效益型发展道路"等。30年前，几乎在实施改革开放政策的同时，我国就引进了日本的"全面质量管理"，"质量管理小组(QC小组)"等质量管理方法，这些为我国提高产品质量发挥了重要作用，打下了很好的基础。进入21世纪，由于科学和信息技术的迅速发展，产品的市场竞争更加剧烈，竞争的焦点就是质量。因此，以发达国家为代表，各国都加强了对质量理论、方法的研究，注重质量工具的应用，推动了一些新的质量管理方法的出现和普及。这些年来，中国质协组织了一些我国基础好的优秀企业学习了这些先进的质量管理方法，结合实际进行推广，收到好的效果。例如："卓越绩效模式"以关注企业经营管理质量，帮助企业取得杰出经营管理结果，提升企业核心竞争力的系统管理模式；"精益管理"以均衡生产为基础，应用多种具体管理方式，讲"精"求"益"，提高效率，被认为是21世纪最先进管理模式和生产方式；"六西格玛管理"以提高质量为核心，通过系统的、集成的改进，实现业务流程优化的管理方法，还有顾客满意、现场改进、标杆管理等。实践证明，这些方法在我国是好用的，应当积极向企业推广。中国质协在国家经济、质量行政管理部门的领导下，决心总结我国优秀企业的成功案例，利用组织优势，下大决心，投入力量，把科学、先进的质量管理方法推广应用工作扎扎实实开展下去，帮助企业实现质量管理的改进和产品质量的升级，努力使“中国产品”成为世人公认的“优质产品”，使我国从“制造业大国”转变成“制造业强国”。

关于抓好先进质量管理方法的普及推广工作的建议 *

（二〇一〇年七月三十日）

为进一步认真贯彻落实胡锦涛总书记、温家宝①总理和您(张德江②副总理，编者注）关于加强质量工作的重要指示精神，针对去年我会开展制造和食品两个行业质量管理现状调查反映出的问题，今年以来，我先后赴四川、重庆、浙江、江苏、广东、辽宁、吉林等省、市的不同企业，就如何有效地提升工业产品质量问题进行专题调研，详细了解企业质量管理状况和需求，听取意见。今年以来，中国质量协会动员、组织全国质协系统开展了以“先进质量方法推广年”为主题的质量推进活动。通过调研、实践和反复思考、比较，我认为，在新的历史时期，抓好先进质量管理方法的普及推广工作，是提升我国工业产品质量、增强工业整体竞争能力和实现我国工业振兴的重要突破口。

先进质量管理方法，包括七种质量管理工具、QC小组活动，ISO9000族国际质量标准体系，精益生产管理，六西格玛管理以及卓越绩效模式等，是成功企业最佳实践的概括、提炼和总

* 这是节录自陈邦柱同志2010年7月30日致国务院领导同志的信《关于抓好先进质量管理方法的普及推广工作》的主要部分。

① 温家宝，中共中央政治局常委，国务院总理。

② 张德江，国务院副总理。

结。它的推广，不仅有效的推动了日本、美国等西方发达国家工业化的历史进程，而且自改革开放以来陆续引进后，对我国优秀企业加强质量管理，提升产品质量，发挥了十分重要的作用。实践证明，这些方法是能用的，好用的，管用的。

进入新世纪以来，大质量概念，即以质量为核心的经营管理理念广泛传播，进一步推动了世界各国加强质量管理方法工具的普及工作。其主要趋势，是强调选择适宜的质量管理方法工具在企业系统学习、有效应用，使其充分发挥作用。其中最有代表性的是"卓越绩效模式"的广泛推广。卓越绩效模式及其评价准则，是引导企业通过持续的改进，提升企业经营管理成熟度的系统性评价标准。标准推出后得到广泛关注和认可，至今已被世界80多个国家和地区采用。可以说，推进这个标准在本国的实施，已成为各国推进质量工作的一种潮流。导入这个标准，是各国优秀企业走质量经营道路的必然选择，也是企业质量管理走向成熟的标志。10年前，中国质协从美国引进了这个标准。最近，我们对我会在全国开展推广卓越绩效模式的情况做了调查，从宝钢、海尔、联想等72家实施卓越绩效模式，获得全国质量奖的被调查企业看，由于他们采用推行了系统性的质量经营体系，关注产品质量，形成市场竞争力，企业的主营业务收入均保持逐年增长，表现出良好的经营绩效、成长性和抗冲击能力。例如：调查期内，宝钢股份主营业务收入年增长率达到15.5%，海尔集团为10.2%，青岛港为20.2%。海尔集团张瑞敏说，导入卓越绩效模式"能引导和激励企业致力于卓越的质量保证体系建设，从而具备参与国际竞争的必备条件"。

从我到企业调查了解的情况看，我国广大企业对提升产品质量，提高管理水平具有十分迫切的愿望和要求。但关键是不知道该怎么办。一些企业对先进质量管理方法，领导"不了解"、员工“不会用”的现象比较突出。在企业管理很多重要环节和过程中，既存在质量管理方法工具本来可以用，但没有用的情况；也有不知道如何用，或应用方法不当、效果不好的问题。因此，先进质量管理方法工具的普及推广及其有效运用，已成为制约我国工业振兴与提升工业产品质量和增强工业整体竞争能力的重要因素之一，是一个摆在我们面前亟待解决的重大课题。

30 年来，中国质协始终不遗余力地在我国从事先进质量管理方法的推广工作，取得了一些成效。但从总体上看，我们的工作力度还很不够，影响范围也非常有限。为了提升我国工业产品质量，增强工业整体竞争能力，实现工业振兴，建议在国务院领导的重视倡导下，在今后若干年内，由政府工业主管部门牵头，由中国质协和相关行业协会配合，在我国工业领域，开展一场声势浩大的、有序有效的先进质量管理方法学习推广活动。

这项活动以规模以上工业企业为主体，以开展推广先进质量管理方法学习、竞赛活动为抓手，以实施卓越绩效评价准则为重点，以提升工业产品质量，增强企业竞争能力，实现工业振兴为目标。可以这样说，开展先进质量管理方法学习推广活动，是新时期、新阶段，实现我国工业振兴的一项必然选择和战略举措，是实践以质兴国，功在当代，利在千秋的伟大质量事业。因此，恳请德江副总理及政府工业主管部门更加给以重视，进一步加强对这项质量推进活动的组织领导。通过召开专门会议或采用其他方式，进行动员部署，发布规划，明确要求，提出任务和目标，推动这项工作有序、扎实、有效地开展。通过这场先进质量方法学习推广活动，重点解决好企业在思想认识、方法技术上对先进质量方法的“学懂、会用、有效”问题，在全国工业领域形成一种“重质量、抓质量、干质量、比质量”的浓厚氛围，达到影响一代人，甚至几代人的质量意识和质量行为，提高质量素质、质量技能的目的。中国质协积极参与先进质量管理方法学习推广活动，发挥协会优势，提供专业化服务。

另外，在引导我国企业学习先进质量管理方法，推动管理创新的过程中，应当注意加强对卓越企业成熟案例的科学提炼、总结，开展具有中国特色的质量管理理论体系和质量管理模式的创建工作。

关于质量工作的重要性

质量是中国品牌的生命 *

（二〇〇〇年四月二十七日）

为了增强全社会的品牌意识，推动我国企业创立和发展民族品牌，提高我国产品市场的竞争力，国家经贸委、人民日报社、国家工商行政管理局、中央电视台和中国质量管理协会联合组织开展“崛起的中国品牌”系列活动。今天召开的这次研讨会，是这个系列活动的重要内容之一。国务院领导同志对这个系列活动和这次研讨会非常重视，并给予大力支持。

长期以来，我国经济发展执行的是计划经济体制，生产力发展水平不高，市场长期处于短缺的状态，保障供给成为政府的首要经济目标。企业的发展依靠政府的计划指标，谁拥有了计划指标，谁完成或超额完成生产计划，谁就有了市场，企业不愁卖不出产品，品牌意识极其淡薄。改革开放以来，这种状况发生了根本性的变化。特别是 90 年代以来，随着我国社会生产力水平的迅速提高，改革开放力度的逐渐加大，买方市场逐步形成，消费者对商品的要求不断提高，品牌意识增强，品牌越来越成为社会消费需求的重要导向。尤其在耐用消费品方面，品牌常常成为用户的第一选择。据有关部门调查，1999 年我国家电和服装市场，购买力向名优品牌倾斜的特点十分明显，强势品牌市场综合占有率不断提高。品牌对企业的销售额和市

* 在崛起的中国品牌研讨会上的讲话。

场占有能力已经产生了前所未有的影响，品牌作为无形资产为企业创造着大量的超额利润。国内外的经验都证明，没有品牌的企业是没有生命力的企业，没有品牌的经济是没有竞争力的经济。创立和发展品牌已经成为市场经济条件下企业生存、发展和竞争的客观需要。

邓小平同志早就指出：“我们应该有自己的拳头产品，创造出我们中国自己的名牌，否则要受人欺侮。”国际贸易的竞争已经从价格的竞争逐步转向了以质量为核心的竞争，尤其是著名品牌的竞争。纵观世界发达国家，无一不拥有一大批享誉全球的品牌。伴随着社会主义市场经济体制的建立，我国的品牌事业蓬勃发展，方兴未艾。一批有竞争实力的企业正在努力开创中国的民族品牌，这些企业的品牌产品不仅主导了国内市场，而且开始冲向国际市场，青岛海尔集团就是典型的代表之一。中国品牌正在走向世界，这是中国综合经济实力增强的充分体现，是令我们十分高兴的事。但是我们也要清楚地看到，我们企业创立品牌的活动才刚刚开始，与发达国家的企业还有很大差距。

品牌是一个企业的素质、信誉和形象的集中体现，也是一个民族的素质和一个国家形象的有力体现。品牌的核心是产品质量。品牌的背后包含着先进的技术、优秀的员工素质、严格的质量保证体系，可靠周到的售后服务，也包含着大量的资金投入、精心的广告宣传和成功的营销策略，但是最基础的、最根本的还是质量。一个成功的品牌，始终是依靠高质量的产品作为支撑。一个成功的企业，始终是把质量视为命根子。改革开放以来，国内市场上的进口原装货比较畅销，重要的一个原因就是我们的质量确实不如人家。在我国的出口产品中，商品附加值低，换汇成本高，主要原因也是产品档次低，质量问题比较多。例如：我国自行车出口量为世界第一，但平均单价仅42.4美元，是世界平均价格的一半，主要原因就是生产工艺落后，产品材料、加工精度跟不上，电镀、焊接、冲压质量问题多。我国陶瓷每件出口换汇仅20多美分，而日本为1.12美元，德国、英国为1.96美元，也是因为产品质量不如人家。国内有关部门调查显示，目前我国产品质量的状况与经济发展要求和国际先进水平相比，仍有比较大的差距，许多产品档次低、质量差，抽查合格率较低，假冒伪劣产品屡禁不止，优难胜、劣难汰相当普遍。为此，企业必须面向市场，加强质量工作，加快产品更新换代，努力开发一批适应国内外市场需求的新产品，全面提高产品的档次和质量水平。唯有创新，追求卓越，争创一流，中国品牌才能够真正的崛起。

著名的品牌伴随着成功的企业，成功的企业无一不是科学管理的典范。创立和发展品牌必须加强企业的科学管理。朱镕基总理在今年九届三次人大会上的《政府工作报告》中特别强调："现在，中央关于改革和发展的大政方针已经明确，一些重要的法律、法规也已颁布。要保证中央政策措施和国家的法律法规真正得以贯彻，当务之急是'严'字当头，强化管理。""切实加强企业科学管理。所有企业都要从严治企，苦练内功，着力抓好成本管理、资金管理和质量管理等薄弱环节。"坚决认真地贯彻落实党中央和国务院的指示精神，严字当头，切实加强企业的科学管理，这不仅是今年企业工作的重中之重，也是创立和发展我国品牌事业的关键。

企业管理工作千头万绪，实现科学的企业管理要做的工作更是很多。当前就是要突出抓住企业管理中的薄弱环节，从严要求，从严治企，集中精力解决存在的问题。企业一方面要深入学习邯钢，加强成本管理，科学合理地确定各种产品物质消耗定额，努力降低管理费用、销售费用和财务费用，努力降低人工成本，降低物质消耗；另一方面要加强资金管理，严格会计制度；建立高效运作、严格监控的资金管理体系，建立全面预算控制制度，努力减少资金占用，加强应收货款管理。抓紧抓好这两项任务，是企业摆脱困境，发展品牌，增强品牌竞争力的重要措施，也是企业建立现代企业制度和实现科学管理的内在要求。

加强企业的质量管理，应当更突出地摆上领导的议事日程。质量是企业的生命，质量是品牌的生命。企业没有高质量的产品，就不会有高信誉度的品牌，也就不会有高占有率的市场。把质量视为企业、品牌的生命，必然要将质量管理作为企业管理、品牌发展的中心环节和关键所在。质量管理可以起到“纲举目张”的作用。抓住质量管理这个“纲”，企业管理的各个“目”才能得以有效地展开。从根本上来说，只有抓好了质量管理，才算真正抓好了企业管理。企业的领导和广大员工要树立起坚定的质量观念，高度重视并突出地抓好质量管理，使企业的各项管理工作都紧紧围绕提高工作质量和产品质量这个中心环节来改进与提高。

企业是创立和发展品牌的主体。中国品牌的崛起要靠广大企业的艰苦奋斗。同时，离不开政府及全社会的关注与支持，离不开由广大用户、消费者营造的“信我品牌、爱我品牌、用我品牌”的社会氛围，离不开对假冒伪劣产品坚持不懈、坚忍不拔的依法打击，离不开新闻舆论媒体和中介机构的积极参与，离不开为企业提供的公平竞争的市场环境和法律保证。国家经贸委作为国家重要的宏观经济调控部门，要大力支持和鼓励企业实施品牌战略。各级经贸委不仅要继续做好“崛起的中国品牌”系列活动，而且要将开展创立品牌活动和推进企业改革和加强企业管理工作结合起来，加大培育和扶植民族品牌的力度，造就一批能够走向国际市场的重点企业，培育一批代表中国水平的重点品牌。中国加入 WTO 已经指日可待，面向全世界开放的我国市场已成定势，我们必须增强紧迫感和责任感，努力创立和发展中国民族的品牌事业，进一步促进企业和国民经济的发展。我们相信中国的质量振兴、品牌崛起的伟大事业一定会在广大企业、各级政府和全社会的共同努力下，不断向前推进。

创造高质量的产品和服务 *

（二〇〇二年九月十六日）

在这秋高气爽、风和日丽的日子里，第八届亚太质量组织会议现在开幕了！我代表大会组委会和中国质量协会对莅临今天会议的各位领导和远道而来的各位嘉宾、各位代表表示衷心的感谢和热烈的欢迎！

中国质量协会作为亚太质量组织核心组成员国代表，受亚太质量组织委托承办此次会议。会议得到了我国政府及有关部门的高度重视和大力支持，全国人大常委会委员长李鹏①为会议题了词，国务委员吴仪②在会议期间还要接见会议部分代表，全国人大、全国政协的领导同志和我国经济、质量主管等部门的负责同志出席了今天的会议，国家经贸委、国家质检总局的主要负责人还将发表重要讲话。这表明我国政府在新的世纪，一如既往的支持和重视质量工作，这是开好本次会议的十分重要的组织保证。

本届国际会议受到亚太质量组织的高度重视和亚太地区国家及我国质量界、企业界的密切关注，美国、英国、瑞典、澳大利亚、日本及韩国等 15 个国家和地区质量组织的高层领导和著名质量专家、企业家等 150 名境外代表及我国质量界、企

---

* 在第八届亚太质量组织会议开幕式上的致词。

① 李鹏，时任中共中央政治局常委、全国人大常委会委员长。

② 吴仪，时任中共中央政治局委员、国务委员，曾任国务院副总理。

业界的600多名代表参加会议。本届会议是中国加入WTO后在北京首次召开的大型国际质量会议，会议将充分展示“全球经济一体化的质量”的发展趋势和我国改革开放二十多年来质量管理工作的成果。

这次国际会议的主题是：全球经济一体化的质量。本次国际会议是中外质量界、企业界交流沟通，相互学习借鉴的一个良好机会。衷心希望国内外嘉宾和代表围绕会议主题发表意见和见解，交流沟通在质量工作实践中的成功经验，研究探讨质量科学的最新理论和发展趋势。衷心希望在大家的共同努力下把这次会议开成一次内容丰富、形式活泼、继往开来、创新发展、富有成果、各方满意的盛会！

这次会议内容十分丰富，会前已举办了“CEO质量论坛”，开幕式结束后中外著名质量专家将发表精彩的演讲，会议还将用两个半天时间进行分会场论文发表，会议闭幕式上将举行2002年全国质量管理奖颁奖仪式，举行中国市长质量论坛，颁发赫德奖和亚太质量奖。我充分相信，与会代表是能从本次会议中获得较大收益的。

当前经济的全球化和信息化，使世界经济结构调整和产业转移的速度加快，从工业化转向信息化，世界经济正经历着一场深刻的革命，它正在全面深刻而且势不可挡地改变着人类社会的发展进程。让我们面对挑战，抓住机遇，为着人类共同美好的未来，创造高质量的产品和服务，创造高质量的工作和生活环境而努力奋斗！

西部大开发 质量最重要*

（二〇〇三年十二月十一日）

很高兴出席由中共重庆市委、重庆市人民政府和国务院研究发展中心主办的“重庆发展论坛·首届高层质量论坛”会议。本次论坛的主题“质量与重庆大发展”，立意非常好，也是需要引起各方重视并加以解决的焦点课题。重庆设直辖市六年以来，市委、市政府在党中央、国务院的正确领导下，紧紧抓住三峡移民、重庆直辖和西部大开发三大历史机遇，认真贯彻落实国家扩大内需的方针和中央对重庆工作的一系列指示，围绕建设长江上游经济中心的目标，负重自强，团结奋进，实现了新兴直辖市建设和发展的良好开局；总体上实现了基本小康；实施西部大开发战略取得重要进展，“四件大事”取得阶段性成果，基本建设投入最多、城乡面貌发生巨大变化；社会经济发展步伐加快，综合经济效益明显提高，人民群众得到较多实惠。这些成绩来之不易，这充分证明党中央、国务院设立重庆直辖市的决策是正确的，充分证明实施西部大开发的战略是英明的，充分说明重庆市委、市人民政府的领导是卓有成效的。我充分相信，在新的世纪，重庆市委、市政府一定能够把重庆市的改革开放和现代化建设进一步推向新的历史阶段。借此机

* 在重庆发展论坛·首届高层质量论坛上的讲话。

会，我想就重庆和西部地区的质量工作谈两点意见。

一、迎接质量挑战，走重质量重效益的西部大开发道路

我国加入 WTO 后，经济全球化的趋势越来越明显，提高我国企业的国际竞争力，增强我国国民经济的综合实力，必须重视质量，质量是兴国之道，质量是提高西部经济发展效益和竞争力的根本之策。

（一）把握质量发展趋势，应对质量挑战

随着经济全球化和信息技术的迅猛发展，在世界范围内，质量竞争已越来越激烈。当前质量竞争的形势和发展趋势是：市场竞争的焦点已由产品的数量和价格转为质量。由于生产力的发展，产品的数量已不成问题。而价格竞争是有限度的，任何企业都不可能总是以低于成本价的价格去竞争。所以当前竞争的焦点转为质量。质量的内涵发生了很大变化。什么叫质量好？以前的概念，符合“标准”的就是质量好。现在呢，顾客满意才是质量好。“质量好”的概念发生了根本性的变化，也就是说衡量“质量好”的标准发生了变化。过去，由企业制定标准，由标准衡量质量，是企业主导质量。现在的“质量好”，是以顾客满意作为衡量标准的，是顾客主导质量。由于质量的内涵发生了变化，企业的质量管理工作也发生了很大的变化。过去，企业质量管理的重点是生产过程质量控制，通过加强质量控制使产品符合标准。现在质量工作的重点是要了解顾客的需求、满足顾客的需求，认真评价顾客的满意程度。随着质量管理工作重点的变化，过去，质量是符合标准，是个技术性的问题，比较单纯。现在的质量则是一个综合性的问题，比较复杂。它涉及到企业发展的经营战略、企业领导作用、人力资源开发和管理、供应链的管理以及包括行为科学在内的很多方面。现在的质量问题，涉及到企业经营的整个过程，涉及到企业的经营绩效和永续经营的问题。质量概念的外延大大拓展。即由产品、服务及工程的质量向产品质量、服务质量、工程质量及经济增长的质量、环境的质量、农业的质量、教育的质量等大质量概念的方向发展。质量改进的方法、技术有了突飞猛进的发展。如六西格玛等。

由于质量的形势、内涵、外延及技术等都发生了本质变化，所以，我们必须面对质量挑战，抓住发展机遇，树立新的质量理念，努力学习和实践新的质量知识，提高各项工作和决策的质量水平，走重质量重效益的可持续发展道路。

（二）西部大开发，质量最重要

实施西部大开发，是党中央、国务院在新世纪的一项重要战略部署；是逐步缩小地区差距，加强民族团结，保障边疆安全和社会稳定，推动社会进步的重要举措；是调整地区经济结构，发挥各地优势，促进生产力合理布局，提高国民经济整体效益和水平的迫切要求；是扩大国内需求，开拓市场空间，保持国民经济持续快速健康发展，实现现代化建设第三步战略目标的重大部署。实施西部大开发，具有重大的经济意义和政治意义。

西部大开发，质量最重要。没有质量的西部大开发，是不会赢得持续发展和长期经济效益的。在新的历史发展阶段和实施西部大开发的整个过程中，必须重视质量和效益。质量和效益问题是西部大开发中必须解决的一个重大课题。西部地区开发的重大举措和各项工作，既要考虑基本国情和地区实际，又必须关注质量工作及地区发展战略与国际接轨，否则，就不能形成区域经济的比较优势，就形不成质量的竞争能力。

重庆市的地理位置、经济状况和基础设施在西部都是比较好的，在西部大开发中，我希望重庆市发挥好龙头作用，树立大质量和让用户满意的新世纪质量观，确立质量兴市的指导思想，时时处处关注质量，切实解决质量工作中的各项具体问题，在提高西部大开发中的质量，提高城市经济的竞争能力和企业的整体质量管理水平等方面，起好表率作用。

二、走重质量重效益的可持续发展道路，必须重视基础性质量工作

只有重视基础性质量工作，才能营造全社会重视质量的氛围，才能提高政府管理水平和培养企业质量经营人才，才能提升质量管理人员的基本素质，才能增强区域经济和企业的竞争实力。

（一）为西部大开发打好质量基础，深入开展新一轮全面质量管理基本知识普及教育工作

质量水平的高低，是企业和国家法制、科学技术、管理和文化等诸多因素的综合反映，但根本上还是取决于人的素质，其中包括了人的意识、价值观、专业知识、能力和作风等等。十年树木，百年树人。因此，要提高质量，迎接新世纪的挑战，就必须从根本抓起，从源头抓起，加强对人员的培训教育，不仅要重视对高层经营管理者的培训，还要重视对企业绝大多数普通员工的培训，我国在实施经济社会发展的“十五”规划中，已将科教兴国作为首要国策。

中国质量协会作为国家经济、质量主管部门领导下的全国性质量组织，一直在积极地从事质量方面的培训教育工作。从80年代中期开始，中国质量协会组织全国质协系统的力量，在我国企业中组织开展了广泛的全面质量管理基础知识教育培训，有3000多万企业基层员工参加了培训，获得了合格证书。通过学习，我国企业和广大员工逐步认识并接受了质量第一、用户至上、预防管理、全员参加、全过程控制、用数据说话、

PDCA 循环等科学的质量管理观念和方法，员工的质量意识、问题意识和改进意识普遍增强，对我国企业推行全面质量管理，提高员工质量意识和基本素质，发挥了重要的作用。

随着新世纪的到来，特别是中国加入 WTO 后，我国将进一步融入世界经济的主流，质量将成为我国广大企业抓住机遇，迎接严峻挑战的关键。要拓展国内外市场，必须靠有竞争力的质量。我们必须看到，我国的产品、服务的质量总体水平与国际先进水平比，还有很大差距，假冒伪劣产品仍严重存在。在新形势下，从根本上提高企业质量经营水平，组织全体员工进行质量培训，提高员工的基本素质就显得更加重要，刻不容缓，这是新的历史条件下高瞻远瞩的战略选择。

新一轮全面质量管理基本知识普及教育绝不是 80 年代普及教育的简单重复，它适应了新形势、新任务的要求，以提高企业竞争能力、进而提高我国经济运行的总体质量和效益为目的，内容和形式都有所创新，其重点：一是进一步转变员工的质量观念，增强顾客意识，由符合标准的质量观转变为顾客满意的质量观，关注顾客需求，培育忠诚顾客；二是适应生产力和科学技术的发展，培训内容在坚持消化吸收原有质量管理基本知识的基础上，将着重考虑六西格玛、卓越绩效模式等新的质量管理技术、方法和知识，让员工掌握与国际接轨的先进质量观念和基本管理方法；三是培训的重点是新员工，企业各个重要环节的骨干，特别是刚刚走上企业领导岗位的年轻同志。

新一轮全面质量管理基本知识普及教育是企业适应新的市场竞争形势，求得企业生存发展的重要活动，也是我国迎接 WTO 挑战，实现可持续发展的重要基础工作。希望全国各级政府、尤其是西部地区的各级政府高度重视这项利国利民、功在当代、利在千秋的质量工作，为提高我国企业员工的基本素质做出不断的努力。

（二）深入持久的开展QC小组活动，努力提高职工群众参与质量管理和创新的积极性

质量管理小组活动是新形势下贯彻落实党的全心全意依靠工人阶级根本指导方针，大力发扬工人阶级主人翁精神，推动广大职工参与企业经营管理活动和科技创新活动的重要组织形式，是实践“三个代表”重要思想的具体体现。质量管理小组活动已在我国企业卓有成效的开展了二十多年，这项活动具有旺盛的生命力，它是调动和开发广大员工的积极性和智慧，实施以人为本的管理，应对质量挑战的一个有效措施；也是员工参与企业管理和改进，实现个人价值和发展的最佳途径。我们要在总结经验的基础上，继续做好这项工作。

加大宣传力度，进一步认识质量管理小组活动在新形势下的重要作用。质量管理小组活动的实践证明，这项群众性质量管理活动，已成为我国质量管理事业不可或缺的重要组成部分，已经成为我国各类企业领导普遍认同的、推进企业持续改进的重要途径，也是广大职工参与企业管理、充分发挥聪明才智的有效形式。在新的形势下，各级政府，特别是企业的领导要高度重视这项活动，积极地支持和推动质量管理小组活动的开展，这也是贯彻落实十六届三中全会提出的“坚持尊重群众的首创精神”、“坚持以人为本”原则的具体表现。

进一步提高质量管理小组活动的群众参与水平。质量管理小组活动的目的是：员工通过学习质量管理的理论和方法，提高解决问题的能力，进行不断地改进，为企业、社会创造经济效益；现场员工在改进活动中互相沟通，提高团队意识和整体素质。实现质量管理小组活动的目的，广泛的群众参与是基础和保证。一个企业的质量管理小组活动，不能只是选拔几个“种

子选手”、“明星队”，而要采用多种形式，组织和动员广大员工参与，努力提高员工的参与比例。

进一步提高质量管理小组的学习能力，把质量管理小组办成学习型组织。质量管理小组活动要适应新形势的发展，必须提高自身的学习能力，学习新的理念、新的技术以及市场知识、管理知识。政府主管部门、企业领导、质量专家以及各级质协要为质量管理小组学习创造环境，提供指导，给予组织上的保证。广大QC小组成员要在学习中应用，在应用中提高，在提高中创新。

质量管理小组活动要与时俱进，求真务实。随着我国市场经济体制的建立，企业内外部环境的变化，质量管理小组活动要与时俱进，不断创新。首先，要在观念上进行创新，强化市场意识和顾客意识，通过改进，提高顾客和下一道工序的满意程度；其次，组织的形式和活动的方法也要创新，要充分利用网络等高科技手段开展灵活多样的活动，一方面要坚持原有的质量管理技术，一方面要结合六西格玛等新方法创造中国特色的质量管理技术；各质量协会要为“创新型”质量管理小组活动创造良好的环境并提供具体的指导，充分发挥集体的智慧，不断提高质量管理小组成果的知识含量、科技含量和效益水平。

不断拓展质量管理小组活动的领域。要将质量管理小组这一活动的领域在制造业、服务业成功开展的基础上，进一步拓展。在企业内部要由生产部门拓展到研发和销售及售后服务部门，在服务领域要由传统的服务业拓展到金融、教育、政府等新的服务领域，还要拓展到高科技的产业，使质量管理小组活动能在各行各业发挥更大的作用。

如果说新一轮全面质量管理基本知识普及教育活动是企业提高质量水平的一项基础性工作的话，那么，质量管理小组活动就是这项基础性工作的一块重要的基石。我衷心希望我国各级政府主管部门和各类企业负责人，要高度重视并支持这项工作，努力提高广大工人群众参加质量管理小组活动的参与率。

（三）引导企业学习、实践卓越绩效模式，培育有国际竞争能力的企业

卓越绩效模式，是目前国外跨国公司追求卓越质量经营成功经验的总结，它代表了当前世界质量管理的最高水平。为了适应市场竞争的需要，中国质量协会认真贯彻落实《中华人民共和国产品质量法》，在学习借鉴国外卓越绩效模式的基础上设立了全国质量管理奖，其目的是树立卓越质量经营的典范，培育有国际竞争力的企业。同时，对在产品、服务和质量管理方面取得突出成效的企业给予表彰，促进企业效益的提高和国家经济的健康持续发展。这一做法得到了我国政府经济质量主管部门的大力支持和社会的广泛关注及广大企业的积极参与。

上述获奖企业的共同特点是：注重企业的战略管理和领导作用的发挥；建立、培育企业的核心价值观，树立以顾客为中心的经营理念；努力创新，形成独具特色的竞争优势；强化市场意识，坚持顾客至上；加强与顾客、供应商、批发商的联系，建立战略合作伙伴关系；适应市场变化，实施快速反应；严格日常管理，重视人力资源的开发，扎实做好基础工作，努力创建学习型组织；建立信息管理系统，提高工作效率，实现资源共享；注重经营效果，取得突出绩效。这些获奖企业代表了当前我国质量管理的卓越水平，它们的经营理念和管理经验值得我国各类企业学习和借鉴。全国质量管理奖是很高的荣誉，是获奖企业领导和全体员工共同努力、不断追求卓越的结果，是在市场激烈竞争中竞争力的表现。希望西部地区企业积极学习

实践卓越绩效模式，争创全国质量管理奖，提高企业的国际竞争力。

党的十六届三中全会作出了《关于完善社会主义市场经济体制的重要决定》，《决定》在理论和实践上有重大突破和创新，是指导我国今后一个时期经济体制改革的纲领性文件，对推进改革开放和现代化建设具有重大而深远的意义，我国的经济体制改革和企业改革将进入一个崭新的发展阶段。在新的历史发展阶段，要肩负起新的历史使命，我们必须紧密地团结在以胡锦涛总书记为代表的党中央周围，认真贯彻“三个代表”重要思想，落实十六大和十六届三中全会的精神，为推进我国的质量事业，提升我国经济的竞争力，开创中国特色社会主义事业新局面，实现中华民族的伟大复兴，做出新的更大的贡献。

质量工作要牢固 树立科学发展观*

（二〇〇四年九月二日）

这次会议的主题是：追求卓越 —— 从卓越绩效模式做起。会议得到了中宣部、国家质检总局、国家发改委、商务部、国资委、全国总工会、共青团中央的高度重视和大力支持，有关部门的领导还将在会上发表重要讲话。

本次论坛的主要内容是：回顾、总结25年来我国推行全面质量管理的历程和经验；研究新世纪在经济全球化形势下我国质量工作的发展趋势；探索具有中国特色的质量管理模式；发布“卓越绩效评价准则”国家标准；交流世界知名企业实施卓越绩效模式的经验；探讨质量前沿课题。希望与会专家学者、企业家和质量工作者紧紧围绕会议主题展开深入探讨；希望本次会议成为推动我国质量工作承前启后、继往开来的一次盛会。下面，我讲几点意见，供大家参考。

一、建设质量科学，推进质量事业

顺应经济全球化的发展趋势，在全面建设小康社会的伟大历史进程中，我们要紧密联系我国经济建设和企业经营管理的实际，树立强烈的开拓创新意识，发扬求真务实的精神，以科

* 在第十二届中国质量论坛暨推行全面质量管理25周年大会上的讲话。

学的态度和开放的心态，认真总结和深入研究我国开展全面质量管理的经验及存在的问题，学习借鉴国外质量管理方面的先进理念、方法和技术，进一步建设和完善质量科学，以理论指导实践，推动我国质量事业不断向前发展。

二、大力宣贯“卓越绩效评价准则”，不断提高企业核心竞争能力

在这次会议上即将发布的“卓越绩效评价准则”国家标准，是在充分学习借鉴国外先进经验并结合中国国情的基础上制订的。制订这个标准是进一步完善国家质量激励机制的一项重要措施，是引导企业向“标杆”学习的一种有效方法，也是广大企业对照标准，追求卓越质量经营的具体指南。我们要在国家质检总局的领导下，大力宣贯“卓越绩效评价准则”国家标准，引导广大企业联系实际，深入学习“卓越绩效评价准则”，不断缩小与标准要求的差距，持续提高企业核心竞争能力。

三、质量工作要牢固树立科学发展观

科学发展观的本质是以人为本、统筹发展；其内涵是“全面、协调、可持续发展”；其核心是发展的质量。质量工作牢固树立科学发展观，要求我们在开展各种质量活动的进程中，从以物为本转到以人为本，从关注总量转到关注质量，从局部发展转到全面发展上来；要求我们要深入研究我国质量工作落实科学发展观，落实符合我国新时期经济社会及人与自然和谐发展要求的新思路和新举措；要求我们在全社会树立起“质量是大众创造的、质量是大众享用的、质量是大众评价的”质量理念，从而形成“质量振兴人人有责”、“提高质量从我做起”的社会风尚；要求我们落实到从源头抓好质量工作，努力提高产品质量、工程质量和服务质量，落实到维护最广大人民的根本利益上来。

在纪念邓小平同志诞辰100周年的日子里，我们要牢牢记住他的谆谆教诲“发展才是硬道理”，我们要认真贯彻落实党中央、国务院关于质量振兴的一系列方针政策，在国家经济质量主管部门的正确领导下，齐心协力、努力拼搏，争取早日实现从制造大国到质量强国的历史性跨越，让中华民族屹立于世界民族之林，实现中华民族的伟大复兴！

弘扬我国杰出质量管理者的质量精神*

（二〇〇六年一月八日）

全面质量管理在我国已有27年历史了，其中涌现出许多杰出的人物，他们具有强烈的质量意识，深深懂得质量即生命的内涵，并能身体力行。在引进科学的质量理念和方法，打造高质量的中国品牌，提高我国企业素质，乃至国家经济运行质量的方面，不断探索，并创造了巨大的经济效益与社会效益。

为了表彰他们为中国质量事业所做出的杰出贡献，传播、弘扬他们的质量精神，推动各行各业进一步做好各项质量工作，切实贯彻落实党中央提出的以科学发展观统领经济社会发展全局，提高发展质量，加快转变经济增长方式，加快建设资源节约型、环境友好型社会等战略方针，中国质量协会与中华全国总工会共同启动了首届中国杰出质量人推选活动，在全国范围内推选在质量领域有突出贡献的领导、企业家、质量专家以及质量工作者。

这次活动得到了各方面的积极响应，在历时五个月的推选活动中，通过企业与相关机构的推荐，网络投票、专家评审等环节，最终由活动组委会评选出三位中国质量领域最高荣誉奖，

---

* 在首届中国杰出质量人颁奖典礼上的讲话。

十位杰出的质量人，十三位优秀的质量人。获奖者具有广泛的代表性。比如三位最高荣誉奖的获得者：袁宝华同志是我国德高望重的经济领域元老，政府推进质量工作的卓越领导者；刘源张[①]同志是我国质量管理科学领域的大家、泰斗；张瑞敏[②]同志是中国企业质量进步的先锋。他们与所有的杰出质量人物在今天这个值得纪念的日子欢聚一堂。

在这里我代表组委会对他们为中国质量事业做出的贡献表示崇高的敬意，并对他们的获奖表示热烈的祝贺！希望他们再接再厉，为企业、为全社会的质量进步做出更大的贡献。

---

① 刘源张，中国工程院院士，管理科学和管理工程专家，中国科学院数学与系统科学研究院研究员、博导、中国质量协会顾问。

② 张瑞敏，海尔集团董事局主席兼首席执行官，中共第十七届中央委员会候补委员。

促进我国服务业健康发展 *

（二〇〇六年九月八日）

近几年，发展中国家的服务产业，随着世界经济的平稳和良性增长，得到迅速和较大比例的发展。从世界产业发展的规律看，发达国家已经形成了以服务经济为主的产业结构，服务业增加值和服务业就业的比重都在 70% 以上，这充分说明，服务业发展程度已成为衡量一个国家、一个地区、一个城市竞争力和产业发展水平的重要标志。因此，服务业的发展，以及服务质量的不断提升，已经成为各国实现可持续发展非常关注的话题。

当前，我国正在实施国民经济和社会发展第十一个五年规划。实现“十一五”规划的一项重要指标，就是要强调促进服务业，特别是现代服务业的加快发展。这是落实科学发展观，构建和谐社会的必然要求，是减少经济增长中资源能源消耗、转变经济增长方式的迫切需要，是优化产业结构、提升我国产业整体竞争力的有效途径，是增强就业吸纳能力、满足人们群众不断增长的物质文化需求的重要方面。因此，大力发展服务业特别是现代服务业，提高服务质量，提升服务功能，整合服务资源，开拓服务领域，加快服务业行业标准、行为规范的制

* 在上海国际现代服务质量论坛闭幕式上的讲话。

定和完善，保障和加强基础公共供给，加强行业监管和行业自律，是促进我国服务业健康发展的重要措施。

本次“上海国际现代服务质量论坛”，以发展服务经济为切入点，以增强城市国际竞争力为目标，代表们围绕“现代服务、现代服务质量和服务经济”等课题，分别就信息服务、现代物流、航运服务、专业服务等专题进行了认真地研讨。这次国际论坛交流讨论取得的成果，必将为我国现代服务业的发展，提供有益的借鉴。

上海市是我国经济发展最快的大城市之一。上海的服务业发展也一直走在全国的前列。从上海的实际情况看，上海有条件、有能力，在全国率先实现服务业的快速增长。希望上海市质量协会和上海质量管理科学研究院在建设和服务于上海市创建“四个中心”的过程中，认真落实科学发展观，坚持以质取胜的战略，采取有力措施，促进现代服务业的不断发展和提升，为推进全国现代服务业发展做出新的更大的贡献！

中国质量协会是我国最权威、最有影响力的质量组织。我们一直从事着包括服务质量在内的质量理论及实践的探索和研究。我们期待着继续加强同国内外质量专家、质量工作者的交流和合作，希望各位与会代表同我们就共同关心的问题，建立广泛的接触和联系，我们衷心希望各国质量组织的沟通和交往得到继续巩固和加强！

质量、创新与品牌*

（二〇〇六年九月二十六日）

首先，我代表这次会议的承办单位，对“第十四届中国质量企业家论坛”的隆重召开表示祝贺。这次会议，是全国质量月期间安排的一项重要大型活动；是政府部门主导，质量协会组织承办，全国优秀企业家、质量专家、学者与质量工作者共同参与的一次盛会。国家质检总局领导非常重视这次会议，会前，总局领导对开好这次大会多次作了重要指示，今天，李传卿①同志亲自参加大会，并要作重要讲话。在《国家质量振兴纲要》实施十周年之际，在全面落实国家“十一五”发展规划的起始之年，召开这样一次会议，对实施名牌战略、推进自主创新、追求卓越绩效、全面提升企业市场竞争力和我国经济运行质量，具有十分重要的现实意义。

这次会议的主题是：质量、创新与品牌。我认为，这不仅是这次会议的主题，而且是我们质量界和企业界在今后相当长的一个时期内的一项重要的工作任务。因为，就国家而言，质量是兴国之道，是转变经济增长方式的根本之策；就企业而言，质量是企业持续发展的基础，是最核心的竞争力；就产品和服务而言，质量就是灵魂和生命。在经济全球化迅速发展的今天，

---

* 在第十四届中国质量企业家论坛上的讲话。

① 李传卿，时任国家质量监督检验检疫总局党组书记、副局长。

面对日趋激烈的市场化、国际化挑战，质量已经成为国际间货物贸易和服务贸易竞争的焦点，也是品牌竞争、产品竞争、创新竞争的焦点。因此，我们必须坚持中央提出的“以质取胜”战略不动摇，把保证质量，提升质量作为实现创新、打造品牌的基础和前提。只要我们真正重视了质量和质量工作，真正树立了质量第一的理念，真正关注了顾客、用户的利益，真正在组织内部建立了完善的质量保证体系，我们就具备了产生国际品牌的土壤和实现品质创新的实力，就能够实现质量的持续改进和提升，就能够拥有世界级质量标准的产品、服务和品牌。

品牌是质量的集中反映。质量、创新和品牌是密不可分的。好的质量需要用好的品牌加以传播和推广，好的品牌要建立在卓越的质量基础之上。中国质量协会是我国最有影响力、最具权威性的质量组织之一，我们的使命就是传播先进的质量理念、方法和技术，组织各种形式的全国性质量推进活动，提供专业化的质量服务，为提升个人能力、组织和国家的竞争力做出贡献。在今年四月召开的中国质量协会第八次全国会员代表大会上，我代表中国质协提出了“十一五”期间质协实现“五个创新”，打造“五个品牌”的工作目标和任务，核心就是要站在历史的新起点，突出服务和创新意识，加快推进我国质量事业的发展。近几年，我们按照国家实施名牌推进战略的部署和要求，从质量工作的角度，配合做了一些工作。目前，我国一些优秀企业的品牌产品，质量有了提升，竞争力有了明显增强。下一步我们要动员和组织全国质协系统结合品牌战略，继续大力推进质量提升工作，进一步增强我国产品和服务质量的核心竞争力。

这次会议请来这么多优秀的企业家和专家学者坐在一起，专题研究提高质量水平，建设创新型企业，创造卓越品牌问题，内容很好，机遇难得。我相信，只要大家广开言路，贡献聪明才智，共商我国质量事业发展和实施名牌战略大计，这次会议就一定能够达到预期的目的。

质量是竞争力的核心 *

（二〇〇六年十二月二十四日）

今天，我们在这里隆重纪念实施《国家质量振兴纲要》十周年。十年来，在政府质量主管部门的领导下，我国的产品质量、工程质量、服务质量和质量管理水平提高很快，取得了很大的成绩，质量工作对促进我国经济健康发展，改善人民生活，树立中国在世界的良好形象等方面做出了应有的贡献。现在，我就我国质量管理方面取得的成绩、存在的问题和具体建议谈几点看法和意见。

一、十年来我国质量管理的发展情况和取得的主要成就

随着市场竞争空前加剧和我国社会主义市场经济体制逐步建立，市场竞争的焦点由数量、价格逐步转变为质量和品牌，质量成为竞争力的核心，成为企业、国家和全社会的追求，我国质量管理发生了深刻的变化：大质量概念逐步得到认同；“以顾客为中心”的意识进一步深入；质量的重要地位得到确认；以质取胜的战略逐步实施；名牌战略推进取得显著成效；追求卓越质量渐成共识；企业已经从文化和经营角度思考并推进质量工作；在注重实效的前提下，学习探讨新的质量理念和实践先进的质量管理方法的气氛空前活跃。

* 在纪念实施《国家质量振兴纲要》十周年座谈会上的讲话。

（一）全民质量意识和企业质量管理观念发生了根本变化

“质量第一”已成为我国经济建设的重要指导方针，人民的消费观念由追求“数量”转向追求“质量”。“质量是企业的生命”、“质量管理是企业管理的纲”等思想已被企业广泛接受。“质量兴省”、“质量兴市”、“质量兴企”，已成为不少地方和企业的领导作为发展经济、经营企业的战略措施。企业的生产标准经历了由符合型向适用型转变，企业的质量管理体系由质量保证体系向追求卓越质量经营发展。质量服务的领域从第二产业向第一和第三产业延伸，政府部门也有了质量的服务需求。

（二）企业管理水平和整体素质显著提高

通过推行全面质量管理，尤其是贯彻 ISO9000 系列标准，引导企业学习实践卓越绩效模式、六西格玛管理等科学的管理方法和先进的经验，十年来我国企业的质量管理水平和质量保证能力有了质的飞跃。在学习国内外先进的质量管理理念、方法和技术的过程中，我国许多企业联系自身实际，走出了一条适合企业发展的质量管理之路，创造出了许多行之有效的、科学的质量管理方法，诸如“末日管理”、“斜坡理论”、“日清日高”、“质量否决”、“99+1=0”等等，企业管理水平和整体素质显著提高，涌现出了一批具有核心竞争力的国际知名企业。

（三）培养造就了一批质量管理的专业人才和专家队伍

2001 年国家建立了质量专业职业资格考试制度，几年来，全国累计有 26 万人次报名参加考试，有 43841 人获得了人事部和国家质检总局颁发的质量专业职业资格证书，成为质量工作队伍的合格人才和骨干力量。全国质协系统和社会有关质量组织也开展了审核员和咨询人员等专业人员的培训，培育了一大批质量专门人才。为了我国企业提升质量竞争力打好基础，在国家质检总局和原国家经贸委的领导支持下，中国质协开展了新一轮全面质量管理知识普及教育工作。全国有 40 多个地方、行业质量协会和质协分会开展了普及教育工作，全国累计近 90 万名学员通过了全国统考并取得统考合格证书，共培养合格教师 1100 余人，培训辅导教师数百人。

（四）群众性的质量管理小组活动得到蓬勃发展

群众参与 QC 小组活动的热情逐年高涨，活动的覆盖领域不断拓宽，活动的成效十分显著。这项活动在我国开展时间之长（1978 年至今 28 年从未间断）、参与人数之多（全国共累计注册小组数约 2400 万个，近五年平均每年以 5%的速度持续增长，常年活动的 QC 小组在 150 万—170 万个之间）、成效之显著（可计算的经济效益累计 4600 亿元），是任何一项活动无法与之相比的。QC 小组活动作为群众参与质量改进和创新的活动能够持续健康发展，其主要原因：一是各级政府的大力支持，给予了相应的激励政策；二是各级质协充分发挥紧密联系企业、服务企业的优势，为小组活动的开展搭建平台；三是广大 QC 小组紧紧围绕 “运用统计技术、创新和持续改进” 等主题积极开展活动。

（五）让顾客满意已成为我国绝大多数企业的经营理念

通过向企业持续灌输和宣传以用户为中心的理念和用户满意的质量观，组织开展行业性用户满意度测评，建立中国用户满意指数体系，表彰先进、树立标杆，积极参与有关标准的制订等工作。我国广大企业已经普遍树立了让顾客满意的经营理念。本世纪初，中国质协开展了汽车、住宅、手机等社会大众高度关注的产品的顾客满意度调查，为企业改进质量提供了信息，促进了产品、服务质量的提高。总的来看，汽车用户满意度和住宅用户满意度指数逐年提高。汽车用户满意度从2002的71.1上升到2006年的73.4；住宅用户满意度从2001年的43.0上升到70.73。

（六）学习六西格玛管理，企业以顾客为导向的质量改进活动向纵深发展

中国质量协会于2002年成立了全国六西格玛管理推进工作委员会，学习借鉴了国际上的成功经验，通过编写教材，组织专家队伍，开展培训和咨询活动，积极在企业推进顾客导向的质量改进活动，几年来，国内推广六西格玛管理的各类企业在逐年增加，全国已完成六西格玛项目2300个，累计财务收益6亿元，有近170个项目获评全国优秀六西格玛项目。在六西格玛推进过程中，先后培训、认证了54名六西格玛培训教师，有128名黑带取得了中国质量协会注册六西格玛黑带证书，培育了绿带2340人，形成了一支骨干队伍。我们还制定了国内六西格玛管理评价标准，对规范、引导全国六西格玛管理推进工作，对六西格玛实施企业评价自身六西格玛管理水平，指导六西格玛工作将发挥积极、重要的作用。

（七）一批优秀企业实现了“从优秀到卓越”的跨越

为了树立追求卓越质量经营的典范，增强产品、服务和企业在国际市场上的竞争力，中国质量协会在政府经济质量主管部门的领导下，依据《中华人民共和国产品质量法》的有关规定，借鉴国际上引导企业提升竞争力的成功经验，于2001年开展了全国质量奖的评审工作，大力推进实施卓越绩效模式，取得了良好的效果。这些获奖企业的竞争优势主要表现在：加强战略管理；强化了顾客意识、改进意识，促进企业的持续改进；引导企业更加关注竞争力、人力资源，社会责任和综合绩效，实现了从优秀到卓越的跨越。

（八）我国企业和组织实施先进的质量管理理念、方法和技术，基本与国际接轨

通过举办国际会议和参加国际会议，走出去、请进来等方式，促进了我国质量领域与国际质量界的交流与合作，国际质量领域先进的质量理念、方法和技术，能够第一时间引入国内，并运用于企业和组织的实践，加快了我国质量领域与国际接轨的步伐。

二、我国质量管理存在的主要问题和改进建议

十年来，我国质量管理虽然取得了巨大的成绩，但是我们还应清醒的看到：无论是国内经济建设和改革也好，还是应对全球化竞争需要的形势也好，我国质量管理还存在不可忽视的问题，主要有：一是实施名牌战略取得了很大的成绩，但还没有真正形成一批自主知识产权的世界级品牌，我国产品质量的档次从整体上看，还不够高，在国际市场上的竞争力还不够强；二是具有核心竞争力的大企业、大集团的数量还不够多，关键技术上不去；三是一部分企业法制观念、质量意识淡漠，假冒伪劣产品充斥市场。因此提高全民质量意识、实施以质取胜战略是我们义不容辞的责任。为了做好今后的质量工作，现提出以下几点建议：

（一）继续广泛、深入、持久、有效的开展质量宣传活动，让“质量第一”的观念深入人心。

（二）继续开展全员质量培训，高度重视各类企业和组织负责人的质量培训教育，抓好质量培训的关键。

（三）有效的引导企业学习“卓越绩效模式”、六西格玛管理等先进的质量管理方法和技术，不断提升企业的质量竞争力，努力培育世界级的企业和品牌。

（四）加大质量法制建设和执法力度，进一步完善国家质

量奖惩制度，严厉打击假冒伪劣行为，规范市场秩序。

（五）以更加开放的心态，学习和借鉴国外的质量标准，加快我国质量标准化的步伐。

（六）充分发挥质量中介组织的作用，凝聚社会各方力量，共同推进质量事业。

对工业抓好质量的几点建议 *

（二〇〇八年十月二十三日）

中国质量协会于 1979 年 8 月由国家经委批准成立，是国家民政部注册，由国务院国资委主管，由国家质检总局指导的全国性科技社团，也是一个跨行业、跨地区的质量专业服务组织。中国质协的使命是传播先进的质量理念、方法和技术，组织各种形式的全国性质量推进活动，提供专业化的质量服务，为提升个人能力、组织和国家的竞争力做出贡献。核心业务是会员发展与服务，质量研究，质量评价，质量培训，质量咨询，质量认证，质量资讯，质量激励、国际交流和质量推进活动。

中国质量协会成立后，积极倡导地方和行业建立质量组织，形成全国质协系统，目前共有 81 个地方和行业设立了质量协会或分会。现有会员企业近 2000 家。

在国资委、发改委和国家质检总局等部门的领导、支持下，中国质协的改革发展取得了一定成绩。一是基本实现了从传统行业协会到现代中介组织的转变，协会初步走上了专业化、规范化、现代化和国际化的发展轨道；二是基本实现了以活动创收为主到提供核心专业服务创收为主的转变；三是在积极推动我国企业学习国内外先进的质量理念、方法和技术的同时，开始关注总结我国优秀企业的成功经验，实现了由引进为主到以

* 在工业和信息化部、国务院国资委行业协会座谈会上的发言。

我为主，吸收创新提高的转变。通过为政府、为系统、为会员提供专业规范的服务，协会实现了自收自支、自立自养和持续健康的发展，也为促进我国质量事业的进步，提升我国企业的整体管理水平和我国经济社会又好又快的发展，做出了自己的贡献。

一、主要工作概况和体会

近年来，我们在坚持以质取胜战略，在为政府制定产业政策、搞好宏观调控，为行业和企业提供专业服务，参与国家标准和行业标准制定，抓好企业人员培训，提升人员整体素质等方面，卓有成效的开展了工作。一是完成政府部门和有关单位委托的质量课题研究。如《中国制造业质量管理现状调查及对策研究》、《优质服务准则》、《中国生产性服务业质量提升战略研究》等。二是参与国家和行业标准的制定。如配合国家质检总局制订了《卓越绩效评价准则》和《卓越绩效评价准则实施指南》国家标准，起草了《顾客满意度测评通则》和《顾客满意度测评模型及方法指南》两项推荐性国家标准和《六西格玛管理评价标准》等。三是组织推广六西格玛、引进消化卓越绩效模式等先进质量管理方法，提升我国企业的竞争力，开展全国质量奖评审。八年共有宝钢、海尔、联想、潍柴、成飞、广东移动等62家企业获此殊荣。四是开展全国性行业满意度测评工作，促进重点行业质量提升。主要开展了汽车、住房和手机等行业的满意度测评工作。与此同时，我们还组织开展实施了用户满意工程活动。五是为提升企业基础管理水平，开展质量教育培训、咨询、认证等工作。其中仅新一轮全面质量管理知识普及教育一项，自2001—2007年，已累计培训考核100余万员工。六是组织开展全国质量管理小组活动。这项活动持续不断的开展了30年，共注册质量管理小组2802万个，创造的经济效益 5753 亿元。七是开展质量技术奖评审，大力表彰、鼓励和推广我国质量技术成果的转化和运用。

以上工作和活动，不仅为我国政府部门、相关行业和企业提供了有针对性的质量服务和改进意见，还为包括工业和信息化行业企业在内的我国广大企业，提高质量意识，树立以用户满意为标准的质量观，提高人员素质，运用先进的质量管理方法和技术，促进现场改进和管理创新，提升竞争实力，追求卓越绩效，起到了很好的促进作用。

上述工作和活动充分说明，先进的质量管理工具和方法对促进工业信息化的健康持续发展，可以起到十分重要的基础性作用。质量管理为工业信息化提供专业性服务是大有可为的。要实现工业由大变强，确保产品质量和安全，培育有国际竞争力的大企业集团等目标，没有完善的质量管理做保障，也是不可能的。

二、对工业和信息行业加强质量工作的建议

（一）抓认识，大力宣传质量观，强化质量意识教育。

产品质量的过程控制，要依靠人。应当坚持以人为本，解决好人的观念培养和素质教育问题。办法就是更加重视和继续进行职工的质量知识普及教育。

（二）抓基础，摸清企业质量管理现状，建立我国质量管理现状调查报告制度，为国家科学决策提供依据。

这项工作完成的好，能够为提高我国企业质量管理水平，实现又好又快发展提供重要的数据和依据。

（三）抓方法，加强科学、先进的质量管理方法推广应用。

中国质协希望在国家经济、质量行政管理部门的领导下，总结我国优秀企业的成功案例，利用组织优势，下大决心，投入力量，把科学、先进的质量管理方法推广应用工作扎扎实实

开展下去，帮助企业实现质量管理的改进和产品质量的升级，努力使“中国产品”成为世人公认的“优质产品”，使我国从“制造业大国”转变成“制造业强国”。

（四）抓资质，培育质量专业骨干，营造全社会尊重质量的氛围。

质量改进是一个永恒的课题，质量管理专门人才的培育是促进质量改进的关键。从国内外的情况看，为了推动质量事业的发展，建立健全国家和行业质量职业资格认证注册制度，培养质量方面的专业化人才，营造全社会尊重质量人才的良好氛围是十分重要的。希望在政府相关部门重视和支持下，逐步建立社会认可的质量经理、六西格玛黑带、质量管理小组诊断师、可靠性工程师等质量资格认证注册制度，由有权威性的质量专业组织承担相关工作。

（五）抓激励，树立标杆，引导我国企业追求卓越。

在国家质检总局、原国家经贸委的支持下，从2001年开始，中国质协把当今国际上普遍推行的卓越绩效模式（质量管理的一种方法和质量奖评审标准）在我国优秀企业推广，并作为“全国质量奖”的评审标准。目前获得“全国质量奖”的企业，通过推广卓越绩效模式，取得绩效改进，获得市场成功，不但为行业起到了标杆作用，也为我国优秀企业追求卓越树立标杆，促进企业更加重视质量改进，打造名牌产品，不断提高竞争力，推进名牌战略的实施。

工业和信息行业有一些企业获得了“全国质量奖”，希望各有关部门注意总结他们的经验，发挥他们的示范作用，同时，动员更多的企业加入到推广卓越绩效模式这个队伍中来。

党的十七大及十七届三中全会，对今后我国在经济、政治、文化、社会、农村和生态建设等方面，提出了新的更高目标和要求，具有重大的现实意义和深远的历史意义，为行业协会进一步改革、发展指明了方向。我们要以科学发展观为指导，坚持以质取胜战略，推进我国工业和信息化建设，促进我国经济社会又好又快的发展。

努力把我国质量事业推上一个新台阶*

（二〇〇九年五月十四日）

刚才李毅中①部长代表工业和信息化部党组，传达了中央领导同志关于提高产品质量、加强质量工作的重要批示，就学习贯彻落实中央领导同志批示精神，加强我国工业产品质量工作，进行了全面动员和周密部署。中国质量协会完全拥护党中央、国务院关于加强质量工作的战略决策，完全赞同工业和信息化部落实中央领导同志批示精神做出的各项工作部署。

下面，我结合中国质量协会的工作，讲一讲学习贯彻落实中央领导同志批示精神的体会和意见。

一、认真贯彻落实会议精神，努力把我国质量事业推上一个新的台阶

这次会议，对推动我国质量事业的快速发展，全面提升我国工业产品质量水平，必将产生重要的作用，必将载入历史史册。中国质量协会作为政府经济质量主管部门领导下的一个质量专业服务组织，认真贯彻落实好会议精神，是义不容辞的。

学习领会和贯彻落实中央领导同志批示精神，是全国质协系统和广大会员企业，今年工作的重中之重，是一切工作的首

* 在工业和信息化部加强工业产品质量工作电视电话会议上的讲话。

① 李毅中，时任工业和信息化部部长、党组书记。

要任务。我们要把学习领会与全面贯彻落实中央领导同志批示精神，作为学习实践科学发展观活动的重要内容，全面提升质量意识，把思想认识统一到中央的战略决策上来。我们要站在质量关系发展的可持续性、关系人民群众的切身利益、关系国家形象的高度，从落实三个战略入手，来认真学习领会批示精神，把中央领导同志的批示精神，作为全国质协系统工作的长期指导思想。要从加强企业管理、应对国际金融危机、调整产业结构、转变发展方式、提高我国产品国际竞争力等方面，来贯彻落实批示精神，把中央领导同志的批示精神，转化为全国质协系统工作的行动指南。要通过各种形式和活动，广泛宣传和落实好会议精神，把会议提出的总体工作目标和任务，列为全国质协系统工作的主攻方向。要结合本地区、本行业、本企业的实际和今年经济社会发展目标措施，实实在在地提出贯彻落实意见，研究推进和建立健全质量工作的长效机制。通过认真贯彻落实会议精神，努力把我国质量事业推上一个新的台阶。

二、发挥优势，为政府和企业提供高质量的服务

中国质量协会作为致力于质量管理和质量创新的社团组织，其自身价值的实现，最终要体现在服务工作上，服务是协会的看家本领和根本宗旨，是我们的立会之本。我们要充分发挥全国质协系统的组织优势、专业优势和专家优势，为政府和企业提供高质量的服务。要当好政府的参谋助手，为政府宏观决策等提供建设性意见；要当好企业的知音知己，帮助企业解决在管理上存在的困难和问题；要当好消费者的顾问向导，及时提供有效信息，为消费者选择消费提供帮助。在继续做好原有工作的基础上，我们要重点做好以下几项工作。

（一）全力以赴，认真做好政府经济质量主管部门委托的工作，努力做出成绩，争取不负众望。

要进一步搞好质量知识普及教育和高层领导质量培训工作。积极宣传大质量观，不断强化质量意识，全力做好新一轮全面质量管理知识普及教育工作，组织专家对普及教材进行修订，编写领导干部质量管理简明读本，让企业领导者和广大员工，基本掌握应知应会的现代质量管理理念、方法、技术及工具。配合“质量和安全年”活动，在全国质量月期间举办质量知识竞赛和演讲赛活动，营造全社会崇尚质量的氛围。

要全力做好质量管理现状调查工作。为了摸清我国企业质量管理基本数据和概念，中国质量协会接受工业和信息化部委托，已开始着手开展质量管理现状调查工作。调查工作的整体思路是试点先行、摸索经验、分步推进、整体完成。今年将通过“点”“线”结合方式，拟选择上海、广东、辽宁等地区和通用设备制造与食品饮料等行业进行调查。

要积极推进全国用户满意工程活动。解决好以用户和顾客为中心、以用户满意为质量标准的质量观在企业落地的问题；要关注中小企业的发展质量，将用户满意活动推广到广大的中小企业。今年，我们将对汽车、钢铁、食品、家电四个行业进行满意度测评，了解老百姓的需求和对四个行业的整体评价。

要积极协助和支持重要工业行业联系产业振兴规划的实际，制定质量振兴规划。明确质量工作任务与目标，加强对企业的质量指导、服务与跟踪，全面提升重点行业的质量管理水平。

今年以来，工业和信息化部与国家质检总局已将上述有关工作，写进了两部局的相关工作计划和文件。在今天的会议上，李毅中部长在报告中对上述工作又进一步做了强调，这既是政府经济质量主管部门对中国质量协会的高度信任和大力支持，又是对我们工作的巨大鼓舞与激励。我们一定要倍加努力，高质量的完成相关工作，为引导消费、促进企业质量改进和政府宏观决策等提供服务，向政府经济质量主管部门和党中央、国务院交出一份满意的答卷。

（二）积极帮助企业应对危机，提升管理水平，确保产品质量，增强竞争能力。

企业是加强质量管理，提高产品质量水平的主体。了解企业情况，为企业提供有效的服务，是中国质量协会的天职。

要积极深入企业开展调查研究工作。摸清中小企业的质量状况和服务需求，开发和推荐适合中小企业发展的质量管理方法与技术，逐步提高中小企业的质量意识、质量管理水平和产品实物质量水平。引导有一定竞争实力的大中型企业，根据自身的发展情况和成长阶段，面向未来制定质量发展战略，针对实际抓好质量基础建设工作，通过与国际同类产品的标杆对比，找出差距，进行改进创新，提升企业和产品竞争力。总结卓越企业的最佳实践，积极传播他们的先进经验，引导广大企业走质量经营之路，全面提升我国企业的整体素质和质量水平。

要积极传播先进的质量理念、方法和技术。通过开展各项业务服务和质量推进活动，积极向广大企业传播卓越绩效模式，六西格玛管理，ISO9000 族国际质量标准，顾客满意，可靠性管理，精细化管理，风险管理，5S 管理，统计技术等现代质量管理方法和技术，引导企业进行实践并提供量身订制的专业服务，帮助企业建立应对市场挑战的质量保证体系。倡导企业既要重视日常管理，又要关注风险管理；既要关注和承担经营责任，又要关注和承担民生与社会责任；既要重视供应商管理，又要重视产业的质量链管理；既要重视质量经营，又要加强质量文化建设。

要创新核心业务和全国性质量品牌活动。重点加强宏观质量研究与质量学术的研究、交流和推广，促进具有中国特色的全面质量管理理论和实践案例的研究，系统地开展质量实用技术服务项目的研发推广工作。针对节能减排和质量安全等社会热点问题，进一步扩展班组活动的选题范围，创造性地开展现场管理星级评价准则和QC小组诊断师认可注册工作，促进成果转化，鼓励全员参与。全国质协系统共同开展的五项质量品牌活动，要专业规范运行，继续扩大影响，提升附加价值。

调查研究、业务创新和提供专业服务等工作的目的，就是要积极帮助企业强身健体，应对危机，加强质量基础工作，提升管理水平，确保产品质量，增强竞争能力。

中国质量协会和全国各级质量协会成立已有30年的历史了。长期以来，各级党委、政府十分重视我国质量工作，也十分关心支持质协开展工作和活动，全国质协系统也联系本地区、本行业的实际，服务政府，服务经济，服务企业，在开展质量教育培训，组织QC小组活动和用户满意工程，引导企业走质量效益型道路，宣贯ISO9000质量标准，实施卓越绩效评价准则，开展全国质量奖和质量技术奖评审等方面，做了大量有益的工作，并取得了一定的成绩。在这里，我要继续恳请各级党委和政府，尤其是政府经济质量主管部门，在新的形势下，要更加关心支持和帮助质协的工作，发挥质协的作用，最大的支持就是要多压担子，多派任务，加强领导和监管，让质协健康有序的发展。各级质协也要好自为之，加强自律，珍爱质协的品牌形象，专业规范的开展各项工作和活动，在服务党委政府中心工作，服务企业生产管理的实践中，做出成绩，做出影响，不辱使命，不负众望，真正做到有为才有位，用工作实绩和品牌形象，赢得党委和政府的认可，赢得企业的认同，赢得社会相关各方的好评。

总而言之，我们将在中央领导同志批示精神的指引下，振奋精神，开拓进取，认真配合政府经济质量主管部门，积极主动的开展工作，让“质量是企业生命”的理念，真正成为我国广大企业员工的道德底线和行为准则，为推进中国质量事业的进步与发展，全面提升我国工业产品质量，促进我国经济社会的健康持续发展，做出新的贡献。

从战略高度认识质量工作的重要性*

(二○○九年五月二十五日)

非常高兴有机会参加这次座谈会。去年十一月十一日，胡锦涛总书记在我呈报的“关于加强质量工作的几点建议”上作了重要批示，德江副总理对贯彻落实总书记批示非常重视，抓得也非常紧，亲自听取我汇报工作，了解质量方面情况并于去年十一月十二日和今年四月二十六日两次作出书面指示，为我们贯彻总书记的重要批示提出了要求，指明了方向。

下面，我结合协会工作汇报一下我们宣传贯彻胡锦涛总书记和张德江副总理批示精神的情况：

一、认真组织全国质协系统学习、领会批示指示精神，统一思想，认清形势，把思想认识提升到党中央、国务院的决定和要求上来，从战略高度认识质量工作的重要性

为深入贯彻落实党中央、国务院领导同志的批示指示精神，我们专门组织召开专题会长办公会和全国质协系统秘书长工作会，学习领会中央领导同志的批示精神，研究贯彻落实批示精神的指导意见。我们深深感到总书记关于提高产品质量的批示，非常及时，非常重要，意义非常深远：一是突出了质量工作的

* 在工信部贯彻胡锦涛总书记、张德江副总理关于提高产品质量重要批示座谈会上的发言。

重要性，二是强调了质量工作的战略性，三是阐明了质量工作的紧迫性，四是指明了质量工作的长期性。我们感到，中央领导同志对质量工作如此重视，多次作出书面批示，不仅仅是对质量工作抓的紧，抓的实的问题，更重要的是站在对国家负责，对百姓负责，对我国国际形象负责的高度，针对新时期、新形势提出的新战略。大家认为一定要从加强企业管理、应对国际金融危机、调整产业结构、转变发展方式、提高我国产品国际竞争力的战略高度去理解、贯彻、落实批示精神。要通过各种形式和活动，广泛宣传好党中央、国务院领导同志批示精神，把对质量重要性的认识统一到中央的精神和工作要求上来。要积极主动的向地方政府及业务主管部门汇报党中央、国务院领导同志的批示精神，结合本地实际和今年的经济社会发展目标、措施，实实在在地提出贯彻落实的意见、方案，研究出中长期规划和长效机制。

二、充分发挥协会组织优势和专家优势，认真研究、稳妥部署，贯彻落实党中央、国务院领导同志的批示精神，积极配合国家相关部门开展重点活动和工作，提升全民质量意识

为贯彻落实党中央、国务院领导同志的批示指示精神，根据国家质检总局、工信部关于开展“质量和安全年”活动和加强工业产品质量工作指导意见精神，以及振兴产业规划的要求，中国质量协会发挥专业优势，主动承担工作，实施“四二五”工程，即全力开展质量知识普及教育、政府行政领导干部和企业高层管理者质量培训、全国用户满意度测评、质量管理现状调查四项重点工作，积极推进现场管理星级评价准则和 QC 小组诊断师注册工作两项创新工作，同时继续做好全国质量奖评审、全面质量管理知识普及教育、全国用户满意工程、质量管理小组活动和质量技术奖评奖活动等五项品牌活动，为提升全民质量意识，为服务政府决策，为帮助企业提升管理水平，确保产品质量，增强竞争能力做一些实实在在的工作。

一是搞好质量知识普及教育、高层领导培训工作。全力做好新一轮全面质量管理知识普及教育，组织专家对全面质量管理普及教育教材进行修订，编写领导干部质量管理简明读本。配合“质量和安全年”活动，在全国质量月期间举办质量知识竞赛和演讲赛活动，营造全社会重视质量的氛围。

二是积极推进全国用户满意工程活动，解决好以用户和顾客为中心、以用户满意为质量标准的质量观在企业落地的问题；要关注中小企业的发展，将用户满意活动推进到广大的中小企业中。今年，我们将对汽车、钢铁、食品、家电四个行业进行满意度测评，了解百姓的需求和对四个行业的整体评价。

三是全力做好质量管理现状调查工作。为了摸清我国企业质量管理基本数据和概念为国家宏观决策和制定政策服务，中国质量协会向政府承诺，牵头开展质量管理现状调查工作。为做好这项重要基础工作，我会先期准备投入了大量资源，动员了全国质协系统的力量，组织质量专家反复研讨论证，目前质量管理现状调查的方法、调查程序、模型设计、问卷样本等已基本完成，下一步将进入试调查阶段。预计十一月份完成调研报告向中央报告。

四是推动质量管理小组活动创新，进一步扩展小组活动视野和课题范围，创造性地开展现场管理星级评价准则和 QC 小组诊断师认可注册工作，促进成果转化和分享，完善小组活动激励机制。

五是建立中国质协质量科学研究院，加强质量学术的研究、交流和推广，促进具有中国特色的全面质量管理理论和实践案例的研究，系统地开展质量服务项目的研发推广。

六是组织质量专家“西部行、边疆行、企业行”等活动，积极介绍、推广先进的质量管理方法，帮助企业解决突出质量问题。

七是承办由国家质量监督检验检疫总局、中共中央宣传部、工业和信息化部、住房和城乡建设部、中华全国总工会和共青团中央决定的于今年9月在全国范围内开展的“质量月”活动。力争把质量月活动开展得更有声势，更有特点，更有影响，更有价值。通过印制质量月宣传画、宣传手册、开通质量月网站等活动，把“质量月”活动引向深入。

八是继续做好中国质协五大品牌活动，举办第31届全国质量管理小组会议、全国追求卓越大会暨中国质量协会成立30周年纪念大会和全国用户满意工程推进大会等一系列活动，把质量管理先进方法推广应用工作扎扎实实的开展下去。

三、中国质协将在国家经济、质量行政管理部门的领导下，克服困难，全力以赴，把重点工作扎扎实实的开展起来并做出成绩

我们的工作得到了国家经济、质量行政管理部门的大力支持，质量知识普及教育、高层领导培训、质量专家“西部行、边疆行、企业行”活动、质量管理现状调查等工作更是写进了工信部工作计划和关于加强工业产品质量工作的指导意见。180号文件明确表示工信部支持中国质协开展质量管理现状调查及汽车、钢铁、手机和“家电下乡”产品用户满意度测评工作，使我们备受鼓舞。接下来的工作中，我们迫切希望能够得到工信部的进一步指导、帮助、支持，尤其在实施起来难度比较大的质量管理现状调查工作中，渴望得到工信部系统的支持，进而得到受调查企业的积极配合。

对做好我国质量工作的几点建议*

（二○○九年六月二十日）

这次座谈会是进一步贯彻落实胡锦涛总书记批示精神的重要会议。会后，我们要组织全国质协系统认真学习和传达、落实张德江副总理的重要讲话和会议精神。根据会议安排，我作个简短发言，主要讲四点建议。

第一点，应当继续在全社会大力宣传“大质量观”，解决好树立科学质量观问题

“大质量观”实际就是全面质量管理核心理念的一种概括。这种观点目前国际上普遍推广，日本是从国民教育抓起，从娃娃抓起。我在调研时发现，质量靠谁管，从哪里管，如何管的问题还不是很清楚，出现这种情况原因很多，其中很重要的一条，就是人的质量观，或者叫质量意识还没有树立起来，质量与我有没有关系，我对质量有什么样的责任，不是很清楚，质量还没有成为人们的意识和自觉。因此，应当从两个层面着手解决这个问题。从企业层面来讲，质量靠产品检验合格把关，这种认识已经过时，实际上用这种办法也管不好质量。抓企业就应当抓质量，抓质量应当抓“源头”，把质量控制和质量改进贯穿在产品设计、研制（发）、制造、检验、销售及用户全过程。要明确企业的质量主体地位，又要明确企业负责人和企

* 在国务院召开的质量调研座谈会上的发言。

业成员的不同质量责任，解决人人都与质量有关，人人都要关心重视质量的问题，在企业内部营造重视质量的良好氛围，扎扎实实推进企业全面质量管理体系建设，提高我国产品质量和竞争力。就国家层面来讲，“大质量观”符合科学发展观要求，重视增长，更重视增长的质量，有利于我国经济社会实现科学发展和可持续发展，也有利于提升社会每一位成员的素质。因此，建议有关部门、企业针对不同对象，利用宣传、教育、培训、检查、考试等多种形式大力宣传、普及“大质量观”，增强全民质量意识，并把这项工作作为一项长期的国民教育内容和员工培训任务，坚持常抓不懈。

第二点，质量教育培训要从领导干部做起，坚持大力开展质量知识普及教育

加强领导干部的质量教育是培养质量观念的最重要、最关键的任务；开展全国企业员工质量知识普及教育，是产品质量提升最重要的基础性工作。真正重视质量，把产品质量作为企业生命，领导班子是关键，班子中“一把手”是关键。因此，质量的提升工程实质上就是“一把手”工程。去年开始，中国质量协会配合国家行政学院、国资委、国家知识产权局等已经培训了600多位政府、企业的领导干部。预计到今年底，参加培训的领导干部人数会比上年大幅增加。根据领导干部掌握质量知识的需求，中国质协组织编写的《领导干部质量知识简明读本》马上就要完成，届时领导干部的质量知识学习将更具针对性。2001年以来，中国质协开始新一轮“全国企业员工质量知识普及教育活动”，在国家有关部门支持、帮助下，已有近千万新员工参加培训并通过全国统一考试。今年，国家质检总局、工信部都在发文中推这件事，效果应该更好一些。因此建议政府有关部门继续对质量培训给予重视，特别是明确对领导干部提出参加质量学习培训的要求。中国质协一定会动员组织全国质协系统的力量，把培训的具体工作做好做实。

第三点，开展质量管理现状调查，为政府提供决策参考依据

我国的产品质量已经有了很大的改善和提高，很多产品已经达到国际一流水平，这是不争的事实。但也的确存在一些质量问题。问题出在哪？哪些企业、哪些方面还薄弱，很有必要搞清楚。为了摸清我国企业质量管理基本情况，用户对产品质量的反映和评价，今年中国质协开展了我国企业质量管理现状调查和用户满意度调查测评工作。调查的目的，是掌握我国企业质量管理的第一手资料，真实反映质量管理和产品质量现状，为中央科学决策及编制“十二五”国民经济发展规划提供参考。调查工作的安排是：先行试点、摸索经验、分步推进、整体完成。今年我国企业质量管理现状调查将通过“点”、“线”结合调查方式，选择通用设备制造、食品饮料加工两个行业和部分省区进行；用户满意度调查测评在汽车、钢铁、食品和住宅四个行业开展。目前调查方案和问卷已完成，开始进行试调查，七月份全面铺开。这项工作德江副总理很关心，工信部、国家质检总局、国家统计局给予很大支持，我们要努力做好，年底向中央报告。目前最大的困难是没有调查经费来源，希望国家财政能够帮助一下。

在调查的基础上，我们还要积极参与工信部、国家质检总局开展的建立重点行业质量服务体系、行业质量发展规划、质量保障长效机制和质量优劣社会评价机制等项工作，全力提供质量管理技术、方法等方面的专业支持。

第四点，大力加强质量基础工作建设

质量基础工作包括质量法律法规、标准、计量测量等，内容很多，我想强调三点：

一是推广先进质量管理方法的应用。近十多年，以发达国家为代表，十分重视对质量理论、方法的研究，注重质量工具的应用，推动了一些新的质量管理方法的出现和普及。例如："卓越绩效模式"、"精益管理"、"六西格玛管理"还有顾客满意、现场改进、可靠性工程等。中国质协结合实际组织了一些我国企业学习推广这些先进的质量管理方法，实践证明，在我国是好用的，应该积极推广。这项工作国家质检总局在"质量和安全年"活动安排中做出部署。我们协会积极响应，决心配合政府部门的要求，利用质协组织优势，动员专家资源，投入科研、培训、咨询力量，把科学、先进的质量管理方法的推广和应用工作扎扎实实开展起来。我们还计划在全国质量月期间组织质量专家到中小企业、西部、边疆、老区企业传播先进质量管理理念和方法，开展质量咨询服务，指导质量诊断、自查活动及质量标杆对比活动等，帮助企业解决突出质量问题。

二是加强基层组织现场质量管理工作。质量管理强调过程控制，也提供了很多现场质量策划、控制、测量、纠正、改进、预防的方法和质量管理工具。建议加强这方面的知识普及和应用辅导工作，中国质协目前已开始组织"现场质量管理评价"方法推广的试点，第一批试点企业主要集中在制造行业，因此，希望工信部对此项工作给以推动和指导。

三是完善质量管理人员的资质培养和注册制度。建议进一步健全和完善质量专业人员培养和资格认证工作。在国家已设立的质量专业技术人员职业资格考试的基础上，参照国际惯例，在规范管理的前提下，委托或认可质量专业组织，开发质量经理、可靠性工程师、六西格玛黑带、六西格玛绿带等系列质量专业人员能力培养、鉴定和注册。请人力资源和社会保障部给以支持。

质量要常抓不懈，抓出成效，需要形成部门、企业、行业协会三方的合力。在这里，我恳请政府部门，在新的形势下，更加关心支持和帮助质协的工作，最大的支持就是要多压担子，多派任务，发挥协会组织的优势，承担政府想做又不便做的事情，我们以“专业值得信赖，规范不可替代”的质协文化，让企业得到有价值的质量服务，努力做到政府放心、企业满意。

质量是企业信誉的命根子 *

(二〇〇九年六月二十七日)

这次座谈会，是进一步贯彻落实胡锦涛总书记批示精神，加强工业产品质量的重要会议。听了大家的发言，很受启发。会后，我们要组织全国质协系统认真学习和传达、落实张德江副总理的重要讲话和会议精神。根据会议安排，我作个简短发言，主要讲三点。

第一点，要继续在全社会大力宣传胡总书记批示精神，让大家对质量更加重视起来

胡锦涛总书记对质量的重要批示传达后，在全国反响很大，影响深远。不仅主管部门，很多省、市政府和企业，都在学习贯彻胡锦涛总书记重要批示精神，大家都动起来了，抓产品质量的力度也非常大，从上到下劲头很足，势头很好，局面难得。

在好的形势面前，我们必须看到，要真正搞好产品质量，任务还相当艰巨。企业自觉地把质量看作是自己的生命，需要一个过程。比如，我在调研时了解到，一部分企业做的确实不错，他们对产品质量负责，质量就对企业负责。因此，尽管这些企业也遇到经济危机带来的困难，但是他们抗冲击能力强，转危为机行动快，效益就比别人好。但的确有相当一部分企业，还没有真正认识到质量的重要，没有把质量看作是自身信誉的保

* 在加强工业产品质量工作座谈会上的发言。

证，看作是“命根子”。有的把质量只是挂在口头上，讲是讲了，但没有扎实去做；有的睁一眼、闭一眼，抱侥幸心理；还有个别企业受利益驱动，掺杂使假、以次充好，根本不讲质量诚信。可见解决好“质量是企业的生命”这个大问题，还要花大力气。因此建议：一是进一步加大对胡锦涛总书记重要批示的宣传力度，组织开展集中宣传，讲清牢固树立“质量是企业的生命”的道理，不断加深对总书记重要批示及时性、方向性、战略性、长远性的认识和理解，使之深入人心；二是抓企业就应当抓质量，抓质量应当抓“源头”，把工业产品质量控制、质量改进贯穿在产品设计、研发、制造、检验、销售及用户的全过程。要明确企业的质量主体地位，更要明确企业负责人和企业成员的不同质量责任，解决人人都与质量有关，人人都应当关心、重视质量的问题，营造重视质量的良好氛围，扎扎实实推进全面质量管理体系建设，提高我国产品质量和竞争力。三是继续加强质量培训工作。首先要搞好企业员工质量知识培训，这是确保产品质量提升的一项很重要的基础工作。员工素质提高了，质量方法掌握了，产品质量就有了一定保障。员工质量知识培训形式比较多，其中之一是组织参加“全国企业员工质量知识普及教育活动”。

当前，在一手抓员工培训的同时，还要一手抓领导干部的质量培训。因为企业对质量重不重视，关键要看企业领导重不重视。因此，必须在企业领导干部质量知识培训方面下些功夫，为企业领导，包括政府有关部门的领导，开展质量知识的培训，让大家真正认识到质量对企业的重要，不仅重视质量，而且知道怎么去领导和加强质量管理。去年下半年开始，中国质协配合国家行政学院、国务院国资委、国家知识产权局等已经培训了 1000 多位政府、企业的领导干部。预计到今年年底，参加培训的领导干部人数会比上年大幅增加。根据领导干部学习质量知识的需求，中国质协在去年组织专家为领导干部编写培训教材的基础上，今年又专门组织编写了《领导干部质量知识简明读本》，近期就能完成，可以为领导干部学习质量知识提供更方便、易懂的教材。建议有关部门在为领导干部学习质量知识创造必要条件的同时，也要把企业开展质量培训教育情况，作为考核企业，考评企业领导的一项重要指标，不断推动质量培训教育工作的开展。

第二点，大力加强先进质量管理方法的应用推广工作

质量管理是一门科学。实践证明，在质量管理工作中推广应用先进的质量理念和方法，是质量工作的一个重要抓手。最近十多年，以发达国家为代表，十分重视对质量理论、方法的研究，注重质量工具的应用，推动了一些新的质量管理方法的出现和普及，对提升国家整体综合竞争力起到关键作用。近年来，中国质协结合实际，组织我国一些优秀企业学习推广这些先进的质量管理方法，对改进质量管理，提升产品竞争力起到明显作用。比如，我们从美国引进的“卓越绩效模式”，就是一个包括以战略为导向，全面实现质量改进，提高组织综合绩效的管理体系，是一个可以评价管理成熟度的指导性标准。它用系统的方法，战略的思维，通过持续改进，提高组织绩效能力，获得市场成功。实践证明，这种科学的管理方法在我国推广后，效果很好。在座的企业当中，就有通过导入卓越绩效模式，取得很大进步，获得全国质量奖的卓越企业，比如海信集团、扬子石化、波司登集团、正泰集团、美的集团等。南京钢铁公司、鞍山钢铁公司也在认真做这件事。我们应该把这些好的做法在全国更大范围加以推广。最近，工信部发出文件，要按照不同行业和企业的需求，加大先进质量管理方法推广应用力度，要求在这项工作中要充分发挥协会的作用。中国质协将根据要求，结合我们的实践和体会，提出操作方案的建议，并且还要利用质协组织的优势，动员专家资源，投入科研、培训、咨询力量，把先进质量管理方法的推广和应用工作扎扎实实开展起来。

今年全国质量月期间，我们将响应国家质检总局的号召，组织质量专家到中小企业、西部、边疆、老区企业传播先进质量管理理念和方法，开展质量咨询服务，指导质量诊断、自查活动及质量标杆对比活动等，帮助企业解决突出质量问题。

先进的质量管理模式，不仅强调系统性，还特别重视过程管理，强调产品质量的过程控制。生产现场是决定产品质量的重要环节，加强现场管理，让每个班组、每个员工都来参与产品质量保证工作，是全面质量管理的基本理念。质量管理在过程控制方面，提供了包括现场质量策划、控制、测量、纠正、改进、预防等多种工具和开展质量管理小组活动等方法，要提高产品质量，就应当加强这方面的知识普及和应用指导工作。根据企业现场管理改进的需求，中国质协组织专家，借鉴国外成功实践，专门研究出适合我国企业特点的“现场管理评价准则”。这套方法，企业可以直接拿来对现场管理进行测评，找到改进空间，因而受到欢迎。目前中国质协已开始组织第一批试点，主要集中在制造行业企业，建议工信部、国资委等主管部门对此项工作给以指导和推动。

第三点，开展质量管理现状调查，为改进管理、科学决策提供重要参考依据

产品质量反映一个国家的生产力状况、经济发展水平和企业管理水平。我国的产品质量已经有了很大的改善和提高，很多产品已经达到国际一流水准，这是不争的事实。但也的确存在一些质量问题。问题出在哪？薄弱环节在哪？需要搞清楚。

影响产品质量的因素很多，原因也在不断变化，只有调查了解到影响质量的主要原因是什么，加强这方面的调查分析和理论研究，才能正确把握每个时期抓质量的侧重点是什么，主要抓什么问题，为改进管理、科学决策提供重要参考依据。

今年，在工信部的领导下，中国质协正在组织开展我国企业质量管理现状调查和用户满意度调查测评工作。通过调查掌握第一手资料，摸清当前我国企业质量管理基本情况、用户对产品质量的感觉和评价，真实反映我国企业质量管理和产品质量现状，为解决当前影响质量的关键问题，提升企业管理水平，为中央对宏观经济的科学决策及编制“十二五”国民经济发展规划提供参考依据。今年的调查将通过“点”、“线”结合的方式组织，选择通用设备制造、食品饮料加工两个行业和上海、辽宁等部分省市进行；用户满意度调查测评在汽车、钢铁、食品和住宅四个行业开展。目前两项调查的全部准备工作已结束，计划七月份全面铺开。这两项调查工作德江副总理很关心，工信部、国家统计局给予很大支持，我们要努力做好，年底将调查结果正式向中央报告。

质量管理是企业的生命线 *

（二〇〇九年十月二十三日）

质量关系着人民生活，企业存亡和国际声誉

主持人：首先我们来看第一个问题，我们知道党中央、国务院把今年确定为质量和安全年，首先请问陈会长，在当前的形势下提出加强全面质量管理做好质量工作，它的重要的意义是什么呢？给我们介绍一下。

陈邦柱：我认为质量是非常重要的，特别是在当前的形势下质量显得更加重要了。因为质量关系着人民的生活，关系着企业的存亡，关系着我们的国际声誉，所以说质量是非常重要的。

特别在当前的形势下，对如何做好质量工作，对贯彻中央提出的“保增长、扩需求、调结构、惠民生”具有更加重要的意义。因为质量搞好了，对老百姓生活、对企业的发展、对我们国家的声誉将起到很大的作用。因此要更进一步的加强质量，中央领导非常重视质量工作，总书记和总理多次作出了重要的指示。我们如何加强质量管理？怎么抓质量呢？就是进一步加强质量的全面管理，做好质量的基础工作。

---

* 做客人民网强国论坛，以进一步加强我国质量管理基础工作为题与网友在线交流。本场访谈是强国论坛举办的“国家质检总局‘质量和安全年’系列访谈”第六场。

为什么这样说呢？因为任何软件、硬件产品都是由企业和企业组织生产出来的，因此要抓好质量就必须从源头抓起，就必须从企业抓起，那么企业如何抓好呢？就是要认真的组织开展全面的质量管理，以质量为核心的企业管理，加强企业的基础工作。

什么是基础工作呢？我认为首先是要从质量教育入手。要使我们广大的职工认识到质量的重要意义，并且身体力行的在每一项工作中，扎扎实实的来自于自我压力、自我要搞好质量，要把这个工作质量做的一丝不苟，严格要求把它搞好。这里面特别强调要加强企业领导干部的培训，让他们真正认识到质量的重要性，而不是嘴上说重要，实际干起来不重要这样的一种情况，因此才能带领好职工进一步搞好质量工作。所以说我认为要从企业抓起、要从培训抓起，然后再进一步全面的推广先进的质量管理模式。比如像卓越绩效模式，这个是世界上和我国都实践证明最有效、最先进的管理方式，所以说要从基础工作抓起。

当然我们加强产品的监管是必要的，但是我认为更重要的是要从源头、从企业、从做好质量的基础工作抓起，这样才能够保证我们的质量水平提高。

质量体系在企业真正落地还有很大改进空间

主持人：中国质量协会在推进全面质量管理方面还将开展哪些工作呢？

陈邦柱：我考虑有四个方面：（1）更进一步在社会上加强宣传，宣传质量、重视质量。我们要广泛的依靠新闻单位，各种媒体大力的宣传，特别是今年是“质量和安全年”，9月份是“质量月”，通过这些广泛的活动，使全民都来关注质量，都来重视质量，发现什么问题及时能够反映出来，能够及时的改进，不断的提高水平，也是对我们各个生产者、各个制造者一种思想进步的压力，来促进质量的提高。（2）要认认真真在企业开展培训，真正在思想上重视起来。特别是领导要重视起来，认为质量确实是企业的生命，质量管理是企业的生命线，使这些重要的指示能够落实到行动上，必须要认识到这方面的问题。另外要学会怎么样抓好质量管理，怎么来抓？这个是我们要着重下功夫的。（3）要抓最基础的工作，一个生产组织、一个企业最基层的生产组织是班组。要从每点每滴、每时每刻、每个过程来抓质量、保证质量。（4）加强质量的理论研究。要创造出我们中国质量先进的管理模式，吸取外国的经验、世界的经验，结合中国的实际，来搞好这方面的工作，我们准备成立中国质量协会的研究机构，目的是提炼出适合中国国情的质量模式，以便扎扎实实指导中国质量不断的提高。我主要考虑的就是这四点。

服务是中国质量协会立会之本

主持人：这位网友叫做杨再昌，他说："加强我国的质量管理基础工作，中国质量协会如何强化自己的职能作用，特别是在'质量和安全年'，如何发挥我们不可代替特殊的功能？"

（前略）

陈邦柱：我再补充说一下，我们中国质量协会靠什么？就是靠服务，服务是我们中国质量协会立会之本。另外就是靠诚信，就是真正的是从企业、从老百姓需要出发去做好服务工作。因为我们没有任何权力，只有通过我们为企业服务，为老百姓服务取得他们的信任，我们才能把我们的工作开展起来。所以我在我们内部会议上特别强调，一个就是要把服务服务到点子上，不要成为企业的负担，真正的为企业提高管理水平。另外是诚信，真正不是为了某种私利，就是要非常诚信的做好我们的工作，这样才能取得信任，才能团结和凝聚我们广大会员和广大质量工作者，共同把这个事业做好。

必须重视质量和安全，才能保证企业的生存和发展

主持人：这位网友提出这样一句话，特别想听听您有什么观点。这位网友叫忠言逆耳，他说："重质量就会影响产量，抓安全就会影响挣钱。"他可能是从企业的角度来看的。

陈邦柱：重视质量不会影响产量。为什么这样讲呢？要是不重视质量生产多少废品那算产量吗？那不是真正的产品。所以我们重视质量，保证质量才能出更多的产品，这和产量不发生矛盾的，是促进产量和销售的。因为现在我们的产品不合格就卖不出去，卖出去也会遭到很严重的后果，因此这个不是真正的产量，这个不矛盾，就是抓质量才能促进我们的生产发展。

说抓安全影响挣钱，这个都是一样的概念，安全和质量是并存的，所以说必须重视质量和安全，才能保证企业的生存和发展。所以领导才说，"质量是企业的生命"。

主持人：所以不要看短期的成本，要看到长远的利益。我们再看下一个网友，这位网友叫香江也断流，他说："陈会长您现在做中国质量协会的会长，和您当初当湖南省的省长有什么不一样的地方？现在感觉压力大吗？您还关心咱们湖南的发展吗？"

陈邦柱：非常感谢这位网友对我提出这样的问题，我曾经在湖南工作过，当过省长，那个时候压力非常大。确实各个方面压力都很大，但是努力把各方面工作尽量做好一点吧，得到湖南人民的进一步认可。

但是现在因为已经到质量协会工作，协会的性质和政府工作完全不一样，但思想压力并没有减少，因为协会就是靠服务。你没有任何手段，所以如何把大家团结起来，发挥大家的作用，把质协为社会、为企业、为老百姓服务的这些项目怎么推向前进，也是很费脑筋的。

其实我们人一辈子时时刻刻都有压力，就看自己怎么样来认识这个问题。你说我关不关心湖南？我始终关心湖南，说句实在话，我每天如果有时间看《新闻联播》，我先看湖南的新闻联播，了解湖南的近况。另外我有时间也经常回湖南，因为那个地方是我工作过的地方，也是培育我的地方，我那里有很多乡亲朋友，所以我是非常关心湖南的，这一点我也非常感谢湖南老百姓对我的培养。

主持人：由于时间的关系，在访谈的最后我们非常真诚的邀请嘉宾再和我们强国论坛的网友们说几句话。

陈邦柱：今天非常感谢人民网组织这次活动，也感谢网友们关心这次活动。中国质量协会作为一个中介组织，30 年来在政府的领导下，在广大人民的支持下做了大量的工作，但是我们的工作距离各方面对我们的要求差距很大，还有很多方面我们做的不够。在这里我借此机会恳请网友们对中国质协今后更加关注、更加支持。怎么支持呢？我认为主要是给任务，有问题找我们，我们尽量的来为大家服务好务，另外我们要和企业成为朋友，尽量帮助企业做好各方面的工作。谢谢大家！

质量是永恒的主题 *

(二〇〇九年十二月八日)

今天，我们在这里召开大会，隆重纪念我国推行全面质量管理暨中国质量协会成立30周年。

一、主要工作成就回顾

30年来，在党和政府的领导下，在各地区、各行业质量组织的积极配合下，在广大企业、质量专家和质量工作者的积极参与下，中国质协紧紧围绕我国经济社会发展的中心任务，秉承服务立会宗旨，坚持专业规范原则，开展卓有成效的工作，取得显著的成绩。

一是大力推广全面质量管理活动。这是中国质协工作的全部内容，也是质协工作的主线。从上世纪70年代末开始引进质量管理小组活动，推行全面质量管理，开展声势浩大的质量知识宣传教育，有计划地在国有大中型企业中提出和实现全面质量管理达标要求；到90年代初总结推广武钢走质量效益型道路的经验，开展全国创建质量效益型先进企业活动，实施用户满意工程；再到90年代后期以来开展的推广卓越绩效模式、六西格玛管理，推动现场管理评价活动等，始终都是围绕着全面质量管理工作展开的。全面质量管理的推广和实施，是我国实行改革开放以来质量管理思想的一场革命，也是我国质量管

* 在纪念我国推行全面质量管理暨中国质量协会成立30周年大会上的讲话。

理史上一次空前的、影响深远的质量理论学习和实践活动。

二是深入持久的开展质量管理小组为主要形式的群众性质量管理活动。全面质量管理的显著特征是全员参与。质量管理小组活动是员工参与质量管理改进的重要形式，是企业推行全面质量管理的重要标志。30 年来，我国质量管理小组活动从无到有，迅速发展，已从制造业发展到现代服务业等诸多行业，通过编写质量管理小组教材和普及读物，开展小组活动骨干和诊断师培训，每年举办小组杯赛，召开质量管理小组代表大会等方式，长期不懈地组织推进工作，取得累累硕果。据统计，31 年来全国共累计注册质量管理小组 2950 万个，创造可计算的经济效益达 6155 亿元，共培训质量管理小组诊断师近万名，质量管理小组普及率和成果率已分别达到 18% 和 68%。质量管理小组活动名符其实的成为我国参与员工最积极、坚持时间最久、影响最为广泛，产生成果最多的群众性质量活动。

三是坚持不懈的开展质量知识普及教育。30 年来，中国质协通过举办全面质量管理电视讲座、专家巡回演讲和培训班等多种形式，大力开展普及教育，推行全面质量管理的理念和方法。据统计，全国收看电视讲座、听取巡回演讲和参加培训的总人数达到 2000 万人次，全国累计约有近 3000 万名职工学习并通过了第一轮全面质量管理基本知识考试并获得证书。2001 年，在国家质检总局、原国家经贸委、全国总工会、共青团中央的支持下，我们重新修订了教材，组织开展了新一轮全面质量管理知识教育培训工作。实践证明，坚持不懈开展质量知识普及教育和培训，已成为提高企业员工质量意识和业务技能的可靠途径，同时也为我国企业产品、服务、工程等质量的不断提升提供了可靠保证。

四是积极引进、推广先进的质量理论和方法。中国质协和全国质协系统在质量推进活动中，紧紧把握世界质量理论和技术的发展趋势，结合我国企业的实际，积极引进了全面质量管理理论、顾客满意质量观等先进的质量理念；倡导并组织实施了全面质量管理基本知识的普及教育活动、质量月活动、用户满意工程活动、质量管理小组活动，宣贯国家质量标准活动等多项全国性质量宣传和推进活动；推广了卓越绩效模式、产品可靠性、精益管理、六西格玛管理、用户满意测评等多种先进、科学的质量管理技术和方法；开展了六西格玛黑带绿带、质量经理人、质量审核员、质量管理小组诊断师等质量管理技术人员专业资格的考试、培训和注册。经过不懈的努力，我国企业对质量管理理论、方法的了解和应用实践，已经跟上当今国际质量领域发展的步伐。中国质协在发挥质量专业组织作用方面，越来越得到国际质量领域的关注，为推动我国质量管理迅速接近当今世界质量管理科学的前沿，做出了应有的贡献。

五是努力为政府决策、企业改进提供质量专业服务。中国质协和全国质协系统始终坚持以服务国家经济建设、服务政府宏观管理、服务企业质量经营为己任。长期以来，以完成政府交办和委托课题，提供调查报告和质量工作建议等方式，向党和国家建言献策，为政府部门制定和优化产业政策、发展规划、标准体系提出意见和建议，受到高度重视。今年以来，为贯彻胡锦涛总书记、温家宝总理的批示、讲话精神，根据张德江副总理关于“抓紧摸清我国工业产品质量工作现状”的重要指示，中国质协在工业和信息化部的领导、支持下，组织全国质协系统实施了全国工业企业质量管理现状调查。这次调查的重点，集中在全国通用设备制造和食品两大行业以及天津、辽宁和上海规模以上工业企业，同时对钢铁、食品、汽车、家电下乡等产品进行了用户满意度调查测评。通过这两项调查，比较全面、客观地反映了目前我国通用设备制造和食品两大行业质量管理的现状和主要问题，从第三方的调查视角，客观反映了用户对产品质量的评价信息，为政府部门全面了解产品质量和质量工作的状况，分析存在问题，找出解决办法，提供了第一手调查数据。国务院张德江副总理亲自听取了调查结果汇报后指出，这是充分发挥协会优势，为政府和企业提供专业化服务的很好说明。

三十年来，我们取得的主要经验和体会是：

（一）必须坚持服务立会不动摇

服务是中国质协唯一宗旨，这是协会的组织性质所决定的。没有服务意识就不叫质量协会，不能提供专业服务就不是质量协会，不能提供好的服务，就不是成功的质量协会，也就失去了存在的意义。服务首先要服从于党和国家的中心工作，忠实服务于国家经济建设的全局，服务于会员的需要，服务于和谐社会的构建和发展，这是质协长期一贯坚持的指导思想。

（二）必须发挥协会自身的优势

中国质协是跨行业科技型社团组织，最大的优势，就是整合专家资源提供专业技术服务的优势。在任何形势下，质协都要清楚自己的定位，保持清醒的头脑，努力争取政府、企业和社会的支持，依靠我国质量管理专家、人才队伍，在质量服务领域勤奋工作，努力做到专业值得信赖，规范不可替代。

（三）必须始终关注专业领域

质协的能力和特长，体现在质量管理领域和专业。提供优质的专业化服务，成为我国服务组织的首选，是我们追求的目标。质协必须始终把注意力集中在质量领域，紧跟国际质量发展趋势，不断学习进步，努力争取和保持专业领先，用国际化的视角、战略的眼光、专业的思维、扎实的工作，将先进的质量管理理论同我国的具体实践相结合，通过每一项服务性工作和活动，为相关方创造价值。

（四）必须扎扎实实抓好基础性工作

质量，要靠运用科学的方法，实打实地干出来。抓质量必须始终要把注意力集中到夯实质量基础工作上。质协必须高度重视来自相关方的质量服务、质量改进和质量经营需求，切实帮助他们在做实质量基础工作下功夫。必须首先关注产品实物质量，通过质量方法的应用，实现质量改进，提升核心竞争力。提供质量基础工作服务，要甘于寂寞，扎实工作，不去追求虚假的名誉。

（五）必须坚持创新发展

质协的每一步发展都与创新有着密切的联系。质量管理作为一门应用科学，没有理论的发展，就不会有今天对质量领域的理性思考和深刻认识；没有持续不断的探索和实践，就不会有质量管理经验的积蓄和质量推进活动的创新。吸收、融合、创新，是质协、企业和我国社会不断发展、进步的巨大推动力。

（六）必须坚持全国质协系统协调与合作的优势

这是质协 30 年来经验的总结，也是质协系统多年形成的文化。是社会组织能够成长、发展的一般规律，也是更好地发挥社会同类组织整体优势资源，实现共同发展的必然选择。

在回顾总结质协成长、发展历史的时候，我们要特别感谢以袁宝华、岳志坚①、宋季文②等为代表，30 年来辛辛苦苦、

① 岳志坚，中国质量协会第一任会长。

② 宋季文，中国质量协会第二至六届理事会会长，曾任上海市常务副市长、轻工业部部长、国家经委顾问，第六、七届全国政协常委。

默默无闻工作和奉献在质协系统的各位同志；感谢刘源张、沈思聪[①]、杨文士[②]、张公绪[③]、钱仲侯[④]、唐晓青[⑤]、郎志正[⑥]等我国优秀质量专家队伍；感谢长期领导、关心质协工作的各级党委、政府和行政主管部门；感谢会员企业和社会各界的支持和配合，没有你们，就没有中国质协的今天。

二、当前质量工作面临的新形势

国际质量大师朱兰博士曾经判断，21 世纪是质量的世纪。在新世纪即将过去的第 10 个年头，质量的现实已经充分印证了他的分析。在当今世界多极化、经济全球化大背景下，信息、人、资源、资本和产品，以史无前例的速度在全球范围内流动起来。进入新世纪，新兴产业、知识经济方兴未艾，直接影响着人们对质量世界的认识，诠释质量是什么，以及与质量相处的方式。在应对金融危机带来的负面影响中，事实教育了人们，必须承认质量的重要。当前，国内国际对质量的认识，都出现了一些新的发展和变化。“大质量观”更加普及，质量成为人们一种思考和做事方式。质量关系到人的健康安全和社会和谐，质量是一种社会责任和义务。产品质量不好，就是社会资源的浪费，节制资源过度消耗和减少排放，是实现可持续发展赋予质量的新使命。质量代表着一个过程，质量是产品链、产业链当中参与主体的共同职责。人的因素被认为是质量好坏的关键因素。人们开始重新关注质量技术方法推广应用的有效性，国

① 沈思聪，原中国人民大学教授。

② 杨文士，曾任中国人民大学教授，中国质量协会副秘书长。

③ 张公绪，原北京科技大学教授，曾任中国质量协会副会长。

④ 钱仲侯，北京交通大学教授。

⑤ 唐晓青，时任北京市政协副主席，北京航空航天大学副校长、教授、博士生导师。

⑥ 郎志正，国务院原参事，北京理工大学管理与经济学院教授、博士生导师，中国质量协会副会长。

际质量领域出现一种“回归基础管理”的潮流等。

在分析质量发展变化趋势时，我们必须把握：一是在全面质量管理的理念没有过时，质量管理基本原理没有改变的前提下，质量的内涵在延伸、外延在扩大；二是以用户为导向的质量观始终是质量目的和评价的核心；三是以注重产品、服务质量为基础，实现质量持续改进，通过“质量环”的不断循环，在新起点上质量不断得到满足、是实现提升的重要过程；四是质量更加强调系统性，更加重视价值链的完整，倡导和关注相互创造价值；五是质量是一种文化的建设和传承，必须重视质量文化的一脉相承。总之，在基本原理没有改变的前提下，人们在不断地加深着对质量的认识和理解，同时影响和改变着客观世界。

从国内质量发展形势看，改革开放以来，我国产品质量整体水平有了很大提高，较好地满足了人民群众的消费需求，增强了我国产品的国际竞争力，这方面应当给予充分肯定。今年组织开展的质量管理现状调查情况表明，我国工业企业一次交检合格率，总体水平达到95%以上；产品退换货率（返修率）保持在2.5%以下；60%以上的企业拥有国内领先或国际领先水平的设备和装备；94.7%的企业建立了文件化的质量管理体系，约75%的企业通过ISO9001认证。另外，从用户满意度调查结果看，所有行业的用户满意度指数都在70分以上（满分100分），成熟度较高的行业如家电行业，满意度指数达到80.46分。根据中国质量协会自2002年以来连续进行汽车行业测评结果显示，用户满意度从2002年的71分提高到2009年的78分，呈逐年上升之势。

调查也反映出一些问题，主要是：一是一些企业领导还只是把质量当作职能部门的事，没有真正把质量看作是企业的生命。二是质量管理体系运行有效性不高，存在“两层皮”现象。三是质量管理基本的工具与方法不想用、不常用、不会用。质量管理新老七种工具，能够做到经常使用的企业比例不足40%。能够应用国际上先进、系统的质量技术方法的企业比例更小。四是质量知识培训投入不足，员工素质教育亟待提升。说明目前质量培训已不能满足企业发展需要。五是主导产品技术水平、采标能力相对落后。参加调查的企业70%以上采用了国家标准，但采用国际标准为28%；采用国外先进标准的比例仅为10%。六是工业产品质量过程控制仍被认为是最需要加强的环节。参加调查的企业在工艺优化设计中运用防错技术等先进控制方法的不足15%，表明质量过程控制存在“悬空”。参加调查的六成企业对供应商没有有效质量控制或仅通过进货检验手段进行控制，反映出供应链环节质量管理弱化，已成为影响产品整体质量的关键。

今后五到十年是我国实施以质取胜战略，走新型工业化道路，全面完成小康社会建设目标，实现质量强国的关键时期，我们必须认清形势，迎接新的机遇和挑战。

三、在新的起点上，我们的主要工作

（一）继续加强质量管理基础工作，是质协开展服务的永恒主题

当前，全国质协系统首要的任务，就是要进一步学习中央领导同志批示，深刻领会精神实质，联系质协工作实际抓好落实。抓落实首先要牢固树立质量是企业的生命，质量管理是企业的生命线的观念。一方面要结合开展全国职工质量知识普及教育活动，提高企业全体员工质量素质和质量技能。另一方面，要利用国家干部培训制度和各种培训渠道，设置专门讲座、课程，解决企业主要负责人重视质量、懂得如何用战略的视角、

系统的方法抓质量的问题。

实践证明，全面质量管理的基本原则和方法是质量管理的基础，我们必须长期坚持和固守。现在的问题是，一些企业还没有真正认识到这一点，有的企业没有真正用，或者推行了一阵子就放下了，没有坚持下来。因此要大力提倡抓质量基础工作，继续推行全员、全过程、全方位的全面质量管理。要继续做好企业员质量素质、质量技能基础教育工作。要支持质量人才队伍建设，建立质量专业人员职业资格评价体系，加快质量人才的培养。要推进质量经理、六西格玛黑带等质量专业人才培训考试注册工作。要通过开展咨询服务、认证审核、增值服务，指导企业不仅要通过 ISO9001 质量管理体系认证，更要把工作做实，真正按照体系要求做，提高质量管理体系运行有效性。要支持和鼓励企业更多的采用先进标准，参与新标准的制定。要组织质量专家帮助企业健全“全员质量责任制”，实行产品质量问题“一票否决”制等，总之，按照全面质量管理的要求，缺什么补什么，一项一项把质量基础工作做扎实。

（二）加强质量理论研究和实践的总结，是质协服务质量提升的必然要求

质量管理需要科学、先进的质量管理理论作指导。质量实践需要不断地进行全面、客观、系统、准确地加以概括和总结。要坚持质量学术研究领先的指导思想，大力加强质量管理科学研究，认真总结企业的最佳实践，积极参与和促进质量管理的国内外交流，把学习、交流、传承、总结和创新发展有机地结合起来，建设有中国特色的质量管理理论和体系，造就国际一流质量专家团队，确立我国在世界质量领域的话语权。

中国质协质量科学研究院成立后，要广泛凝聚高等院校、科研院所的质量专家和学者，紧紧依靠企业和全国质协系统广

大质量工作者，加强全国质协系统的质量学术研究工作，努力办成我国质量领域具有权威性的质量研究机构。要结合我国实际，引进国际先进管理技术和方法，并加强适应性研究和应用性研究，加快普及推广。要在科学、系统总结我国最佳管理实践的基础上，加大实用技术和方法的开发投入，促进质量管理科研成果的形成和转化。要动员全国质协力量，主动争取承接政府委托研究课题。依托课题研究与企业建立合作研究机制，加强质量创新基地建设，办好质量学术交流活动。

（三）完善、创新品牌活动，是服务能力的优势所在

要着力打造质协系统培育多年的全国性质量品牌活动，不断创新活动内容和形式。

全国质量奖活动，要通过宣贯卓越绩效标准，引导更多优秀组织加入追求卓越队伍。要在企业创奖过程中加强我们的专业服务工作，使企业通过创奖，质量管理水平得到系统的提升，切身体会到导入先进质量管理体系给自身带来的价值。要进一步规范程序，在申报、评审过程中充分体现公正透明。要加大对标杆企业的宣传力度，提升获奖组织对社会创造的价值和影响。

质量管理小组活动，要结合中心工作提出年度活动主题，选题范围要增加节能减排和环保等内容。要通过质量管理小组诊断师注册制度的建立，提高小组诊断师专业技术能力，促进小组活动成果的提升。

用户满意工程，要以《顾客满意度测评通则》国家标准为指导，不断扩大行业性用户满意度测评的范围，加快服务行业，中小企业的用户满意推进工作，努力提高满意工程的有效性和知名度。

质量知识普及教育工作，要创新培训模式，拓展培训渠道，

提升培训有效性，培训普及教材要简明扼要、生动活泼、与时俱进。

（四）推广先进质量工具方法，开展创新活动，是持续提供优质服务的关键

加强对先进质量管理方法的推广应用，是从技术、管理和文化等方面，系统提升我国企业的综合素质和竞争能力的有效方法和可靠途径。质协作为质量领域的专业服务组织，要根据不同行业、不同企业的特点和管理实际，进行分析诊断，帮助他们在继续加强质量基础工作的同时，学习实践现场管理、可靠性管理、精益管理、六西格玛管理、卓越绩效模式和顾客满意度测评等各种先进有效的质量管理技术和方法，提供量身定制的服务，体现全国质协系统的专业价值。还要通过开展行业内外标杆学习、跨行业交流和国际交流等多种形式，帮助企业学会和正确应用先进质量技术和方法。要十分重视各种质量管理体系和方法在企业的有效融合情况，帮助企业解决运行和应用中的问题，发挥整体效率，提升经营绩效。

要积极引导管理基础好，有一定竞争实力的大中型企业，通过导入国际先进质量管理方法，持续改进、实现管理创新，加快步入行业领先的步伐。要摸清中小企业的质量状况和服务需求，开发和推荐适合中小企业发展的质量管理模式和方法，逐步提高中小企业的质量意识、经营管理和产品实物质量水平。要倡导各类企业重视供应链环节的质量管理，切实做到从源头抓质量。要积极配合企业在开展与供应商加强质量合作方面的专业服务需求，实现产品生产全过程的质量保证。要帮助企业学会有针对性地制定纠正和预防措施等过程控制技术方法，有效防止和降低生产过程控制环节造成的产品质量下降问题。

（五）大力加强质协系统队伍建设，是提高服务能力的重要保证

全国质协系统要以推动全面质量管理为使命，进一步发挥专业优势、专家优势和组织优势，不断增强凝聚力，提高业务和活动水平，努力做强、做大质协品牌，增强权威性和影响力。要带头系统地学习和掌握先进的质量管理理论和方法，不断增强职业素质。要深入企业实际，科学运用质量技术、方法、工具等，努力提高为企业解决具体问题的能力，最大程度为企业创造价值。

让我们紧紧团结在以胡锦涛总书记为首的党中央周围，以科学发展观为指导，站在新的起点，继续高举全面质量管理大旗，在质量兴国的战略指引下，在国家有关部门的指导下，发挥专业优势，不断改进工作，努力搞好服务，为不断提高我国质量工作水平做出不懈努力！

质量是企业的生命 *

（二〇一〇年一月十三日）

企业的产品和服务质量直接关系到人民群众的生活质量乃至生命财产的安全。企业提供符合质量要求的产品，既是履行社会责任、践行经营道德的基本要求，也是获得社会认可，扩大市场份额，寻求持续发展的可靠途径。在当前应对金融危机的新形势下，企业更要履行主体责任。一方面要有更加明确的质量意识，把质量作为“企业的生命”，加强质量管理，在产品形成的全过程中一个环节一个环节地分析并排除可能产生的质量风险，将实现“产品零缺陷、顾客零抱怨，质量零风险”作为质量管理的基本目标；另一方面要更加重视学习和应用质量技术方法，在管理的规范化、流程化、精细化方面下功夫，切实提高质量管理体系的有效性。广大企业要注重管理创新，加大质量改进力度，积极应对全球金融危机对实体经济的冲击和影响，争取转危为机，为迎接新的发展做好准备。

企业高层管理者是质量第一责任人。近年来接连发生的产品质量事件使我们更加深刻地认识到质量关系到人民群众的切身利益，关系到企业的生存和发展，关系到国家形象。质量已经成为关系我国经济社会科学发展与可持续发展的重大战略问题。企业高层管理者必须比以往任何时候都要更加深切地认识

* 在《经济日报》发表署名文章“质量是企业的生命”。

质量的重要性，责无旁贷地承担起领导质量的责任。值得欣慰的是，在去年的“质量和安全年”活动中，不少企业组织开展了质量自查活动，努力建立质量管理状况自我评估机制，摸清自身质量管理状况，明确与国内外竞争对手、标杆企业的差距，寻求改进创新的机会。

然而，我们也必须看到，真正搞好产品质量的任务还很艰巨。企业自觉地把质量看作是自己的生命，需要一个过程。比如，我们在调研时了解到，一部分企业做得确实不错，他们对产品质量负责，质量就对企业负责。因此，尽管这些企业也遇到经济危机带来的困难，但是他们抗冲击能力强，转危为机行动快，效益就比别人好。但的确有相当一部分企业，还没有真正认识到质量的重要，没有把质量看作是自身信誉的保证，看作是“命根子”。有的企业只是把质量挂在口头上，讲是讲了，但没有扎实去做；有的睁一眼、闭一眼，抱侥幸心理；还有个别企业受利益驱动，掺杂使假、以次充好，根本不讲质量诚信。可见解决好“质量是企业的生命”这个大问题，还要花大力气。

对此，我们有四点建议：

第一，进一步组织开展集中宣传，讲清牢固树立“质量是企业的生命”的道理，不断加深对国家质量法律法规和方针政策及时性、方向性、战略性、长远性的认识和理解，使之深入人心。

第二，继续加强质量培训教育工作。首先要搞好企业员工质量知识培训，这是确保产品质量提升的一项很重要的基础工作。员工素质提高了，质量方法掌握了，产品质量就有了一定保障。

第三，大力加强先进质量管理方法的应用推广工作。质量管理是一门科学。实践证明，在质量管理工作中推广应用先进的质量理念和方法，是质量工作的一个重要抓手。近年来，中国质量协会组织我国部分优秀企业学习推广先进的质量管理方法，对改进质量管理、提升产品竞争力起到明显作用。比如，我们从美国引进的“卓越绩效模式”，就是一个包括以战略为导向，全面实现质量改进，提高组织综合绩效的管理体系，是一个可以评价管理成熟度的指导性标准。该模式用系统的方法，战略的思维，通过持续改进，提高组织绩效能力，获得市场成功。实践证明，这种科学的管理方法在我国推广的效果很好。我们应该把类似的好做法在全国更大范围加以推广。

第四，抓企业应当抓质量，抓质量应当抓“源头”。把工业产品质量控制、质量改进贯穿在产品设计、研发、制造、检验、销售及用户的全过程。要明确企业的质量主体地位，更要明确企业负责人和企业成员的不同质量责任，解决人人都与质量有关，人人都应当关心、重视质量的问题，营造重视质量的良好氛围，扎扎实实推进全面质量管理体系建设，提高我国产品质量和竞争力。

质量成就信誉*

（二〇一〇年九月二日）

一、 关于质量与信誉的关系问题

讲质量就是讲诚信，讲诚信必定会带来信誉的口碑和可靠的市场。这既是市场经济的本质——契约经济所决定的，也是人类从事商品经济活动以来，被无数事实反复证明的。当前，我国正在向新型工业化的道路迈进，这条路能否走得通，质量和信誉都很关键。因为企业的产品质量，事关人民群众的安全、健康、发展等根本利益。从对国家和民族负责的角度，每个工业生产企业应承担起质量的主体责任。随着经济全球化的推进，国际市场的交融与互动不断深化，质量问题不仅影响到企业的产品形象，企业形象、品牌形象，而且必然影响到国家形象。在金融危机还没有完全渡过，新的贸易保护主义重新抬头的情况下，产品质量已经成为国际间贸易壁垒可以实现的“借口”或“把柄”。因此，工业企业重视信誉必须首先重视质量。质量承载信誉，质量成就信誉。质量信誉是企业最高的责任，是企业生存的基础。

二、关于企业如何建设质量信誉问题

一是要认真领会锦涛总书记关于“质量是企业的生命”重要批示的深刻含义。理解了这句话的意义，树立了这种思维方

* 在首届中国工业产品质量信誉论坛上的发言。

式，企业的主要负责人和广大职工就会有牢固的质量意识。在质量与速度、质量与成本、质量与市场、质量与用户、质量与效益等发生矛盾甚至冲突时，时刻把质量当作生命，这是质量信誉建设的根本。

二是要以先进的、科学的、适宜企业自身特征的质量工具方法，来提升质量管理水平和产品质量。经过30年的改革开放，国际上许多先进、科学的质量方法在我国企业运用已经非常成熟。我国很多工业企业在导入卓越绩效模式、六西格玛等全面质量管理体系、方法过程中，都收到了很好的效果。但在有的企业，也确实存在对科学的质量方法，领导“不熟悉”、员工“不会用”的状况。作为我国工业主管部门，工业和信息化部充分认识到了解决这个问题的迫切性，号召工业企业夯实质量管理基础，大力开展先进质量方法推广应用工作。

作为全国性质量组织，30年来，中国质量协会始终坚持针对企业的实际，扎扎实实做好全面质量管理及先进质量工具方法推广应用等工作。今年，在工信部、国家质检总局的指导下，我们在全国质协系统开展“先进质量管理方法推广年”主题活动，利用培训、巡讲、诊断、指导改进等多种形式，着重解决当前企业在质量管理方面存在的突出问题，受到企业的欢迎。最近，我们把这项活动的开展情况向德江副总理作了书面汇报，受到高度重视。张德江副总理指示：要抓紧提出开展先进质量方法推广的工作方案。目前，我们正在研究如何落实国务院领导的重要批示，配合工信部，利用协会的优势，把质量方法推广活动轰轰烈烈、扎扎实实开展下去。

三是要常抓不懈。胡总书记讲，加强产品质量各项工作，要“三个重在”。首先，就是重在抓“落实”。实实在在抓质量，从源头抓质量，从基础工作上抓质量，让质量第一的理念在企业生根；第二个重在，就是“持之以恒”。以“较真”、“认死理”的态度坚持各项质量管理体系制度不动摇。在企业形成崇尚质量的文化氛围，使企业在质量方面的好做法、好习惯、好制度、好机制能够全面落地并长期坚持下去。第三个重在就是“严格管理”。很多企业实行了“质量最优先”，“质量一票否决”等。

三、关于要重视维护质量信誉问题

维护质量信誉，最基本的东西还是靠质量说话，这是物质层面的。还有精神层面的，就是讲“诚信”，首先在企业树立质量信誉的庄严承诺，并依靠不断提升的产品质量和服务作保证。同时，要在全社会范围内营造良好的质量信誉意识，并且形成有效的监督机制、惩罚机制。对于那些不重视质量信誉、只追求眼前利益的企业和经营者，应当让其付出巨大的成本，使其不敢为、不敢再为。

这次会上，在工信部的提议下，我们组织了中国工业企业全球质量信誉承诺倡议活动，得到了广大工业企业的积极响应。这个活动，是企业对于质量信誉的自我加压，是我国工业企业对于质量信誉与品牌意识不断提升的表现。企业的质量信誉承诺，不是开个会就完了，而是要把这个活动坚持做下去。工信部制定了这方面的具体管理办法，引入评价、淘汰机制。这对于推动中国工业企业的质量进步具有实实在在的意义。

借这个机会，我代表中国质量协会对多年来支持、帮助质协的政府部门和参与质协活动的企业表示衷心感谢。我相信，在工信部、质检总局等各级政府部门的指导下，在广大企业与相关组织的共同努力下，我国工业企业质量信誉建设必将再上新的台阶。

主要负责人重视质量是组织实现质量提升的关键*

（二〇一一年四月九日）

今年是“十二五”规划的开局之年，也是我国加快结构升级转型、促进经济又好又快发展的关键时期。党的十七届五中全会和中央经济工作会议，以及刚刚结束的全国人大第四次会议通过的《关于国民经济和社会发展第十二个五年规划纲要的决议》重点都在强调一个议题，就是如何坚持科学发展观，转变经济发展方式，提高我国经济社会的发展质量。质量已成为我国经济社会发展中一个事关全局的战略问题。在新的形势下，如何抓住机遇，强化质量工作，培育新的竞争优势，增加我国产业及企业产品在全球产业链上的高附加值的比重，促进中国制造升级，培育国际品牌，塑造质量信誉，不仅是企业的质量主体责任，也是实现永续经营的前提和条件。

一个组织产品、服务、建筑、环境质量的好差，经营质量的优劣，影响的原因很多，但这个组织的主要负责人重视不重视质量一定是关键因素。2005 年，中国质量协会与全国总工会共同启动了“中国杰出质量人推选活动”，目的就是通过质量奖励机制引起更多的企业、政府领导同志关心质量、重视质量，

* 在第四届中国杰出质量人暨全国质量奖个人奖颁奖典礼上的讲话。

亲自抓好质量。六年来，已经在全国范围内推选出了一批在经济战线质量管理领域有突出贡献的领导同志、企业家、质量专家以及质量工作者，活动取得了良好的社会反响。2010年，经有关部门批准，活动组委会将“中国杰出质量人”推选活动正式作为“全国质量奖”个人奖，按照规范的评选要求和评审流程，坚持以“少、精、严”为原则进行评审。

这次获得最高荣誉奖的李毅中同志，既是经济领域的老领导，也是质量管理方面的专家，在多年的工作中，他十分重视质量工作，多有建树。特别是在担任工业和信息化部部长期间，把企业质量主体责任的提升作为工业企业质量管理的重要抓手，对我国企业提升质量管理水平做出突出贡献；获奖的十位企业家，有的多年从事质量管理工作，有的作为企业的“一把手”，高度重视企业的质量管理，通过不懈努力，使所在企业的产品与服务质量成为业内的翘楚，在国内、国际市场，为中国制造赢得了声誉。十位获奖企业家中有八位带领企业获得过全国质量奖。

我们应当大力宣传这些具有我国质量管理特色代表性人物的典型事迹，以引领、带动更多的组织不断提高质量意识，提高质量管理水平，增强质量竞争力。我相信，在全社会日益关心、重视质量的新形势下，通过持续改进和社会多方面的共同努力，我国产品、服务质量将获得持续、健康提升，为实现我国科学发展、可持续发展做出更大贡献。

关于卓越绩效模式

卓越绩效模式

卓越绩效模式（Performance Excellence Model）是当前国际上广泛认同的一种综合的组织绩效管理方式。该模式源自美国波多里奇国家奖评审标准，是20世纪80年代后期美国创建的一种世界级企业成功的管理模式，后来逐步风行全球，成为企业经营管理的事实上的国际标准。世界著名质量大师朱兰博士指出："卓越绩效模式已成为关于TQM（全面质量管理）内容的最广为接受的定义。"中国质量协会于2001年结合我国实际，按照卓越绩效标准启动全国质量奖评审工作，激励和引导广大企业通过实施卓越绩效模式，不断提高产品服务质量，提升经营管理水平，增强企业乃至整个国家的竞争能力。

树立卓越经营的典范
迎接新世纪的挑战*

(二〇〇一年九月二十八日)

伴随着新世纪的到来和全球经济一体化，以质量为焦点的市场竞争将更加激烈。我国加入WTO，给企业带来了机遇，更带来了挑战，中国的企业只有努力追求卓越，才能成为具有国际竞争力的企业，而中国质量管理协会，作为全国性的质量管理组织，负有责任和义务，帮助企业做好服务。在邓小平理论、江泽民总书记提出的“三个代表”重要思想指导下，坚定不移地贯彻落实党的十五大精神，贯彻落实《产品质量法》、《质量振兴纲要》和《国务院关于进一步加强产品质量工作的决定》，学习借鉴国外的先进经验，采用有效的手段和方法，通过设立全国质量管理奖，对在质量管理方面取得突出成效的企业给予表彰。树立标杆，激励和引导企业追求卓越的质量经营，促进企业效益的提高和国家经济的发展。今年启动的全国质量管理奖活动得到了政府的支持、企业的参与、社会的关注，并给予了高度的评价，取得了良好的效果，评选出了我国质量管理经营最优秀的企业。这是我国质量界的大事，也是我国企业的一件幸事。

为了保证全国质量管理奖评审工作的先进性、公正性，质

* 在2001年全国质量管理奖颁奖大会上的讲话。

量管理奖评审标准制订、管理办法的确定与国际接轨。充分学习了美国波多里奇国家质量奖、欧洲质量奖、日本戴明奖的有关内容和有效的做法，使全国质量管理奖标准充分体现了现代质量管理的先进思想和方法，具有很强的系统性和先进性，对企业的管理水平提高有着重要的指导作用和引导意义。

这次全国质量管理奖的评审工作，完全按市场机制运作，充分体现了企业是主体。企业根据自己的经营需要自愿申请，不再采用原有的分配名额做法；严格按质量管理奖评审标准对申报企业进行评价打分，不凭主观印象，不搞地区、行业平衡。本次评审工作是由社团运作，社团在质量管理专业人才方面具有较强的优势，能以公正的第三方对企业进行客观评价；政府对评审工作的支持和监督，又体现了质量奖的权威性。使整个工作过程最大限度的发挥各方面的优势作用。坚持规范、自律，保证评审工作的公正性，是这次评审工作的突出特点。全国质量管理奖评审工作从运作初期就强调了要规范运作，制定了法规性文件——《全国质量管理奖评审管理办法》，明确了组织机构和相关职责，以及评审工作程序、企业申报条件、收费标准、评审工作纪律，保证评审工作按照规定的程序和要求运作。在整个评审过程中，特别加强了对评审工作的自律管理，严格做到了不收礼、不吃请，而且评审组不由企业安排食宿，既减轻了企业的接待负担，也避免发生超标准的接待。从制度上，实行了三权分立，评审专家、工作委员会、审定委员会负有各自的责任和权限，互相制约，避免发生人为的不公正。评审工作一路走下来，以往的“跑奖”现象不再出现，评审工作的公正性受到了企业的好评。

经过评审组、工作委员会、审定委员会的紧张、严谨的工作，本着优中选优，少而精的原则，评选出了 2001 年的全国质量管理奖获奖企业。这些获奖企业有很多共同的特点：注重企业战略管理和领导作用的发挥；强化市场意识，坚持顾客至上；加强与顾客、供应商、批发商的联系，建立战略合作伙伴关系；适应市场变化，实施快速反应；严格的日常管理，扎实的基础工作；努力营造学习型组织，重视人力资源的开发和管理；建立信息管理系统，提高工作效率，实现资源共享。

为了保护和鼓励大多数企业追求卓越的积极性，根据企业的要求，由工作委员会提议，经审定委员会最终审议通过，增加了全国质量管理奖提名奖和鼓励奖，对虽未获奖，但表现优秀的企业给予鼓励。

当前，我们正处在社会经济转型期，机会是令人瞩目的，挑战也是前所未有的，让我们紧密团结在以江泽民同志为核心的党中央周围，面向新世纪，认真学习，扎实工作，开拓创新，开创新世纪新质量的新局面。

树立卓越经营的标杆企业*

（二〇〇二年九月十七日）

通过设立全国质量管理奖，对在质量管理方面取得突出绩效的企业给予表彰，树立追求卓越的标杆企业，激励和引导广大企业努力追求卓越的质量经营，促进企业效益的提高和国家经济的发展。

为了保证全国质量管理奖评审工作的先进性、公正性，在评审的全过程中强调了要与国际通行做法接轨。首先，《全国质量管理奖评审标准》和《全国质量管理奖评审管理办法》在制订时，充分学习借鉴了国外成功的经验，力求充分体现现代质量管理的先进思想和方法，对企业转变观念，实施管理创新要有指导意义；而且采取市场化运作，企业根据自己的经营需要自愿提出申请，由社团具体组织实施，严格自律，并接受企业、政府和社会的监督。

根据国家扶植和培育中小企业，促进其管理水平提高的政策，今年增设了全国质量管理奖中小企业奖项，有一家中小企业荣获了该奖项。全国质量管理奖是很高的荣誉，是获奖企业领导和全体员工共同努力、不断追求卓越的结果，是在激烈竞争的市场中竞争力的表现。我谨代表全国质量管理奖审定委员会、中国质量协会和我个人，向获奖的企业表示衷心的祝贺！

* 在2002年全国质量管理奖颁奖大会上的讲话。

希望获奖企业要继续努力，不断改进，培育成为具有国际竞争力的企业。

这些获奖企业有很多共同的特点：他们注重建立、培育企业的核心价值观，树立以顾客为中心的经营理念；努力创新，形成竞争优势；强化市场意识，坚持顾客至上；适应市场变化，实施快速反应；严格日常管理，扎实做好基础工作；努力营造学习型组织，重视人力资源的开发和管理；建立信息管理系统，提高工作效率，实现资源共享；注重经营效果，取得突出绩效。这些获奖企业代表了当前我国质量管理的卓越水平，它们的经营理念和管理经验值得我国广大企业学习和推广，以提高我国企业管理的整体水平。

当前，我们正处在前所未有的、风靡全球的社会经济转型期，机会是令人瞩目的，挑战也是极其严峻的，让我们共同担负起历史赋予我们的责任，开创新世纪新质量的新局面！

引导各类企业学习卓越绩效模式*

（二〇〇三年十一月二十一日）

随着经济全球化和科技进步步伐的加快，以质量为焦点的市场竞争将更加激烈，我国企业迫切需要提高质量管理水平和整体素质。为了适应新的形势需要，中国质协认真贯彻落实我国《产品质量法》，在学习借鉴国外先进经验的基础上设立了全国质量管理奖，其目的是树立卓越质量经营的典范，培育有国际竞争力的企业。同时，对在产品和质量管理方面取得突出成效的企业给予表彰，促进企业效益的提高和国家经济的发展。这一做法得到了政府的支持，社会的关注和广大企业的积极参与。2001 年评出的宝钢股份、海尔、上海大众汽车等五家获奖企业和 2002 年评出的上海三菱电梯、中建一局建设发展公司、联想等六家获奖企业，在社会上引起很大反响，为企业树立了追求卓越的样板。

为了激励、促进和引导我国服务业管理水平的提高，今年在全国质量管理奖中增设了服务业奖项，有一家企业荣获了该奖项。

全国质量管理奖是很高的荣誉，是获奖企业领导和全体员工共同努力、不断追求卓越的结果，是在市场激烈竞争中竞争

* 在 2003 年全国质量管理奖颁奖大会上的讲话。

力的表现。我代表中国质量协会、全国质量管理奖审定委员会，向获奖企业表示衷心的祝贺！希望大家继续努力，不断改进，成为具有国际竞争力的企业。

党的十六届三中全会作出了关于完善社会主义市场经济体制的重要决定，《决定》在理论和实践上有重大突破和创新，是指导我国今后一个时期经济体制改革的纲领性文件，对推进改革开放和现代化建设具有重大而深远的意义。我国的经济体制改革和企业改革将进入一个崭新的发展阶段，我们要以邓小平理论和“三个代表”重要思想为指导，以质量兴国为己任，引导和推动各类企业学习、实践卓越绩效模式，提高我国企业的整体水平和素质，促进我国国民经济的持续稳定和快速发展，为实现全面建设小康社会的宏伟目标做出新的贡献。

培育具有国际竞争力的企业*

（二〇〇四年九月二十八日）

在经济全球化的今天，在全面建设我国小康社会的伟大历史进程中，我们要紧密联系我国经济建设和企业经营管理的实际，树立开拓创新意识，学习借鉴国外质量管理方面的先进理念、方法和技术，推动我国质量事业不断向前发展。中国质量协会设立全国质量管理奖的目的就是树立卓越质量经营的典范，培育我国具有国际竞争力的企业。对在质量经营方面取得突出绩效的企业给予表彰，促进企业效益的提高和国家经济的发展。这一做法得到了政府的支持，社会的关注和广大企业的积极参与。2001 年至 2003 年已评出了宝山钢铁股份有限公司、海尔集团公司、上海三菱电梯有限公司、联想（北京）有限公司、厦门 ABB 开关有限公司、大众交通（集团）股份有限公司大众出租汽车分公司等 17 家获奖企业，在社会上引起很大反响，为企业树立了追求卓越的样板。

今年全国质量管理奖评审工作还呈现出二个新特点：一是随着我国改革开放二十多年的深入发展和市场经济体制的建立完善，我国各类所有制和不同规模、不同业态企业的经济实力和质量经营水平得到了明显提升，涌现了一批追求卓越、很有

* 在 2004 年全国质量管理奖颁奖暨全国质量效益型先进企业表彰交流大会上的讲话。

竞争力的企业。今年获奖企业中既有国有企业，又有外资企业、民营企业；既有大型企业，也有中小型企业；既有制造业企业，也有高科技企业、服务业企业，还有建筑业企业，充分反映了我国多元化经济体制的健康发展。二是随着我国加入 WTO 和经济全球化步伐的加快，外资企业本地化趋势日益明显，外资企业在融入我国经济发展的同时，积极参与我国行业协会专业规范、公正评定的积极性大大提高，今年获奖企业中有两家外资企业。他们先进的经营理念、文化和科学管理方法，也将与国内企业共同分享，互相促进、提高。

我衷心希望获奖企业充分认识到获奖既是荣誉又是压力，获奖不是唯一的目的，而是新的起点。大家要继续努力，不断改进，要依据卓越绩效标准，瞄准世界一流水平，加快追赶步伐，在观念和管理上不断与国际先进水平接轨，持续提高企业的国际竞争力。希望全国广大企业向获奖企业学习，积极导入和实践卓越绩效评价准则，努力追求卓越，提升竞争力，为提高我国企业整体素质和增强国家经济实力而不断努力。

推动企业实现观念变革、管理创新和持续改进*

（二〇〇五年九月二十日）

党的十六大提出了我们党全面建设小康社会的奋斗目标，党的十六届三中全会又明确提出了科学发展观。科学发展观是实现全面建设小康社会目标的客观要求，落实科学发展观，必须牢牢抓住本世纪头二十年的重要战略机遇期，大力推进我国的经济建设，基本实现工业化。坚持以信息化带动工业化，以工业化促进信息化，走出一条科技含量高、经济效益好、资源消耗低、环境污染少、人力资源优势得到充分发挥的新型工业化路子。温家宝总理最近讲话强调指出：我们要加快推进经济结构、战略性调整和增长方式的转变，我们将坚持走新型工业化道路，推进产业结构优化升级，大力发展高新技术产业，提高基础产业和制造业水平，推进服务业全面发展。为了实现这一光荣而艰巨的宏伟目标，中国质量协会在政府经济质量主管部门的领导下，依据《中华人民共和国产品质量法》的有关规定，借鉴了国际上引导企业提升竞争力的成功经验，于 2001 年启动了全国质量管理奖评审工作，并于今年在原有质量效益型先进企业评选活动的基础上，开始了卓越绩效先进企业的评选。

---

* 在 2005 年全国质量管理奖颁奖暨全国实施卓越绩效模式先进企业表彰交流大会上的讲话。

这些活动的目的是为了推动我国企业适应经济全球化的形势，树立我国追求卓越质量经营的典范，培育我国有国际竞争力的企业，增强我国产品、服务和企业在国际市场上的竞争力，最终是要提升人民群众的生活质量和国家的竞争能力。

全国质量管理奖评审工作自2001年开展以来，至今已有五年的时间了。五年来，全国有近300家境内外知名企业，申报了全国质量管理奖，先后有宝钢、海尔、联想、英特尔产品、玉柴等35家优秀企业荣获了全国质量管理奖。获奖企业的行业和地区分布，主要是在机械制造、冶金、电气、电子、建筑、轻工和服务等14个行业，以及上海、山东、浙江、北京等15个省市，其中包括有不同所有制、不同结构和不同规模的企业。开展全国质量管理奖五年的实践证明：在经济全球化、市场竞争愈演愈烈的形势下，设立全国性的质量奖项，建立质量方面的有效激励机制，是推动企业实现观念变革、管理创新和持续改进的一项有力措施，它对企业提高产品、服务质量、综合绩效以及竞争实力都产生了重要作用；质量管理奖评审工作促进了我国广大企业导入卓越绩效评价准则，在实践中企业越来越认识到卓越绩效标准是“组织取得市场成功的路线图”，是“可以重复使用的改进（变革）工具”，提高了学习、实践卓越绩效标准的主动性；全国质量管理奖获奖企业为我国广大企业树立了追求卓越质量经营的典范，起到了很好标杆和带动作用。

2005年，全国质量管理奖评审工作有了新的发展，具有以下几个特点：第一，直接采用国家质检总局颁布的《卓越绩效评价准则》国家标准，加大了全国质量管理奖的推动力度，评审依据和标准也更加符合我国企业的实际状况；第二，申报企业数量大大增加，今年比去年增加将近一倍，这反映了追求卓越，赢得竞争的比较优势，已成为我国众多企业的自主选择；

第三，今年是开展全国质量管理奖评审工作以来，服务业的申报企业数量最多的一年，申报企业涉及移动通信、电力运营、房屋装饰、地铁、航空运输和酒店等多种服务门类，体现了我国第三产业的快速发展，为了在激烈竞争中取胜，服务行业对卓越绩效标准的需求和对全国质量管理奖工作的认同；第四，民营企业申报全国质量管理奖的积极性越来越高，反映了我国民营企业经历了资本积累和规模扩张以后，向管理创新和追求卓越转变的发展趋势；第五，中西部地区两家企业榜上有名，反映了党中央国务院提出实施的中部崛起，西部开发，东北振兴和东部快速发展的区域协调发展战略取得成效；第六，越来越多的企业认识到，创奖是一个追求卓越的过程。今年获奖企业中，有相当一部分企业经过了两年以上的努力，个别企业经过了四年的努力，这充分说明，企业更加重视创奖过程对企业的价值，获奖是目的之一，但不是唯一目的，追求卓越是一个不断提升的过程。

获奖企业要充分认识到获奖既是荣誉又是压力，获奖不是终点，而是追求卓越的新起点。希望获奖企业更加积极地应对经济全球化的发展形势，瞄准世界一流水平，为提高国家竞争力做出更大贡献。

全国质协系统要把宣贯《卓越绩效评价准则》国家标准，作为一项重要的工作，切实为企业提供各种服务，大力推动广大企业向获奖企业学习，积极导入和实践卓越绩效评价准则，引导企业在学习实践卓越绩效模式的过程中，坚持持续改进，实现从优秀到卓越的跨越。

进一步提高冶金企业质量管理水平 *

（二〇〇六年九月十四日）

推进卓越绩效管理，是在经济全球化形势下，各类组织实施可持续发展战略，在追求卓越管理经营带来的绩效和业绩的同时，承担一定社会责任的共同要求。吸纳和推广世界上成功的管理方法和运行模式，培育有国际竞争力的企业，是我国应对和适应全球化竞争的必然选择。正因如此，中国质量协会于2001年引进了卓越绩效模式，启动了全国质量管理奖评审工作。五年来共评出宝钢、海尔、联想等35家获奖企业。全国质量奖目前已成为我国质量领域最高荣誉，从而有力地推进了我国质量奖励制度的建设。国家质检总局在总结全国范围积极推进卓越绩效模式实践经验的基础上，参照国外质量奖评价准则，于2004年8月制定、发布了《卓越绩效评价准则》和《卓越绩效评价准则实施指南》国家标准，这标志着我国质量管理工作进入了一个新的发展阶段。

大家知道，“十一五”时期是我国经济社会发展进一步转入科学发展轨道的关键时期。伴随着我国经济规模总量的增长和工业化发展，我们面临的资源与环境压力将越来越大。因此，我们必须按照中央提出的要求，树立全面、协调、可持续的科

* 在冶金行业推进卓越绩效模式经验交流会上的讲话。

学发展观，促进经济社会和人的全面发展，不断提高经济增长的质量和效益，努力实现由粗放型增长向集约型增长转变，由数量增加向质量绩效转变。卓越绩效模式从领导，战略，顾客与市场，资源，过程管理，测量、分析与改进以及经营结果等方面，在坚持以人为本的同时关注相关方利益平衡，坚持持续改进，强调组织的社会责任和可持续发展，这与贯彻落实科学发展观与建设社会主义和谐社会的要求是一致的。因此，联系冶金行业的实际，大力推行卓越绩效模式，对提高我国钢铁产品、服务和经营质量，以质量促和谐，以质量求发展，不断提升我国冶金企业的整体管理水平和国际市场竞争力具有重要意义。

冶金行业是比较早的导入了卓越绩效模式的行业之一，在我国推广卓越绩效模式的工作中走在了前列。这与钢铁工业协会，与溪淳①部长的大力支持与倡导、与冶金工业质协的大力配合是密不可分的。目前已经获得全国质量奖的 35 家企业中，包括了宝钢、武钢、济钢、华涟四家冶金企业。这些企业通过引入卓越绩效模式，管理质量与绩效都有了明显的提高。济南钢铁公司在长顺②总经理和公司领导班子的高度重视下，大力推进卓越绩效模式，使卓越绩效管理成为企业发展的“总抓手”，实现了企业管理、产品质量的提升，提高了企业核心竞争力。2003 年获得全国质量奖后，在集团公司的分公司、子公司全面深入地持续推广卓越绩效模式，并设立了济南钢铁公司内部质量奖。我们今天在这里召开这个大会，就是要向全国的冶金企

① 吴溪淳，时任中国钢铁工业协会会长，曾任冶金工业部副部长、党组成员，第九届全国政协委员。

② 李长顺，时任济南钢铁集团总公司总经理。

业介绍宝钢等获奖企业引入卓越绩效模式的经验与做法，并有机会现场观摩济钢推广卓越绩效模式的实践活动。

据了解，目前国内多家冶金企业正在引入或者已经引入卓越绩效模式，我希望通过这次会议进一步提高大家对这个问题的认识，进一步统一思想。通过专题报告、典型示范和经验交流，使大家的思路更清晰、认识更深刻、目标更明确，从而促进卓越绩效模式在冶金全行业更广泛、更深入地推广。

推进卓越的企业管理 *

（二〇〇六年十一月三日）

创新是企业可持续发展的保证。创新不应局限于研究和开发部门，要充分认识管理创新可创造新的价值。

自 2001 年开始设立的“全国质量管理奖”，通过不断改进完善，推广卓越绩效标准，正是希望推进企业进行管理创新。“全国质量管理奖”标准的各项要求，充分体现了管理也是生产力的思想，要求将管理创新融入企业的文化和日常工作中。

对于如何实施卓越绩效标准，有三个问题需要考虑：

一、中国质量协会为什么提出“管理创新、追求卓越，首先要从卓越绩效标准做起”

《卓越绩效评价准则》和《卓越绩效评价准则实施指南》国家标准，体现了全面质量管理从指导思想到技术方法的变革与发展，是我国质量管理工作发展到一个新阶段的标志。学习、贯彻这套标准是推进我国企业进行管理创新的一项重要战略措施，企业导入这套标准必将提升自身的核心竞争能力。

《卓越绩效评价准则》国家标准有两个具体用途。一个是用来评价企业的绩效是否达到卓越的程度；另一个是用来引导企业走卓越经营之路。第一个用途表明，这个标准可以作为国

* 该文为陈邦柱同志在《经济日报》发表的专访文章《实施卓越绩效标准答问》的核心部分。

家、行业和地方评定质量奖的依据；第二个用途表明，这个标准可以作为企业在通过质量管理体系国家标准之后，进一步提高质量的更高标准。质量管理体系标准为保证产品质量，要求企业在生产的各个环节、各个部门之间建立一个有机的体系。这个体系的建立为企业管理打下了基础。这个基础是现代企业管理的起点。卓越绩效标准为追求卓越的企业提供了一个评价依据，为卓越企业提供了一个企业治理的文化。它要求在企业内部，表现在全体员工的素质和为达到企业目标所做工作的互动上；在企业外部，表现为全体员工的素质和为促进经济、社会和环境可持续发展所承担的责任上。

新世纪以来，我国的实践表明，推行卓越绩效标准是一种有助于全面提升我国企业管理水准的有效手段。因此，管理创新、追求卓越，首先要从卓越绩效标准做起。

二、自上世纪80年代以来，我国相继引入了多种质量认证和评价标准，怎么看待这些标准模式之间的关系

随着经济全球化的进程，我国企业在上世纪80年代推行全面质量管理的基础上，先后开始学习、引进和实施了ISO9000质量管理体系、六西格玛管理和卓越绩效模式等质量改进活动，对提升我国企业的产品、服务质量和管理水平起到了积极的推动作用。

以上几种质量改进系统方法对于企业产品质量、体系质量和经营质量的提升有各自突出的特点和不同的针对性。其中，ISO9000质量管理体系对产品、服务质量形成过程进行规范管理，使产品、服务符合顾客规定的要求。六西格玛管理针对企业的战略目标，实施顾客导向的持续改进，解决一些经营中的关键问题，优化核心过程。而卓越绩效模式是引导企业实现卓越绩效的系统方法，从产品、服务质量扩展到企业经营的质量。

ISO9000质量管理体系是企业重要的基础工作。而面对激烈的市场竞争，获证企业还需从符合要求向追求效果迈进，以实现企业的绩效和竞争力提升。卓越绩效模式标准正是引导获证企业超越ISO9000、追求卓越的“路线图”。

三、中国质量协会在进一步推广卓越绩效标准、推进企业管理创新方面有哪些计划

实施卓越绩效标准，推进企业管理创新，全国质协系统责任重大。在具体推动企业实施卓越绩效标准方面，要重点做好以下几项工作：一是要引导各类企业全面导入卓越绩效评价准则，提高整体管理水平；二是要推动在我国国民经济中占有举足轻重地位的行业的企业，率先实施卓越绩效模式，努力提升制造业、服务业和信息产业的竞争能力；三是要认真总结我国知名企业导入卓越绩效模式，实现管理创新的经验，培育有国际竞争力的世界级的企业；四是希望荣获中国驰名商标、中国名牌和中国出口商品名牌等称号的企业，在注重品牌建设和经营的同时，积极导入卓越绩效评价准则，努力提高管理水平，通过管理水平的提高，保证和促进品牌的持续经营，积极培育世界级的品牌。

追求卓越　永无止境*

（二〇〇六年十一月四日）

全国质量奖设立的目的有三个：一是引导各类组织关注市场竞争的焦点，重视产品质量、服务质量，进而重视经营质量；二是通过卓越绩效模式，引导和激励各类组织追求卓越的质量经营，加快培育和增强我国追求卓越组织的核心竞争力；三是利用质量奖励机制，表彰那些在绩效改进方面取得突出成就的优秀组织，树立行业标杆，分享成功经验，从而带动我国国家竞争力的整体提升。

在全国质量奖设立之初，我们就提出了“高标准、严要求、少而精、树标杆”的原则，所谓高标准，就是严格按照国际、国内公认的卓越绩效评价准则来进行质量奖的评审；严要求，就是严格按照科学的程序组织评审活动，所有的获奖企业必须通过组织自评、资料评审、现场评审过程，并且还要经过全国质量奖工作委员会和审定委员会讨论审核，投票确定；少而精，就是要严格控制数量，保证获奖组织的质量和水平。获奖企业为我国各行各业的组织树立了标杆。由于全国质量奖得到了政府的支持和企业的积极参与，评审工作坚持规范运作，保证了评审工作的公正性，在国内树立起了良好品牌形象，具有很高

* 在2006年全国追求卓越大会上的讲话。

的社会认知度。经过六年的实践，全国质量奖已成为我国在质量方面的最高奖项，成为我国卓越组织质量经营取得成功的重要标志。为此，我们对已经获奖的企业表示祝贺，同时，对正在努力追求卓越、争创质量奖的各类组织继续给予鼓励和支持！

全国质量奖的评审主要依据《卓越绩效评价准则》国家标准，该标准所体现的管理模式，我们通常称之为卓越绩效模式，其源于美国波多里奇国家质量奖标准和欧洲质量奖模式，它体现了现代社会先进的经营管理理念，是世界级成功企业的经验总结。在过去的十多年中，推行这套管理模式成为了一个全球性的潮流，实践证明，它能够为顾客提供不断改进的价值，帮助企业取得市场上的成功；能够提高组织的整体有效性和能力；能够促进组织的和个人的学习，以适应环境的发展变化。我国近几年的实践也充分表明，卓越绩效模式是一种有助于全面提升我国企业管理水准和竞争力的有效手段。

我国正处在一个重要的战略机遇期。我们的经济建设取得了举世瞩目的成就，但我们也面临着前所未有的重大挑战。因此，导入卓越绩效模式不仅是对实施质量兴国、名牌战略的有力支撑，也是提升各类组织竞争力的最好方式之一。我们必须贯彻落实科学发展观，采取新的思路，突破实现我国经济社会又快又好发展的瓶颈，通过先进质量管理理念的导入和质量管理方式的不断改进，促进国民经济的可持续发展，为建设富强民主文明和谐的社会主义现代化国家贡献一份力量。

从今年开始，我们将“全国质量奖颁奖大会”更名为“全国追求卓越大会”，目的是为国内外实施卓越绩效模式的企业分享绩效管理的成功经验提供一个交流的平台，会上全国质量奖获奖企业的 CEO 及其领导人将与来自国内各类企业的高层领导、经理人员和质量主管们分享他们是如何实现卓越绩效的。

获奖企业的CEO及其他高层领导、关键部门负责人将从领导作用、战略策划、顾客与市场、测量、分析与改进、资源、过程管理等方面进行陈述，介绍其追求卓越的旅程，使他们的经验得到多种方式的展示和更有效的分享。

本次大会在内容和活动形式上充分考虑到参会者的期望和要求，最大限度地为参会者提供了学习和交流的机会，使参会者能够与获奖者互动、沟通。我们特别邀请了美国波多里奇国家质量奖获得者、波音航空支持事业部前总裁大卫·斯帕恩[①]先生、宝钢股份有限公司总经理艾宝俊[②]先生等国内外已获得质量奖的成功企业家介绍他们追求卓越的路程和心得。

本次大会的主题是："创新——持续追求卓越"。追求卓越是一场没有终点的竞赛。因此，赢得全国质量奖只是追求卓越旅程中的一个里程碑，而不是终点站。我们应当清醒地看到，追求卓越的道路并非平坦。失去了创新，就失去了持续追求卓越的目标和动力。我们真心的希望我国追求卓越的组织不断走向成熟。

中国质量协会成立以来，始终致力于推进我国质量事业的发展。为此，我们不断地学习、总结、借鉴国内外先进的质量管理理念、方法和经验，从QC小组、全面质量管理（TQM）、ISO9000质量管理体系、六西格玛、到卓越绩效模式的推广应用，我们始终坚持把国外先进的管理理论、方法和模式与我国企业的具体实际结合起来加以应用，努力探索一条适合我国国情，有利于我国各类组织发展要求的，科学的质量管理之路。这次会议也是一种尝试，希望大家很好地利用这个机会，加强交流，分享成功经验和最佳实践，共同促进卓越绩效模式在我国的普及和推广。

---

① 大卫·斯帕恩，美国波多里奇国家质量奖获得者、波音航空支持事业部前总裁。

② 艾宝俊，时任宝山钢铁股份有限公司总经理。

质量管理应当追求卓越*

（二〇〇七年十月十日）

质量是事关经济社会健康发展的重大战略问题。当前，质量工作的重要性之所以日益突出，主要是因为产品质量不仅关系到企业的生存和发展，更关系老百姓的民生、国家的形象。经过多年持续不断的努力，我国产品质量总体水平稳步提高。但是，最近国外媒体频频发表有关我国某些商品的质量问题，这其中有些是别有用心的，但也说明我们的部分产品质量确实还存在些问题，特别是那些小规模的加工企业和家庭式的小作坊，他们的产品存在某种程度的质量安全隐患。

党中央、国务院高度重视产品质量和食品安全工作。今年以来，胡锦涛总书记、温家宝总理多次作出重要批示。7 月 27 日，国务院特别召开了全国质量工作会议，专门部署了在全国范围内开展产品质量和食品安全专项整治的工作。温家宝总理出席会议并作了重要讲话，吴仪副总理主持了会议并就如何贯彻落实会议精神做了布置，会后还专门印发了《国务院关于加强产品质量和食品安全工作的通知》。8 月 23 日，吴仪副总理再次主持召开全国产品质量和食品安全专项整治工作电视电话会议。目前，为期四个月的质量和食品安全专项整治活动已经

---

* 在全面贯彻落实《卓越绩效评价准则》国家标准交流观摩会上的讲话。

在全国范围内开展。

产品质量好坏，企业是关键。质量管理搞的好的企业，才能生产好的产品。因此，企业必须十分重视质量问题，用严格的质量管理和质量保证措施，确保产品能够满足用户的需求。这次会议的目的，就是贯彻中央的精神，通过宣传贯彻落实卓越绩效评价准则国家标准的好做法，好经验，推进企业在加强质量管理方面真抓实干。

从 2001 年起，中国质量协会在研究借鉴国际质量管理最新成果的基础上，开始在我国大力推进卓越绩效管理模式。七年来，总共有 51 家企业获得了目前我国质量领域最高奖项——“全国质量奖”。获奖组织都是在各自领域内凭借先进的管理、卓越的绩效、持续的改进而出类拔萃，在行业处于标杆位置的企业。他们在推进卓越绩效模式的过程中，尝到了先进管理模式带来的好处，掌握了管理现代企业的总抓手。与这些获奖企业的交流沟通，向他们观摩学习，可以现身感受我国卓越企业在树立大质量观念，从源头做起，改进管理、提升价值、追求卓越方面的做法和经验，让大家更加直观的了解到：实践成功的证明，《卓越绩效评价准则》国家标准在我国优秀企业是能用的，是管用的，是好用的。

这次会议是很有特色的。第一，这是一次跨地区的大合作。这次会议由中国质量协会牵头，轻工质协、广东、浙江、上海、江苏四省质量协会共同支持，是质量系统第一次尝试跨地区的系统性合作；第二，也是一次跨行业的大交流，这次会议是由中国移动通信集团广东有限公司协办，联合通信行业、家电行业、冶金行业、轻工行业、服务行业等，是一次不同企业、不同产品、不同经历的经验交流和观摩学习；第三，这次会议也是一个平台，是总结、交流全国各地区、各行业贯彻落实卓越绩效评价准则国家标准的平台，是为争创质量奖企业分享实践和成功案例的平台，是为追求卓越绩效的企业提供路线图的平台。

这次会议邀请了一些正在学习或导入卓越绩效模式的企业参加，据我了解，都是一些质量管理基础搞得非常好的企业。我相信，会议时间虽然很短，但经过大家的共同努力，一定会取得很有价值的收获。我衷心希望我国有越来越多的优秀组织加入到卓越的行列中来。

以质取胜　实现卓越 *

（二〇〇七年十一月二十六日）

刚刚闭幕的中国共产党第十七次全国代表大会是在我国改革发展关键阶段召开的一次十分重要的会议。大会对推进我国社会主义经济建设、政治建设、文化建设和社会建设等做出了全面部署，提出了继续推动改革开放，推动和谐社会建设的新要求。十七大报告中指出，要大力推进经济结构战略性调整，更加注重提高自主创新能力、提高节能环保水平、提高经济整体素质和国际竞争力。这既是促进国民经济又好又快发展的指南，也是实施质量兴国战略的关注点和着眼点。全国质协系统要深刻学习和领会十七大报告精神，以科学发展观统领我国质量推进事业，按照新时期发展要求，以企业为主体，下大力气从源头抓好产品和服务质量的提升，通过追求卓越绩效提升各类组织的核心竞争力，为全面建设小康社会贡献力量。

这次会上，我们要对 2007 年获得全国质量奖的中国一航成都飞机、潍柴动力等七家企业进行表彰。这七家企业和已经获得全国质量奖企业的获奖过程说明，全国质量奖的设立，就是要建立一种有效的激励和引导机制，通过采用与国际接轨的评审标准和评价体系，激励和引导我国广大企业学习、实践卓越绩效模式，促进企业持续改进，树立起追求卓越的典范，让更多的优秀企业分享他们的成功经验，促进我国企业整体竞争能力的提升。

---

* 在 2007 年全国追求卓越大会上的讲话。

实践证明，由于我们严格遵守了全国质量奖评审规则和工作程序，加强了对实施卓越绩效模式的正确引导，保证了全国质量奖设立七年来始终把握正确的前进方向，全国质量奖已成为我国公认的在质量方面的最高奖项。这项活动对促进企业转变观念，创新管理方法，提升竞争力，承担社会责任、树立典范榜样、赢得公众和用户信赖发挥着重要的作用。今后，我们还要坚持不懈的做好这方面的工作，让它真正成为推动更多优秀企业追求卓越绩效，激励、引导和促进企业提升产品质量、服务质量和国际竞争力的有效手段。

这次大会以“质量、社会责任——提高国际竞争力”为主题，邀请了中国入世首席谈判代表、博鳌亚洲论坛龙永图①秘书长和我国著名经济学家魏杰②教授到会就“企业国际化战略”等问题发表特别演讲。大会还邀请了全国质量奖获奖企业的高层领导介绍其追求卓越的成功经验，与各位代表共同分享他们的最佳实践。我们相信通过这次大会，各位与专家、学者、企业家的深入交流和对话，必将使大家对当今先进的质量管理理念和方法，以及发展的趋势产生新的认识，为提升企业的经营管理水平和核心竞争力获得有益的经验和借鉴。

随着经济全球化进程的加快和科学技术的迅速发展，我国经济与世界经济的联系日益紧密，我国企业所处的环境不断地发生着深刻的变化。我们要以学习贯彻党的十七大会议精神为动力，针对新情况，研究新问题，更加扎实地组织开展全国质量奖评审工作，通过先进质量管理理念的导入和质量管理方式的不断改进，提升我国卓越组织的国际竞争力，为我国经济建设实现又好又快发展和构建社会主义和谐社会做出新的更大贡献！

---

① 龙永图，时任博鳌亚洲论坛理事、秘书长，曾任外经贸部副部长，中国入世谈判首席专家。

② 魏杰，著名经济学家，清华大学经济管理学院教授、博导。

提升企业核心竞争力 *

(二〇〇八年九月十八日)

大家知道，今年是我国改革开放30周年，对于我们质量工作者来说，同时还迎来了我国引进和推广全面质量管理30周年和我国开展质量管理小组活动30周年，在这个背景下，在全国质量月期间，召开2008年“全国贯彻落实《卓越绩效评价准则》国家标准交流观摩会”，我认为是一件非常有意义的事。

今年7月初，我向中央政治局委员、国务院副总理王岐山①同志汇报中国质协的工作和关于推进我国质量事业发展的几点建议。岐山副总理在肯定中国质量协会近年来工作的同时指示我们，党中央、国务院对质量工作十分重视。政府经济、质量、行政管理部门对质协的工作始终很关心，今后还要继续关心和支持。他希望中国质协继续发挥专业、规范的优势，主动、积极地围绕落实国家质量振兴战略，开展好各项工作，为推进中国质量事业和促进我国经济社会又好又快的发展，做出更大的成绩。这是国务院领导同志对我们质协工作的肯定，也为我们全国质协系统更好地发挥作用，在质量振兴事业中贡献力量和才智提出了要求，指明了方向，我们要抓住总结引进和推广全面质量管理30周年经验的契机，认真领会中央精神，结合当

---

* 在贯彻落实《卓越绩效评价准则》标准交流观摩会上的讲话。

① 王岐山，中共中央政治局委员，国务院副总理。

前新的形势，自觉改进工作，扎扎实实把全国质量奖等五项品牌活动开展得更好。召开这次会议的目的，就是贯彻中央的精神，通过宣贯落实《卓越绩效评价准则》国家标准的好做法，好经验，引导和推进我国产品质量、服务质量和经营管理质量的整体提升。

这次“全国贯彻落实《卓越绩效评价准则》国家标准交流观摩会”已经是第三年举办，中国质协非常重视这次会议，因为这是推动卓越绩效模式、提升企业核心竞争力的一项重要工作。2006 年，我们在济南举办了首届“全国贯彻落实《卓越绩效评价准则》国家标准交流观摩会”。会议采取“行业推动”的理念，同中国钢铁协会、中国质协冶金工业分会一道组织，全国规模以上的钢铁企业领导和质量负责人都参加了，冶金行业的老领导吴溪淳同志在会上做了一个非常好的演讲，宝钢、武钢、济钢介绍了他们的体会和经验，会议开得很成功，对冶金行业导入卓越绩效模式，争创“全国质量奖”起到了很好的推动作用。近两年，又有一批钢铁企业加入到宣贯卓越绩效模式的队伍。2007 年，我们采取“区域推进”的做法，中国质协联合上海、广东、江苏、浙江、安徽五省市质协共同办会，我们邀请广东移动、格力、海尔、茅台等获得“全国质量奖”的卓越企业领导同志在会上做了十分精彩的发言，受到与会代表的热烈欢迎，同时，对这些地方的优秀企业影响很大，吸引了更多追求卓越的企业在经营管理中不断学习和遵循《卓越绩效评价准则》国家标准，掌握持续改进的观念和提升核心竞争力的质量经营方法，加入到争创“全国质量奖”的队伍中来。

今年会议选择在上海召开，主要是因为上海市在“全国质量奖”活动开展七年来，已有 12 家企业获得这一殊荣，获奖数量为全国各省市之首，涌现了一批以宝钢、上海移动、海立集团、上海大众出租为代表，分布在制造、冶金、电力、服务领域的卓越企业。我想，这与上海市领导高度重视质量工作、与上海企业的质量管理工作非常扎实分不开，也与上海市质量协会的努力工作分不开。我相信，这次会一定具有“区域示范”的效应，必将对卓越绩效模式在各地落实起到推动作用。

这次会议我们邀请了刘源张院士、郎志正教授，这两位我国质量理论研究领域的领军人物做讲评，并请了部分导入卓越绩效模式企业的高层管理者，就导入卓越绩效模式的价值，结合自身情况追求卓越的路径、实践，以及获奖后持续改进，向更高目标迈进的做法等多方面的做法和体会进行展示，与大家分享。与这些获奖企业的交流沟通，向他们观摩学习，可以亲身感受我国卓越企业在树立大质量观念，从源头做起，改进管理、提升价值、追求卓越方面的做法和经验，让大家更加直观的了解到：组织的实践证明，《卓越绩效评价准则》国家标准在我国优秀企业是能用的，是管用的，是好用的。

质量经营是核心竞争力*

(二〇〇八年十一月六日)

当前，受美国金融风暴影响，国际金融市场普遍出现动荡，全球经济增长明显放缓。国内经济运行基本面的状况是好的，比较平稳、健康的，但也存在一些突出矛盾和问题，特别是经济环境中不确定不稳定因素明显增多。在新形势下，广大企业如何通过提升管理水平、提高经营质量，在比较复杂的市场环境下站稳脚跟，实现企业的持续发展，已经成为迫切需要解决的问题。同时，今年发生的“三鹿婴幼儿奶粉事件”，给企业的产品质量安全、诚信体系等带来前所未有的考验。党中央、国务院高瞻远瞩，知微防渐，针对新出现的问题，坚定信心，沉着应对，及时作出了一系列重大战略性应对措施，目前已经初见成效。最近，国务院张德江副总理亲自主持，国资委、工业和信息化部的领导一道专门听取了部分协会负责同志的汇报，提出在新形势下更好地发挥协会重要作用，为促进国民经济健康发展做出贡献的意见。我认为这既是国务院领导对协会组织的重视，也是在新形势下对我们提出的要求。协会的宗旨就是服务，就是配合政府多做事，做有利于经济社会健康发展的事，做有利于企业提升核心竞争力的事。产品竞争说到底是

* 在2008年全国追求卓越大会上的讲话。

质量的竞争，产品是生产企业制造的，企业是产品质量的原点。在新的考验面前，我们要结合深入学习实践科学发展观活动，着力把握实现科学发展的规律，创新观念，转变方式，破解难题，在政府和主管部门的领导下，和企业团结一道，牢牢抓住产品和服务质量这个基本点，推动以顾客为导向的生产、服务和质量改进，依靠质量提升竞争力，促进企业持续改进，提高绩效，共同应对新的挑战。

这次会上，我们就要对通过导入卓越绩效模式，不断创新、持续改进，经营管理水平得到了系统的提升，获得 2008 年全国质量奖的广西柳工、金川集团、莱芜钢铁等十一家企业进行表彰。这十一家企业和已经获得全国质量奖企业的获奖过程说明，全国质量奖的设立，就是要建立质量方面有效的激励和引导机制，通过树立追求卓越的典范企业，激励和引导我国广大企业提高产品、服务质量和经营管理水平，为顾客、企业及其他相关方创造价值，实现卓越绩效，提升企业乃至国家的国际竞争能力。

这次大会以“质量经营——核心竞争力”为主题，邀请了美国著名政治经济学家、波多里奇国家质量项目主任哈里·赫兹[①]先生发表特别演讲。大会还邀请了全国质量奖获奖企业的高层领导介绍其追求卓越的成功经验，与各位代表共同分享他们的最佳实践。我们相信通过这次大会，各位与专家、学者、企业家的深入交流和对话，必将使大家对当今先进的质量管理理念和方法，以及发展的趋势产生新的认识，为提升企业的经营管理水平和核心竞争力获得有益的经验和借鉴。

① 哈里·赫兹，美国政治经济学家、美国波多里奇国家质量项目主任。

随着经济全球化进程的加快和科学技术的迅速发展，我国经济与世界经济的联系日益紧密，我国企业所处的环境不断地发生着深刻的变化。我们要以不断学习实践科学发展观活动为动力，针对新情况，研究新问题，更加扎实地组织开展全国质量奖评审工作，通过先进质量管理理念的导入和质量管理方式的不断改进，提升我国卓越组织的国际竞争力，为我国经济建设实现又好又快发展和构建社会主义和谐社会做出新的更大贡献！

争创全国质量奖对企业是非常有价值的*

（二〇〇九年十月二十六日）

刚刚闭幕的中国共产党第十七届四中全会，全面分析了当前形势和任务。全会指出，当今世界正处在大发展、大变革、大调整时期。世界多极化、经济全球化深入发展，科技进步日新月异，国际金融危机影响深远，世界经济格局发生新变化，综合国力竞争和各种力量较量更趋激烈。国力的竞争，说到底就是质量的竞争。质量对各类组织的核心竞争力，对经济、社会和环境可持续发展的贡献越来越重要。质量是企业的生命，质量管理是企业的生命线。企业要想在日趋激烈的市场竞争中站稳脚跟，谋求发展，就必须始终重视质量，牢牢抓住这根生命线。去年以来，中央领导同志高瞻远瞩，审时度势，相继对质量工作作出了一系列重要批示。国家工业、质量主管部门认真贯彻落实中央领导同志重要批示精神，结合开展“质量和安全年”活动，对当前和今后一段时间的质量工作做出了全面部署。其中明确提出，要依靠质量协会、行业协会等中介组织，加强典型经验交流推广，有针对性地推广包括卓越绩效模式在内的先进质量管理技术和方法。这对我们深入开展推行卓越绩

* 在2009年全国追求卓越大会上的讲话。

效模式，做好全国质量奖评审工作，引导更多企业追求卓越，具有重要的指导作用。

今年，中国质量协会组织对以往获奖企业进行了跟踪调查。企业普遍反映，通过推行卓越绩效模式，组织在领导、战略、顾客与市场、人力资源及过程管理等方面，得到了系统的梳理和提升。特别是在转变企业观念方面，卓越绩效模式的影响和帮助非常大。调查数据显示，企业推行卓越绩效模式以来，在行业中保持了领先的发展态势。面对金融危机的影响，企业及时调整战略，积极应对，仍然实现了不同程度的增长。并且企业纷纷表达了希望通过再次申报全国质量奖，引入外部专家视野，深入实施卓越绩效模式，推动企业持续改进的愿望。这充分说明推行卓越绩效模式、争创全国质量奖对企业是非常有价值的。最近，我们正在对整个评审程序和相关机制进行不断梳理、调整、充实和完善，我们对用更加科学的方法保证全国质量奖评审质量，依靠全国质量奖的美誉，吸引更多优秀组织走上卓越之路充满信心。

这次大会以“质量——企业的生命”为主题。会上，我们要对通过导入卓越绩效模式，不断创新、持续改进，经营管理水平得到了系统的提升，获得 2009 年全国质量奖的中建八局、南京钢铁、珠江钢琴等十家企业进行表彰，并邀请获奖企业的高层领导介绍其追求卓越的成功经验，与各位代表共同分享他们的最佳实践。我们相信通过这次大会，必将使大家对当今先进的质量管理理念和方法，以及发展的趋势产生新的认识，为提升企业的经营管理水平和核心竞争力获得有益的经验和借鉴。

当前，我国正处在进一步发展的重要战略机遇期，经济形势总体呈现企稳向好势头，但经济回升基础还不稳定、不巩固、不平衡，国际国内不稳定不确定因素仍然很多。我们要以科学发展观为指引，全面推行卓越绩效模式等先进质量管理理念和方法，更加扎实地组织开展全国质量奖评审工作，促进我国卓越组织提升国际竞争力，为实现经济平稳较快发展做出新的更大贡献！

对设立国家质量奖的意见和建议*

（二〇一〇年七月十七日）

近日，国务院法制办网站刊登了国家质检总局关于设立国家质量奖的征求意见稿，《中国质量报》等一些媒体也就此做了专门报道。因事关我国国家质量奖励制度的健全和完善，也直接影响到我会目前正在开展的全国质量奖评审工作，对此，我会十分重视，进行了认真的研究，认为应当以负责的态度反映情况和意见。我们建议：目前在我国不宜同时开展二项全国性质量奖励活动。具体意见、建议如下：

一、中国质协开展全国质量奖评审的情况

中国质协作为政府领导下的全国性质量组织，始终致力于在我国大力推进普及先进的质量理念、方法和技术。从1996年，协会就开始学习并从美国引进卓越绩效模式，专门邀请美国质量专家来我国举办讲座，普及理念，传授方法，并选择企业进行试点。从2001年起，为引导我国企业尽快适应经济全球化的发展趋势，激励广大企业积极学习和掌握卓越绩效模式，应对更为激烈的市场竞争，协会根据《产品质量法》的有关规定，在学习美国波多里奇国家质量奖评审标准、程序和方法的基础上，启动了全国质量奖的评审工作。2004年，结合全国质量奖

* 致时任国家质量监督检验检疫总局局长王勇同志的信。

的评审实践，在我们的积极推动和参与下，在国务院领导同志和国家质检总局的大力支持下，促成了《卓越绩效评价准则》和《卓越绩效评价准则实施指南》国家标准的颁布，使全国质量奖的评审有了国家标准。

十年来，全国共有海尔、宝钢等72家各类组织获奖。每年度的颁奖大会，除邀请国家及政府部门有关领导同志出席，给获奖企业以激励外，大会还通过开展企业形象展示、经验分享以及与成功企业高层领导对话等活动，提升创奖价值，有力促进了这一国家标准的宣贯。与此同时，我们还通过开展与欧、美、日等国质量组织的对口交流，不断学习他们组织开展质量奖的经验，交流国家质量奖评审标准以及企业案例等活动。经过十多年的努力，目前全国质量奖组织工作以及评审水平不仅得到国内企业、社会和政府部门的普遍认可，也受到国际质量组织、专家的关注和承认，已被认作是代表中国企业最高管理水平的国家级质量奖。目前，获得亚太质量奖的我国企业，均由获得全国质量奖的企业中产生。今年2月9日，国务院国资委在《关于印发国资委评比达标表彰保留项目的通知》（国资厅发纪检[2010]21号）中指出：经中共中央、国务院同意，全国质量奖作为评比达标表彰项目予以保留，由中国质量协会负责。这标志着党中央、国务院对由社会组织承担全国性奖励活动的充分肯定，也是对我们坚持科学、规范开展全国质量奖活动的巨大鼓励。

二、发达国家开展质量奖评审的做法

据了解，为了推动本国各类组织提升管理水平，强化和提高本国产业的竞争力，许多国家的政府和质量组织都设立了相关名义的质量奖。其中大多数是由质量组织或行业联盟发起并运作，个别由政府设立的质量奖项，其政府部门也不直接参与奖项评审等具体事务，这是市场经济国家政府一条很重要的原则和经验。例如，成功运作并在国际上具有较大影响力的世界三大质量奖中，日本戴明奖是由日本科学技术连盟发起并运作；欧洲质量奖是由欧盟委员会发起，欧洲质量组织和欧洲质量基金会运作；美国波多里奇国家质量奖虽由美国国会立法设立，由美国商务部所辖的国家标准技术研究院管理，其具体评审事务工作由美国质量学会承担。

三、意见和建议

（一）不宜设立两个全国性质量奖

中国质协开展卓越绩效模式推广活动已有 15 年，开展全国质量奖评审也有 10 年时间，做了大量开拓性、基础性工作。全国质量奖已经在全国企业及社会上产生很大影响。如果国家质检总局新设立国家质量奖，与协会已经开展了 10 年的全国质量奖活动同时存在，将导致出现“双奖并行”的情况。由于全国质量奖和国家质量奖的评审标准均采用相同的国家标准，这将有可能给参与企业带来困惑，在社会上造成误解，也可能在国际质量领域中带来负面的影响。因此，应本着既要坚持引导企业追求卓越，切实通过创奖给企业带来价值的原则，又要维护质量奖的严肃性、权威性和良好形象，不应再设立新的全国性质量奖。

（二）妥善处理国家质量奖的设置和运作问题

国家设立质量奖一直是我们所期盼的。为此，我们不但广泛呼吁，而且积极付出了努力。根据市场经济国家通行的做法和我国的实际，为了使我国的质量奖更具影响力，更具权威性和公正性，提高我国获奖企业在国际上的知名度和市场竞争力，我们建议：在已经开展 10 年的全国质量奖活动的基础上，设立国家质量奖，由国家质检总局领导并负责监督、管理、颁奖，中国质协负责奖项评审等事务性工作。这样既是对中国质协15年推动工作的肯定，也是对过去10年所有持续追求卓越，积极创奖企业的一种肯定，既充分体现尊重国家质量奖励制度建立历史沿革的实际，有利于全国质量奖的平稳过渡；又有利于监管与运作分开，实现规范化运作和科学监管，使全国质量奖评审活动健康发展。

（三）中国质协能够为国家质量奖评审提供优质服务

中国质协在引进卓越绩效模式和开展全国质量奖评审的实践中，积累了丰富的理论知识和实践经验，形成了一整套专业规范的评审制度。在国内培养和凝聚了一大批质量专家，形成了一支训练有素的专业评审队伍。并与国际上最具影响的三大质量奖的组织机构和评审专家始终保持着经常性的交流。我们希望并有能力为政府推动质量工作提供专业、规范的优质服务，为健全和完善我国质量奖励制度做出更大的贡献。

舞动全国质量奖之大旗 深入推行卓越绩效模式*

（二〇一〇年十月二十一日）

刚刚结束的十七届五中全会指出，当前和今后一个时期，是全面建设小康社会的关键时期，是深化改革开放、加快转变经济发展方式的攻坚时期。综合判断国际国内形势，我国发展仍处于可以大有作为的重要战略机遇期，既面临难得的历史机遇，也面对诸多可以预见和难以预见的风险挑战。五中全会不仅为制定“十二五”期间我国经济社会发展规划指明了方向，也为我们开展质量工作明确了方向。未来，我们的质量工作要紧紧围绕服务于全面建设小康社会的大局、服务于促进经济发展方式转变、保持经济长期平稳较快发展和社会和谐稳定的大局，全方位推广包括卓越绩效模式在内的先进质量管理理念、工具和方法，务求实效，持之以恒，努力把我国产品、服务质量提升到一个新的水平。

今年是中国质协在国内推行卓越绩效模式、开展全国质量奖评审工作十周年。十年来，这项工作得到了政府的大力支持、地方行业协会的积极推动和企业的广泛参与，在社会上引起了良好的反响。迄今，申报企业已经遍布全国 29 个省、市、自

* 在第十届全国追求卓越大会上的讲话。

治区和特别行政区，覆盖国民经济46个行业大类，共评选出获奖企业84家。十年的评审实践中，中国质协逐渐摸索出了一套符合我国实际的企业质量经营评价方法，也总结出了一套适合我国实际的奖励制度。依托全国质量奖这一激励制度，推动了卓越绩效模式在广大企业的落地生根，并取得了丰硕的成果。评选出的获奖企业，发挥了良好的标杆和示范作用，引领了地方、行业企业管理水平的共同提升；评审中积累的丰富实践，为《卓越绩效评价准则》国家标准的制定、实施奠定了坚实的基础；帮助企业建立了一套持久的运营模式，为企业保持稳定、实现永续经营提供了有益的帮助，卓越绩效模式也成为企业管理的一个有力抓手。今年初，经党中央、国务院同意，批准全国质量奖由中国质量协会负责承办，这是对我们十年工作的充分肯定。我们绝不辜负中央的期望，努力把全国质量奖办的更好。

为了很好地总结全国质量奖活动十年来的开展情况，科学评价卓越绩效模式对企业管理改进、绩效提升和持续发展带来的推动作用，并明确未来的改进方向，今年，中国质量协会专门进行了“全国质量奖推进情况调研”课题研究。结果显示，获奖企业自实施卓越绩效模式以来，呈现了良好的发展态势：主营业务收入年均增长率达26.57%；利润总额年均增长率达23.07%；全员劳动生产率显著提升，平均增长达130%；节能降耗成效显著，万元产值综合能耗平均下降32.34%，超越了国家“十一五”规划中提出的单位GDP能耗下降20%的目标。这充分说明推行卓越绩效模式、争创全国质量奖对企业是非常有价值的。现在，全国质量奖已经成为与日本戴明奖、美国波多里奇国家质量奖、欧洲质量奖齐名的国家级、全国性质量奖励。我们要珍惜这来之不易的成绩，进一步改进、完善评审工作，提升创奖价值，加深与国际质量奖组织的交流，增加这个奖项的含金量。

这次大会以“质量管理——企业的生命线”为主题。会上，我们要对海信、鞍钢、好孩子、滨州活塞等十二家荣获第十届全国质量奖企业，以及全国质量奖十年评审工作中涌现出的先进集体和个人进行表彰。大会特别邀请两度成功创奖的海信集团于淑珉①总裁发表主题演讲，并由戚维明②同志对全国质量奖评审工作开展十年来的情况进行系统、全面的总结。会上，获奖企业的主要负责人将介绍他们追求卓越的最佳实践。我们相信通过这次大会，必将使大家对当今先进的质量管理理念和方法，以及发展的趋势产生新的认识，为提升企业的经营管理水平和核心竞争力获得有益的经验和借鉴。

经过十年的探索、创建、完善、发展，全国质量奖之大旗已经舞起，追求卓越的队伍日渐壮大。但我们也十分清楚，深入推广卓越绩效模式的任务仍十分艰巨。站在新的历史起点，我们相信，在多方面的共同努力下，会有越来越多的组织认识到卓越绩效模式的价值，加入到这个行列中来，学习、掌握组织成功的路线图，实施持续改进，不断提升管理成熟度，增强核心竞争力，努力实现从优秀到卓越的跨越。我们将总结十年的经验，改进评审，提升价值，保证质量，加强队伍建设，扩大交流分享，提高这一先进质量方法的应用、推广程度，为将我国产品和服务质量提升到一个新的水平，为转变经济发展方式、提升经济增长质量、促进经济长期平稳较快发展做出新的更大贡献。

---

① 于淑珉，海信集团执行总裁。

② 戚维明，中国质量协会副会长兼秘书长。

实现组织效率和顾客价值的双赢*

（二〇一一年六月八日）

今年是“十二五”规划的开局之年。在还未走出全球性金融危机阴影的国际政治经济形势下，党中央、国务院从全面建设小康社会的宏伟目标和我国经济社会发展的实际出发，审时度势、着眼长远，提出以科学发展观为主导的发展之路，发展方式的转变、结构性调整和产品转型升级成为当前我国大多数企业所面临的首要任务。为适应形势的要求，我们组织召开这次会议，目的是通过获得全国质量奖和正在创奖的组织一起交流、学习、推广应用卓越绩效模式的经验和做法，帮助企业掌握进行质量诊断和质量改进的方法，获得从优秀到卓越的“路线图”。

1996 年，中国质协最早将国际上正在推广的卓越绩效模式先进质量管理方法引入我国，并聘请国内外专家进行理论教学和现场指导，率先开启了卓越绩效评价模式在我国应用的大门。

2001 年，中国质协在研究借鉴卓越绩效模式和美国波多里奇国家质量奖的基础上，启动了全国质量管理奖评审，致力于在我国企业普及推广卓越绩效模式的先进理念和经营方法，为我国企业不断提升竞争力、取得出色经营绩效提供服务。

几年来，有数千家企业参加了由中国质协主办的关于卓越

* 在 2011 年全国宣贯《卓越绩效评价准则》国家标准交流会上的讲话。

绩效标准的学习、培训活动，有500多家不同行业的组织参与并申报了全国质量奖，从去年起海信集团等曾获得全国质量奖的企业开始第二次申报。《卓越绩效评价准则》为什么有这么大的影响力，我认为原因有三：

一是，卓越绩效模式评价标准反映了当今世界企业现代管理最先进、最系统的理念和方法，是众多成功企业的经验总结，是激励和引导企业追求卓越、成为世界级企业的有效途径。

二是，全国质量奖活动的开展，充分印证了源自美国的卓越绩效管理模式在我国同样具有其适用性。这套系统的方法不仅适用于世界级大企业，如海尔、宝钢，也同样适用于制造、服务等众多中小企业，具有强大的生命力和广泛的企业基础。

三是，依据卓越绩效模式开展的全国质量奖作为我国质量管理领域的国家级奖项，已成为可以同美国波多里奇奖、日本戴明奖、欧洲质量奖相媲美的质量管理国家奖项，这充分表明近十年来我国在质量管理领域所取得的卓越成就，以及不断提升的国际影响力。

迄今，全国质量奖申报企业已经遍布全国29个省、市、自治区和特别行政区，覆盖国民经济46个行业大类，共评选出获得全国质量奖企业84家，提名奖30家，鼓励奖115家。这些获奖组织在各领域发挥了很好的标杆和示范作用，引领了地方、行业企业管理水平的共同提升。卓越绩效评价模式被我国广大企业普遍认可，并在具有中国特色的生产和管理环境中落地生根，成为质量管理实践中一有力抓手，产生了良好的社会价值和经济效益。

中国质协不仅为《卓越绩效评价准则》国家标准的制定提供了第一手实践资料，也在标准颁布后积极会同相关部门通过交流会、宣讲会等多种形式进行推广。比如中国质协和中国钢铁协会2006年在济南钢铁公司举办的首届“全国落实《卓越绩效评价准则》国家标准交流观摩会”，采取联合行业共同推动的方式，在国内全钢铁行业导入卓越绩效模式。随后中国质协联合上海、广东、江苏、安徽等省市质协和轻工质协等一道，采取“区域推进”的做法，吸引了更多追求卓越的企业在经营管理中不断学习和实践《卓越绩效评价准则》国家标准，加入到争创“全国质量奖”的队伍中来。

这次选择在太原召开宣贯《卓越绩效评价准则》国家标准交流会，缘于山西省委、省政府及太原市委、市政府对质量工作的高度重视，把质量兴省作为提升全省经济社会发展的重要途径，由此也涌现出如太钢这样实施卓越绩效管理模式、荣获全国质量奖的优秀企业。作为山西省唯一获得全国质量奖的企业，太钢自获奖以来充分运用卓越绩效评价准则，持续推进技术革新、管理创新，大力实施自主品牌发展战略，主营业务收入、产量、利润均实现成倍增长，他们的成功实践经验值得借鉴和学习。

会议还邀请了一些正在学习或者导入卓越绩效模式的企业参加，它们都是质量管理基础扎实、前进在争创全国质量奖队伍中的企业。正是由于这样一批又一批优秀企业加入到推广《卓越绩效评价准则》国家标准的活动中来，才使得全国质量奖保持着旺盛的生命力。

卓越绩效评价的价值和意义决不仅仅在于一个会议或者某个奖项，而是存在于对卓越持续不断的追求之中，存在于由此实现的组织效率和顾客价值的双重最大化。今天，企业质量管理领域的同仁齐聚于此，相信经过大家的共同努力，必能吸引更多优秀的组织加入到卓越行列中来。

关于用户满意工程

实施用户满意工程

实施用户满意工程，是1996年5月中国质量协会（原中国质量管理协会）会同原国家技术监督局、国内贸易部、机械工业部、冶金工业部、化学工业部、邮电部、中国轻工总会等部门，经原国家经贸委批准，开展的一项社会性质量活动。其目的是，通过政府、社团的大力宣传和推动，促进广大工商企业树立“以用户为中心”的经营理念和以“用户满意”为标准的质量观，以用户需求和用户满意为导向，不断改进、提高产品、服务和工程的质量，以适应市场经济的内在要求，提升企业的市场竞争力，并为人民群众提供满意的产品和服务。从1996年起，实施用户满意工程就一直作为中国质量协会的品牌活动之一开展。活动内容主要包括，向企业导入用户满意理念和实施用户满意的方法，帮助企业有效地开展用户满意活动；开展行业性用户满意度测评，督促行业改进普遍存在的质量问题；组织实施用户满意工程活动的经验交流，帮助企业在学习中共同进步。

建立中国家电产品（服务）用户满意度指数*

（二○○○年五月十日）

我十分高兴参加这次会议，和大家共同研究探讨建立中国家电产品（服务）用户满意度指数问题。

当前，我国经济已进入一个新的发展阶段，主要商品已由卖方市场转为买方市场。面临经济结构调整的关键时期，质量工作正是主攻方向。提高产品质量，既是满足市场需求，扩大出口，提高经济运行质量和效益的关键，也是实现跨世纪宏伟目标、增强综合国力和国际竞争力的必然要求。为此，国务院去年召开全国质量工作会议，研究和部署进一步加大质量工作力度，大力提高我国产品质量总体水平，并作出《国务院关于进一步加强产品质量工作若干问题的决定》。在这个《决定》中，明确提出了“要研究和探索产品质量用户满意度指数评价方法”，为企业、为质量工作提出了新的任务。今天，我们召开这个建立中国家电产品用户满意度指数研讨会，就是贯彻国务院《决定》精神的实际行动。通过研讨，提高我国家电企业对产品用户满意度的运用水平，促进家电产品质量进一步提高，增强家电企业在我国加入 WTO 后抵御风险、参与国际竞争的能力，为振兴中国家电产品质量，发

* 在 2000 年建立中国家电产品（服务）用户满意度指数研讨会上的讲话。

展中国家电品牌作出我们的努力。

下面，我想讲三点意见，供大家参考。

一、努力提高对用户满意度作用的认识

用户满意度是用户接受产品或服务的实际感受与其期望值比较的实际程度。它不但从微观上反映产品、服务的产出质量，而且正在发展成为衡量经济产出质量的宏观经济指标。我们要从微观和宏观两个层面上对它的作用加以认识。

在市场经济条件下，随生产力的发展，买方市场的形成和竞争的加剧，企业经营正在从以产值、产量为中心，转向以用户为中心。“用户至上”、“用户是上帝”、“用户是衣食父母”已经不单是企业需要树立的经营理念，而且是对企业实实在在的考验。谁能满足用户的需求，达到用户满意，谁就拥有市场。企业依存于用户，满意的、忠诚的用户群是企业无形的经济资产，是企业发展的源泉。为要了解企业是否能够满足用户不断变化的需求，达到、超过用户日益提高的消费期望，必须对企业产品、服务的用户满意度进行科学的测量。掌握客观真实、准确可靠的企业产品（服务）用户满意度，对提高产品（服务）质量，提高企业经济效益，提高企业管理水平有着重要的不可替代的作用。用户满意度是以用户的评价来反映产品质量水平，以用户的期望来改进提高产品质量，以忠诚的用户群来分析企业未来经济收益，以市场用户的角度推动企业质量管理水平的提高。现在，有部分企业还未树立起市场经济条件下的质量观，对用户满意与否，没有足够重视，认为我的产品是采用国际标准生产的合格产品，就是好产品。我们说，产品质量标准是非常重要的，没有标准，起码的质量就得不到保证。但符合标准的产品不见得是用户满意的，而具有最广大用户群的产品，不一定是最具有竞争力的产品。我国是家电生产大国，国内钢厂生产的符合国际标准的薄板许多家电制造企业就不用，依然使用进口的，原因就是达不到用户满意的程度。所以，要重视产品用户满意度，必须把“符合标准”的质量观转变提高到“满足用户需求、达到用户满意”上来。已经颁布的2000年版ISO9000族标准草案明确提出，企业“最高管理者应以实现顾客满意为目标”、“组织必须对顾客满意程度进行监控”。这是从建立健全企业质量管理体系，增强体系运行有效性的角度提出的要求，我们都将贯彻实施。总之，产品(服务)、企业的用户满意度是衡量企业产品(服务)质量的重要标志，是检验企业满足用户需求、达到用户满意的重要尺度，是推动企业扩大市场、提高效益，提高竞争能力的重要手段。我们对它的重要作用要有足够的认识。

用户满意度指数在宏观方面的作用正在运用中发挥。瑞典于1989年建立了全国顾客满意度指数之后，相继有不少国家和地区建立和研究开发国家顾客满意度指数。美国于1994年建立美国顾客满意度指数(ACSI)测评体系并开始运行。它通过对7个经济领域(部门)，30多个行业，200多家公司，约5万用户的调查，构建了公司、行业、领域和国家四个水平的测评指数。经几年实践验证，ACSI发挥着独特的作用，已经形成对美国境内产品和服务质量进行满意度测评的唯一统一的、全国性的和跨行业的衡量指标，成为经济领域走势的一项测评方法。对公司、行业和国民经济发展状况具有预测意义。它是一种基于市场业绩的产出质量指标，运用它有助于国家调整经济结构、产业结构；有助于行业间进行比较，相互促进；有助于企业提高质量，提高竞争能力。随着用户满意度理论和实践的发展。国家用户满意度指数的潜在作用将会进一步发挥。

二、努力提高家电企业对用户满意度的运用水平

由于我国步入市场经济体制时间不长，市场营销理论，消费需求理论、用户满意理论尚在发展初期，所以在很大程度上影响了企业运用用户满意度的水平。虽然有的企业开展用户满意度调查已有十多年，对改进提高产品质量有积极促进作用，但与国外先进企业相比，认识上差距较大，方法上缺乏科学性，其数据很难为企业经营和管理提供依据。在宏观上，用户满意度指数的理论还是空白。为在市场经济条件下加速实现两个根本转变，适应国际质量竞争新趋势，推动用户满意理论和实践的发展，中国质量管理协会全国用户委员会近年来做了一系列工作：一是与有关部、局、会联合在全国推动实施用户满意工程，促进企业建立以用户满意为中心的经营管理体系；二是协助地方实施名牌战略，规范了用户满意度评价管理；三是引进学习美国顾客满意度指数方法论，提高理论认识；四是组成中国用户满意度指数(CCSI)研究指导中心专家组，并开始第一批30户企业试点工作。这些工作为研究开发中国用户满意度指数和指导企业提高运用用户满意度的水平创造了一定的条件和基础。

研究开发、构建实施中国用户满意度指数是一项科学性、实践性、统一性极强的系统工程。必须本着积极、稳妥的原则做好各项工作。去年年底在哈尔滨召开的全国用户工作会议上，我们提出，要在竞争性强的家电行业开发并建立家电行业用户满意度测评方法。近半年来，我们一直在研究落实这项任务。这次召开的“建立中国家电产品（服务）用户满意度指数研讨会”，是一个可喜的成果。发给大家的《建立中国家电产品（服务用户满意度指数实施指导意见（测评指南讨论稿）》是建立家电行业用户满意度指数工作的一部分，其目的在于提高企业对用户满意度的认识，增强家电产品（服务）用户满意度测评方法的科学性，促进企业产品、服务质量及竞争能力的提高，并为建立家电行业用户满意度指数测评体系积累数据及经验。这个讨论稿经过大家讨论、修改后，要正式下发执行。由于时间紧，讨论稿会前没有更多地听取企业和专家的意见，希望大家在研讨中充分发表意见，把研讨过程当作相互学习共同提高的大会，用大家的智慧共同完成这一任务。

三、努力做好试点工作

我国家电行业经过多年的改革开放，已经拥有了相当的生产能力，技术装备，达到了一定水平，并涌现出了不少知名品牌和具有相当竞争力的企业集团。我们应当抓住我国即将加入WTO机遇，积极地迎接挑战，参与国际竞争，以满足用户需求为方向，以追求用户满意为目标，壮大我们的中国品牌和民族工业。希望列入中国用户满意度指数第一批用户试点企业中的家电企业和在座的企业，认真研究用户满意度问题，做好试点工作，把产品(服务)用户满意度测评的科学性提高到一个新的水平，促进产品(服务)质量的提高。这次研讨会之后，全国用户委员会拟举办第二批中国用户满意度指数试点企业培训班，主要培训家电行业的制造企业，第二批培训后，接着办第三批，一直办下去，以推动家电制造企业提高对产品用户满意度的运用水平，力争明年底搞出明显成果，为在微观和宏观两个方面发挥用户满意度指数的作用打开突破口，为构建中国用户满意度指数奠定基础。会后，中国质协全国用户委员会和中国用户满意度指数研究指导中心专家组要做好对企业的指导和服务工作，要热情地为企业提供咨询，积极地开展培训教育，认真地接受委托为企业进行第三方评价调查。我相信，有我们在座企业的共同努力，有专家的热情参与，我们一定会迅速提高我国家电企业对用户满意度的运用水平，促进家电产品(服务)质量的提高，促进家电企业竞争能力的增强。

提高企业的用户满意度*

（二〇〇〇年五月十五日）

我今天非常高兴来参加中国质量管理协会全国用户委员会在温州市民营私营工业企业中建立首批“用户满意跟踪企业”的授牌大会，并借此机会向温州市的民营私营企业家及广大员工表示问候！

温州是一个美丽的城市，是改革开放以来经济高速发展的一个城市。20年来，温州市发生了翻天覆地的变化，取得了很大成就。经济发展方面，从1978年到1998年，国内生产总值、工业总产值、财政收入、外贸出口、农民人均收入等主要经济指标，均翻了5至6番，年均增幅达到20%—40%，20年经济增长的速度，大大超过了全国、全省的平均水平。在经济总量不断提高的基础上，经济增长方式开始实行战略性转变，经济整体素质大大提高。温州市工业产值近97%是民营和私营经济创造的。经过20年努力，一些企业从作坊式的生产，发展到争创品牌，争创名牌，成为在全国很有影响的现代化企业，一些产品甚至形成了在全国有一定规模优势的地方经济支柱产业。温州企业的主要特点是企业新、机制活、发展快、负担轻，特别是这几年温州市政府提出以质量兴市，企业更是把质量视

---

* 在2000年温州市民营私营工业企业建立“用户满意跟踪企业”授牌大会上的讲话。

为企业的生命，在激烈的产品市场竞争中，把提高质量，争创名牌作为企业的中心，使温州的产品质量总体水平有了很大的提高，使温州的产品在全国人民心中有了很大的变化。温州市经济的崛起和温州经济发展模式，充分证明非公有制经济是我国社会主义市场经济的重要组成部分，充分证明党的十一届三中全会和党的十五大确定的方针、路线和政策的无比正确性。温州取得了巨大的进步，温州还要阔步前进。去年我们根据温州市民营和私营企业的要求，决定首先在温州民营和私营工业企业中开展“用户满意跟踪企业”试点工作。

在民营私营工业企业中开展“用户满意跟踪企业”试点工作的目的，是通过对跟踪企业的具体指导，促进企业建立以用户满意为中心的发展战略和经营管理体系，不断增强企业领导和员工的质量意识，提高企业产品实物质量和服务质量水平，增强企业的市场竞争能力，增强企业的经济效益。

在民营私营工业企业中建立“用户满意跟踪企业”是一项新的工作，是一项开创性的工作，因此需要在实践中探索，在实践中不断总结经验。中国质量管理协会和全国用户委员会一定要认真组织好这项工作，要为企业提供尽可能多的服务。要根据企业的需求组织考察学习国内外的质量管理经验，使企业获取各种信息并拓宽国内外市场，要为企业提供多种渠道的宣传活动。各级用户委员会要为企业提供形式多样的质量跟踪、用户评价、诊断测评、培训教育等业务方面的帮助。要对不同行业、不同类型、不同规模的企业，结合实际给予分类指导，要帮助和促进企业产品质量和服务质量水平的不断提高。已被确定为“用户满意跟踪企业”的企业，要认真按照 ISO9000 国际质量管理标准，建立本企业的质量目标和质量保证体系，并确保体系有效运行。跟踪企业要积极推行“用户满意工程”，在全国及省、市用户委员会的指导帮助下，制订年度实施计划，并贯彻落实。要积极组织参与产品质量的跟踪和评议工作，监督质量动态变化，对用户的评价和调查要做到有目的、有计划广泛收集用户对产品和服务质量的意见和建议，不断进行科技创新，努力采用先进技术，完善产品的使用功能，最大程度地满足用户的要求，从而不断地提高企业的用户满意度。做好这项开创性的试点工作，不仅需要企业的努力，更需要得到各级政府和主管部门以及社会各界的大力指导和支持，为参与跟踪的企业提供更好的社会氛围和公平竞争的环境。总之，建立“用户满意跟踪企业”，一方面是为企业做好服务，同时也是通过这种形式，引导更多的企业，重视市场、重视质量、重视用户、重视服务，促进温州市产品和服务质量整体水平的不断提高。

这次中国质量管理协会全国用户委员会在温州首选八户民营私营工业企业建立“用户满意跟踪企业”并开展试点工作，得到温州市政府、市经委领导和市质协领导的重视，得到广大企业的支持，借此机会，我表示感谢。我衷心希望这项工作在市经委和市质量管理协会的直接领导和支持下，在2000年取得经验的基础上，明、后两年在温州市能够逐步推广扩大，欢迎能有更多的企业加入到“用户满意跟踪企业”的行列中来。

维护用户和消费者的合法权益*

（二○○○年五月十八日）

质量跟踪站是中国质量管理协会设在商业流通领域的质量监督服务机构，是全国用户委员会的基层组织。我是第一次参加我们质量跟踪站的活动，第一次参加跟踪站的工作会议，主要是想熟悉一下这个组织，认识一下人，了解一些情况，思考一点问题，也借此机会向质量跟踪站的同志们问好，向工商企业的领导和同志们学习。

这次华东地区质量跟踪站工作会议，主要议题是研究在新形势下如何扩大质量跟踪的服务领域，运用电子网络，强化对工业企业的服务功能，并通过沟通情况，交流经验，继续贯彻“整顿、规范、提高”的方针，把质量跟踪站越办越好。这是今年全国用户委员会的重要工作内容之一。这次会上，全国用户委员会推出一项新的举措，即利用中国质量管理信息网开展在电子网络上推荐“用户满意品牌”的工作并建立“中国品牌库”。他们拿出一个方案，供大家讨论修改。这是一项新的工作，希望大家集思广益，把这项工作议透，取得认识上的一致，并在实践中做好，做出成绩。

我来中国质协工作不到五个月时间，但这段时间里我越来

---

* 在2000年华东地区质量跟踪站工作会议上的讲话。

越感到用户工作的重要性，感到质量跟踪站工作的重要性。用户工作是市场经济条件下质量工作的核心内容之一。这几年，质量跟踪站的工作在各省、市用户委员会的领导和指导下，在各设站商业企业领导的重视和支持下，在质量跟踪站具体工作同志们的辛勤努力下，取得了很大成绩。不仅为广大用户提供了服务，维护了用户、消费者的合法权益，不仅为商业企业提高服务质量，促进自身发展进行了服务，更重要的是架起了联系工业企业和商业企业以及广大用户之间的桥梁和纽带，越来越发挥着不可替代的作用。大家认为，这种作用突出的体现在两个方面，一方面是工商联手举办各种形式的产品展销跟踪活动，向广大用户推荐用户满意产品，促进销售，促进扩大内需，促进企业效益提高；另一方面是通过各类产品的跟踪评价，收集广大用户对产品服务质量的评价意见和改进信息，帮助企业开发新产品，帮助企业改进提高产品服务质量，达到用户满意。这种桥梁和纽带作用，随着市场经济的发展，将会更明显的显露出来。质量跟踪站可服务和可参与的领域将不断扩展，我们活动的空间也会不断扩大。前两天，5 月 15 日，我在浙江省温州市为八户民营私营工业企业开展用户满意跟踪工作站揭了牌。这表明，使用跟踪形式获取市场用户需求信息，更好地为企业服务，已经从商业企业向工业企业领域发展。这是中国质量管理协会全国用户委员会为拓展工作领域而进行的一种新的探索和尝试。

做好跟踪站的工作，更好地发挥桥梁、纽带作用，归根结底是必须坚持以“用户满意”为标准，积极组织开展多种商品、多种形式的质量跟踪活动，做到让广大用户满意，让参加跟踪活动的企业满意，让设站商场满意的“三满意”效果。产品质量跟踪已经是被用户、被企业、被商家共同认同的一种有效的经销活动，一种获取质量信息和提高工商企业效益的有效途径。实践经验充分证明，搞不搞质量跟踪活动，搞得多还是搞得少，搞的形式是不是有所创新，效果是绝对不一样的。在当前工商企业面临激烈竞争的形势下，在我们即将加入 WTO 之际，我们一定要以创新的精神，以务实的态度，以高质量的标准，大力开展各种质量跟踪活动。

最后，我想强调一点，就是质量跟踪站的同志们要加强学习，努力提高自身素质。质量跟踪站担负着维护用户、消费者合法权益，监督产品、服务质量，提供市场质量信息服务和促进设站商店提高质量管理水平的责任。要想做好跟踪站方方面面的工作，更大发挥跟踪站的作用，首先必须坚定地树立全心全意为人民服务的思想，没有这种思想，是做不到让用户满意的。在当前形势下，在努力加强学习，不断提高自身政治责任的同时，还必须不断提高适应各项工作要求的能力。现在，要学的知识很多、很广泛，有些东西必须抓紧学，如电子商务、股市经济等等。质量跟踪站具体工作的同志都很忙，很辛苦，学习有一定的困难。但要适应新形势，开拓新工作，必须挤时间去学习，做到边干边学。只要坚持不懈，通过学习实践，一定会全面提高自身的整体素质，更好地做好跟踪站工作。

用户满意　新世纪的质量观念 *

（二〇〇〇年十二月二十日）

再过 10 天我们将跨入新的世纪，我国将开始实施第十个五年计划。党的十五届五中全会通过的《中共中央关于制定国民经济和社会发展第十个五年计划的建议》中明确提出，“十五”期间必须把发展作为主题，把结构调整作为主线，把改革开放和科技进步作为动力，把提高人民生活水平作为根本出发点。这是党中央深刻认识我国经济和社会发展的阶段性变化，实事求是地分析有利条件和不利因素，妥善处理改革发展稳定的关系所作出的战略部署。无论是结构调整，还是保持国民经济持续、健康、快速发展；无论是扩大内需，还是发展出口；无论是面对加入 WTO 的机遇和挑战，还是提高对国内各类市场的占有，都必须讲求质量，都必须把抓好质量放在第一位，都必须始终不渝地坚持在提高质量中取得更好的经济和社会效益。因此，我们必须认真学习和领会党的十五届五中全会精神，在质量工作中认真贯彻《产品质量法》和《国务院关于进一步加强产品质量工作若干问题的决定》，创造性地开展工作，把中央关于质量工作的方针，政策和决定一丝不苟地落到实处。

* 在 2000 年全国用户满意工程暨用户工作会议上的讲话。

全国用户满意工程联合推进大会和全国用户工作会议，是中国质量管理协会、全国用户委员会每年都要召开的两个重要会议。今年把这两个会议合并召开，目的是要把用户和用户满意这两项工作更紧密地结合在一起，统一认识，统一部署，进一步加强用户工作。我们为什么在推动质量进步的过程中反复强调要重视用户工作呢？这是因为在经济全球化和科技迅速发展的今天，在日益激烈的市场竞争、产品竞争环境下，传统的“符合技术标准就是质量好”，“质量管理就是控制生产制造过程”的观念正在向更高层次转变。满足用户需求，达到用户满意，是企业生产者、社会消费者的共同愿望，是国内国际两个竞争市场的共同要求，是新世纪质量意识的呼唤。

用户是质量的主体和核心，用户满意对生产和服务质量产生着直接的导向作用。在市场经济条件下，用户接受不接受、喜欢不喜欢、满意不满意，成为企业、包括社会公众服务部门经营和服务面对的首要问题。谁能满足用户的需求，达到用户满意，谁就拥有市场，谁就拥有发展的空间，谁就拥有竞争实力。因此，企业依存于用户。满意、忠诚的用户群是企业无形的经营资本，用户对企业的美誉度是企业发展的推动力和源泉。从这个意义上说，抓质量工作不抓用户工作是不到位的，抓好质量工作必须抓好用户工作。做好用户工作，就是做好质量工作。全国用户委员会是联系企业与用户的纽带和桥梁，要大力宣传用户满意对企业生产和发展的重要作用。要全心全意地为企业和用户服务，急企业和用户之所急，想企业和用户之所想，帮企业和用户之所需，指导和推动企业牢固树立以用户满意为中心的经营理念和建立以用户满意为中心的经营管理体系，不断提高产品、工程和服务的质量，促进企业整体效益水平的提高。这既是全国用户工作的出发点，又是全国实施用户满意工程的落脚点，也是我们这次会议的目的。正是基于这样的认识，我们把这次会议的主题确定为“用户满意——新世纪的质量观念”。

注重时效，提高用户满意度和忠诚度*

（二〇〇一年四月五日）

这次大会，是在上海 APEC 会议刚刚结束后召开的。上海 APEC 会议，可以说是一次里程碑式的会议，是办得非常成功的一次会议。这次会议后，国内外各方面共同关注的可以说是两个大问题：一是国际反恐怖战争会继续多久，会以什么形式发展，最终会有什么结果；二是国际经济近期发展趋势及前景，特别是美国经济的回落及其对世界经济的负面影响。这两大问题，也是我们各级领导和各行各业的同志需要认真研究、认真思考和认真对待的问题。上海 APEC 会议，对中国加入 WTO 的意义和影响作了充分的论述和肯定。中国加入 WTO，中国的经济发展和企业发展毫无疑问会面临新的机遇和挑战。

中国加入 WTO，将为我国中长期经济的发展注入新的动力和活力，将为我国对外贸易与合作提供良好的国际环境，有利于我国进一步扩大对外开放，加快经济结构调整，进一步促进我国科技和生产力的跨越式发展，缩小与经济发达国家的差距。也将有利于我国参与制定和完善国际经济规则和利用国际规则来维护国家和企业利益，进一步发展国家间的友好合作关

* 在第六届全国用户委员会暨 2001 年全国质量跟踪工作会议上的讲话。

系，解决国家间的经济纠纷，推动国际新秩序和多极化格局的形成。总之，中国加入 WTO，将有利于促进我国社会主义现代化建设第三步战略目标的早日实现，把中国变成中华强国。

加入 WTO，也将使我们面临着严峻的挑战。加入 WTO 之后，随着国外产品的大量涌入，我国国内市场供过于求的矛盾会进一步扩大，市场分割和市场竞争进一步激化，消费者选购商品有了更大范围的空间和余地，人们追求新型的营销方式和最新的国际时尚以及对高质量多风格的产品的需求，向我国企业提出了新的挑战。特别是经济发达国家将会利用其在科学技术和经济上的优势占尽先机和好处，极力扩大国家间差距，利用优厚待遇挖掘我国企业高科技人才。一些经济发达国家还将会利用各种先进的传播媒体，宣传、散布西方消极、丑恶、颓废的精神垃圾，实现其文化侵略。因此，挑战加考验，这是我国加入 WTO 以后必须面对的现实，也是我们必须严肃对待和急需采取对策加以解决的问题。我们要认清当前国际国内形势，明确我们的责任和任务，抓住机遇，迎接挑战。

我先讲一点形势，目的是让我们从事质量事业和质量工作的同志们保持清醒的头脑，关心国际国内形势大局，及时掌握市场的变化和宏观信息，把工作做得更主动，更符合宏观经济发展的要求。

面对复杂多变的国际形势，面对加入 WTO 的挑战和考验，当前最关键的是要认真学习江泽民总书记“七一”重要讲话，用“三个代表”思想统一认识，统一行动，努力把我们国内的事情办好，把企业办好，把自己的工作做好。在全国推进实施用户满意工程，在全国表彰“三满意”企业和先进单位，其目的就是要进一步促进思想观念的转变，改进和提升服务作风和服务质量，千方百计满足群众的多种多样的需要，推动企业的创新和生产力的发展。这也是在各行各业落实江泽民同志“三个代表”重要思想的具体体现。我们要通过深入学习江泽民同志的“七一”讲话，不断提高做好用户工作的光荣感和责任感，增强自觉性和主动性。关于做好用户工作的指导思想和总的要求，要以江泽民同志提出的“三个代表”思想为指针，以建设社会主义市场经济体制为目标，努力研究探索并建立有中国特色的用户满意理论，推动各行各业和广大企业树立新世纪的用户满意质量观，树立以用户满意为核心、以市场竞争为轴心的发展战略和经营思想，不断根据市场的变化和用户的需求，千方百计提高产品质量和服务质量，提高企业的用户满意度和用户的忠诚度，建立起市场经济条件下的良好信誉制度，实现经济效益和社会效益的同步增长，同步提升。要把这个指导思想和要求贯穿到全国实施用户满意工程和全国用户工作的各个方面，要坚持不懈，长期作出努力。

关于明年全国用户工作的具体部署，一会儿叶柏林①同志要具体来讲。在这里我要进一步强调的是，明年全国用户工作，特别是在全国推动实施用户满意工程工作，一定要有新的创新和发展。要紧紧围绕市场和群众反映的难点、热点问题，扎扎实实地开展多种形式的服务活动，让广大用户和企业能在我们的真诚服务中得到实惠，得到益处，得到支持。用户满意服务要进社区、进医院、进车站、进码头、进空港、进窗口，进老百姓最需要的地方和角落。我到中国质协之后，越来越觉得用户工作的重要性，越来越觉得抓用户工作就是抓质量工作，用户工作是质量工作的核心和基础。中国质协抓用户工作有“两

① 叶柏林，时任全国用户工作委员会主任，曾任国家质量监督检验检疫总局总工程师。

只手”、“两条腿”，“一只手”、“一条腿”是全国用户委员会、另“一只手”、“一条腿”就是全国实施用户满意工程联合推进办公室。这两个方面的工作，五年多来都取得了很大的成绩。今后这“两只手”、“两条腿”都要硬起来、强起来。全国用户委员会应在质量和质协系统内多做好组织、服务和协调工作，联合推进办公室应在跨行业、跨系统方面多做好组织、服务和协调工作。两个机构，一套人马，相互配合，形成合力，推进全国用户工作和实施用户满意工程工作不断有新的发展，新的成绩。

最后，我还想特别强调，无论是中国质协的工作，还是全国用户委员会、全国实施用户满意工程联合推进办公室的工作，都必须善于总结经验，讲究实效，提高质量，千万不要搞形式主义，搞劳民伤财的活动和事情，更不能只为了追求经济效益而忽视和损害社会效益。要树立良好的工作作风和工作规范，要注意监督和规范自己份内的工作，抓别人满意，首先要让别人对自己满意。

用户满意工程就是人民满意工程 *

（二○○一年九月十五日）

全国实施用户满意工程推进五年来，在国家经贸委和中央有关部门、有关行业的领导大力支持和指导下，由中国质量管理协会牵头，在各行各业广大企业的积极参与和努力下，已经取得了很大的成绩，也涌现出一批像海尔集团这样的先进典型和先进单位，受到国内外和社会各界的好评与称赞。五年多来，推动实施用户满意工程所积累的经验充分证明，用户满意工程是推动企业建立以用户满意为核心的发展战略和经营管理体系的工程，是推动企业提升产品质量、工程质量和服务质量的工程，是推动企业走质量效益型发展道路的工程，是有利于各行各业把“三个代表”思想和“两个文明”建设落到实处的工程。一句话，用户满意工程也就是人民满意工程。这次大会，我们要认真总结五年来推动实施用户满意工程的成绩和经验，同时也要认真地找出存在的问题和不足，进一步明确今后工作的指导思想和要求。会议虽然只开半天，但一定要开得成功，要把这次大会开成深入推动实施用户满意工程的再动员大会，达到预期的目的，产生积极的效果。

近年来，我越来越感觉到用户工作的重要性，越来越感觉

---

* 在 2001 年全国实施用户满意工程联合推进大会上的讲话。

到抓用户工作就是抓质量工作，用户工作是质量工作的核心和基础。中国质量管理协会抓用户工作可以说是“两条腿”走路，一条腿是通过全国用户委员会这个组织来抓，另一条腿是通过全国用户满意工程联合推进办公室来抓。1996年由15个中央部、局和协会共同组织成立的全国用户满意工程联合推进办公室，是全国实施用户满意工程的一个指导、协调机构。参加联合推进办公室的中央有关部门和行业协会，在首先抓好本系统、本行业用户满意工程基础上，还组织、协调全国推进实施用户满意工程工作。

五年来，各部门、各系统、各行业在推进实施用户满意工程中，都做了大量富有成效的工作。比如原冶金部认真总结和推广宝钢经验，以点带面，积极推进用户评价和市场调查活动，使用户满意工程不断向深度、广度发展。原机械部在实施“产品质量翻身战役”中，积极开展用户满意工程活动，组织千家企业向用户做质量承诺。原化工部以支农产品为重点，提高质量，满足需求，开展了让农民放心、让农民满意的服务活动，向农民兄弟提供满意的化工产品。中国民航总局坚持开展“旅客话民航”的用户评价活动，主动征求乘客意见，并把客户的满意程度作为业绩考核的重要指标。建设部下发了实施用户满意工程的通知，与中国质量管理协会和中国人民大学共同组织开展了35个大中城市的住宅工程建设和物业管理质量的用户满意度的调查工作，在用户评价基础上，百项满意工程受到了表彰。原邮电部成立了“用户评价中心”，拨给专项活动经费，开展用户意见和建议的收集和整改活动，为考核和评价邮电系统的服务质量、改进工作，提供了科学依据。原电子部把实施用户满意工程列入全系统的质量工作计划，在全行业内大力推动实施，取得了很好的效果。原国内贸易部与中宣部联合开展

“百城万店无假货”活动，把用户满意工程融入到物质文明和精神文明两个文明建设中去。原中国轻工总会积极总结推广企业实施用户满意工程的先进经验，开展用户评价调查活动，树立用户满意的先进典型，有力地促进本系统、本行业不断提高产品质量和服务水平。

五年来的实践说明，全国用户满意工程联合推进办公室的工作是有成绩的，是应该充分肯定的，这个组织形式有利于协调各方面的力量，齐心协力地去落实用户满意工程所提出的任务和要求。有利于行业和地区互相配合、团结协会，推动广大企业全心全意地为用户服好务，真正提高市场的竞争力。改革开放，建立社会主义市场经济，使大多数企业从围着计划转走向围着市场转，使大多数企业更加重视信誉、重视质量、重视用户。同时也使一些数量不少的投机、制假企业被用户淘汰，被市场淘汰。这就是市场经济条件下的优胜劣汰，是不以人们意志为转移的规律。实施用户满意工程将有利于企业按照市场经济规律办事，充分体现“以人为本”。

面向新的世纪，面对加入WTO的机遇和挑战，推动实施用户满意工程必须有新的创新和发展。总的指导思想和要求是，以江泽民同志提出的“三个代表”思想为指针，以建立社会主义市场经济体制为目标，努力研究探索并建立有中国特色的用户满意理论，推动各行各业和广大企业树立新世纪的“用户满意质量观”，树立以用户满意为核心、以市场竞争为轴心的发展战略和经营思想，不断根据市场的变化和用户的需求，千方百计提升产品质量和服务质量，提升企业的用户满意度和用户忠诚度，建立起市场经济条件下的良好信誉制度，实现经济效益和社会效益的同步增长，同步提高。

根据这个指导思想和要求，全国用户满意工程联合推进办公室每年都要针对行业和企业发展的需求，确定一至两项有重大影响的活动内容。有计划、有部署、有领导、有措施地抓好落实。今年第四季度和明年上半年，要紧紧围绕整顿规范市场经济秩序，整顿规范金融资本秩序，广泛开展用户调查和市场调查活动，广泛听取广大用户的呼声，认真处理群众的投诉，努力促进市场的繁荣和经济的发展，促进企业在激烈的市场竞争中提高综合实力和竞争力。在这里我想特别强调，要加大对海尔文化及其整个发展经验的宣传和学习，推动企业像海尔集团那样，实现对用户的忠诚和承诺，建立以用户满意为核心的经营管理理念和模式。海尔集团的发展经验和企业文化受到中央领导同志的充分重视，也得到国内外的高度评价。1997 年我们曾在全国用户满意工程联合推进大会上授予海尔集团全国实施用户满意工程先进单位称号，并授予其第一个奖杯——“海尔用户满意杯”。海尔的经验和企业文化具有普遍的指导意义，国家经贸委已经转发了中国质量管理协会总结的海尔文化的经验，近期各新闻媒体也加大了对海尔集团经验的宣传，这是一个很好的时机。全国用户满意工程联合推进办公室要抓住这个时机，大力开展工作，使海尔的经验能在更多的行业和企业开花结果。

为了进一步推动实施用户满意工程，各级领导、各行各业和各个方面必须进一步提高思想认识，增强自觉性。在新的形势下，我们要进一步深刻认识到实施“用户满意工程”，有利于树立市场经济体制下质量的新观念，树立“用户满意度是衡量质量好坏的最终标准”的思想，有利于推动企业不断进行技术创新和质量改进，有利于推动企业从围着计划转、围着产品转走向围着市场转，围着用户转，真正实现“两个根本转变”。要把实施用户满意工程摆上领导的议事日程，有研究、有部署、有检查、有业绩。要把这项工作坚持不懈地长期推进下去。

我们要不断总结经验，不断进取。要注重提高实施用户满意工程推进工作的质量，不搞形式主义，不搞花架子，脚踏实地，结合实际，在求得实效上下工夫。企业要抓好三个关键：一是要制定切实可行的满足用户需求的目标；二是要以用户需求为导向大力推进技术进步，技术创新，开发新产品，调整产品结构；三是要大力加强售后服务，把用户所需变成我们主动所为。

这里我想特别提出，在这次大会上，全国受表彰的50家企业共同倡议，要把每年的9月15日定为“9·15——用户满意日”。这一天，要在全国范围内举办形式多样的让用户满意活动，使用户满意工程更加深入人心，推动行业和企业用高质量的产品和高标准的服务去赢得顾客的心，去建立稳固的市场顾客群。我希望这个倡议能得到广大企事业单位的响应和支持，并能获得积极的影响和成果。

践行“三个代表”实现用户工作与时俱进*

（二〇〇二年十一月二十七日）

刚才欧阳庆林[①]同志总结了今年的工作，部署了明年的工作，我认为讲得很好，这也是经过充分研究的，希望大家根据各地的实际情况，把明年的用户工作做得更好，开拓新的局面。具体的我就不讲了，我主要讲一个问题，就是我们要认真学习贯彻党的十六大精神，全面落实“三个代表”重要思想，进一步开拓我们用户工作的新局面。

同志们都知道，十几天前我们党的十六大胜利闭幕了，这是新世纪的第一次党代表大会，这次大会开得很成功，是一次胜利的大会，团结的大会，奋进的大会。这次大会的主题非常鲜明，就是高举邓小平理论的旗帜，全面贯彻落实“三个代表”重要思想，继往开来，与时俱进，加快社会主义现代化的建设，为实现全面建设小康社会的目标而努力奋斗。主题非常明确，这就告诉我们，我们在新世纪举什么旗，走什么路，达到什么目标。它是凝聚全党、凝聚全国人民在新世纪开创社会主义事业新局面的政治宣言和行动纲领。而且这次会议在很多问题上

---

* 在2002年全国用户满意工程联合推进大会暨用户工作会议上的讲话。

① 欧阳庆林，时任中国质量协会副秘书长、全国用户满意工程联合推进办公室主任。

有突破，特别是总结了五年和十三年来的工作和基本经验。我们可以深切体会到，这十三年来是我们国家发展最好的时期，是我们国民生产总值跃升的最高时期，是人民得到最大实惠的时期。十三年的经验归纳起来就是“三个代表”重要思想。而且这次会议确定了“三个代表”作为我们党的行动指南和指导思想。我想这些都对我们有很大的激励，我们要认真地学习和贯彻十六大的精神，这里面核心就是要落实“三个代表”重要思想。落实“三个代表”重要思想的关键是与时俱进，因为时代在发展，社会在进步，我们的工作必须要坚持与时俱进，在理论上、在各个方面必须与时俱进，核心是坚持我们党的先进性，因为我们党是中国工人阶段的先锋队，也是中国人民、中华民族的先锋队。我们必须坚持先进性，就是坚持执政为民的这个根本的目的。江总书记在报告的最后讲了语重心长非常重要的话，就是说，我们虽然现在形势很好，但是要保持清醒的头脑，因为国际上极其不安定，另外，我们在实现小康目标的前进路途上，还是有不少的艰难险阻，所以必须要有危机感，要倍加顾全大局，要倍加真挚团结，要倍加维护稳定，要团结全党全国人民为建设小康社会而努力奋斗，实现我们的宏伟目标。所以希望全国质量系统的同志，全国用户工作的同志和企业的同志要认真学习、深刻领会会议的精神。

贯彻落实党的十六大精神，讲具体点，第一，就是要提高我们的紧迫感和责任感，要把我们的用户工作上升到实践“三个代表”重要内容之一来认识。因为用户工作就是为企业服务，使企业拥有更广大的顾客群，企业有牢固的信任度，这样企业就能生存，就能发展，不但在中国发展，而且还会走向世界。我们现在倡导用户满意的新质量观，除了要严格按照标准生产产品，按照严格的标准来搞好服务工作，更重要的是满足顾客的需求，只有满足顾客的需求，你才有广阔的市场，企业才能生存发展。这样企业发展了，国家经济实力增强了，人民生活水平才能提高，我们实现小康社会的目标才能往前走。另外，也是为了老百姓，为了人民。顾客满意就是老百姓满意，老百姓满意就说明我们的工作代表了人民的利益。所以要从落实“三个代表”这样一个高度来认识我们的用户工作，推进用户的工作，搞好我们的质量工作。

第二，用户工作也要与时俱进，不断的创新，不断的开拓。我们用户工作搞了那么多年，取得一定的成绩，特别近两年来，有所进展，但是还有很大的差距，还没有形成广泛的网络和引起广泛的关注，我们实际工作还有很多差距，另外老百姓对用户满意工作的认知度，还有一定的距离，因为我们的宣传工作做的不够。很典型的一个例子，像国外对征求用户意见表，征求意见的电话，非常重视，认真的填写，这是他的权力，他就要行使这个权力。但是我们中国老百姓还没有这个习惯。所以这个方面还要共同努力，共同推进。另一方面，要扩大我们的面，要开拓我们的面，要使这个工作不断创新，不断研究新的方法，要有新路子，各项工作要有新举措，希望各地各行业按照自己的工作特点，不断创新，使我们工作提高到新的水平。

第三，工作要抓重点。我们要抓老百姓最关心、企业最关心的重点问题。当然我们抓家电产品这都很对，要继续抓下去，但作为全国用户满意工程联合推进办公室、全国用户委员会、各地的用户委员会，要抓住重点。重点就是老百姓最关心最需要解决的问题。从去年我们就研究，现在老百姓对买电视机、电冰箱、空调这些产品也非常重视，但是更重视的，城市里面还是一个汽车，一个房子。汽车今年全国产量可以达到 315 万辆，占全世界的第六位，销售还不止 315 万辆，还超过这个数字。

汽车大家非常关心，所以着重抓了汽车的测评。另外就是房子，房子有设计、物业管理、环境、质量、费用等等问题，关系到老百姓生活的基本问题，所以我一再强调，抓住这两个重点。现在全国用户委做了些工作后，引起了很大的反响。所以在今后的工作中，在明年的工作，各地各行业要抓住重点。比如医疗服务等。那么一年抓一、二个群众关心的问题，并有所促进，群众就会对你是满意的，企业对你是满意的。

第四，要进一步加强理论研究。顾客满意度的测评，不是一个一般的问题，而是一个相当复杂的科学理论，要加强这方面的研究，使我们的测评能够公证，能够科学，你才能有说明力，才能使大家信服。因此要加强这方面的研究。

第五，要加强用户工作的宣传。除了要让企业和服务单位进一步重视以外，要使我们的广大老百姓，广大人民认知它，使我们的工作，得到老百姓的认知，得到老百姓的支持，得到企业支持，我们的事业才有生命，才有发展。

我就是在这个大的题目下面强调这五小点，供大家参考。也希望这次大会，在大家交流经验的同时，对我们全国用户委员会、全国用户满意工程联合推进办公室工作提出建议、意见和批评，使我们的工作做得更好！

求实创新 再创辉煌 *

（二〇〇三年十二月八日）

20 年前，在我国改革开放的初期，为了提高我国的产品质量，提高企业的质量意识和服务意识，建立用户与企业联系的渠道，维护广大用户和企业的正当利益，在原国家经委领导同志的倡导下，由中国质量协会组织成立了全国用户委员会，并在全国各地区以及各主要行业中建立了用户工作机构，形成了覆盖全国的服务网络和工作系统。20 年来，全国用户委员会始终坚持为用户服务、为企业服务的宗旨，在各地政府和国家行业主管部门的支持下，在广大企业的积极参与下，全国用户委员会先后在全国组织开展了产品质量跟踪、优质服务月、质量月咨询日等一系列大型活动，这些活动在宣传先进的质量观念，提高全民质量意识等方面起到了很大的作用。有些活动内容经过不断创新，已长期坚持了下来，而且越办越好，确实达到了为用户服务、为企业服务的目的。特别在开展和实施用户满意工程活动方面，通过积极宣传和推动，以用户满意为质量标准的理念在企业中已普遍树立起来，以用户为中心的经营战略已成为企业发展壮大，有效应对市场竞争的重要手段和措施。企业通过认真实施用户满意工程活动，改进和提高了产品和服务质量，找到了市场，扩大了市场，提高了企业的竞争能力。通

* 在 2003 年全国用户工作会议暨纪念全国用户委员会成立 20 周年大会上的讲话。

过实施用户满意工程，广大用户的权益也得到了较好的维护。应该说，全国用户委工作20年来是做了很多工作的，取得了成效的。但是，存在的问题也不少，发展很不平衡，工作的领域和力度都不够，距离要求还有很大的差距。

前不久，我参加了中央召开的经济工作会议，会议对当前的经济形势做了认真科学分析，对明年的经济工作做了具体部署。今年，我国经济发展的形势是好的，尽管受到“非典”和其他自然灾害的影响，但预计国内生产总值将突破11万亿元，比去年增长8.5%，住房、汽车、通讯等消费需求大幅增长，财政收入突破2万亿元，外贸进出口总额突破8000亿美元，外汇储备达到4016亿美元，人民生活水平提高，城镇居民收入平均增长6%，农村居民收入平均增长4%。但是，存在的问题也很多，比如，农民增收缓慢，就业压力增大，信贷投放偏快，粮食总产下降、能源供应不足、行业结构不合理，低水平重复建设等问题仍比较严重。按照我国加入WTO的承诺，明年我国对进口产品的限制和服务贸易准入的限制将进一步放宽，这必将对我国的制造业、服务业以及外贸出口带来更大的冲击；由于国内消费品价格下降，市场增长缓慢，竞争将会更加激烈。竞争的焦点是质量，质量好，用户满意，才有市场，才能增强竞争力，企业才能发展。因此，我们要认清形势，抓住机遇，未雨绸缪，争取更大的发展。

刚才，全国用户委员会在工作报告中，已对明年的工作做出了安排，这些我都同意。下面，我想就明年和今后一段时期的工作，向同志们提几点要求。

一、要以“三个代表”重要思想为指导

我们要紧紧围绕党的十六大提出的全面建设小康社会的目标，认真学习贯彻党的十六届三中全会和中央经济工作会议精神，正确理解和把握五个协调发展的关系，牢固确立全面、协调、可持续的发展观，结合我们的工作实际，全面落实中央经济工作会议提出的各项任务。

二、坚持抓好质量管理的基础工作

自改革开放以来，我国的产品质量、服务质量和企业的管理水平都有了较大的提高。随着经济全球化进程的加快，为了与国际接轨，企业普遍在进行国际质量管理体系的贯标工作。据国家有关部门的统计，全国已有9.6万家企业获得了质量管理体系的认证；很多企业正在学习、引进先进的卓越绩效管理模式和六西格玛管理，这说明企业的质量意识有了较大的提高。但是，我们的质量管理水平与发达国家的企业相比还存在较大差距，质量管理的基础还不牢固。质量管理的基础是人，没有全体员工的积极参与，再先进的管理技术和方法也不可能产生好的效果。因此，我们要以人为本，从抓好全体员工的质量意识和质量管理技能入手，抓好企业的全面质量管理知识的普及教育工作；充分发挥员工的首创精神，支持和鼓励员工建立QC小组，引导和组织QC小组开展经常性的质量改进活动。实践证明，认真抓好全面质量管理知识的普及教育，推动群众性的质量改进活动，是企业加强质量管理基础，提高员工素质和企业凝聚力，提高产品质量和服务质量，提高经济效益的有效方法。

三、要继续推动和深入开展实施用户满意工程活动

目前，实施用户满意工程活动的总体形势是好的。但是从全国看发展还很不平衡，部分地区和行业还没有真正的把活动开展起来，尤其是在服务行业中的用户满意工程活动还没有全面开展起来。从全国用户委员会系统受理的用户投诉分析，以及部分服务领域的用户满意度测评结果看，我国服务行业的用户满意度整体水平偏低，某些服务领域和产品的服务质量仍是用户抱怨的焦点。胡锦涛总书记说，群众利益无小事。让用户

满意，实施用户满意工程，就是实现人民群众根本利益的具体体现。因此，我们要把实施用户满意工程活动与实践“三个代表”重要思想结合起来，将用户满意工程活动继续深入地开展下去。要继续提高对用户工作的认识，抓群众关心的热点问题和重点问题。在明年和今后一段时间里，全国的用户工作要继续在国家重点行业，尤其要在服务行业中推动，要有选择的在一些服务领域中开展用户满意度测评，发挥全国用户委员会的社会监督职能，推动我国服务行业提高管理和服务质量。另外，我们还要关注农村的用户工作。农村是扩大内需的重要方面，要重视农村调查，实现为农村用户和企业的双向服务。今年，中国质协和全国用户委员会针对农用生产资料的用户满意状况，在山东省开展了调研和试点工作。希望你们及时总结经验，把农村的用户工作尽快在全系统和全国开展起来。

四、改革创新质量跟踪站工作

质量跟踪站是全国用户工作组织体系中的重要组成部分，是产品质量和市场信息的主要来源。在过去的十几年中，质量跟踪站为国家、为企业、为用户发挥过作用。近年来，由于企业进行改制、兼并、重组等原因，质量跟踪站的工作受到了较大影响。用户委员会也抓的不够，造成工作滑坡。要认真分析和研究新形势下质量跟踪工作的特点，重新找到一条为用户、为生产企业、为设站单位提供多方位服务的新路子。昨天，全国用户委员会专门就跟踪站工作召开了座谈会，与会的同志提出不少好的建议和工作思想，全国用户委员会要认真分析研究同志们的建议，提出切实可行的措施来。

同志们，随着我国市场经济体制的进一步完善，政府职能的转变，中国质协的工作、全国用户委员会的工作任务必将更加繁重，同时也是我们创新工作，发挥作用的大好时机。我们一定要振奋精神，奋发努力，开拓创新，再创辉煌。

以用户需求为导向 科学评价产品和服务质量*

（二〇〇四年十一月十七日）

2004年，是我国经济建设取得辉煌成就的一年，是全面落实科学发展观、稳步前进的一年。通过全国人民的共同努力，我国经济继续保持了健康快速发展的良好势头，我国的整体国力已有了质的提高，成为全球经济中举足轻重的一个部分。经济发展中的一些突出问题，例如部分行业投资过热的问题，农民增收问题，已开始解决并收到初步效果。这些成就的取得，是我国新一代领导集体科学判断形势、正确决策的结果，是全国各行各业、包括在座的企业同志们共同努力的结果。我们一定要在以胡锦涛为总书记的党中央的正确领导下，努力工作，为保持发展的良好势头，为实现全面建设小康社会的战略目标做出自己应有的贡献。

要保持社会、经济发展的良好势头，实现全面、协调、可持续发展，质量工作是重要的一环。可以说，在建设小康社会的整个历史进程中，质量始终是社会和经济发展中的一个战略问题，能否真正实现全面、协调、可持续发展，能否有效地提高人民群众的生活质量，关键之一在于质量。我们的目标，就

* 在2004年全国用户工作会议上的讲话。

是要建设有质量的小康社会。

因此，我们的企业，我们从事质量工作的同志，从事用户工作的同志，承担着光荣的使命，肩负着重大的责任，必须加倍努力，以科学而扎实的工作，共同推进全面建设小康社会的进程。下面，我就对全国用户工作，谈几点看法，提几点要求。

一、要进一步宣传用户满意是最高质量标准的理念

企业要切实建立以用户为中心的经营管理体系，提高企业的核心竞争力。在市场经济条件下，用户的需求就是企业生产和服务的导向，用户的评价是产品和服务质量的最高标准，企业只有充分了解用户的需求，根据用户的需求研发、设计、制造产品、提供服务，才能赢得市场，才能实现企业经营的目的。以用户为中心，已成为国际上普遍认同的经营理念。卓越绩效经营模式和ISO9000标准，都把以用户为中心作为企业经营的基本原则。但是，在国内，以用户为中心的企业经营理念仍未普遍树立起来，有些企业虽然已有了这样的理念，但尚未完全贯彻到经营实践中。例如，在投资项目、开发新产品时，系统深入的市场调查做得不够，在日常的经营管理过程中，也很少做系统的用户满意度测评，由于我们不了解用户的需求，不了解市场，我们的产品就经常出现产销不对路的问题，产品换代慢的问题，产品生命周期短的问题，等等。因此，企业要真正树立起以用户为中心的经营发展战略，用户工作要继续大力宣传用户满意的理念，用科学系统的用户工作理论，引导各行各业的广大企业切实树立以用户为中心的经营理念，树立用户满意是企业最高质量标准的质量观，使我国的企业能够牢牢地扎根于用户心中，产品能够有强大的市场竞争力。在这方面，全国质量协会系统、全国用户委员会系统，责无旁贷，要继续做好宣传和推动工作。

二、要努力提高全国用户委员会系统的服务能力

开展好为用户的服务，为企业的服务，使用户工作成为用户关心、企业支持、社会关注、政府认可的事业。为用户服务，维护广大用户的合法权益，同时依托用户为企业服务，帮助企业持续改进产品和服务质量，这是全部用户工作的核心和宗旨。全国用户工作系统成立二十多年来，在为用户和企业服务方面做了不少工作，形成了一些有价值的、为用户和企业认可的服务手段。但是，随着我国社会主义市场经济的快速发展，企业管理水平的不断提高，用户需求的日益细化和高标准化，用户工作远远不能满足用户和企业的现实需求，必须大力提高整体服务能力，提高我们的工作水平。

三、用户工作要敢抓热点问题，重点问题，真正想用户之所想，为用户之所欲

随着经济的发展，改革的深入，用户的消费外延在不断扩展，新产品、新的服务项目在不断应运而生，同时，一些传统的产品和服务，也在随经济体制的改革而发生变化。在这些领域，质量有了较大的提高，但问题仍普遍存在，有的还相当严重，用户满意度还很低。用户最不满意的问题就是我们抓工作的重点和热点，用户委员会只有关注这些问题，才能把工作真正做到位，才能得到广大用户的支持和信赖。我从到质量协会工作之初开始，就反复强调用户工作要抓重点、抓大事，要随着情况的变化而变化。这几年，全国用户委员会连续对用户关注的轿车、住房进行了用户满意度测评，取得了比较好的效果。但是，还有一些领域，比如医院的服务质量、各类新兴服务业的服务质量等，问题都比较严重，广大群众意见也比较多，但我们还没有介入，没有履行社会监督的职能。我们必须让用户满意工作进入到老百姓最需要的地方，进入到群众关心的热点和重点领域，通过监督和引导，把这些行业的质量搞上去。这样，用户工作才能建立在广泛的群众基础上，才能蓬勃发展。

四、全面提升企业的核心竞争力，使企业向着更为卓越的经营管理模式发展

我们的企业还要积极学习和导入卓越绩效模式。卓越绩效模式是发达国家对其优秀企业经营管理经验的系统总结和理论升华，可以说，是现代管理的经典，非常值得我们学习和借鉴。我们的企业要做大做强、要实现持续经营，不仅要有好的产品质量，好的服务质量，更要有好的经营质量；不仅要有短期的效益，还要有发展的后劲和持续盈利的能力。要做到这些，没有高质量的管理是不行的。从 2001 年开始，中国质量协会通过设立全国质量管理奖，积极推动企业导入卓越绩效模式。同时，在中国质协的大力推动和参与下，今年 9 月，国家正式颁布了《卓越绩效评价准则》的国家标准，为企业全面学习和追求卓越绩效经营提供了指南。我们所有的企业，特别是管理基础比较好的企业，比如我们在座的企业，都应该积极努力，通过导入卓越绩效模式，打造成百年不衰的强势企业！

关注质量和用户追求卓越的企业文化*

（二〇〇四年十二月十八日）

改革开放20多年来，我国的经济发展取得了辉煌的成就。经济建设始终保持着健康、稳定和快速的发展势头。今年，我国的国民生产总值增长9%以上，进出口总额将超过11000亿美元，已排到了世界第三位。我国经济的快速发展，已成为拉动世界经济增长的主要力量。随着经济全球化的发展，我国已逐步成为世界的“制造中心”。但是，与我国经济发展不相称的是，我国的服务业在国民经济中所占的比重仍然偏低，虽然这几年有了较大的发展，但与发达国家相比仍有较大的差距，甚至达不到发展中国家所占国内生产总值40%的平均水平。目前，我国服务业的管理水平和服务质量还存在很多问题，与社会发展和人民群众的要求还有大的差距，也无法适应服务贸易全面开放给我们带来的冲击和挑战。

党的十六大为我们制定了全面建设小康社会的宏伟目标。随着全面建设小康社会的进程，我国的服务业将会得到更大、更快的发展，服务业将为社会提供更多的就业岗位，创造更多的财富，为我国的社会进步和经济发展做出更大的贡献。正是

* 在2004年全国用户满意服务明星表彰大会上的讲话。

从全面推进我国服务业发展，提高我国服务企业管理水平和服务质量，提高企业核心竞争力的目的出发，中国质量协会、中华全国总工会、共青团中央、全国用户满意工程联合推进办公室共同发起和组织了创建全国用户满意服务明星的活动。创建全国用户满意服务明星活动，是全国用户满意工程活动的一项重要内容，其目的，就是推动企业建立以用户为中心的经营发展战略，使每一个企业管理者、每一个班组、每一位员工都牢固树立起以用户满意为最高质量标准的理念，以满意的服务赢得市场和用户，使我们的服务企业具备更强的市场竞争能力。

今年是创建全国用户满意服务明星活动的第二年，实践证明，这项活动是有成效的，评选出的用户满意服务明星、明星班组和杰出管理者都是在本行业、本岗位做出优异成绩的，你们是行业的榜样，是企业的宝贵财富。因此，我们的各级领导，各基层组织要关心和爱护他们，注意培养和鼓励他们不断的进步；同时，希望你们能再接再厉，永远保持爱岗敬业，诚心诚意为用户服务的精神和热情，不断提高服务技能，影响并带动更多的企业和员工，共同提高我国服务业的服务质量和水平。中国质量协会也要会同各主办单位，对受到表彰的集体和个人加强监督，以保证明星称号的先进性和代表性。

质量是企业的灵魂和生命，质量也是一种文化，没有健康的企业文化，企业就没有凝聚力，企业也就失去了发展的土壤和基础。中国质量协会为推动企业的文化建设，以中国古老的鼎作为质量文化的载体，并以铸鼎和授鼎的形式，彰显企业在质量管理和用户满意方面的突出成就；帮助企业营造关注质量、关注用户、永远追求卓越的企业文化。希望广大企业把以质量为中心的文化建设作为一项基础工作来抓，通过该项富有特色、富有时代精神的企业文化建设，把我们的企业打造成充满生机和活力的强势企业。

新的一年即将到来，让我们紧密地团结在以胡锦涛总书记为首的党中央周围，坚持全面、协调、可持续的科学发展观、振奋精神、开拓创新，为推进我国服务业的快速发展，为实现全面建设小康社会的宏伟目标而努力奋斗。

关注民生 深化细化用户工作 *

（二〇〇五年十一月十八日）

指导、帮助和促进各行各业提高产品质量、服务质量乃至经营质量，始终是中国质量协会一以贯之的使命。用户工作是市场经济条件下指导、帮助和促进各行各业、各类企业提高质量的一个主要方式和手段。每年的全国用户工作会议能够吸引这么多企业参与，就充分说明了用户工作的重要性和有效性。

不久前召开的党的十六届五中全会，通过了中共中央关于制定国民经济和社会发展第十一个五年规划的建议，提出了“立足科学发展，着力自主创新，完善体制机制，促进社会和谐”的基本发展思路，建议提出的这个基本发展思路抓住了我国经济和社会发展的根本问题，找到了有效解决问题的方向和途径，认真落实这一基本思路，必将对我国经济和社会的发展，起到积极的推动作用。

这个基本发展思路有一个重要内容，就是全面落实科学发展观，加快转变经济增长方式，提高经济增长质量和效益。这几年，由于工作的关系，我接触资源和环境问题非常多，深刻感受到，现有的以大量的资源消耗为动力，以破坏环境为代价的粗放式增长方式已难以为继，已到了必须改变的时候了。目

* 在2005年全国用户工作会议上的讲话。

前，我国国内生产总值只占全世界的4%左右，但原煤、钢材、水泥的消耗量分别占全世界消耗量的31%、30%和40%，石油、铁矿石的进口依存度分别达到40%和60%以上，主要污染物排放量已经超出环境容量。之所以出现这样的局面，就是因为我们的经济增长主要依靠的是量，而不是质，产品附加值低，只能靠低价格打开市场。近两年，资源和环境对经济发展的制约已十分突出，迫切要求我们走到以质量取胜，以质量发展的路子上来。

提高质量，转变经济增长方式，当然要靠技术进步和技术创新，同时，也需要经营管理水平的提高和创新。从某种意义上说，经营管理的提高和创新，更节省成本，见效也更快。就我国广大企业而言，真正按照市场经济的内在要求进行经营管理，还远远没有达到应有的水平，还有许多工作要做，其中，质量工作是基础，用户工作是核心。

在市场经济条件下，企业必须以市场为导向，以用户为导向，就是要充分了解和把握用户的需求，根据用户的需求研发、设计、制造产品；企业提供的产品和服务，要充分满足用户的需求，达到用户满意。做不到这两点，企业就很难在市场竞争中立足，更不可能参与全球化竞争。所以，企业对用户工作必须从战略高度予以重视，必须建立识别用户需求、充分满足用户需求的经营机制和质量体系。

在2005年，全国用户委员会和各行业、地方质量协会、用户委员会，围绕引导和促进企业建立以用户为中心的战略，树立用户满意的质量观，围绕关注用户的消费质量开展了一系列活动，做了大量工作。我们继续组织了实施用户满意工程活动，开展了全国住宅、汽车的行业满意度测评，组织了对医院医疗服务的试点性满意度测评，开展了手机、家用小电器的质量跟踪。各项工作开展的是比较好的。

在2006年，我们的各级质量协会和用户委员会，要进一步高举用户第一、用户至上的大旗，进一步深入广泛宣传用户理论和用户满意质量观，营造让用户满意的社会氛围；要继续深入组织实施用户满意工程活动。在这里，我想特别强调几点：

首先，领导要重视。抓用户就是抓市场，就是抓竞争力，各行业、地方的领导，企业的领导，都要充分重视用户工作。

其次，实施用户满意工程活动要进一步深化、细化，要从理念的导入转向方法、工具的导入。我们的企业在市场经济状态下活动的时间还不长，许多市场经济要求的经营方法、操作方法还不是很懂。如何真正以用户为导向，如何有效地捕捉用户的需求信息，怎样才能有效提升用户满意度，还缺乏有效的方法和工具来操作。各级质协和用户委员会一定要在这方面为企业提供好服务，真正把用户满意工程活动推向深入。

第三，要继续关注人民群众、也就是广大用户关注的热点、难点问题。在继续做好住宅、汽车的行业满意度测评的同时，要在今年试点的基础上，把医院的满意度测评搞好。同时，要善于捕捉热点，针对全国或地区性、行业性的重点问题展开满意度测评，让用户满意进入到每个群众关心的行业和地方。

第四，要履行好用户委员会作为消费者组织的职能，开展质量跟踪、比较试验等多种活动，为用户提供消费指导信息，为行业和企业提供质量改进信息，丰富用户工作的内容，扩大用户工作的影响。

提升服务质量 推进全国用户满意服务明星工作*

（二〇〇六年一月十八日）

创建全国用户满意服务明星活动已经开展了四年，这样的会议也已经是第四次召开了，大家可能已经注意到，今年会议的名称由前几年的“全国用户满意服务明星表彰大会”改为“创建全国用户满意服务明星推进大会”，这一改变，不仅仅是名称的简单改变，而是会议主题更着重于活动的推进。今天大会的领奖表彰，是以激励的方式推进这一活动。这次大会组织的内容丰富的代表交流和培训，则是在理念和方法上的学习和提升，是推进活动的又一手段。

党的“十六大”以来，以科学发展观统领全局，促进了我国经济社会的协调发展。在最近召开的中央经济工作会议上，明确提出了加快发展服务业的指导方针。大力发展服务业，改变经济增长过度依赖工业拉动的格局，既能大量创造就业岗位，增加居民收入，扩大消费需求，又能减少能源消耗和污染排放，显著提高经济效益和社会效益。服务业的发展状况和发展水平也已经成为衡量一个国家经济发展水平的主要指标。

实现我国服务业的大发展和加快发展，服务质量是基础和

* 在 2006 年创建全国“用户满意服务明星”推进大会上的讲话。

关键。大家都知道，我国加入世界贸易组织的过渡期已结束，大部分服务领域都将对外资开放，服务行业面临新的、更为激烈的竞争。唯有走以质取胜的路，才能使我们不会在竞争中被淘汰。

提升服务质量，实质是要提升管理质量，要建立合理而完善的服务流程，这是一个方面，另一个方面就是直接为用户提供服务的人员，其心态、素质、技能如何，很大程度上决定着服务质量的高低。所以我们要大力推进创建全国用户满意服务明星活动，引导广大服务业从业人员，树立以用户满意为最高标准的质量理念，以热情的态度、高超的技能、合理的流程，提供优质的服务，使我国的各类服务业都能让用户满意，都能有较强的市场竞争力。实践证明，创建用户满意服务明星活动起到了这一作用，是有价值、有成效的。今年评出的包括许振超①在内的100位用户满意服务明星，以及用户满意服务明星班组，杰出管理者，都是我国服务领域的佼佼者，具有示范和标杆作用。我希望，各级工会、团组织和妇联组织以及全国用户满意工程联合推进办公室，要大张旗鼓地宣传全国用户满意服务明星的事迹，推广他们的做法，交流他们的宝贵经验，通过明星的带动，引导更多的企业、班组和员工参与到创建活动中来，共同提高服务业的质量和水平，为贯彻落实科学发展观，构建和谐社会，为加快服务业的发展做出我们应有的贡献。

这次会上，我们同时对9家企业分别授予中国质量鼎、中国用户满意鼎。以中国传统的礼器鼎作为载体，弘扬质量文化，是中国质量协会为推动企业文化建设开展的一项活动，其目的是推动企业营造关注质量、关注用户、永远追求卓越的企业文化。希望广大企业确实把包括质量文化在内的企业文化建设作为一项基础性工作来抓，使我们企业永远充满生机和活力。

① 曾培炎，时任中共中央政治局委员、国务院副总理。

发挥专业优势
推动用户工作再上新台阶 *

（二〇〇六年十一月三十日）

2006 年，是我国国民经济和社会发展第十一个五年规划的开局年。今年前三个季度，我国国民生产总值的增长速度为 10.2%，继续保持了快速发展的良好势头，产业结构调整和经济增长模式的转变步伐也在加快，这为我国全面实现“十一五”规划的发展目标奠定了坚实的基础。最近，党的十六届六中全会作出了《关于构建社会主义和谐社会若干重大问题的决定》，这是自党的十六大提出全面建设社会主义小康社会的总目标后，党中央在我国经济改革和社会发展的关键时期，依据社会主义的本质要求，加快推进社会主义现代化进程，实现科学发展提出的又一项重大战略举措。结合全国质协系统的工作，我认为，质量工作和用户工作是全面建设小康、构建社会主义和谐社会的重要组成部分。因此，我们必须认真学习和领会《决定》精神，用科学发展观统领我们的工作，以建设社会主义和谐社会为目标，结合实际抓好落实。

2006 年，同样也是中国质量协会发展进程中十分重要的一年。中国质协召开了第八次全国会员代表大会，会议选举产生

* 在 2006 年全国用户工作会议上的讲话。

了新一届理事会，提出了以创新为核心内容的质量推进工作方针，审议通过了中国质量协会的发展战略。会前，我给温总理写了一封信，汇报了这几年中国质协的工作，提出了继续开展全面质量管理知识普及教育等四个关于质量工作方面的建议。温总理为此作出重要批示，把信批转给吴仪、曾培炎[①]两位副总理，并指示国资委、国家质检总局对信中提出的建议进行研究。这充分体现了国务院领导对质量工作的重视，对中国质量协会工作的关心和支持。中国质量协会和全国用户工作，将在政府有关部门的领导和支持下，在全国质协系统和广大企业的共同努力下，取得更快的发展。

用户满意是质量管理的起点和落脚点，用户工作是质量管理工作的核心。去年以来，全国用户工作有了新的发展：一是全国实施用户满意工程活动取得明显成效。全国用户系统以配合企业建立质量标准体系，引导企业实施卓越绩效模式为手段加大了宣传和推动力度，企业陈旧的生产经营理念有了很大转变。现在，以用户满意为标准的质量理念，在广大企业的领导和职工中已普遍树立起来；以用户为中心，以用户需求为导向的生产经营模式，已成为企业持续发展的战略核心。二是帮助企业掌握科学的管理方法和手段。全国用户系统普遍加强了用户满意理论和测评方法的培训，把实现用户满意的管理方法和工具导入企业，在帮助企业及时掌握用户需求，指导企业改进产品和服务质量方面取得了成绩。三是全国用户系统在履行社会监督职能，维护用户合法权益方面做了大量卓有成效的工作。全国用户委员会和各地方、各行业用户委员会以及质量跟踪站依据《产品质量法》，受理并解决了大量的用户投诉，维护了

① 曾培炎，时任中共中央政治局委员、国务院副总理。

广大用户和企业的合法权益；在履行社会监督职能方面，由全国用户委员会组织开展的汽车产品和服务质量的用户投诉调查，通过定期发布调查报告，在社会和行业中已引起较大的反响。四是生产、服务行业满意度测评的技术水平和权威性不断提高。由全国用户委员会组织，并持续开展的全国住宅、汽车、手机等行业的用户满意度测评，在指标体系的构建和统计分析等方面的专业技术水平有了较大的提高。今年，北京市建委已把住宅满意度调查的相关数据和问题，用于在京建筑企业的考核、评价和企业的整改；汽车质量调查结果多年来也一直受到企业和社会的广泛关注，一些汽车生产企业已将我们的调查数据用于研究对比和质量改进。五是全国质协系统、用户系统为企业开展用户满意度测评提供技术服务的数量有了较大增长，质量有所提高。去年年底，全国用联办下发了《用户满意度测评技术规范》，为企业和各地质量组织开展用户满意度测评，提供了一个统一的技术标准。

总之，全国用户工作和用户满意工程活动所取得的成效是显著的，但与我国社会和经济发展的要求相比，与广大用户和企业对我们的要求相比，差距还是不小的。我们必须以谦虚的态度，高度的责任感和使命感，去开拓创新，扎实工作。下面，我就进一步推进全国用户工作，深入开展用户满意工程活动讲几点意见：

一、用户工作要坚持创新

在中国质协第八次会员代表大会上，我重点讲了要实现“五个创新”，打造“五个品牌”的问题。这“五个创新”对全国用户工作同样是适用的。第一，要创新用户工作的思路和观念。这主要包括两个方面：一方面要用科学的发展观认识用户和用户工作，使用户工作能够紧跟我国经济和社会的发展；另一方面，要密切关注国际上最新科技发展动态，及时向企业和社会传递新的发展信息。在市场经济条件下，用户就是市场，并在市场中占据着主导地位，谁拥有用户，谁就拥有市场，用户是企业巨大的财富。因此，企业不仅要关注用户，更要了解用户的实际需求。用户工作不仅要维护用户的合法权益，反映用户的抱怨，还应成为企业与用户之间沟通的桥梁，一方面要向企业传递用户对产品和服务质量的改进信息；另一方面要引导用户依法维权，同时向用户提供更多的产品质量信息。第二，要创新用户工作的模式。以维护用户权益为起点，引导和促进企业提高产品和服务质量，是用户工作长期以来行之有效的基本工作模式，我们要继续坚持。同时，我们必须在工作方式、工作覆盖范围等方面要有新的发展和创新。要善于找热点、抓重点。第三，要创新用户工作的服务内容。随着我国经济的发展，我们的用户已进一步成熟起来，用户工作也必须与时俱进，创新服务内容，以适应用户多样化的需求。第四，要创新用户工作推进机制。首先要形成全国用户委员会工作系统的合力，重新构建政府、行业、企业和全国质量组织联合推进的有效机制；同时还要继续扩大宣传，营造重视用户工作的社会舆论氛围，促进企业真正建立起以用户为中心的经营发展战略。第五，要创新用户推进工作活动。要把实施用户满意工程活动继续深入的开展下去，在活动方式和内容上要有所创新；同时，要针对企业和用户的需求，不断丰富为企业、为用户服务的活动形式和内容。总之，创新工作的关键，就是要用科学的发展观，结合实际抓好重点、抓好落实。

二、用户工作要注重发挥专业优势，通过专业优势提升社会影响力和号召力

用户工作离不开现代科学理论和技术的支持，目前我们所开展的用户满意度测评、质量跟踪、产品比较试验等，都具有较强的科学理论依据和较强的专业性和技术性。要充分发挥好这种专业技术优势，为企业提供优质满意的服务：一是要注意发挥好行业协会和专家的作用；二是要不断的加强学习，要采取多种方式，加快提高全国用户系统工作人员的专业素质。只有这样，才能使我们的社会监督工作更具科学性，为企业和用户提供的服务更有价值，得到社会各方面的接受和肯定。

三、要加强全国用户委员会的组织和队伍建设

明年将要召开第七次全国用户委员会会议，进行全国用户委员会的换届，还要研究制定今后五年的工作任务和工作方针，这是用户工作加快发展关键时期的重要会议。在这里，我只想强调一点，用户委员会是一个非常重要的工作平台，是一个可以为广大用户和企业创造更大价值的平台。因此，要精心做好会议的组织和准备，挑选和配备素质好、能力强、有责任心的同志加入到用户委员会的工作中来。要认真思考和提出在新的工作起点上，创新用户工作的思路和做法，进一步统一大家的思想认识，把会议开好。

对于明年的用户工作，我今天就不具体讲了。利用这个机会，我对企业的用户工作提点希望和建议。企业是用户工作的重心之一，更是实施用户满意工程的主体。应该说，这几年企业的用户意识已经有了很大的提高，追求用户满意已经成为较为普遍的企业行为。但放在全球经济竞争的视野看，差距还是很大的。转变经济增长方式，提高发展的质量，提高企业的竞争力，所有这些，核心要求之一，就是要提高产品和服务的质量，提高产品和服务的用户满意度。这当然要靠技术的进步和创新，同时也要靠管理的创新，靠对用户需求的深刻理解和把握，靠追求用户满意的坚定决心和不懈努力。现阶段，我国广大企业的用户工作，实施用户满意工程工作，需要着力抓好以下几点：一是树立用户是企业资产的理念，全方位关注用户，全心全意追求用户满意，而不能仅仅把用户满意当作口号。二是关注用户的消费心理，注重市场调查，真正掌握用户的现实要求和潜在需求，有效做到以用户为导向。三是提升服务水平，通过高超的售前服务创造用户，完善的售中和售后服务留住用户。四是开展好用户满意度测评，提高测评的科学性和有效性。

服务用户 共建和谐 *

（二〇〇七年四月十五日）

第六届全国用户委员会组成以来，在各级政府有关部门的大力支持和指导下，在中国质量协会的领导下，在各地方和行业质量协会、用户委员会的共同努力下，在各位委员和用户工作者的辛勤劳动下，做了大量有成效、有影响的工作。全国用户委员会的社会影响力进一步增强，组织活动的范围进一步扩大，用户调查、测评方法越来越实用、科学，在为用户、为企业、为政府和为社会服务方面发挥了重要作用。六届全国用户委员会的工作成绩应当充分肯定，所创造的一些新的工作方法和积累的宝贵经验应当认真加以总结并很好地发扬。有关这方面情况，叶柏林同志还要向会议作专题报告，我就不详细讲了。在此，我提议，让我们用掌声，向六年来为全国用户委员会工作付出辛劳和心血的各位委员；向第六届全国用户委员会主任叶柏林同志表示衷心的感谢！

按照章程规定，第六届全国用户委员会已任期届满，这次会议要进行换届，组成第七届全国用户委员会，推举产生新的全国用户委员会领导机构。我看了一下推荐名单，从总的构成情况看，既有长期在质量、用户工作岗位上的质量工作者，又

---

* 在 2007 年第七届全国用户委员会会议上的讲话。

有各行各业负责用户工作的同志；既有政府主管部门的领导，又有院校从事质量教育、质量科研方面的专家，基本上代表了方方面面。从领导班子人选看，年富力强，比较精干。特别是几位多年从事质量管理工作的老领导、老专家这次又亲自担任了用户委员会的名誉主任和顾问，是对用户工作最好的支持和行动。我相信，新一届全国用户委员会一定能够在上届委员会工作基础上，在新的领导机构带领下，按照党中央、国务院对质量工作的要求，以科学发展观统领用户工作，适应提高经济社会发展质量的新形势，开拓创新，加快发展，把工作做得更好。

全国用户委员会是依法成立的维护用户、消费者合法权益的社会组织，是在中国质协领导下，以服务用户为宗旨的专门机构。我在中国质协工作的这几年，对全国用户委员会和用户工作经常过问，也抱有很高的期望。这是因为，和中国质协的几项主要品牌工作一样，用户工作既有自身特点，又具有不可替代性。“十一五”期间，是全面建设小康社会承前启后的关键时期。中央提出，要抓住这个发展机遇期，转变经济增长方式，提高增长的质量和效益，这是十分重要的战略部署和重大举措。在提升质量和效益方面，用户的主导作用十分重要。质量需要用户进行评价，用户满意就是市场竞争力。产品、服务质量只有满足用户需求，才能实现好的经济效益，才能保证国家经济增长的质量和效益。因此，大家所从事的工作，就是通过用户满意的质量观，引导更多的组织树立和坚持以质取胜战略，持续为用户提供满意的产品和服务；就是帮助我国各类企业在不断推动产品和服务质量改进中提高核心竞争力；就是通过各类组织的不断质量改进，推动我国经济增长质量和效益的稳步提升。因此，同志们的工作很重要，也很有作为。利用这次会议的机会，我对新一届用户委员会的工作提几点希望和建议。

一、用户工作要以科学发展观为指导，树立科学的质量观

科学的质量观，强调的是对用户提供有价值的服务。面对激烈的市场竞争，各类组织追求持续、健康发展的关键，在于用户满意不满意，认可不认可，接受不接受。用户是企业的生命之源。实现用户利益，就是获得产品、服务利益的根本保证。因此，首先要继续抓好用户服务理念建设。要大力宣传以用户满意为核心的经营理念，引导全社会各类组织实施和推进用户满意工程。在理念更新的同时，要大力引导和加强用户服务能力建设。要在深入研究用户需求的基础上，调动优势资源，形成立体的用户服务网络，实现为用户全方位的服务。要充分重视建设科学的用户服务体系，通过对用户的产品、服务质量管理、用户满意度调查、用户投诉处理反馈等服务模块，不断完善以用户满意为产品、服务的质量导向，以监测用户满意度为保障，以对用户的标准化、差异化、个性化服务为内容的用户满意服务支持体系。

二、用户工作要紧密围绕用户关注的重点、热点去开展

用户委员会的一切工作中，服务用户是根本。离开这一基本点，用户工作就失去了特色和源泉。因此，必须牢牢抓住为用户服务这个根本。怎么样才能抓住用户关注的重点、热点开展服务呢？我看关键是在求实创新上狠下功夫。作为一个服务用户、服务企业、服务政府、服务社会的组织，要想提供有价值的服务，关键看思路和方法对不对头，有没有思路创新和工作创新。创新不是简单的改头换面、花样翻新，而是要靠源于实践的创造。要紧跟经济社会发展的步伐，了解和感受用户的实际需求，根据用户服务的基本理论和科学的方法，结合实际找出更好、更能解决问题的办法来。用户委员会在上个世纪80年代开展的质量跟踪和用户评价，在90年代开展的实施用户满意工程，都是在实事求是调查研究了解用户和企业需求的基础上的工作创新。因此，得到用户、企业、政府和社会多方面的广泛认可，具有很好的示范性和操作性，保持了旺盛的生命力。这一宝贵的经验，我们一定要十分珍视，不断发扬光大。新一届用户委员会要在求实创新上狠下功夫。围绕用户和消费者关注的重点、热点问题，开展用户满意度调查、用户需求调查等多方面的工作，真正把用户工作做得有声有色，有影响，有实效。

三、要始终坚持用户工作的科学性和规范性

用户工作是一项专业性很强的工作。无论是处理投诉，还是开展用户满意度调查，市场需求调查，构建用户服务体系等，都必须运用科学的方法，这样才能真正管用。这也是为什么我们对用户工作的科学性提出很高要求的原因。全国用户委员会要继续开展用户服务理论和体系架构的研究。近几年，宝钢等优秀企业，立足于现有的用户服务体系，搭建统一的用户服务平台，定义用户服务架构，构建完善的用户服务业务模型与用户服务手册，对外提供清晰的服务界面，对不同层级的用户提供差异化服务，对相同层级的用户提供一致性的服务，形成用户服务的“软实力”。这些优秀组织在提高用户满意度方面的做法和实践，全国用户委员会要及时发现、认真总结、加以推广。同时，用户工作是一项社会性工作，必须规范运作，依靠程序的合理规范，保证工作结果的客观公正。全国用户委员会根据近几年的实践，起草了《用户满意度测评规范》，已经报到国家质检总局，列入今年拟发布的国家标准。规范下发后，大家要认真组织学习，并注意在实践中遵循。还有一点很重要，就是加强沟通、协调。做好用户工作，不仅需要大家的热情和努力，还要紧紧依靠政府有关部门的指导，行业协会以及其他中介组织的参与和支持。因此，用户委员会的同志一定要在工作中加强沟通和协调，联合各方面一道做好工作。

要做好以上工作，我认为很重要的问题，是要大力加强用户委员会的队伍建设。用户工作能不能做好，人是关键。没有一支好的队伍，没有一个热爱用户事业、勤于思考钻研、肯于苦干实干的人员队伍，工作是做不好的。会后，各地、各行业用户委员会也陆续面临换届，希望你们把那些愿意为用户工作奉献聪明才智的同志请到用户委员会中来。要选派有思路、有魄力的同志组成一个想干事，能干事的领导团队。同时，要通过培训和业务实践，特别是不断的学习，打造一支有事业心、有学习和进取精神、用科学理论武装起来的、人数广大的用户工作队伍，这是我们事业发展的根本保证。

各位委员，同志们，用户工作正处在一个新的发展起点，我们一定要振奋精神，抓住机遇，团结一致，求实创新，取得更好的工作成绩，为推进我国的质量事业，为建设和谐社会，做出更大的贡献。

坚持用户导向 实现产品和服务质量提升*

（二〇〇七年十二月十八日）

2007年全国用户工作会议暨实施用户满意工程推进大会，是在全国人民深入学习贯彻党的十七大精神的新形势下召开的。党的十七大，是在我国改革发展关键阶段召开的一次十分重要的会议。大会高举中国特色社会主义伟大旗帜，提出把科学发展观贯彻落实到经济社会各个方面的发展思路，提出了确保到2020年实现全面建成小康社会的奋斗目标。我们这次会议的重要任务，就是要学习、贯彻、落实十七大精神，指导我们的工作，开创质量工作和用户工作的新局面。

这个月初，我参加了中央经济工作会议。这次会议，是贯彻十七大精神、分析当前经济形势、研究部署明年经济工作的一次重要会议。中央经济工作会议根据十七大精神，分析了当前我国经济形势和国际经济环境，针对经济运行中可能出现和需要防止的偏向，明确提出，保持我国经济平稳较快协调发展，防止大的起落，是经济发展的基本要求。我国经济发展方式要努力实现“稳中求进”和“好字优先”，这八个字是明年经济工作的基本出发点。什么是“好”，我理解，“好”就是认真

* 在2007年全国用户工作会议暨实施用户满意工程推进大会上的讲话。

落实科学发展观，促进经济社会全面协调发展；“好”就是要有合理的发展速度，讲求发展的质量；“好”就要保护环境、节能减排，实现可持续发展；“好”就要以优异的品质赢得市场，获得核心竞争力；“好”就是用户认可你的产品和服务价值，真正做到用户满意。我认为，这也是做好明年用户工作的指导方针和原则。借此机会，我就如何按照十七大和中央经济工作会议精神，改进质量工作和用户工作，为实现经济的又好又快发展做出贡献，提出三个方面的问题，供大家思考。

一是坚持以用户为导向，改进管理，实现产品和服务质量提升的问题

党的十七大提出的经济发展方式的“三个转变”之一，就是经济发展“由主要依靠增加物质资源消耗向主要依靠科技进步、劳动者素质提高、管理创新转变”。实施用户满意工程，就是转变传统的管理思维和管理方式，推进管理创新的一项重要活动。所谓管理创新，就是适应客观情况的发展变化，把握管理领域的发展趋势和规律，找到适合客观要求和自身实际的管理模式和方法，改变不适应、不符合客观实际的思想观念和方法。在经济全球化的今天，按照市场经济的规则和做法，参与全球性的市场竞争，无不是关注用户需求的变化，以用户为导向的。所谓“以用户为导向”，就是产品和服务能够充分满足用户需求，不仅很好满足用户的功能需求，而且能迎合用户的偏好和喜爱，满足用户的感性需求和精神需求。在产品和服务同质化严重的今天，关注用户的偏好，采取人性化、个性化、差异化的做法，实现产品、服务“棋高一招”，是很多优秀企业在竞争中获胜的法宝。就我国企业的实际情况看，一些企业市场竞争能力低，有设计能力、技术水平、技术手段和工艺过程不够科学、不够先进的原因，更重要的是对用户需求把握不到位，不能在基本性能和品种规格、外观设计等方面充分考虑和努力适应用户需求，满足用户，也就是说以用户为中心这一市场经济条件下企业经营的核心理念，还落实得不到位。因此，继续大力推进实施用户满意工程，推动广大企业进一步牢固树立以用户为中心的理念，自觉运用市场调查、用户满意度测评等管理工具，科学地了解用户需求、了解产品和服务的缺陷，以用户为导向，研发、设计、制造产品，提供服务，并持续改进，是管理创新的一个重要内容，也是提高我国企业市场竞争力的有效方法。

二是提倡树立“大用户满意观”，提高用户满意度的问题

实施用户满意工程的主体是企业。我希望，我们的企业都要切实认识到追求用户满意的重要性和价值，掌握实现用户满意的方法和工具。这几年，我一直主张和宣传“大质量观”的理念，现在不仅得到从事质量工作同志的认可，而且得到一些从事宏观管理的领导同志的赞成和支持，并以此来指导质量改进工作。这里，我还想提出一个“大用户满意观”的理念，即不仅企业的客户是用户，企业内部上下工序之间，设计、制造和服务之间，企业和上游的供方之间，都应当视为用户，只有企业的员工满意了，企业的上下环节相互满意了、协调了，相关方也满意了，才能形成一个完善的价值链和对客户的有效供应链，真正使每个相关用户满意。这和“大质量观”概念是相通的，也适合当前我国在质量管理改进方面的客观需求。实践证明，仅仅对单一用户、最终用户或主要顾客做到满意是不够的，必须考虑到各相关方的要求，通过持续改进、全面提升，达到或超过用户的期望。因此，我希望全国用户委员会认真研究这个问题，在理论范畴和实践方面继续充实完善，在工作中大力倡导“大用户满意观”，以此引导我们的企业全方位追求用户满意，真正赢得市场，赢得用户。

三是加强和改进用户工作，不断提升用户工作质量的问题

全国用户委员会和全国用户工作系统，是用户工作的承担者，是实施用户满意工程的组织者和推动者，在推进用户工作方面有不可替代的作用。全国用户工作系统一定要深入研究国内外用户理论和实践的发展，特别是我国各类企业实施用户满意工程的实践经验，加以总结、提炼和推广，使企业的用户满意活动得到有效的理论指导，扎实有效地开展下去。要积极提供各种技术服务，帮助企业有效地收集用户需求信息和质量改进信息。要大力开展科学的用户满意度测评工作，做好第三方用户调查，为企业改进和提升质量提供有价值、可信赖的数据信息和分析报告。要主动帮助企业选择资信好、服务好的用户满意测评机构开展用户调查活动。

在积极组织开展实施用户满意工程活动的同时，全国用户工作系统还要更好地承担起消费者组织的职能，积极为用户服务，维护广大用户的合法权益。要继续把受理用户投诉，开展社会性用户满意度测评等工作进一步做好。同时，要在法律和政策的框架内，探索为用户服务的新形式、新内容和新方法，使全国用户系统成为用户信赖、社会关注、政府认可的组织。为此，全国用户委系统要进一步加强自身建设。尚未注册登记的用户委员会要履行注册登记程序，依法履行职能；要建立合理、严谨的工作机制；要建立一支专业化水平高，综合素质好的工作队伍。

让我们在十七大精神的指引下，高举质量第一、用户第一的旗帜，开拓创新，扎实工作，把用户工作和实施用户满意工程持续推向前进，为广大用户的消费质量提升，为广大企业的管理创新和提升，为全面建设小康社会，做出新的、更大的贡献！

深入推进创建活动
促进服务业又好又快发展*

（二〇〇八年二月二十五日）

自2003年开始，由全国总工会、共青团中央、全国妇联、中国质协和全国用联办共同组织的创建“全国用户满意服务明星”活动，已经连续开展了五年。实践表明，这项引导服务业一线员工以追求用户满意为宗旨的主题质量活动，是有意义的，有生命力的。今天，我们在庄严的人民大会堂举行大会，检阅2007年创建活动的成果，表彰活动中涌现出来的全国用户满意服务明星、明星班组和杰出管理者，交流经验，就是为了推进创建活动的进一步深入开展。

从党的“十六大”到“十七大”，从“十五”规划到“十一五”规划，党和国家都把加快发展服务业作为调整经济结构、实现科学发展、构建和谐社会的一项重要举措。这是因为，我国服务业在国民经济中的比重，不仅远远低于发达国家，而且也低于很多发展中国家。服务业的发展不足，不仅制约人民生活质量的提高，而且也制约着国民经济和社会的发展。面向生产的服务业发展不足，直接影响着我国生产制造业的产业升级和综合竞争力的提高；面向社会和消费的服务业发展不足，同样影

* 在2008年创建全国用户满意服务明星推进大会上的讲话。

响着社会的和谐发展和进步，影响国家综合竞争力的提高。

加快服务业的发展，首先要保证服务业的质量。整个经济的发展要实现向“又好又快”的转变，服务业的发展也要遵循“又好又快”的原则。没有质量的发展，不仅不能产生效益，而且会损害一个行业的发展，“快”最终也实现不了。因此，继续深入推进创建“全国用户满意服务明星”活动，从服务业一线员工抓起，抓服务理念的建立、抓服务流程的完善、抓服务技能的提升，全方位追求用户满意，使服务质量从基础上获得保证，既符合中央的要求，也是企业、员工发展所必需的。深入推进创建活动，首先需要各主办单位加大推进力度，营造更为浓烈的社会氛围，吸引和推动更多的企业参与到创建活动中来。

深入推进创建活动，需要进一步加强舆论宣传。要利用各种媒介，广泛宣传活动的价值，宣传明星们的先进事迹，营造热烈的舆论氛围。

深入推进创建活动，需要给予理论和方法的指导，使企业和一线员工在追求用户满意服务中有科学的方法。今年，全国用户满意工程联合推进办公室要拿出一个用户满意服务、卓越服务的理论模式，指导创建活动的开展。

深入推进创建活动，需要有关行业主管部门、行业协会和地方相关组织，进行有效的发动和积极的组织。

企业是开展创建用户满意服务明星活动的主体。深入推进创建活动，关键还是要落实到企业。我们所有的企业都要充分认识到，没有用户满意的服务，没有卓越的服务，就不可能在激烈的市场竞争中发展，甚至无法生存。我希望，服务行业、服务窗口、服务性质的机构能够更多的参与到创建用户满意服务明星活动中，以此为平台，打造队伍，提升服务，使企业有更强的竞争力。

深入推进创建活动，还需要全国用户满意服务明星、明星班组和杰出管理者，进一步发挥影响和带动作用，使用户满意服务成为普遍的行为，成为持续改进、追求卓越的动力。

质量和用户满意，是企业发展过程中永恒的主题。我们不仅要在企业管理中重视质量，更要把质量融入企业文化中，使重视质量、重视用户，成为企业的习惯，成为自然而然的行为。中国质量协会以授鼎的形式引导企业建设以质量和用户满意为本的文化，就是希望质量和用户满意深深扎根于企业的土壤中，成为推动企业健康发展的强劲动力。

我们的发展存在着巨大的机遇，同时也面临着巨大的挑战。我们一定要按照科学发展观的要求，努力奋斗，创新进取，为推进服务业的快速发展，为全面建设小康社会，做出更大的贡献！

努力提升现代服务业的发展质量*

（二〇〇九年二月二十一日）

服务业在国家GDP中所占的比重，是一个国家经济和社会发达程度的重要标志。党的十七大和十七届三中全会都把加快服务业发展，作为一项促进我国经济和社会发展的基本方针，这是在深刻分析了我国经济发展的现状和进程，按照科学发展观的要求，大力调整经济结构，转变增长方式，实现又好又快发展的一项战略性决策。可以说，服务业的发展，关系到我国综合竞争力的有效提升；关系到人民群众生活质量和社会发展质量，因此，加快现代服务业的发展，是构建和谐社会，实现建设小康社会目标的重要保证。

同时，加快服务业发展也是我国应对当前经济形势的一项重要措施。大家都知道，由美国金融危机引发的全球性金融和经济危机，目前仍在持续和蔓延。针对这场危机，党中央、国务院提出了“保增长，扩内需，调结构”等一系列积极、重大的措施和对策，实现这些目标和要求，服务业应当做出自己的贡献。我国服务业的发展空间很大，对保就业，保稳定有着重要的支撑和促进作用。因此，加快发展服务业，是贯彻落实党

* 在2009年全国创建用户满意服务明星推进大会暨授鼎仪式上的讲话。

中央2009年经济工作方针的一个重要内容。

要加快发展服务业，除了良好的宏观环境和政策支持外，对服务业自身而言，关键的一条，就是要提高服务质量。去年10月，针对我国产品和服务质量方面出现的一些问题，我就加强质量工作给胡锦涛总书记呈报了一封信，提出了自己的看法和建议。胡总书记对信中反映的问题和提出的建议非常重视，作了重要批示。他在批示中强调：质量是企业的生命，尤其在当前国际金融危机冲击的形势下，提高产品质量，增强竞争力，对扩大内需，保持我国经济稳定和较快增长具有重要意义。我理解，总书记的批示不仅深刻指出了质量的重要性，更重要的是从科学发展观的高度，揭示了质量在我国经济和社会发展中的重要地位和作用。质量不仅是兴企之策，更是富民、兴邦、强国之策。希望在座的同志要带头学习实践总书记的重要批示精神，结合自己工作岗位，以良好的服务态度，精湛的服务技能，创造性的开展工作，不断为我国服务质量水平的整体提升做出贡献。

创建用户满意服务明星活动的根本目的，是通过示范和带动作用，促进服务能力和服务质量的不断提升。全国创建用户满意服务明星活动主办单位，要进一步加强协调和沟通，加强对创建活动的领导，加强指导、宣传和推进工作，引导、激励更多的优秀组织和个人加入到这项活动中来。同时，希望受到表彰的明星和明星班组，能够再接再厉，永远保持用心服务、热情服务的精神和态度，坚持以人为本的思想，以人和服务对象的实际需求为导向，设计和完善我们的服务产品，不断提高服务意识、服务技能和服务质量，带动更多的企业和员工，共同为我国产品和服务质量的提高，为战胜危机带来的暂时困难，为我国经济的平稳较快发展，为全面建设小康社会做出我们应有的贡献！

提升质量，还需要文化的支撑。没有健康的企业文化，企业就如同土壤缺乏养分，没有生命力。中国质量协会以极具中国文化象征意义的鼎为载体，并以授鼎的形式，引导企业营造关注质量、关注用户、不断追求卓越的企业文化，同时彰显企业在质量管理和用户满意方面的突出成就。希望获鼎企业以鼎铭志，坚持质量第一的理念不动摇，扎扎实实的开展质量改进和用户满意工作，不断提高企业的核心竞争力，努力争取实现从优秀向卓越的跨越。

树立以用户满意为标准的质量理念紧迫且重要*

（二〇〇九年十二月四日）

从1981年召开第一次全国用户工作会议算起，今年已经是召开第29次大会。这期间，我们一直围绕“用户满意”这个基本主题开展传播、交流和实践，不断丰富我们的认识和理念，开拓满意质量观的应用领域。1996年起我们又增加了全国实施用户满意工程推进的内容，使一批又一批企业加入到以用户需求为导向，以用户满意为标准，提高产品、服务质量，提高核心竞争力的队伍中来。我回顾这一点，是要强调，中国质量协会和全国用户委员会长期以来都把用户工作看作质量工作的基础和中心，一直在持续推动以用户为中心的经营理念和用户满意质量观的树立。这是由中国质协的性质、任务、宗旨决定的。近30年来对用户满意理念的执著信守，是中国质协作为质量专业组织深入分析国际质量理论发展趋势和企业成功实践经验基础上得出的必然结论；是结合我国企业发展的实际，经过冷静的思考，做出的服务方式选择；是作为有责任的社会组织，履行推进我国产品、服务质量提升和社会责任的重要途径。

---

* 在2009年全国用户工作会议暨实施用户满意工程推进大会上的讲话。

近30年来，世界各种经营管理的理论和方法，特别是质量管理的理论和方法，推出了很多，但无论是国际质量管理体系标准、卓越绩效模式，还是六西格玛方法，其核心理念无一不把用户作为关注焦点和企业经营导向，这表明，离开用户的经营和质量，是无源之水、无本之木，只有遵循始于用户、终于用户的轨迹，才能具有核心竞争力，赢得真正的市场。

今年，中国质量协会为落实胡锦涛总书记、温家宝总理关于质量工作的批示和讲话精神，根据张德江副总理关于“抓紧摸清我国工业产品质量工作现状”的重要指示，在工业和信息化部的领导、支持下，组织开展了两项大型调查活动。一个是全国工业企业质量管理现状调查。这个调查的重点，集中在全国通用设备制造和食品两大行业以及天津市、辽宁省和上海市的规模以上工业企业；另一个就是对钢铁、食品、汽车、家电（家电下乡产品）等产品的用户满意度测评调查。通过这两项调查，比较全面、客观地反映了目前我国通用设备制造和食品两大行业质量管理的现状和主要问题，反映了从第三方获得的产品质量用户评价信息，为全面了解产品质量和质量工作的状况，分析存在的问题，找出解决方法，提供了第一手数据。11月12日，我们向张德江副总理作了汇报，得到他的肯定和表扬，认为质协做了一件很重要的事，找出了存在的问题，提出了解决的措施。从调查结果看，一方面，近年来我国工业企业产品质量有了很大提高。从用户满意度调查结果看，所有行业的用户满意度指数都在70分以上（满分100分），成熟度较高的行业如家电行业，满意度指数超过80分（80.46分）。根据中国质量协会自2002年以来连续进行汽车行业测评结果显示，用户满意度从2002年的71分提高到2009年的78分，呈逐年上升之势。另一方面，如果用高标准衡量，企业的质量管理水平，产品的实物质量，产品的用户满意度，都还不是很高。产品的平均合格率只有 91.2%；所测评的四个行业的用户满意度，除成熟度较高的家电行业好一些外，其余几个行业都属于中等或中等偏低水平，与用户的要求和期望相比，还有不小的差距。在实施用户满意工程方面，意识到“质量不仅要符合标准，还要让用户满意”的企业占到了 96.5%，但在实际经营管理过程中“追求质量和用户满意成为员工的自觉行为”的企业仅占 31%，也就是说用户满意的意识有了，但还很不到位。同时，虽然有 70% 的企业开展了用户满意度测评，但多数企业测评的客观性、科学性都不高，无法用于有效的质量改进。而开展第三方用户满意度测评的企业，为数更少，仅有 5.5%。这些数据表明，推进实施用户满意工程，引导和促进企业树立以用户为中心的经营理念和以用户满意为标准的质量理念，不仅十分必要，而且仍然是紧迫的、重要的、艰巨的工作。在这里，我想着重强调四点。

第一，企业实施用户满意工程，要有目标、有计划、有措施，扎实稳步推进，不能停留在口号上，也不能只是作为一般工作。今年我访问韩国的时候，参访了一下韩国现代汽车集团。给我的一个深刻印象是，他们一旦有了一个正确的经营方针和质量目标后，就有组织、有计划、有目标、有措施地坚持落实下去。现代集团在 2000 年确定以用户为中心的经营方针，把增强品质和用户满足感作为中心目标，并制定出每年提升可靠性的具体指标。2008 年年底又提出了“世界质量 3.3–5.5”的目标，即在三年内，使产品实物质量达到世界第三，在五年内用户感知质量达到世界第五。这种持续、系统地推进用户满意为导向的做法是很值得我们借鉴的。

第二，用户满意度测评是实施用户满意工程的基础，要高度重视这一方法的运用。实施用户满意工程，首先要了解客户的需求以及我们满足客户需求的程度，这就需要通过客观、科学地用户满意度测评去把握。一定意义上说，用户满意度测评是实施用户满意工程的基础。这就要求我们的企业，特别是企业的领导者高度重视这一工作。要真正了解用户想什么，用户明示的、潜在的需求是什么，我们现在的产品、服务在哪些方面还没有满足用户的需求，使企业在满足用户需求方面有明确的、具体的目标，知道应当在哪个方向、哪个节点努力。这里我还要特别强调，用户满意度测评是一项专业性、技术性很强的工作，涉及调查技术、统计技术以及心理学、行为学等理论和技术，没有一定的技术、经验和技巧是很难做好的，是没法得到真实可信的数据的。因此，用户满意度测评除了自己认真做好外，最好委托第三方来做，由专业组织来做，以保证其客观性、公证性和科学性。

第三，要善于利用用户满意度测评结果持续改进。用户的需求是动态的，只有紧贴用户的需求持续改进，企业才能与市场和用户一起成长。用户满意度测评结果是来自用户使用体验的最有价值的信息，关键是要解决好以用户满意度测评结果为输入的改进。要依据测评结果，对产品的各个组成系统逐个进行分析，对研发、设计、制造、交付、服务流程的各环节进行逐个分析，找出解决问题的答案，并根据企业的技术能力、设备水平、工艺水平和供应链等情况，制定出短期、中期、长期改进目标，同时建立相应的考核机制和质量责任制，使改进有明确的方向、有力的手段和检验的标准。

最后，我想特别强调，实施用户满意工程是一个系统工程，是以一系列准确把握用户信息的环节为基础的，需要科学的方法，因此，全国质协和用户委系统要加强组织建设、队伍建设和能力建设，提升服务能力。企业实施用户满意工程，开展用户满意度测评，需要各种技术服务，我们质协和用户委系统必须具备这个能力，能在方法上提供指导，在技术上给予支持，否则，就难以实现我们的使命，也会丧失发展的机遇。希望全国质协系统和用户委系统的同志，加强学习和研究，很好地承担起这一责任，为我国的质量事业和用户工作事业，做出应有的贡献！

深入推进用户满意工程
为加快提升发展质量提供有力支撑*

（二〇一〇年十二月二日）

不久前召开的党的十七届五中全会，提出了我们国家"十二五"期间发展规划的建议。建议在深入总结我国经济社会发展实践和经验的基础上，站在历史的新高度，从战略全局出发，提出"十二五"期间，以科学发展为主题，以加快转变经济发展方式为主线，坚持经济结构调整；坚持科技进步和创新；坚持保障和改善民生；坚持建设资源节约型和环境友好型社会；坚持改革开放为核心内容的努力方向和工作重点，为加快推进我国社会主义现代化建设指明了方向。

当前，认真学习贯彻十七届五中全会精神，是全党全国的大事，也是全国质协系统和用户工作的大事。我们要认真领会全会精神，深刻理解"十二五"规划指导思想，准确把握"十二五"规划发展定位，全面了解"十二五"规划目标要求。"十二五"期间，我国将进一步加快经济发展方式的转变。转变发展方式，实现科学发展，不仅需要数量上增长，更需要质量的提高，目的就是追求发展的质量，实现有质量的发展。质量的概念，在"十二五"期间将得到进一步的凸显。

* 在2010年全国推进用户满意工程大会上的讲话。

用户工作是质量工作的重要组成，是质量理论的基础和核心内容。在经济活动中，各类组织不论提供的是实物产品，还是服务产品，都是基于用户需求，满足用户需求。经济社会的全部生产、生活活动，就是一个始于用户、终于用户的周而复始过程。离开用户，不能充分满足用户需求，质量就没有意义，产品就没有市场。坚持科学发展必须以提高质量为基础。经济越发达、社会发展程度越高，用户需求的满足程度应当越好。因此，提升质量和效益，首先需要关注用户、重视用户工作。我们必须抓住机遇，结合质协和用户工作的特点，发挥质量专业服务组织的优势，更加积极主动地工作，深入地推进实施用户满意工程，把用户工作的每一个方面、每一个环节都做到位，为提高发展质量提供有力支撑，为实现我国经济社会健康发展做出应有的贡献。

在新的形势下，我就下一步加强全国用户满意工程推进工作谈几点意见。

一、要全面提升对用户满意工程工作的认识和自觉性

新世纪的十年，是全球质量界对用户的核心和基础地位不断强化和深化的十年。质量大师朱兰博士指出，质量是“适应性”，就是说质量的本质是适应用户的需求。从 2000 年版 ISO9000 族标准开始，“以用户为关注焦点”就被作为质量管理的重要原则加以强调。今天，国际上先进质量方法和理念，无论是六西格玛管理，还是卓越绩效模式，都强调用户的价值。我们的企业，不论采用哪种质量管理方法，哪种生产方式，提供什么样的产品和服务，适应用户需求，让用户满意都是共通的。脱离用户，不仅要失去市场，也没有任何存在价值和意义。让用户满意，不是一句空话，而是要成为企业主要负责人自觉的信念，要作为组织的核心价值观，要引领生产活动的全过程。

我们必须以这样的态度、观点认识用户工作，以更加自觉和主动精神，投入到开展用户满意工程建设和推进工作中去。

二、要认真解决好以用户为导向的理念在企业真正落地

质量保障的 70% 在于设计，而设计的需求来自于用户，依赖于企业对用户需求准确、全面的把握。不以用户为导向，不从用户的需求中把握设计的方向和核心要素，就不可能有高质量的设计，更不能生产出用户满意度高的产品，让用户满意就很可能成为一句空话。解决以用户为导向的理念在企业落地问题，简单讲，第一，要尊重用户的要求和意见，这是组织发展的核心理念；第二，要发挥组织的优势、资源和全部能力，努力做到不断满足用户需求，这是组织的产品在质量、品牌、市场方面实现持续提升的关键；第三，要重视用户满意度评价，这是组织改进的宝贵资源。我国有广大的市场和用户，这是一种优势和资源。我们要善于利用和开发用户价值，在追求不断实现用户满意的过程中，提升企业核心竞争力和国家的综合实力。

三、要充分发挥用户满意度调查的功能和作用

持续改进是质量管理和质量工作的基本原则。如何改，改什么，怎么改，很重要的依据来自于用户的声音和用户满意度调查的科学结论。目前，国际上发达国家已经建立完善的用户满意调查体系和运行机制。它通过用户使用的体验和感受，得出产品的优势与不足的客观信息，不仅为评价组织经营成果提供科学、客观依据，也为用户、消费者提供正确市场导向。在这方面，我们一些企业做得还不够，还不太注重自行或利用第三方开展用户满意度调查；还不善于自觉的把用户满意度调查和持续改进紧密的联系起来，将调查所获得的宝贵信息用于指导改进实践；还不能把改进的关键点建立在用户满意度调查和

科学数据分析基础上。在开展和使用用户满意度调查方面，也有不少企业做得比较好，比如宝钢就非常重视开展和利用用户满意度调查指导企业的生产过程和改进活动，因此他们的产品就能够在市场上长期保持优势，我们在大会上介绍过他们的做法和经验。希望我国各行各业的企业，大家都能对用户工作重视起来，认真组织开展用户满意评价工作，认真对待调查评价结果，认真负责将用户意见用于改进实践。

实施用户满意工程，作为中国质量协会的品牌活动，已经开展了十五年，取得一定的成绩。很多企业通过参与这一活动实现了管理的提升和产品、服务质量的改进，得到了用户、消费者和社会的认可和好评。我们要认真学习贯彻十七届五中全会精神，理清发展思路，科学谋划未来，鼓足信心，扎实工作，继续深入推进用户满意工程，为提高企业核心竞争力，为提升我国经济社会发展质量做出新的、更大贡献！

关于质量管理小组活动

质量管理小组活动

质量管理小组（QC 小组）是在生产或工作岗位上从事各种劳动的员工，围绕企业的经营战略、方针目标和现场存在的问题，以改进质量、降低消耗、提高人的素质和经济效益为目的组织起来，运用质量管理的理论和方法开展活动的小组。20 世纪 70 年代末引入我国，至今已走过 30 多年的历程。目前，QC 小组活动已经成为广大员工参与企业经营管理、开展持续改进和创新、促进企业发展的有效途径，成为企业全心全意依靠广大员工办好企业的重要举措。QC 小组是在我国一项开展时间最长、参与人数最多、收到效果最显著的群众性质量管理活动。它对提高全民质量意识和企业的质量管理观念，提高产品、服务质量和企业整体素质，培养质量管理人才起到了十分重要的作用。

大力普及、创新、推广质量管理小组活动*

（二〇〇〇年十月二十六日）

质量，是社会发展和民族进步的动力和标志。在我们建设有中国特色的社会主义过程中，不断提高产品质量、工程质量、服务质量，提高全社会、全民族的质量意识，是我国生产力持续、健康发展的强大动力。因此，我们党和政府历来十分重视质量工作。去年召开党的十五届四中全会通过的《关于国有企业改革和发展若干重大问题的决定》中，明确要求在推进国有企业改革中必须搞好成本管理、资金管理、质量管理。强调“坚持质量第一，采用先进标准，搞好全员、全过程的管理”。根据《决定》的精神，国务院召开了全国质量工作会议，朱镕基总理为大会作了重要批示，指出：“当前，我们面临经济结构调整的关键时期，质量工作正是主攻方向。没有质量就没有效益。”会后，国务院颁发了《关于进一步加强产品质量工作若干问题的决定》，要求“企业要建立从产品设计到售后服务全过程的、运转有效的质量保证体系，严格执行标准，重视计量检测，加强工艺纪律，搞好全员、全过程的质量管理。”这些都极大地推动了我国质量和质量管理工作的开展。今年新颁布

* 在全国第22次质量管理小组代表会议上的讲话。

修改后的《中华人民共和国产品质量法》中明确规定：国家鼓励推行科学的质量管理方法，采用先进的科学技术，鼓励企业产品质量达到并且超过行业标准、国家标准和国际标准。对产品质量管理先进和产品质量达到国际先进水平、成绩显著的单位和个人给予奖励。在最近刚刚结束的党的十五届五中全会上审议并通过的《中共中央关于制定国民经济和社会发展第十个五年计划的建议》中明确指出，“十五”期间要以发展为主题，进一步提高经济运行质量和人们生活质量，全面建设小康社会。这不仅为我国在新世纪初确定了经济与社会的发展目标，同时，把质量与经济运行和社会发展状况联系在一起，突出表明了讲求质量的重要，为完成建设小康社会的目标提出了可靠的保障。我们要认真学习和领会《建议》精神，努力开创质量与质量管理工作的新局面。

提高我国质量的总体水平，尤其是产品质量的总体水平，主要倚赖于产品的生产者。全员参与是全面质量管理的本质特征，群众是推进全面质量管理的动力和根基。没有在生产、服务、科研领域第一线职工的参加和参与，没有来自实践的总结、创造和群众的智慧，质量改进的目标是难以实现的。我国的质量管理小组活动，走过了二十二年的历程，今年在覆盖领域、课题内容、实施方法等方面，又取得了新进展，使这项群众性质量管理活动呈现出旺盛的生命力。据初步统计，全国现有注册质量管理小组 150 万个，年获可计算经济效益达 328 亿元。这次会上，我们将对从全国各地、各部门评选出的全国优秀质量管理小组、质量信得过班组、质量管理小组活动优秀企业和全国质量管理小组活动卓越领导者给予表彰。在这里，我谨向你们取得的成绩表示热烈的祝贺，对你们推动质量事业的发展所做的贡献表示衷心的感谢！

新的世纪即将到来，我们的国家即将迈入实现中华民族伟大复兴的新时代。在这继往开来的时刻，我想利用这次会议的机会，对进一步推广我国的质量管理小组活动讲几句话，这就是要努力做到“普及、创新、推广”。“普及”就是要把这项活动植根于企业的微观经济活动中，植根于各行各业的群众参与者中，植根于基础性管理当中。这是质量管理小组生存、发展的基础，也是这项群众性质量管理活动深入、广泛、持久开展下去的保证。这是全心全意依靠工人阶级办好企业的体现，也是工人阶级真正成为主人翁的体现。为此，我建议各个企业，特别是企业主要领导同志要对本单位开展质量管理小组活动给予爱护、支持和帮助，从各方面创造有利的条件和环境以利于这项活动的开展。“创新”就是要开拓新思路、运用新方法、瞄准新目标、争创新成效。要多从技术创新、管理创新、产品创新、服务创新选择课题；要大力采用现代技术手段和现代管理方法组织实施；要采用现代信息技术，传播质量管理小组先进经验、强化管理体系。要不满足于一次性课题的完成，争取一步一个台阶，做到步步登高，使质量管理小组活动不断上升到一个新的水平。“推广”就是要让课题项目成果在更大范围得以实践和运用，把产生于一个班组、一个柜台、一台机器、一幢房子的质量管理成果推广到更广泛的社会生产、管理实践活动中，让群众智慧的结晶得到全社会的充分共享。在这方面，中国质协质量管理小组工作委员会要特别加强成果推广应用工作，采取更多，更有效的方法引导课题研究成果的实践运用。我们也号召各个企业要重视小组成果的推广工作，带动企业管理水平的提高，在更广泛的应用中结出更加丰硕的果实。

质量管理小组活动是一项涉及面广的群众性质量管理工作，必须依靠各地区、部门和相关的中介组织的共同推进，才能获取良好的成效。为此，我代表这次会议的各主办单位，希望各地区、各部门的相关单位继续做好本地区（部门）质量管理小组活动的组织、开展工作。这次会议后，各地各级质量管理协会，要认真传达这次会议有关精神和会上交流的做法和经验，加强对质量管理小组活动的指导、协调、服务工作，使这项坚持多年的群众性质量管理活动能够取得新的进展，为生产出更多、更好、更省的优质产品，满足人们不断增长的物质消费需求，提高我国经济运行质量和人民生活质量做出应有的贡献。

让我们全体质量管理小组成员及其推进者、领导者，紧密团结在以江泽民同志为核心的党中央周围，面向新世纪，适应新形势，开拓、进取、求实、奉献，以更加饱满的热情和优异的成绩迎接新的机遇和新的挑战。

质量管理小组活动要为我国经济建设发挥更大作用*

（二〇〇一年十月十一日）

刚才程连昌①同志代表小组工作委员会作了总结报告，这个报告很好，去年一年全国小组活动开展得有声有色，取得了很大成绩。在覆盖领域、实施方法、成果水平等方面，又取得了新进展，使这项群众性质量管理活动呈现出旺盛的生命力。据初步统计，全国现有注册质量管理小组 170 万个，年获可计算经济效益达 360 亿元。这次会上，我们将对从全国各地、各部门评选出的全国优秀质量管理小组、质量信得过班组、质量管理小组活动优秀企业和全国质量管理小组活动推进者给予表彰。在这里，我对你们取得的成绩表示热烈的祝贺，对你们推动质量事业的发展所做的贡献表示衷心的感谢！

下面，我对今后 QC 小组工作提三点要求：

第一，要认真深入学习江总书记在建党 80 周年大会上的重要讲话和党的十五届六中全会精神

江总书记的重要讲话，高屋建瓴，继承传统，立足现实，前瞻未来，全面系统地阐述了“三个代表”重要思想及其科学内涵和相互关系，精辟深刻地回答了在新的历史条件下建设一个什么样的党和怎样建党的重大课题。《讲话》集中体现了党的第三

* 在全国第 23 次质量管理小组代表会议上的讲话。

① 程连昌，中国质量协会顾问兼质量管理小组工作委员会主任，1993 年至 2004 年任全国政协常务委员兼经济委员会副主任，原国家人事部常务副部长。

代领导集体对建设有中国特色的社会主义伟大事业的战略思考，是当代中国共产党人的新世纪宣言，是指导新时期党的建设和社会主义现代化建设的纲领性文件，是中华民族在新世纪实现伟大复兴的行动指南。因此，我们要认真学习《讲话》，深刻领会其精神实质，把思想行动统一到《讲话》精神上来；认真学习贯彻十五届六中全会精神，加强和改进党的作风建设，调动一切积极因素，进一步做好质量工作，特别是做好质量管理小组基础性工作，提高我国质量管理整体水平，促进经济建设更快更好地发展。

第二，要进一步开拓创新

我国成功申办奥运会和即将加入 WTO，为我们的发展提供了十分难得的机会，我们要继续拓宽工作思路，拓宽工作领域和拓宽工作范围，增强和扩大 QC 小组的影响和作用。要在建筑、住宅、环保、卫生、服务、食品等行业广泛开展 QC 小组活动，要加强对这些行业 QC 小组活动的指导，进一步开拓创新，提高这些企业 QC 小组活动水平，为国民经济的发展，做出 QC 小组成员的贡献。

第三，各级质协要认真踏实做好 QC 小组的推进和指导工作

质量管理小组活动是一项涉及面广的群众性质量管理工作，必须依靠各地区、行业和相关中介组织的共同推进，才能获取良好的成效。为此，我代表这次会议的各主办单位，希望各地区、各行业的相关单位继续做好本地区（部门）QC 小组活动的组织与推进工作。这次会后，各地各级质量管理协会，要认真传达这次会议有关精神和会上交流的做法和经验，加强对 QC 小组活动的指导、协调、服务工作，使这项坚持多年的群众性质量管理活动能够取得新的进展，为生产出更多、更好的优质产品，满足人们不断增长的物质消费需求，为提高我国经济运行质量和人民生活质量做出应有的贡献。

与时俱进 深入推广质量管理小组活动*

（二〇〇二年十月十七日）

我国的质量管理小组活动，走过了二十四年的历程，今年在覆盖领域、实施方法、成果水平等方面又取得了新进展，使这项群众性质量管理活动呈现出旺盛的生命力。据初步统计，全国现有注册质量管理小组118万个，年获可计算经济效益达315亿元。这次会上，我们将对从各地、各行业评选出的全国优秀质量管理小组、质量信得过班组、质量管理小组活动优秀企业和全国质量管理小组活动卓越领导者给予表彰。在这里，我对你们取得的成绩表示热烈的祝贺，对你们为推广质量事业的发展所做的贡献表示衷心的感谢！

下面，我对今后QC小组工作提几点要求：

一、以“三个代表”重要思想，充分认识在中国开展QC小组活动对提高企业国际竞争力的现实意义。QC小组是有利于先进生产力发展和体现先进产业文化的一种有效形式，我们表彰先进QC小组的目的就是为了推动班组、车间、企业乃至产业升级。表彰和推广先进QC小组活动不是一时一事，而是着眼于长远和全局。以QC小组为基础，带动班组、企业、行

* 在全国第24次质量管理小组代表会议上的讲话。

业走上质量效益型发展道路。QC 小组活动虽然是在 70 年代末由日本引进全国质量管理的同时开始的，但它在中国的发展有着深厚基础，走群众路线是我们办好一切事业的基础，QC 小组充分融入了新中国自己创造的好传统，因此 QC 小组活动适合中国先进生产力发展的要求，有很强的生命力。

二、QC 小组活动要与时俱进、以创新为核心解决质量问题。QC 小组活动要与时俱进，要学习、借鉴国际上质量管理方面的新思想、新方法，六西格玛无论从改进程序和改进方法（数理统计方法）都与 QC 小组活动是相似的，我们要在开展 QC 小组活动的基础上，学习、借鉴六西格玛好的思想和方法，如追求零缺陷的思想和应用数理统计方法测量改进绩效，并把数理统计方法软件化。QC 小组活动要持续不断发展，就必须不断吸收各种好的管理思想和方法，并应用到 QC 小组活动实践中去，只有这样，我国 QC 小组活动才能持续、健康地发展，取得更大成效。

三、以点带面，大力宣传优秀 QC 小组活动成功经验，大力宣传质量信得过班组、质量管理小组活动优秀企业及卓越领导者的经验。对这次大会表彰的单位和个人的经验要广为宣传，启发引导广大企业，结合本企业实际深入开展 QC 小组活动，在各类企业中深入开展全员，全过程的全面质量管理创新活动。这样才能使全员参与全部生产和服务过程，解决企业竞争力的全方位问题，因此，对 QC 小组活动要加强领导，正确引导，加强制度建设。

希望获表彰的先进小组、先进企业和个人戒骄戒躁、开拓创新、与时俱进，让我们紧密地团结在以江泽民同志为核心的党中央周围，坚持三个代表原则，继续推广普及 QC 小组活动，在全国抓好全面质量管理工作，促进提高我国企业的国际竞争力，为在新世纪实现中华民族的伟大复兴和迎接党的十六大的召开而努力奋斗。

大力拓展质量管理小组活动领域 *

（二〇〇三年十月二十八日）

这次会议是在党的十六届三中全会刚刚闭幕后召开的，国家领导同志和政府有关部门对这次会议非常重视。昨天晚上，中共中央政治局委员、全国人大常务副委员长、中华全国总工会主席王兆国①同志及有关领导同志听取了质量管理小组代表的成果发表，与全体代表合影，并发表了重要讲话。在今天的开幕式上，全国政协常务副主席王忠禹②同志以及国务院国资委、国家质检总局的领导同志也将发表讲话。领导同志对质量管理小组的关爱和指导必将产生巨大的激励与推动作用，促使全国质量管理小组活动健康的发展。

回顾质量管理小组走过的25年历程，我们要充分肯定全国质量管理小组活动取得的巨大成就。自1978年在北京内燃机总厂诞生第一个质量管理小组以来，随着我国改革开放和经济发展，质量管理小组活动从无到有、从弱到强，从制造业发展到服务业，从内地发展到沿海，到2003年，全国累计注册

* 在全国第25次质量管理小组代表会议上的讲话。

① 王兆国，时任中共中央政治局委员，十届全国人大常委会副委员长、党组副书记，中华全国总工会主席。

② 王忠禹，时任十届全国政协副主席。曾任国家经济贸易委员会主任、党组书记，国务委员、国务院秘书长。

的质量管理小组超过了2000万个，创造的经济效益达3500多亿元人民币。质量管理小组活动不仅为国家和企业创造了巨大的经济效益，同时也提升了企业员工队伍的素质，培育了大批人才，塑造了全员参与管理、改进的企业文化，对企业竞争力的增强和国家经济建设发挥了重要的积极作用。

总结我国质量管理小组活动的基本经验，首先是各级政府在各个时期对质量管理小组活动给予了大力支持，这是我国质量管理小组活动持续发展的根本保证；其次是广大企业领导的高度重视和一线员工的广泛参与，这是质量管理小组活动持续发展的重要基础；由相关组织和专家学者组成的全国质量管理小组活动推进体系，对质量管理小组活动健康发展起到了重要作用；一年一度的全国质量管理小组的交流、表彰和激励活动，促进了质量管理小组活动的持续开展。

在肯定成绩的同时，我们要看到我国质量管理小组活动仍存在的一些问题。地区、行业之间还存在发展不平衡问题；部分企业和小组活动仍存在注重形式、忽视实效，注重结果、轻视过程的现象；群众参与的比例还很不够。

我们在总结全国质量管理小组活动开展25周年的时候，总结成功的经验，正视存在的问题，研究发展的方向，努力将质量管理小组活动推向一个新的发展阶段。

在经济全球化的新形势下，竞争日益激烈，质量成为竞争的焦点。通过质量管理小组活动，最大限度地调动和开发广大员工的积极性和智慧，参与管理和改进，实施以人为本的管理，是企业应对质量挑战的一个有效措施，也是员工实现个人价值和发展的最佳途径。在总结质量管理小组活动25周年经验的基础上，对今后的质量管理小组工作提出以下意见：

一、加大宣传力度，进一步认识质量管理小组活动在新形势下的重要作用

质量管理小组活动25周年的实践证明，这项群众性质量管理活动，已成为我国质量管理事业不可或缺的重要组成部分，已经成为我国各类企业领导普遍认同的、推进企业持续改进的重要途径，也是广大职工参与企业管理、充分发挥聪明才智的有效形式。我们要认真贯彻党的“十六大”精神，积极实践“三个代表”重要思想，在新的形势下各级政府，特别是企业的领导要高度重视这项活动，积极地支持和推动质量管理小组活动的开展，这也是贯彻落实十六届三中全会提出的“坚持尊重群众的首创精神”、“坚持以人为本”原则的具体体现。

二、进一步提高质量管理小组活动的群众参与水平

质量管理小组活动的目的是，员工通过学习质量管理的理论和方法，提高解决问题的能力，进行不断地改进；现场的员工在改进活动中互相沟通，提高团队意识；通过改进活动，为企业、社会创造经济效益。实现质量管理小组活动的目的，广泛的群众参与是基础和保证。一个企业的质量管理小组活动，不能只是选拔几个“种子选手”、“明星队”，而要采用多种形式，组织和动员广大员工参与，努力提高员工参与的比例，并将员工参与的比例作为评价一个企业开展质量管理小组活动好坏的主要指标。

三、进一步提高质量管理小组的学习能力，把质量管理小组办成学习型组织

质量管理小组活动要适应新形势的发展，必须要提高自身的学习能力，学习新的理念、新的技术以及市场知识、管理知识。企业领导、质量专家以及各级质协要为质量管理小组学习创造环境，提供指导，要有组织上的保证。积极参加全国新一轮的全面质量管理知识普及教育是一个很好的途径，在学习中应用，在应用中提高。

四、质量管理小组活动要与时俱进，不断创新，求真务实

随着我国市场经济体制的建立和不断完善，企业内外部环境的变化，质量管理小组活动要与时俱进，不断创新，求真务实。首先要在观念上进行创新，强化市场意识和顾客意识，通过改进，提高顾客和下一道工序的满意程度；其次组织的形式和活动的方法也要创新，要充分利用网络等高科技手段开展灵活多样的活动，并结合六西格玛等新方法，更好地运用原有的质量管理技术；各质量协会要为“创新型”质量管理小组活动创造良好的环境并提供具体的指导，充分发挥集体的智慧，不断提高质量管理小组成果的知识含量、科技含量和效益水平。

五、不断拓展质量管理小组活动的领域

质量管理小组作为群众参与管理和改进的有效组织形式取得了成功，要将这一活动的领域在制造业、服务业的基础上，进一步拓展。在企业内部由生产部门拓展到研发和销售、售后服务部门，在服务领域由传统的服务业拓展到金融、教育、政府等新的服务领域，还要拓展到高科技的产业，使质量管理小组活动能在各行各业发挥更大的作用。

在新的历史发展阶段，要肩负起新的历史使命，让我们紧密地团结在以胡锦涛同志为总书记的党中央周围，认真贯彻“三个代表”重要思想，广泛持久、卓有成效的开展质量管理小组活动，为提高我国企业的国际竞争力，开创中国特色社会主义事业新局面，实现中华民族的伟大复兴，做出新的更大的贡献。

促进质量管理小组活动健康发展*

（二〇〇四年八月二十六日）

2004年，我国各类企业认真学习领会王兆国和王忠禹等党和国家领导人在“全国第25次质量管理小组代表会议暨质量管理小组活动25周年大会”上的重要讲话精神，切实贯彻全国第25次质量管理小组代表会议对质量管理小组工作提出的五点意见，联系企业实际，紧紧围绕今年活动的主题“应用统计技术，提高活动实效”开展QC小组活动，我国的质量管理小组活动取得了新的成绩，其突出表现就是大家应用统计工具和方法的水平有了明显的提高，并在这方面涌现了一批先进的全国优秀质量管理小组、质量信得过班组、质量管理小组活动优秀企业和全国质量管理小组活动推进者。在此，我要对大家的工作业绩表示衷心的祝贺，对大家的劳动和创造表示衷心的感谢。

我国质量管理小组活动26年来的实践经验表明，广泛、深入、持久地开展质量管理小组活动，是全心全意依靠广大职工办好企业的一项重要措施；是开发人力资源、发挥劳动者积极性、创造性和聪明才智，实现自身价值的一种良好形式；是

* 在全国第26次质量管理小组代表会议上的讲话。

解决技术和质量问题、提高质量和效益、促进生产发展的一条有效途径；是提高企业整体质量、实现以质取胜、创名牌、拓市场、增强竞争力、使产品走向世界的一项基础工程；是培养、锻炼和提高员工队伍素质、造就和发现人才、建设企业团队意识和企业文化的一个重要环节；是职工实行自主管理、增强企业凝聚力、结成企业与职工命运共同体的一个强有力的纽带。总而言之，质量管理小组活动对增强企业竞争力和促进我国经济建设发挥了重要的积极作用。

在充分肯定质量管理小组活动取得成绩的同时，我们还要清楚地看到存在的问题。主要表现在：一是有的企业领导和管理人员存在急功近利的思想，对QC小组认识不足，支持不力；二是QC小组活动在地区、行业和企业类型间的发展还不平衡，有的地区、行业及民营企业开展这项活动还不普遍，有的前些年开展得很好，近期却出现了滑坡；三是QC小组的"三率"（普及率、活动率、成果率）还需要进一步提高，对QC小组成果的推广力度还需要加大。

在新世纪全面建设小康社会的历史进程中，我们要在总结成功经验，研究和解决存在问题的基础上，加强组织领导，充分发挥工人阶级在建设小康社会中的主力军作用，努力将质量管理小组活动推向一个新的发展阶段。下面，我就如何"加强组织领导，充分发挥工人阶级在建设小康社会中的主力军作用"讲几点意见：

一、各级党委、政府要重视关心和支持质量管理小组活动

质量管理小组活动是新形势下贯彻落实党的全心全意依靠

工人阶级根本指导方针，大力发扬工人阶级主人翁精神，推动广大职工积极参与企业经营管理和科技创新，为建设小康社会建功立业的重要组织形式。各级党委、政府要站在落实党的全心全意依靠工人阶级根本指导方针的高度，重视关心和支持质量管理小组活动；各级党委、政府要发挥好、保护好工人群众参加QC小组活动的积极性，要表彰好、弘扬好工人群众参加QC小组活动的先进事迹和主人翁精神。

二、全国质量管理小组活动组织者要进一步明确使命

在经济全球化的形势下，在全面建设小康社会的伟大历史进程中，全国质量管理小组活动组织者研究QC小组现状和存在的问题，提出发展创新的思路，明确每一年度的主题，总结推广先进QC小组经验，加快QC小组成果转化为生产力，加强学术研究和国际交流，提高QC小组活动的有效性，推动QC小组活动迈上新的台阶等，已成为亟待解决的问题。希望全国质量管理小组活动组织者认清自己肩上的责任，高屋建瓴，与时俱进，努力工作，不辱使命，在指导推动方式，改善领导方法，学习创新等方面提出新的办法和举措，坚持科学发展观，努力推动QC活动小组持续、协调、健康发展。

三、各类企业领导要切实加强对质量管理小组活动的领导和指导

各类企业领导高度重视和企业员工广泛参与，是QC小组活动持续发展的关键和基础。各类企业领导要认真落实十六届三中全会提出的“坚持尊重群众的首创精神”、“坚持以人为本”的原则，为培养一支懂技术、会管理的知识型职工和管理者队伍，提供充分的物质和精神支持；要切实加强对质量管理小组活动的领导和指导，创造更加有利于职工素质提高、有利于加强产品质量管理、有利于提高企业管理水平和竞争力的工作条件；要采取有力措施，不断提高质量管理小组活动的群众参与水平，不断提高活动的档次和有效性，避免形式主义和泡沫经济；要大力加强对优秀QC小组活动的表彰和宣传，努力形成比、学、赶、帮、超，人人参与QC小组活动的生动局面。

四、质量管理小组活动要求真务实、与时俱进

中国工人阶级的无数发明创造，有力地推动了我国经济和社会的发展以及人类文明的进步，在社会主义市场经济条件下成长起来的新一代工人、技术人员和管理人员，更是蕴藏着极其丰富的创造潜力，在质量管理小组活动中，希望进一步树立强烈的开拓进取意识和创新求实精神，以开放的心态，务实的精神，努力学习国内外的先进经验和做法，勇于实践，敢于创新，把自己的聪明才智发挥出来，把自己的巨大潜力挖掘出来，大力开展技术革新、技术改造和合理化建议活动，为质量管理小组活动注入新的生机和活力，为促进经济发展和社会进步不断贡献力量，铸就新的业绩。

五、不断扩展质量管理小组活动的领域

我们要认真总结各行业、地区及企业开展质量管理小组活动取得的成功经验，大力宣传信得过班组、优秀企业和质量管理小组的经验，并要将QC小组活动的成功做法在制造业、服务业的基础上进一步拓展。在企业内部由生产环节拓展到研发、销售和售后服务环节，在服务领域由传统的服务业拓展到金融、教育、政府等新的服务领域，只有这样，才能使全员参与全部生产过程，解决企业竞争力方面的全方位问题，使质量管理小组活动在各行各业发挥更大的作用。

质量管理小组活动26年的实践证明：市场经济越深入发展，质量越显重要，对企业员工的素质要求越高，在这种形势下，QC小组将有更大的用武之地。让我们以“三个代表”重要思想为指针，开拓奋进，深入持久，卓有成效地开展QC小组活动，为提高我国企业的国际竞争力，为振兴我国经济做出新的贡献！

以人为本 不断创新 实现质量管理小组活动持续发展 *

（二〇〇五年十月十七日）

我们一年一度的质量小组盛会今天在福建省福州市召开了，而且我们是在重大喜庆日子召开的。我们最近有两件大事，一个是中共中央召开了十六届五中全会，制定了实施十一五规划的建议。第二项事情就是刚才连昌同志所讲的，我们这一次双人多天三舱顺利升空，正常运行，安全返回，宇航员安全出舱。这两件大喜事对于振奋我们中国人民的信心、提高我们的国际地位将会有很重大的影响。关于质量管理小组活动的工作，刚才连昌已经代表我们做了一个很好的报告，虽然文字不长，但讲得很全面，而且有深度，我是表示完全同意，希望各地、各部门结合你们的实际情况，认真地贯彻执行，把我们的具有强大生命力的质量管理小组活动，搞得更火更热更有成效。

中央的五中全会是在重要的时期、关键的时期召开的重要的会议，通过了“十一五”规划的建议，这是一份凝聚全党全国人民、统一全党全国人民思想和力量的、指导我国社会主义现代化建设的纲领性文件，我们要认真学习、认真贯彻，做好我们的本职工作，为全面建设和谐社会、小康社会做出我们应

* 在全国第27次质量管理小组代表会议上的讲话。

有的贡献。这次航天“神舟六号”升天，这确实代表了我们中国在航天领域、在世界高科领域达到了世界的先进水平，完全是自主创新。而且我们在北京听到有关同志的介绍，现在总设计、总指挥都是青年人，青出于蓝胜于蓝。据介绍，这七大系统怎么顺利升天，怎么运行，怎么能够维持，怎么能够安全返回，最终宇航员安全出舱，这七大系统是多少个环节，每个环节都要想到会出现什么问题，都要考虑每个系统、每个关键岗位会发生什么情况，自然、天气、气候、宇宙各个方面的条件的影响，然后研究如何解决这些问题，还要做实验，保证一丝不苟，万无一失。我认为组织每个小组、每个专题的研究，这就是典型的、最高标准的质量管理小组活动，这是世界的品牌，这是我们QC小组的典范和榜样。飞船升天有几个关键点，一个是顺利升空、轨道正确，到一定程度要打开太阳板，保证有电流，到运行轨道以后就比较安心了，不会有什么大问题，但是要微调，要进行轨道维持，最后最关键是要怎么回来，这些都做到万无一失，这值得我们学习，如果我们的QC小组都像这样的QC小组，这是我们努力的方向。下面我就讲几点意见，供大家参考。

一、认真落实科学发展观，坚持以人为本，进一步把质量管理小组活动搞得更好

这一次五中全会最鲜明的特点之一就是落实科学发展观，因为这些年来，我们取得了很大的成绩，有很大的进步，人民生活有了很大提高，但是我们也存在着一些严重的不可忽视的问题，那就是我们的增长方式非常粗放，资源消耗非常大，废物污染严重，因此带来一个可持续性的问题和效益问题。地球就这么大，我们的资源就是这么多，我们国家在资源的储有量相对来讲还是比较缺乏的，过去讲我们中国地大物博，这是对的，但是现在看起来地大并不物博，人均以后就少得很，所以，资源在不断地消耗，污染极其地严重，这样发展下去是不可持续的。这方面的浪费也很大，现在有很多数字说是我们比美国、比日本我们的消耗要高出多少倍，但这个数字我今天都没有引用，为什么呢？因为各项统计口径不一样，有的说十倍，有的说二十倍，但事实上说明我们确实差距很大，也说明我们这方面发展的潜力很大。小平同志讲：发展是硬道理。只有发展，才能解决我们前进中的问题，才能实现我们的宏伟目标。但是发展必须是科学的发展，必须以人为本来发展。这次五中全会突出的特点就是要落实科学发展观。以人为本，这次锦涛同志讲话指出什么叫“以人为本”，三句话：一切为了人；依靠人；共享改革和发展的成果。这就是以人为本。因此我们质量管理小组活动要坚持以人为本，培养人，这是我们搞好质量管理小组活动的关键，而且一个企业具有强大的生命力和竞争力，必须要有事业心强、技术水平高、能够善于钻研的一个好的队伍。另外，质量管理小组活动也是一种培养人的实际过程，所以我动员更多的同志来参加质量管理小组活动，在实践中培养和锻炼我们成为对企业有用和有贡献的人才，一定要抓好人的培训和培养，而且使他们能够发挥更大的作用。现在特别注意的应该是要加强我们的技工和高级技工的培养，这是我们企业最主要的也是最缺的。现在有精湛技术操作水平的高级技工是相当缺乏的。现在我们有好的产品设计但却做不出来，经过培训最终完成了，因此培养技工应该提高到重要的地位。我们要进一步搞好质量管理小组活动，要抓好人，要加强人的培养，加强人的培训，通过实践来提高人的水平。

二、围绕中心开展质量管理小组活动

我们除了认真地加强产品服务和各个领域的质量管理小组

活动以外，要有大质量的观念，我们的质量不只是产品质量、工程质量和服务质量，另外我们所有的工作都是质量，包括决策的质量、工作的质量以及各方面的质量。现在我们必须开拓视野、扩大领域，围绕中心开展活动，我们要针对国家把调整产业结构、转变增长方式当成“十一五”的重点，怎么样减少资源的投入，减少废物的排放，重复利用，走循环经济之路，我们应该把这些问题，从国家来讲就是要从宏观上采取措施，作为我们企业，作为我们质量管理小组，就是要在微观上都要把节约降耗作为我们研究的重点，这就是提高质量，就是提高企业的效益，为形成资源节约型、环境友好型的社会做出我们的贡献。所以围绕中心开展我们质量管理小组的研究，要有大质量的观念，而不只是做好我们的产品和服务质量。

三、要创新。要抓紧抓实，要抓出成效来，要上新水平

自主创新也是这次五中全会的亮点之一，明确提出要把自主创新作为国家战略，要建设创新的国家，这一点大家都有深切体会，这些年来我们都有很大进步。但是我们技术依靠国外的程度太高了，我们自己的自创技术还是不够的。刚才讲了，航天飞船升天这个就完全靠咱们自己，但我们大部分是用别人的牌子。我们的服装做的不错，但价格太低，但国外的品牌服装价格却很高，主要是我们的品牌还不强。因此把自主创新提高到为国家战略，要建设自主创新的国家，这是五中全会向全国人民提出的任务。所以全国质量管理小组的同志们，一定要响应党中央的号召，要创新。刚才按照连昌同志报告所讲的，我们的质量管理小组既要归回原点，坚持原有的目的。此外，还要创新，在课题的选择上要创新，在诊断分析过程和手段方法上创新，在最后成果的实施方面创新，让我们取得更多的成效。另外就是要抓实。因为这个活动确实是有生命力，它是依靠广大工人阶级办好企业的一个重要的组织形式。但是现在发展不平衡，有的搞得好，有的搞得差，各地各部门要根据不同的情况，抓的好的继续抓的更好，抓的差的继续努力赶上，加紧推广，使这项活动更有实效。另外在抓的过程要特别防止重结果轻过程、重形式轻内容、重荣誉轻绩效的问题，就是说不要搞形式主义，干实的，要起到真正的作用。我们搞小组不是为了企业装门面，是真正为企业每个环节存在的问题，根据顾客满意度来解决这些问题，而提高我们企业的竞争力，锻炼我们的人，培养我们的人。关键问题是要重绩效。

四、加强领导

要做好这项工作，关键还在于领导。企业领导必须重视，而且要关怀，要参与，这样才能够使这个活动开展起来，这对企业各个方面的发展有好处，所以请他们更加重视。另外我们各级质协和有关部门一定要在政府的指导下加强推进、加强宣传、加强组织、加强协调，使这个活动不断扩大，效果更好，这样才能够使我们这个活动更加发展。反过来说，我们QC小组必须做出自己的成效，做出的成果对企业有用，领导才会重视你。还是那句话，有为才有位。所以我们必须努力做出成绩来。

强化领导作用 推进质量管理小组活动持久有效地开展*

（二〇〇六年九月十二日）

这次会议与往届会议相比有一个新的变化，国家质检总局作为会议的主办单位之一，直接参与了这次会议的筹备领导工作。会议闭幕时，国家质检总局有关方面负责人将出席大会并讲话，这充分说明了政府质量主管部门对质量管理小组活动的重视和支持。

今年是我国实施“十一五”规划的开局年，也是我国各类组织落实科学发展观，不断深化内部改革，转变经济增长方式，提高质量竞争力的关键之年。今年以来，全国质量管理小组活动的开展与推进工作，继续得到国家质检总局以及各级政府领导的关心和支持。在全国总工会、共青团中央、中国科协和中国质协的大力推动下，各省、自治区、直辖市质协，各行业质协以及质量管理推进者和广大质量管理小组发挥积极作用，扎扎实实地做了大量工作，付出了艰苦的努力。今年的质量管理小组活动在组织形式多样化、重点课题攻关、工具方法创新、绩效持续改进等方面都取得了新的进步。为此，我对荣获2006年全国质量管理小组活动100家优秀企业、100名卓越领导者、

* 在全国第28次质量管理小组代表会议上的讲话。

1358个优秀质量管理小组和405个全国质量信得过班组表示热烈的祝贺！同时向为我国质量事业的发展做出成绩和贡献的广大质量工作者致以崇高的敬意！特别对来自青藏铁路公司西宁车辆段和电务段的优秀质量管理小组代表表示诚挚的问候！

我到中国质协工作以来，每年都参加全国质量管理小组代表大会，每年都要讲几句话，每次讲话都侧重强调一个方面的问题或一个重点。今天，我打算就如何进一步加强质量管理小组活动的领导，持续有效地开展质量管理小组活动讲以下几点意见。

一、有效开展质量管理小组活动关键在领导

质量管理小组活动作为群众参与企业管理、充分发挥聪明才智的有效形式，已成为企业广大员工开展持续改进和创新的主要手段，成为我国质量管理事业不可缺少的重要组成部分。对这样一项具有广泛群众基础的活动，没有各类组织领导者的关注和支持是不行的，也是坚持不下去的。实践证明，正是由于各级政府及相关组织的领导对这项群众性的质量管理活动高度重视，不断给予关注、关心和支持，健全质量管理小组活动推进机构、落实奖励机制，调动了员工参与小组活动的积极性，从而形成了自上而下、党政工团齐抓共管的质量管理小组活动推进体系。在知识经济的时代背景下，企业的组织结构将从“金字塔”式严格的层次关系向网状的扁平结构转变，在网状组织结构中领导者与下属的联系更为直接与密切。发挥领导的作用，关键就是各类组织的领导者要创造并保持使员工能充分参与实现组织目标的内部环境，要成为质量管理小组活动的发起者、组织者和参与者。领导的作用还要体现和贯穿在小组活动的全过程中，这次会上表彰的小组活动卓越领导者就是这方面的优秀代表。我们要宣传他们的事迹，介绍他们的做法，让更多的企业领导者加入到这个行列。当前我国正处在经济社会健康、快速发展的时期，各个领域和产业都面临着巨大的机遇，经受来自各方面的考验。质量管理小组活动同样有着很大的、新的发展空间，也同样面临着新的挑战。但我相信，只要各类组织的领导者重视质量、重视人才、重视创新、重视发展，就一定能够充分利用质量管理小组的优势，挖掘小组成员的潜力，激发广大员工的创意，最终实现组织核心竞争力的提升。

二、企业领导在推进质量管理小组活动中的责任和作用

首先，要明确质量管理小组在企业质量管理中的重要作用，通过全员参与，培育和激励员工的主人翁意识，最大限度地满足员工的个人生存和发展需要。要转变观念，建立人才培育机制；要制定开展质量管理小组活动的方针和规划，通过质量管理小组活动强化员工的责任感、荣誉感和进取心，调动员工参与企业管理和持续改进的积极性，提高员工的综合素质与解决问题的能力，为企业发展创造价值。

第二，企业领导要带头学习质量管理知识，为有效开展质量管理小组活动创造良好条件，采取有力措施；各级职能管理部门的领导对质量管理小组活动应给予具体的组织、指导和帮助。将所倡导的这一有效活动加以实践和贯彻，由以往的一般性支持到以行动切实推进。

第三，要在企业建立质量管理小组活动推进机构，制定开展质量管理小组活动的管理办法，落实有效的激励机制，充分调动员工参加质量管理小组活动的积极性，提高质量管理小组活动的普及率。

第四，为公司质量管理小组推进者和骨干提供各种学习与交流的机会，建立人才培育机制，支持质量管理小组在思维、方法、活动形式等方面的创新，提高质量管理小组活动的有效性。

三、争取政府部门对质量管理小组活动的支持和指导

从今年起，国家质检总局作为全国质量管理小组代表会议的主办单位之一，每年都要参加和指导这项活动。这标志着质量管理小组活动进一步得到国家质量行政主管部门的重视和关注。我们要充分利用这个契机，加强对质量管理小组活动的组织领导。各地、各行业质协应当在开展质量管理小组活动中主动听取质检部门领导的意见，争取更多的业务指导；同时还应积极协同各地工会、团委及科协等有关部门，发挥全社会各方面的力量，共促质量管理小组活动更加持续、健康、有效的发展。

四、充分做好 2007 年国际质量管理小组会议的准备工作

受国际质量管理小组大会组委会的委托，经国务院批准，中国质量协会将于 2007 年 9 月在北京隆重举办“2007 年度国际质量管理小组代表大会”。大会的主题是：质量管理小组——普及 深化 创新。这次会议是我国企业与国际同行就质量管理小组活动进行相互学习、交流和合作的一次难得的机会，我们要十分珍惜这次承办会议的机会，为推动和提高各国、各地区和各组织的质量管理小组活动水平做出贡献。目前，会议已进入到具体的筹办阶段，我们要充分发挥全国质协系统的作用和力量，做好宣传，组织企业和优秀质量管理小组成果参加会议，学习国外先进做法和经验，并充分展示我国坚持多年的群众性质量改进和创新活动的丰硕成果和广大企业员工的良好形象。

善于交流学习 不断总结提升 *

（二〇〇七年十月二十七日）

刚刚结束的国际质量管理小组大会是一个世界质量领域的盛会，短短两天的时间里，为我们展现出近 200 个 QC 小组成果和论文，使我们直接接触和了解了各国、各地区开展质量管理小组活动取得的宝贵经验和做法，充分展示了质量管理小组活动对于全面提升员工综合素质，促进企业质量改进和创新等方面发挥的积极作用和重大贡献。刚才，连昌主任作了一个较全面、系统的工作报告，我完全赞同，希望大家结合实际，贯彻落实。利用这个机会，我就质量管理小组活动如何贯彻落实十七大精神、如何紧密结合国家重点关注工作、如何促进企业现代化班组建设与管理，讲几点意见。

一、质量管理小组要围绕企业生产和国家重点热点工作开展活动

党的十七大刚刚闭会，会议的中心议题是高举中国特色社会主义伟大旗帜，以邓小平理论和“三个代表”重要思想为指导，深入贯彻落实科学发展观，继续解放思想，坚持改革开放，推动科学发展，促进社会和谐，为夺取全面建设小康社会新胜利而奋斗。大会提出了适应时代要求和人民愿望的行动纲领和大

---

* 在全国第 29 次质量管理小组代表会议上的讲话。

政方针，对全面建设小康社会提出了新的更高要求：增强发展协调性，努力实现经济又好又快发展；建设生态文明，基本形成节约能源资源和保护生态环境的产业结构；改善民生，推进社会建设；让社会主义核心价值体系深入人心；到新世纪头20年实现人均国内生产总值翻两番。党的十七大为我们树立了中国特色社会主义发展奋斗的旗帜，提出了科学发展、社会和谐的基本要求，明确了全面建设小康社会是党和国家到2020年的奋斗目标，是全国各族人民的根本利益所在，也为我国质量工作和QC小组工作指明了方向。

今年，我国产品和服务的质量，在世界范围内引起了广泛的关注，产品质量、食品安全问题已经成为关乎“中国制造”乃至整个国家在国际社会中形象的问题。国家对质量问题高度重视，采取了一系列的政策措施。面对这种形势，QC小组推进活动在紧紧围绕本企业生产改进、效率提升的基础上，应当更加关注解决提高产品质量、节能减排、资源综合利用、清洁生产、发展循环经济，特别是诚信经营和社会责任方面的问题。要围绕身边这些热点、难点选题立项、攻克难关，调动和发挥一线员工的智慧，切实解决一些关键环节的关键问题，使小组成为优质、高效、节能活动的先锋，为企业和国家的发展、为构建和谐社会做出贡献。

二、质量管理小组活动要与班组建设实现有机结合

当前和今后一个时期，全国质量管理小组推进的各级组织及企业应以质量管理小组活动为载体，以提高职工思想道德素质和职业技能为核心，以一线职工和基层班组管理者为主要对象，以增强广大职工的学习能力和创新能力为重点，以培养国家技能型人才为目标，以提升企业自主创新能力和核心竞争能力为着力点，努力把QC小组活动与班组建设进行有机结合，将各项工作落到实处。

质量管理小组是由员工横跨部门和班组自愿结合，自觉参与企业的质量改进活动的群众性活动团队，因为自愿而主动，因为自主而灵活，因为灵活而高效。小组成员自找问题，与同伴一起研究分析解决问题，相互启发、集思广益、共同提高，从中获得成功的乐趣，体会到自身的价值和工作的意义，体验到生活的充实和满足。激发出小组成员的聪明才智和积极性、创造性，使员工的潜在智力与能力得到更大限度的发挥。

班组是企业最活跃的细胞，是企业最基层的组织与作业单位，是连接企业与员工的平台，企业的发展战略、管理思想和管理目标要在班组中落实，企业文化要靠班组来建设。建设适应新形势、新要求的“技能型、管理型、效益型、创新型、和谐型”班组，对于实现企业各项经营目标，加快改革与发展，培养造就一支技能精湛、作风优良、爱岗敬业、勇于创新的高素质员工队伍，具有十分重要的作用。

据统计，全国质量管理小组约有95%以上来自各企事业单位生产或服务一线的班组。小组与班组的有机结合，优势互补，将大大促进企业整体的有效性和效率以及绩效的提升。因此，通过正确的评价和充分的激励，深入推进QC小组活动，并结合强化班组管理，树立班组建设的典范——“质量信得过班组”，一定会为企业培育人才、凝聚人才，提升企业国际竞争力打下坚实的基础。

三、学习借鉴国外经验，进一步提升我国QC小组活动质量

这次大会充分展示了各国优秀小组活动的成果，让更多的小组代表有机会与各国家的小组成员近距离交流和相互学习。许多国际QC小组新的理念、新的方法和有效的经验，值得我们学习和借鉴。印度小组活动涉及领域的广泛性和小组成员参加活动及竞赛的热情和激情，新加坡、韩国等国家小组成员认真学习、深入交流的精神，日本的创新理念等，都给参会的代表们留下了深刻的印象；我国小组成员注重以事实数据为活动依据，正确、适宜的应用统计工具方法，也同样引起与会的各国小组代表们浓厚的兴趣。通过广泛的交流，QC 小组成员既开拓了思路，又学习了方法，为今后结合实际选择课题，攻克各种难关奠定了基础。同时，更希望我们的广大 QC 小组活动推进者、企业的 QC 小组活动组织与管理者们，把国外开展 QC 小组活动好的经验、先进的管理学过来，为我所用，提升我国质量管理小组活动的整体水平。

此外，需要强调的是：领导重视是推进 QC 小组活动的关键。各级政府主管、企业领导和各行业地方质协的负责人，要从政策上、资源上、管理上和业务上给予大力支持，狠抓落实和深化普及与提高创新，对小组工作提出具体要求，对于优秀的小组和班组要给予物质和精神奖励，充分调动广大群众参与的积极性，使 QC 小组活动成为具有强大影响力的品牌活动，保持旺盛的生命力。

坚持科学发展观 开创质量管理小组活动新局面*

（二〇〇八年十月十五日）

我国质量管理小组活动开展30年来，由于大家的共同努力，在全国形成了一个由国家质检总局、全国总工会、共青团中央、中国科协、全国妇联和中国质协联合推进，各行业、地方质协全面支持的完整的组织网络和工作体系；开发建设了以培训教材和活动指南为重点的培训教育知识体系；建立了行之有效的推进机制，采取了一系列激励政策和指导措施，使我国质量管理小组活动在工业生产、交通运输、工程建设、商业服务、邮电通讯、司法劳改等各个领域都得到迅猛发展，显示了勃勃生机和强大生命力，成为我国质量领域开展时间最长、参加人数最多、取得成效最显著的一项群众性的质量品牌活动。30年来，我国共注册质量管理小组2802万个，创造的经济效益5753亿元，对提高全民质量意识和企业的质量管理观念，提高产品质量和企业整体素质，培养质量管理人才等，起到了十分重要的作用，为加强我国社会主义物质文明和精神文明建设做出了重大贡献。

30年的实践证明，开展质量管理小组活动是深入贯彻落实

* 在全国第30次质量管理小组代表会议上的讲话。

科学发展观，坚持以人为本，全心全意依靠广大员工办好企业的一项重要措施；是广大员工参与企业经营管理，开展持续改进和创新，促进生产发展的一条有效途径；是企业实现以质取胜，追求卓越质量经营，打造品牌，开拓市场的一项重要基础工程；是开发人力资源，发挥广大员工聪明才智，实现自身价值的一种良好形式；是促进基层建设，塑造企业文化，增强企业凝聚力和团队意识的一种重要载体。

在这次会议上，程连昌同志将对我国开展质量管理小组活动的工作情况、成功经验和改进机会等做全面系统的总结，我在这里就不详细谈了。下面我就坚持科学发展观，开创质量管理小组活动新局面讲几点意见。

一、明确使命，提升价值

产品质量是质量管理的“原点”，企业，生产、服务组织是各类产品的产出基地。通过现场质量改进，保证产品质量始终是质量管理的基本使命。质量管理小组活动的根本任务是改进提高产品和服务质量，为相关方创造价值，促进活动成员、活动团队和企业的共同成长。在当前，广大质量管理小组成员要继续发挥主人翁精神，成为学习型个人和新时代的知识工人，要在落实科学发展观，清洁生产、节能降耗，挖潜节流、降低成本，打造有国际竞争力的企业和有世界影响力的品牌，建设创新型国家，实现“环境友好，资源节约，社会和谐”，推动经济社会又好又快发展等方面不辱使命，做出贡献。只有明确认识小组活动的使命和价值，才能更好地确保质量管理小组持续的生命力和特有的感召力，进一步提升质量管理小组的活力和创造力。

二、加强指导，提高水平

如何加强对质量管理小组活动的指导，提高质量管理小组活动的水平，切实解决指导不力等问题，是一个十分重要的课题。首先，要依据推进质量管理小组活动的有关规定和文件，进一步改进和完善表彰奖励办法，更好地调动员工参与质量管理小组活动的积极性，更加强调质量管理小组活动的技术含量、运用范围和对经济社会的贡献率等，推动质量管理小组活动理性成熟的开展。第二，要广泛凝聚国内外质量管理小组活动的专家、学者和实际工作者的智慧，进一步规范质量管理小组活动的程序、步骤、方法和评价依据，编写普及读物，阶段性的修改、完善指导质量管理小组活动的教材，为质量管理小组活动成员更好地开展活动，提供精神食粮和技术保障。第三，各个企业的党政工团领导，尤其是企业一把手要切实加强对质量管理小组活动的领导，把质量管理小组活动作为企业经营战略和质量经营的重要组成部分进行管理和考核。各质量管理小组活动联合主办单位要明确责任，各司其职，发挥优势，相互配合，形成优势互补，合力推进的良好格局。全国质协系统要增加从事质量管理小组活动的专职人员，提高他们的能力，加强对质量管理小组活动的推动指导和研究。各类质量管理小组活动推进人员要增强责任意识，深入质量管理小组活动成员之中，了解需求，听取意见，培训师资和骨干，确保质量管理小组活动人才辈出，后继有人。第四，要搭建平台，分专题进行有针对性的研讨和分享，有条件的地方、行业质协还可以组织跨省市和跨国界交流，使一些有价值的创新意识、管理思想、先进技术和服务手段等得到更广泛的传播和运用。

三、持续创新，全面发展

创新是质量管理小组活动的不竭动力。一是要继续拓展质量管理小组活动的领域。从传统产业向现代产业拓展，从传统服务业向现代服务业拓展，尤其是要向政府、医疗卫生、金融、教育、高科技等新的服务领域拓展，使质量管理小组活动能在各行各业发挥更大的作用，推进全面发展；在企业内部要由生产部门向研发、管理、营销乃至产品生产与服务的各个环节和链条拓展。二是要鼓励和提倡质量管理小组活动在选题范围、组织形式、活动方式与内容、成果发布与利用等方面进行创新，使质量管理小组活动永保青春活力，为时代进步做出贡献。三是质量管理小组活动人员在运用质量管理工具和方法解决问题上，应注意把传统工具和现代科学技术与质量工具、方法有机地结合起来，增强质量管理小组活动的科学性。四是要将多媒体、网络等现代传媒工具和技术运用于质量管理小组活动的全过程，使质量管理小组的培训教育规模更加扩大，活动过程更加生动、成果传播更加有效。

四、力戒形式，注重质量

做质量工作的同志，做每一件事情更应该讲究质量。要树立求真务实的思想，认真提高“三率”水平，力戒搞形式，做表面文章，一个企业的质量管理小组活动，不能只是选拔几个“种子选手”和“明星队”，而要采用多种形式，组织和动员广大员工参与，努力提高员工参与的比例；成果效益的统计数据不能有泡沫，要真实可靠，用数据说话；既要关注结果，更要关注过程，用过程质量保证结果质量；质量管理小组成果来之不易，不应束之高阁，要做好成果的转化工作，将成果转化为企业的技术标准、工作规范、工艺流程、作业指导书等，使成果变成生产力。我国质量管理小组活动走过了引进消化、普及推广和创新提高等发展历程。我衷心希望质量管理小组活动推进部门、广大质量专家学者和质量管理小组成员，在认真推动和开展质量管理小组活动的同时，还要切实加强对质量管理小组活动实践的理论概括，努力从实践到理论两个方面，把我国质量管理小组活动的质量提升到一个新的水平。

扎根基层 注重实效 推进质量管理小组活动取得新进展*

（二〇〇九年九月二十二日）

本次会议是今年“质量月”活动之一，是中国质量协会在“质量和安全年”活动中开展的一项重点活动。会议将总结一年来全国质量管理小组活动开展情况，表彰涌现出的优秀小组、班组和企业，交流QC取得的改进与创新经验与成果，安排下一年度的重点工作。

当前，全国各地区、各行业都在认真学习胡锦涛总书记近期对加强质量工作的两次重要批示和6月27日张德江副总理在亲自主持召开的加强工业产品质量工作座谈会上的重要讲话。大家一致认为，胡总书记批示高屋建瓴，要求明确，具有很强的针对性和指导性。要牢固树立质量是企业生命的思想，在深刻领会精神实质的基础上，用来指导我们的工作，研究和提出加强、改进质量工作的具体措施，狠抓落实，常抓不懈。各地结合在全国开展的“质量和安全年”活动和当前企业开展的“质量月”活动，认真组织开展产品质量专项调查，全面分析企业质量工作情况，总结推广成功做法和好的经验，对发现的质量问题开展专项整治。进一步强化和落实企业质量主体责任，坚

* 在全国第31次质量管理小组代表会议上的讲话。

持推行全面质量管理，大力推广国外先进管理、技术和方法，开展群众性质量管理小组和质量培训活动，提高企业管理水平。继续深入实施名牌战略、标准化战略。加强质量监督体系建设、诚信体系建设，确保产品质量安全、社会发展和谐。当前这种全社会都在重视质量，认真抓质量的形势是十分难得的，也是来之不易的。质量管理小组活动是企业一项具有广泛群众基础的质量活动，要以胡总书记两次重要批示为指导，提高认识，明确使命，树立质量责任意识，在新形势下，扎扎实实把质量管理小组活动向前推进。

去年我在质量管理小组 30 周年纪念大会上，已经做了全面深刻的总结，这里不再重复。下面，我仅就牢牢把握我国 QC 小组活动特点，注重活动的扎实推进，不断取得新成效讲几点意见。

质量管理小组是中国质协一直坚持、开展较好的一项活动。今年是中国质协成立 30 年，30 年来，质协工作始终与 QC 小组活动紧密联系在一起，QC 小组活动得到了很大的发展。随着改革开放，我国引进了许多先进的管理方法和技术，能够像 QC 小组这样得到国家长期高度重视和广大企业的持续应用，为数并不多。QC 小组活动为什么具有如此强的生命力，原因很简单，它对企业的进步和职工素质的提升发挥了不可替代的作用。

我认为我国 QC 小组活动有以下几个特点：

一是我国 QC 小组活动有着广泛的群众基础。QC 小组无论是小组注册数，还是员工参与数都居世界之首，形成了具有我国特色的自上而下、党政工团齐抓共管的推进体系。去年以来在受全球金融危机的冲击，企业普遍陷入困境的情况下，全国 QC 小组活动不仅没有下滑，反而稳中有升，QC 小组注册数、普及率和成果率均比去年有所提升。进一步说明了广泛的群众基础给小组活动赋予了顽强的生命力。

二是QC小组活动提高了员工的整体素质、企业管理水平和竞争力，为企业培养了大批质量管理人才和骨干。通过QC小组活动，使员工了解了全面质量管理的基本理念，掌握了科学的管理方法和手段，提高了发现问题和解决问题的能力，促进了员工个人、小组团队以及企业的共同成长。今天，我们很多企业的领导和管理人员都是从QC小组中走出来的，QC小组使他们增长了才干，他们的才干又推动了QC小组活动不断向前发展。

三是QC小组具有自主创新能力，学习吸收快，转化分享多。许多小组在产品、项目、软件、方法的研制、新业务、流程的开拓等创新型课题经过多年的摸索，从创新思维到程序模式都有所突破，出现了很多有价值的成果，有的还获得了国家专利。在活动思路、方法运用、成果转化、活动形式等方面的创新进行了积极有益的尝试。这几年，中国质协提倡和引导小组成员能够快速学习吸收国外先进小组经验，全面分享转化国内特别是同行业优秀成果案例，加快QC成果转化为生产力取得了明显效果。

四是QC小组活动始终得到企业领导的高度重视和大力支持。目前绝大多数企业领导既是质量管理小组活动的倡导者，又是推进者和参与者。他们不仅在机构设置、制度建立和激励机制上为开展小组活动提供了保障，同时也更加关注小组选题、活动进度与结果，并适时对小组活动给予协调和指导，这是QC小组这项群众性质量管理活动能够长期开展的重要保证。

在新的形势下，我们要根据以上QC小组活动特点，更加注重实效，更加注重开展活动的有效性，在这方面，我强调三点。

首先，坚持扎扎实实地开展QC小组活动，不搞形式主义。要积极引导小组围绕企业提升产品质量和技术性能、节能降耗、提高生产效率等课题开展活动，注重解决实际问题，立足现场、现物、现实，不走过场、不做表面文章、不夸大经济效益，把QC小组活动做实。这几年，我们也发现有的小组为了发表效果对成果进行“包装”，有的小组忽视实际活动效果，注重评比结果，这些都是不可取的，也是应当努力克服和改正的。QC小组不是为活动而活动，是在活动中解决问题、提高效率、增强能力和水平。只有注重实效，这项群众性质量改进活动才能够蓬蓬勃勃地持续开展。

第二，不断改进和创新，提升知识、能力和水平。运用创新思维开展活动是QC小组的基本使命。随着科学技术的快速发展，新的质量管理理念、模式、工具、方法层出不穷。QC小组活动要适应新形势、新要求、新角色的变化，不断接受新知识、学习新方法。小组成员应结合所解决的QC课题，通过多种方式增长知识和技能，包括技术知识、管理知识、组织管理能力、人际沟通能力以及发现问题、分析问题和解决问题的能力。企业和小组活动管理者要在QC新老工具等应用的广度和深度上，鼓励引导小组进行多领域、全方位的应用和实践，以提高小组活动的科学性。只有不断吸纳新的管理理念和模式，坚持改进与创新，QC小组活动才能在现有基础上得到更进一步的发展。

第三，全员参与是基础，领导重视是关键。30年的实践证明，QC小组是群众参与企业质量管理和改进有效的活动形式，全员参与才能体现小组活动广泛的群众性，而更关键的是领导的重视、支持和参与。各企业领导、各级质协要加强对本地区、本行业、本企业QC小组工作的指导和引导，通力协作，稳步推进。要加强质量管理小组活动诊断师队伍的培养，尽快建立初、中、高级诊断师注册制度，提升诊断师素质，提高课题成果质量。要认真组织优秀成果评选，开好每年一次的全国、省市、行业以及各企业 QC 成果发表会，使每一项成果都得到充分的交流、推广和分享。

掌握先进质量管理方法 培育高素质员工队伍*

（二〇一〇年九月十九日）

本次会议是中国质协贯彻落实中央领导同志关于质量工作的重要批示精神，在全国倡导开展“先进质量管理方法推广年”的一项重要活动，也是全国优秀质量管理小组、质量信得过班组以及开展质量管理小组活动的先进企业和领导者相互交流学习的一次欢聚的盛会。在过去一年里，广大QC小组活动企业、领导者、推进者和小组成员紧紧围绕“讲求方法，扎实有效”的活动主题，围绕企业发展战略和中心工作，以提高产品、服务和工作质量，节能降耗、安全环保为课题开展改进和创新活动，应用先进质量管理方法解决工作现场中的重点难点问题，取得显著的成效。全国质量管理小组活动从注册数量、参与人数、活动内容、改进成果等方面持续保持良好的发展势头，充分显示出这项群众性质量工作的旺盛生命力。

今年以来，我先后赴四川、重庆、浙江、江苏、广东、辽宁、吉林等省、市的企业，就如何有效地提升工业产品质量问题进行专题调研，深切地感到我国广大企业对提高产品质量和管理水平具有十分迫切的愿望与要求。我认为，当前，抓好先

* 在全国第32次质量管理小组代表会议上的讲话。

进质量管理方法的普及推广工作，是提升我国工业产品质量、增强工业整体竞争能力的重要突破口。为更好地应用、推广和普及先进质量管理方法，改进生产工艺方法和流程，减少资源浪费，提高产品和服务质量，增强企业竞争力，我建议从今年起，利用两、三年时间，由政府工业主管部门牵头，由中国质协和相关行业协会配合，以工业企业为主体开展一场声势浩大的、有序有效的先进质量管理方法学习推广活动，推动质量管理上新的水平。这个建议得到国务院副总理张德江同志的高度重视，指示有关部门认真研究，目前活动方案正在研究制定中。

QC 小组活动是先进质量方法学习的最好的课堂之一，很多方法都是在 QC 活动中总结提炼出来的。因此，应当充分利用 QC 小组活动的方式，大力普及质量管理先进方法与工具。下面，我讲几点意见：

一、与全国企业推广先进质量管理方法活动相结合，为全国 QC 小组活动创造良好的氛围

去年中国质协受工信部委托开展的全国工业企业质量管理现状调查结果表明，我国企业应用先进质量技术方法的程度还比较低，对质量工具方法应用存在着“认识不够、实践不足；概念多、理解少；培训多、实践少”的现象。企业领导对质量的认识、企业质量专业人员的质量知识、技能水平，过程质量控制的能力和质量改进的有效性等，都存在较大的改进空间。因此，推广先进质量管理方法，对促进我国产品质量的提升、增强我国企业核心竞争力有重要意义。作为质量管理四大支柱之一的 QC 小组活动，在群众参与质量改进方面始终发挥着其独特的、不可替代的作用。全国质协系统和广大企业要结合当前质量工作重点，将 QC 小组这一群众性的质量管理活动的有效组织形式与推广先进质量方法活动紧密结合，统一组织，统一部署，加大工具方法应用的宣传推广力度，在QC小组活动中大力营造学方法、用工具、重效果的学习氛围。引导QC小组坚持以客观事实为依据，用数据说话，在学会的基础上，将“好用、管用”的质量工具方法积极应用到QC小组质量改进和创新活动中，提升活动和管理水平。

二、加强指导，不断实践，提升QC小组活动水平

QC小组活动就是按照PDCA的质量循环程序，运用质量工具方法，解决身边的产品、服务、工作质量问题。质量工具方法的应用，对于广大QC小组活动推进者和小组成员来说并不陌生。近几年，我们也始终在强调各级推进部门和QC小组要加强先进质量方法的应用。但由于人员素质、政策机制、推广力度等种种原因，应用和推广效果不尽如人意，一些小组在应用质量方法、工具开展小组活动时存在“不会用”、“用不上”、“用不当”等现象，影响活动效果和小组成员的积极性。因此，各级质协要加强指导，组织有经验的人员深入到企业小组活动中去，帮助小组成员解决QC活动中工具方法应用的实际问题，使小组成员能够在活动中正确、恰当地使用质量工具、方法，提升活动和成果水平，从而引领QC小组活动更加科学、扎实、有效。在这方面，希望各企业领导要给予大力的支持。

三、加强骨干队伍建设，培育高素质QC小组活动人才

经济和企业的发展是依靠员工成长及队伍素质的提高作支撑。QC小组活动的持续深入发展同样是依靠小组活动骨干队伍、人才素质的提高和质量技能的提升作保障，这就需要各级质协和各企业领导的高度重视，并采取扎实、有效的措施，抓培训、抓方法、抓实践，长期不懈的坚持通过QC实践活动进行培养和塑造。去年开始的全国QC小组活动诊断师注册制度就是针对提升小组活动效果采取的重要举措，今年还要加大推进力度。各行业、地方质协可以结合各自的实际，做好诊断师培养、注册等相关工作，要尽心扶持、重点培养、大胆使用QC 骨干，争取用两到三年时间，在全国形成稳定的 QC 小组诊断师队伍，培养出一大批 QC 小组活动高素质的骨干队伍，使他们成为小组活动的领头羊，带动并帮助更多的小组成员，提升掌握先进质量管理方法应用水平，提高发现问题、分析问题和解决问题的能力，充分调动广大员工参与质量管理和质量改进工作的积极性，在平凡的岗位上为质量事业的发展，组织的进步，奉献智慧和力量。

关于质量学术研究与质量技术推进

质量学术研究与质量技术推进活动

学术领先和质量技术的交流推广是中国质协专业性的重要体现。多年来，中国质协联合国内外质量专家、大专院校、科研院所和企业的质量工作者，密切跟踪国际质量研究和实践领域的最新发展，结合我国企业经营管理实践的需要，研究、引进了全面质量管理、质量管理小组活动、顾客完全满意、六西格玛管理、卓越绩效、现场管理等先进质量理念和方法，并通过交流研讨、示范推广、表彰奖励、人才培养与评价、书籍出版等多种形式的推进活动，促进这些理念和方法在中国企业的应用创新，成为中国企业和质量科技工作者的良师益友，也为政府在质量方面的重要决策提供了支持。

六西格玛　　通向成功的阶梯*

（二〇〇四年九月二十三日）

六西格玛方法诞生于20世纪80年代，是由摩托罗拉公司首先提出来的。20世纪90年代，联合信号、通用电气（GE）等公司成功实施了六西格玛，并将其发展成为一种获得、保持企业竞争优势的整体业务改进策略和方法体系，六西格玛也由此上升为一种管理理念、一种企业文化。通用电气（GE）等公司的成功使六西格玛在全世界范围内受到广泛关注，越来越多的企业加入到六西格玛实施者行列。我国企业（不包括外资或合资企业）推广六西格玛相对要晚一些，但是我们非常高兴地看到联想、宝钢、中航一集团、中兴通讯等许多国内知名企业已经在着手实施六西格玛，并取得了显著成效。根据中国质量协会不久前做的一份调查，目前国内实施六西格玛的企业正在不断增加。

六西格玛是一种理念，它将顾客作为关注的焦点；六西格玛又是一种方法，一种系统地解决问题的方法，一种基于事实和数据进行决策的方法；六西格玛还是一种文化，一种注重持续改进、团队合作和学习的文化。六西格玛通过持续改进业务流程来减少缺陷，缩短运转周期，从而提高质量、降低成本，

* 在第二届全国六西格玛大会上的讲话。

达到客户完全满意，增强企业竞争力。

实践证明，六西格玛是一种行之有效的管理模式。六西格玛之所以能够增强企业的竞争实力，为企业带来丰厚的回报，根本原因在于它是一套科学的管理模式和方法体系的有机集成。过去我们一直在讲，管理要讲求科学，要基于事实进行决策、持续改进、把顾客视为上帝，但是我们却没有找到一套切实可行的解决方案。六西格玛恰恰是许多世界级企业通过实践探索出的一条新路子。

当然，六西格玛也并非什么神秘武器，六西格玛的管理哲理非常朴实：面临激烈的市场竞争和不断变化的客户需求，任何一个企业在产品质量、成本、运转周期、服务等方面都存在着改进的机会。如何发现机会、明确机会，采取系统、有效的方法解决这些问题，并保持改进的势头，使之升华成为一种文化，这正是当今企业面临的主要挑战，而应对挑战的最有效策略之一就是实施六西格玛管理。

成功实施六西格玛需要我们建立顾客驱动的质量理念。产品和服务的价值是由客户决定的。我们的工作是否有价值，首先要看顾客是否承认它的价值。这就要求我们首先对顾客的需求进行深入的研究，剖析我们的产品或服务设计流程、生产流程或工作流程，分析企业内部的顾客链，建立真正的顾客驱动的质量体系。

成功实施六西格玛的关键在于领导的重视和参与，六西格玛本身就是一种自上而下的管理模式。高层领导对六西格玛的重视不能仅仅停留在口头上，更重要的是参与。从六西格玛战略制定、团队建设、项目选择及评审，一直到效益评估，高层领导都应该参与。因此，企业推广六西格玛，高层领导必须接受六西格玛管理基础知识的培训。

跨部门、跨职能的团队工作方式是六西格玛成功的另一个关键要素。长期以来，许多企业职能部门之间界限分明，本位主义严重。某些流程在部门内看似最优，但从企业整体和顾客的角度看则存在严重的不合理。追求系统的流程优化是六西格玛的一大特色，许多六西格玛项目涉及企业的多个职能部门，因此，打破职能部门之间的壁垒，倡导跨部门合作，对成功推进六西格玛项目非常重要。

六西格玛带给我们的是机会，也是挑战。任何新的尝试都难免会有风险。我们力求完美，但也要能够容忍失败。不尝试六西格玛方法，没有企业能够接近六西格玛水平。当然，实施了六西格玛，也并不意味着一定会成功。如果我们找到了接近完美的可能方法，却因为怕担风险而不敢尝试，那么也许我们永远也不会成功。

本次大会的主题是："六西格玛——通向成功的阶梯"。但是我们必须清楚地看到，通向成功的道路并非是平坦的。改革开放以来，我们一直在不断地学习、借鉴国外先进的质量管理理念、方法和经验，从QC小组、全面质量管理（TQM）、ISO9000质量体系认证、到卓越绩效模式，这其中既有成功的经验，也有失败的教训。我们一定要善于总结成功的经验和失败的教训，要有创新精神，要善于成功地将国外先进的管理理论、方法和模式与中国企业的具体实际相结合，探索出一条适合中国企业发展要求的全新管理模式。

我们必须清醒地认识到，我国企业质量管理的整体水平还比较落后，我们的产品和服务质量与国外相比有很大的差距。产品和服务质量水平的高低不仅仅是产品或服务的好坏问题，更重要的是，它从一个侧面反映了一个国家的经济发展水平和国民的素质。我国目前一方面资源相当紧缺，另一方面由于产品质量问题导致的资源浪费非常惊人。因此，学习和推广六西格玛等科学的管理方法，提高质量、消除浪费，也是我国可持续发展和建立科学发展观的要求。

中国质量协会组织召开“全国六西格玛大会”的目的就是要为从事六西格玛理论研究和实践的质量工作者创造一个互相学习和交流的平台，促进六西格玛在我国的推广和应用。本次大会还将举行“优秀六西格玛项目发布”活动，并对本年度的优秀六西格玛项目团队和六西格玛推广先进企业进行表彰，这对六西格玛在我国的推广有非常重要的示范作用。希望大家很好地利用这次会议机会，加强交流，分享成功经验和最佳实践，共同促进六西格玛在我国的普及、推广和实施。

全面质量管理是我国企业实现可持续发展的强大思想武器*

（二〇〇五年八月十日）

近十几年来，质量的重要性在不断地迅速提高。促使质量的重要性不断提高的主要推动力在于，人们对于质量在日益全球化的经营环境中赢得竞争优势所发挥的重要作用的认识。面对产品缺陷可能造成的重大后果的威胁，面对全球化的竞争对于降低成本、改善绩效和服务水平的更高的要求，今天的企业经营者们更加认识到了质量的重要性。

我国正处在一个重要的战略转型期，机会与挑战并存。我国的经济建设取得了举世瞩目的成就，但同时也面临着前所未有的挑战。我们总体上仍是一个劳动密集型的低效率、高能耗、高污染的生产体系，日益严重的能源短缺和环境恶化决定了这不是一种可持续性的生产体系；我们的出口主要集中在低端产品，附加值低，缺乏自主知识产权；我们的对外开放的方式仍然是以初级产品的直接出口为主要方式，最近发生的中欧、中美贸易摩擦警醒我们，这种方式的增长是有极限的。总的来说，我们必须采取新的思路才能突破进一步的经济增长和发展的瓶颈，才能实现经济的可持续性发展，才能顺利实现我们的全面

* 在第二届中国质量学术论坛上的讲话。

建设小康社会的目标。正是在这种背景下，胡锦涛同志要求要“抓紧研究和解决一些关系全面提高我国对外开放水平的重大问题（胡锦涛总书记在5月中共中央政治局集体学习时的讲话）”，思考这一问题，是产业界和理论界的当务之急，更是我们质量界人士的义不容辞的责任。

令广大质量工作者感到欣慰的是，我们拥有一种有利于实现可持续发展的方法论，这便是我们大家所熟悉但未必熟知的“全面质量管理”。我呼吁，质量界的同行们充分地理解、把握和应用全面质量管理，这是落实科学发展观、应对当前挑战和解决我国可持续发展问题的最有效的途径之一。

许多同志都熟知，我们国家从改革开放初期的1979年就开始引入全面质量管理，在二十多年的实践中，我们取得了很大的成就，积累了很多的经验，但同时也有着不少的教训。应当强调的是，全面质量管理并不是一成不变的。在这个大变革、大发展的时代，全面质量管理本身也在不断地发展、丰富和完善。从这个角度而言，我国对于全面质量管理的实践和认识并未达到本应达到的程度。

全面质量管理（TQM是近年来最常用的提法）是为了实现卓越的组织绩效而对组织的系统进行综合、全面和持续改进的一套方法论。全面质量管理意味着以“全面质量（TQ）”为特征的一种管理(M)的方式或途径，而非通常人们所想当然的全面的(T)“质量管理(QM)”。ISO9000标准中的八大原则和卓越绩效模式的11项价值观是对全面质量管理的本质特征的概括和描述。

全面质量管理的有效性在过去半个多世纪中被世界各国的实践所证明。日本人在第二次世界大战以后，通过深入地开展全面质量管理，用了近20年的时间，便从战后的废墟中一跃而成为全球第二大经济强国。日本的复兴被世人称为是一场“质量革命”。还是运用这一武器，日本人成功地应对了20世纪70年代的能源危机和日元升值的挑战。美国人在上世纪70–80年代的国际竞争中处于了劣势，通过80–90年代的广泛而深入的质量运动，美国产业界扭转了颓势，重新夺回了全球产业霸主的地位。可以说，自泰罗以来的一百多年中，从未有哪种管理举措如全面质量管理这般，影响如此普遍和深入，取得了如此显著而持久的成功。作为一种系统化、精细化的管理方式，全面质量管理也应当成为提升我国企业竞争力、实现可持续发展的强大思想武器。

回顾过去二十多年的实践，我们在开展全面质量管理方面还存在着如下一些显著的不足：首先，开展的深度不够，多数企业还局限于ISO9000、QC小组的层次，一些更加系统的工具尚未得到充分、有效的应用；其次，覆盖的广度不够，过去的推广基本上是以传统行业为主，大量的新兴产业、服务业、医疗、教育等领域几乎还是空白；第三，缺乏一种长效的协同机制，企业、政府和中介组织（如协会）在推行全面质量管理中的角色尚待进一步明确；第四，缺乏持久性，我们的推行常常表现为一阵风、运动式、赶时尚的方式；第五，没有一支广泛、充分协作、高水平的专家队伍来从事全面质量管理的深入细致的研究、分析和推广，对企业界以及其他各类组织缺乏理论的支持；第六，从宏观上来看，扶优限劣的市场环境尚未完全建成，还要下很大的功夫，创造良好的环境。

过去二十多年的实践启示我们，要充分发挥全面质量管理的作用必须重视两方面的因素。一是要准确、全面地理解和把握全面质量管理的实质和精髓，二是要在推行、实施的方式上下功夫。即使是再好的东西，使用方法不当也会影响其效力的发挥。我们在这方面有着很多应当吸取的教训。

我们现在找到了一种有效地推行全面质量管理的方式，这就是所谓的卓越绩效模式的方式。全国质量管理奖所依据的就是这样一种方式，2004 年 8 月正式发布的国家标准 GB/T19580《卓越绩效评价准则》就是这种方式的具体概括。

卓越绩效模式为各类组织实施全面质量管理（TQM）提供了一种更加有效的手段。用农业上的灌溉术语来类比的话，传统的推行全面质量管理（TQM）的方式可以认为是一种“漫灌”式的方式，看起来声势很大，但效果未必令人满意。而通过卓越绩效模式来实施全面质量管理（TQM）的方式则是一种“滴灌”式的方式，每一分努力都被输送到了最需要的地方。这也是我们中国质量协会继续广泛、深入地推进全国质量管理奖这项工作的意义之所在。

总之，全面质量管理为各类组织改进质量、提升竞争力，从而促进我国经济的可持续发展提供了强大的思想武器和方法论。中国质量协会对于促进全社会正确地理解、掌握和实施这一方法论负有义不容辞的义务和责任。希望在今后我国改革、开放的进程中，企业界、学术界、协会和政府各个方面精诚合作，全力推动，充分发挥全面质量管理的作用和潜力，为早日实现全面建设小康社会的宏伟目标而共同努力。

加强质量学术交流
提升质量竞争能力*

（二〇〇八年四月二日）

这次会议的主要内容，就是开展质量学术交流活动，我认为这是一件非常有意义的事。质量理论来源于与质量相关的实践活动。质量实践反复告诉人们，质量不仅仅是产品、服务和经营好坏的问题，质量对于开拓国际市场，发展国民经济，提升企业和国家的竞争力至关重要，而且在一个重要方面反映了一个民族的素质。在全球化的市场竞争中，质量日益成为竞争的焦点，成为取得成功的最重要因素之一。因此，推动质量学术交流活动，在质量理论上进一步展开深入的研讨，提炼总结出适应世界质量学术研究发展趋势和我国质量管理实践的理论和方法，对指导我国的质量管理整体水平的提升有着十分重要的意义。

党中央、国务院对质量工作非常重视。党的十七大以科学发展观为指导，对我国经济建设提出了切实转变经济发展方式，着力优化经济结构和提升经济增长质量，重视改善民生，促进社会和谐，推动经济社会实现又好又快发展的新要求。在刚刚闭幕的十一届全国人大一次会议上，温总理在政府工作报告中

* 在第三届中国质量学术论坛暨第五届全国六西格玛大会上的讲话。

进一步阐明了新一届政府对质量工作的要求，为我们努力做好工作指明了方向。

借此机会，我就大力推动质量学术研究工作提出三点意见。

一是坚持学习、努力吸收各种质量理论发展的全部优秀成果。从1978年我国引进全面质量管理以来的近30年，我们一直在不断地学习、借鉴国际上先进的质量管理理念、方法和经验，从QC小组、全面质量管理、ISO9000质量管理体系、全面生产维护到精益生产、六西格玛管理和目前正在广泛推广的卓越绩效模式，我们都走过一条学习、引进、吸收、消化、推广的路子。2004年国家质检总局颁发的《卓越绩效评价准则》国家标准，就是通过中国质量协会等质量组织及专家、学者和质量工作者积极导入国外做法，结合我国实际推广应用的结果。因此，我们要善于将国外先进的质量管理理论、方法和模式与我国的具体实际结合起来，不断探索适合我国经济社会发展要求的质量理论体系和质量管理体系。

二是坚持发展，培养学术创新能力。创新是一个民族生存和发展的灵魂。创新意味着实施有意义的改变，以改进组织的产品、服务和过程，并为组织的利益相关者创造新的价值。质量管理作为一门管理科学，与劳动生产实践活动有着直接的联系，要把实践活动当作理论研究的源泉，要注意凝聚智慧、广纳贤才，开拓质量理论研究的视野。根据大质量的观念，质量对于一个组织在生长过程中的所有方面、所有过程都十分重要。研究质量问题，不能仅就产品、服务质量谈质量，要从包括发展战略、组织机构、运行机制、供应链管理和过程控制等多个方面对质量理论加以研究和丰富。在此，我要告诉大家一个消息，中国质协准备从今年起加大质量学术研究的力量、增加投入。我相信，经过大家的共同努力，我们一定能够把我国质量理论体系健全和完善起来。

三是质量学术研究要关注提高国家经济社会可持续发展能力，为改善我国经济发展质量服务。目前，知识产权、技术标准等已经成为制约我国企业参与国际市场竞争的因素之一。有数据显示，在发达国家经济增长中，75%靠技术进步，25%靠能源、原材料和劳动力的投入。而我国的情况正相反，我国主要行业的关键设备与核心技术基本依赖进口。这种状况如不改变，势必影响我国经济发展的质量和速度。我国已成为世界制造业大国，但要成为世界制造强国、科研创新强国，还有很长的路要走。因此，必须更加关注质量，关注管理创新。要通过质量学术研究和质量改进，提高质量对国民经济实现又好又快发展的贡献率，为提高企业竞争力和我国经济可持续发展做出应有的贡献。

这里，我还要着重讲一下推进六西格玛管理问题。六西格玛管理方法总结了全面质量管理的成功经验，吸纳了近年来提高用户满意度以及企业经营绩效方面新的管理理论和方法，把质量和生产力的原则有机地贯穿于提高企业核心竞争力的管理体系之中，极大的推动了质量管理模式的创新和质量管理水平的提高，因而被世界上许多优秀企业包括我国优秀企业所采用。

近年来，中国质量协会、全国六西格玛管理推进工作委员会在企业和机构以及社会各界的关心支持下，统筹规划、宣传推广、组织指导，使我国六西格玛管理工作获得健康有序地进展。一是制定了《六西格玛黑带注册管理办法（试行）》、《六西格玛培训教师认证管理办法》、《六西格玛管理评价准则》等规章和标准，有效地规范了六西格玛管理工作的开展。二是组织编写了《注册六西格玛黑带知识大纲》、注册六西格玛黑带考试辅导教材《六西格玛管理》等一批六西格玛管理书籍，满足了宣传普及六西格玛管理知识和六西格玛管理人才培养提高的需求。三是组建了六西格玛专家委员会和管理团队，专家委员会不仅包括了国内知名专家，还吸纳了日本、韩国、美国的专家，积极服务于六西格玛管理工作。中航一集团、宝钢、太钢等大型企业培养造就了企业的六西格玛管理团队。四是在全国已举行了四次注册六西格玛黑带考试，应试人员超过 4200 人，考试合格人数为 1849 人。五是六西格玛管理已为许多企业带来了可观的经济效益。

需要指出的是，我国六西格玛管理推广虽然取得了进展，但仍是起步阶段，必须坚持不断地推进。要使六西格玛管理在我国取得新的进展，使六西格玛管理具有旺盛的生命力，就必须坚持理论和方法创新。我认为，六西格玛管理应当是一个开放的、持续改进的系统，而不是一个封闭的、排他的、僵化的系统。这是因为六西格玛管理理论和方法是在不断总结吸纳许多先进的管理理论和方法中形成的，它也只有在敞开胸怀，不断学习、吸取其他先进理论和方法、在坚持持续改进中得到发展。希望我国六西格玛管理工作再上新台阶，形成符合中国国情的六西格玛管理理论和方法，为转变我国经济发展方式、保持国民经济又好又快发展做出贡献。

这次会议，为从事质量管理理论研究和实践的专家、企业家和广大质量工作者提供了一个互相学习和交流的平台。在本次会议上，有 11 位国内外知名的质量专家和企业家将应邀发表主题演讲。本次会议还将举行“优秀质量论文”、“质量技术奖获奖项目”和“优秀六西格玛项目”发表和交流活动，并对在质量理论研究、六西格玛和质量技术推广方面取得显著成效的单位和个人进行表彰。这些活动对六西格玛管理、精益生产、卓越绩效模式等管理方法和技术在我国的推广有非常重要的示范和推动作用。希望大家很好地利用这次机会，加强交流和学习，分享成功经验和最佳实践，共同促进我国质量研究事业的发展，促进国际上先进的质量管理技术、方法在我国推广、应用。

用质量技术的力量为质量提升工程做贡献*

（二〇〇九年四月二十八日）

这次会议的主要内容是，表彰上一年度在质量技术进步和六西格玛管理实践中做出突出贡献的先进个人和单位，交流质量技术、六西格玛管理理论和实践创新的经验与体会，探讨如何运用质量技术手段帮助企业应对经济危机、实现持续改进，为国家开展“质量和安全年”活动和质量提升工程做贡献。

党中央、国务院对质量工作历来非常重视。去年10月，针对我国产品在质量安全方面接连发生的一些问题，我给胡锦涛总书记呈报了一封信，汇报了我对加强我国质量工作的思考和建议。胡总书记对信中反映的问题和提出的建议非常重视，作出了重要批示。胡锦涛总书记的批示是：德江同志，邦柱同志的建议值得重视，质量是企业的生命。改革开放以来，我国产品质量水平有了很大提高。但一些领域与国际先进水平相比，还存在较大差距。在当前经济形势下，提高产品质量，增强竞争力，对扩大市场需求具有重要意义。望加强领导，认真落实有关法律法规，科学实施，常抓不懈，把我国产品质量提高到新水平。胡锦涛总书记在批示中再次强调了“质量是企业的生

* 在全国质量技术奖励大会暨第六届全国六西格玛大会上的讲话。

命”，强调了“在当前经济形势下，提高产品质量，增强竞争力，对扩大市场需求具有重要意义”。在去年年底的中央经济工作会议上，胡总书记要求全党重视质量，温总理在讲话中也指出，必须充分认识加强产品质量和安全工作的极端重要性，要始终坚持质量第一的意识，全面提高产品质量。会议研究决定，2009 年为全国“质量和安全年”。可以说，目前国家领导对质量的重视程度，是前所未有的。党中央、国务院领导同志的一系列批示和讲话，对于进一步做好我国质量工作，不仅有重大的现实意义，而且有深远的历史意义。

下面我讲几点意见：

一、充分认识企业是产品质量形成的主体，质量技术是将产品缺陷和质量风险消除在产品形成过程中的重要保证

企业的产品和服务质量直接关系到人民群众的生活质量乃至生命财产的安全，企业提供符合质量要求的产品，既是履行社会责任、践行经营道德的基本要求，也是获得社会认可，扩大市场份额，寻求持续发展的可靠途径。在当前应对金融危机的新形势下，企业更要履行主体责任。一是要有更加明确的质量意识，把质量作为“企业的生命”；二是要加强质量管理，在产品形成的全过程中一个环节一个环节地分析并排除可能产生的质量风险，将实现“产品零缺陷、顾客零抱怨，质量零风险”作为质量管理的基本目标；三是要更加重视学习和应用质量技术方法，在管理的规范化、流程化、精细化方面下工夫，切实提高质量管理体系的有效性。要抓住“质量和安全年”活动的契机，进一步夯实质量管理的基础，同时，要注重管理创新，加大质量改进力度，积极应对全球金融危机对实体经济的冲击和影响，争取转危为机，为迎接新的发展做好准备。

二、企业高层领导要带头学习质量管理知识，提升对质量的领导力，大力开展全员质量教育

企业最高领导是质量第一责任人。“三鹿奶粉”事件使我们更加深刻地认识到质量关系到人民群众的切身利益，关系到企业的生存和发展，关系到国家形象，质量已经成为关系我国经济社会科学发展和可持续发展的重大战略问题。企业领导干部必须比以往任何时候都要更加深切地认识质量的重要性，责无旁贷地承担起领导质量的责任。眼下个别企业领导对质量的重视不够，也缺乏质量管理知识，对于如何提高产品质量，怎样有效防止质量安全事故的发生，重视不够，思路不清。因此，需要特别提出高层领导要学习或更新质量管理知识，全国质协系统要主动参与这项活动，做好师资、教材的准备工作。要动员会员企业开展“一长三师”质量知识培训，提高企业管理者的质量意识。同时，也要不断地对员工开展质量意识和质量知识、技能的培训。要把全员质量培训与开展质量改进活动结合起来，既教授质量基础知识，提高员工素质，又要动员组织员工参加质量改进活动，让员工在质量改进方法的实际应用中完成产品质量改进和从业能力的提升。

三、充分发挥质量技术的作用和质量工作者的才能，为质量事业多做贡献

今年是我国推行全面质量管理30周年。30年来，我国已经形成了一支分布在各个领域、颇具规模的质量工作者队伍，其中包括在座的各位代表。这支庞大的质量专业队伍是我国搞好质量管理，提高管理水平的宝贵的资源和力量。质量工作者应系统学习和掌握质量管理知识，提升自身专业能力。要通过多种形式学习提高，如参加全面质量管理、质量工程师、质量经理或六西格玛黑带等专业课程的学习，建立系统完整的质量知识结构和思维方式，并时时注意知识更新。要进一步提高知识的应用和转化能力，学以致用。我们有些质量工作者对于参加学习培训的热情很高，但到了实际工作中对知识的应用却不太擅长。希望质量工作者能够在实际工作中沉下去，锻炼并提高自己解决问题的实践能力，要能够运用质量技术深入现场做实际指导，以适应提高企业质量管理水平的需要。中国质协设立的质量技术奖把先进技术方法的应用成果列入其范畴之中，目的就在于鼓励对先进技术应用上的突破，提倡学习借鉴与自主创新并重。

希望广大质量工作者在新形势下以新的面貌迎接新的挑战，通过努力拼搏，做出新的贡献。企业的质量人员要能够当好领导的参谋助手和质量的卫士，成为维护质量管理体系、推动质量改进的核心力量，为实现企业的战略目标做出贡献；各科研院所质量人士要在质量科研成果的形成和转化，以及在引进先进质量技术和方法等方面多努力；各类质量组织以及咨询、培训、认证机构人员要真心实意地服务于企业，真正帮助企业提高质量，创造价值。

企业质量管理水平直接影响到产品质量，是企业的核心竞争力之一。中国质协今年要开展全国企业的质量管理现状调查，建议广大企业也要在“质量和安全年”开展质量自查活动，建立质量管理状况的自我评估机制，摸清自身的质量管理状况，明确与国内外竞争对手、标杆企业的差距，寻求改进创新的机会。在这方面，中国质协可以为企业提供必要的技术指导和支持。

最后，再重点强调一下六西格玛推进工作。本届大会主题是“六西格玛——突破与超越”，这个主题反映了六西格玛管理面临的发展机遇与挑战。一方面，已经实施六西格玛管理的企业，要继续深化和创新，通过科学方法的应用，解决目前面临的一些困难；另一方面，要总结各行各业优秀企业的成功经验，示范引导更多的企业学习实践六西格玛管理，让其成为能为企业广泛应用的管理工具。在六西格玛推进活动中，一是要准确、通俗、实事求是地宣传六西格玛管理。要让大家不仅知其然，还要知其所以然。要面向各行各业各层次人员，正确介绍六西格玛管理的地位和作用，不要把六西格玛说成是无所不包、无所不能的灵丹妙药。要充分调动大家了解、使用这种科学方法的积极性；二是要从实际出发，扎实推进。 一个企业要成功推行六西格玛管理，必须根据自己的实际情况，建立推行六西格玛管理的工作体系和目标，并按照科学的程序和步骤，从培养人才、建立改进机制入手，一步一个脚印地推进。切忌忽视基础，或盲目照搬他人的做法，要紧紧围绕企业的经营目标，发挥六西格玛管理的作用；三是要坚持创新。创新是六西格玛管理本身的属性，又是推动六西格玛管理中国化的需要。不能简单照葫芦画瓢地应用六西格玛管理，那样肯定跟企业的实际不适应，要不断发展丰富它的内容，创新六西格玛管理的理论和方法，探索中国文化背景下企业成功推行六西格玛管理的路径。

我们要充分认识到，党中央、国务院领导同志的重要批示，对质量工作提出了新的要求，也提供了发展的机遇，我们每一位从事质量工作的同志，一定要十分珍惜这来之不易的机会，以高度的责任心和使命感，加倍努力，为国家质量提升工程多做贡献！

推广先进质量技术
助力企业健康成长*

（二〇一〇年四月二十七日）

中国质协是全国性、专业化质量推进组织，推广、传授先进质量技术是协会开展质量服务活动的重要内容。质协成立30多年来，高举质量兴国的大旗，沿着推广全面质量管理这条主线，随着我国企业的发展进步，不断把质量七种工具、用户满意测评、精益管理、六西格玛管理、卓越绩效等质量管理方法、工具和技术引进来，在我国广大企业中推广应用，取得了很好的效果。2005年在国家科技部、国家科技奖励办公室的支持下，我们设立了“质量技术奖”，进一步激发和调动了我国广大企业参与质量技术推广、应用和创新的热情。去年，中国质量协会质量技术奖获得了“优秀社会力量设奖”的荣誉，充分体现了政府对中国质协的肯定和信任，今年，中国质协还获得了国家科技奖励项目推荐资格，为进一步展示优秀企业创新成果建立起新的通道。这些，与在座的企业、专家及研究人员的共同努力是分不开的，我代表中国质协向大家表示衷心的感谢。

为贯彻党中央、国务院领导的指示精神，工信部提出要通过推动工业产品质量进步，为转变经济发展方式，保持工业经

* 在全国质量技术奖励大会暨第七届全国六西格玛大会上的讲话。

济平稳较快发展做出贡献，并于2009年年底发布了《关于推广先进质量管理方法的指导意见》。国家质检总局也确定在巩固和扩大去年开展“质量安全年”活动成果的基础上，深入开展“质量提升”活动。为配合政府主管部门年度重点工作和企业质量竞争力提高的服务要求，充分发挥质量专业组织的优势和作用，中国质协决定在2010年组织全国质协系统和广大会员企业开展“先进质量方法推广年”活动。

什么是先进质量方法？我认为就是指在当前经济全球化的形势下，在我国新型工业化发展进程中，能够帮助企业和各类组织保证产品和服务质量，实现持续不断的质量改进和绩效提升的科学方法，也就是说那些经过企业学习、实践证明“好用、会用、管用”的质量理念、模式、技术手段和工具，都属于先进而不是落后的质量方法。今天这次大会，既是质量专家、质量工作者和积极开展质量技术创新、实践的企业间交流的一次盛会，也是中国质量协会“先进质量方法推广年”的一项重要活动。我衷心地希望，本次大会能够使大家对新的历史时期质量的价值和使命，以及如何更有效地开展质量管理、实施质量改进有更多的认识和体会。下面我讲几点意见：

一、认清当前质量工作的形势和任务，促进质量事业的健康发展

上世纪末，美国著名质量专家朱兰博士曾说过，20世纪是生产率的世纪，而将要到来的21世纪是质量的世纪。10年过去了，现实已经充分印证了他的分析。在经济全球化的今天，随着中国经济的发展和国际地位的提高，“中国制造”在全球的影响越来越大，质量对我国企业也有了更加特殊的意义。在复杂的国际经济环境下，不抓质量，企业就很难应对新的贸易保护主义的冲击，就会在竞争中陷于被动甚至垮掉；不抓质量，经济增长方式就很难实现根本转变，整个国家政治、经济的安全就没有保障。要实现从重视规模、数量的增长到重视质量和效益增长的转变，加快调整经济结构，没有牢固的质量意识和提高质量的方法手段不行。

去年中国质协受工信部委托做的全国企业质量管理现状调查结果表明，改革开放以来，我国产品质量整体水平有了很大提高，与国计民生息息相关的几大重要行业用户满意度水平也在逐年上升。但总体的质量管理状况并不乐观。比如企业领导对质量的认识，企业质量管理体系运行的有效性，企业质量专业人员的配备和质量知识技能水平，适用质量方法的普及应用程度，企业过程控制的能力水平等，都还存在很大改进空间，质量管理任重道远。全球金融危机深刻地教育着我们每一个人，经济形势的不确定性和复杂性要求我们必须重新审视对“质量”的理解。最近，日本丰田汽车公司质量事件引起全球关注。过去相当长一段时间内，丰田汽车是日本制造和卓越品质的象征，丰田生产方式是企业管理的标杆。这样一个世界级的卓越企业还会出现质量事故，需要引起我们的深思。这件事再一次证明总书记“质量是企业的生命”这一深刻教诲的重要性和其战略意义。广大企业要坚定以质取胜的战略，用系统、科学的方法抓质量；广大质量工作者，要勤于学习，勇于实践，努力做到传承、创新和发展，探索有中国特色的质量管理模式，为质量事业的健康发展添砖加瓦，建功立业。

二、发挥质量技术在企业成长中的作用，科学、高效地提升质量

质量管理现状调查反映的一个重要问题是，我国企业应用先进质量技术方法的程度还很低。对质量工具方法应用普遍存在“认识不够、实践不足；概念多、理解少；引进多、吸收少；

培训多，实践少”的现象。推广先进质量管理方法，是系统提升我国企业的综合素质和竞争能力的有效途径之一。要下真功夫，练真本领，掌握先进质量技术的精髓，根据企业的实际条件和需求，以提升企业的质量管理水平和竞争能力为目的，扎扎实实地推进质量技术的应用。

中国质协将利用“先进质量方法推广年”活动的平台，以帮助企业“学懂、会用、有效”为目标，通过全国质量奖、质量技术奖以及六西格玛、可靠性、QFD 等专项质量技术优秀项目的评审表彰、成果发表、标杆学习、经验分享、组织专家深入企业帮扶等多种途径，引导企业学习应用适宜、有效的质量管理方法，发挥质量技术在企业成长中的作用，促进企业更加科学、高效地提升质量，达到助力企业成长的根本目的。

三、总结提炼我国企业应用质量技术的特点和规律，提高企业质量实践的水平

随着全球经济形势和企业内外部竞争环境的变化，六西格玛、卓越绩效、精益管理等先进的质量管理模式和方法，也面临着新的挑战与发展机遇。全国六西格玛大会今年已是第七届，从 2002 年全国六西格玛管理推进工作委员会成立至今已经八个年头，近八年的时间里，我们对六西格玛管理的认识和实践在不断深化，也取得了很多成果和进步，但在企业推进实施的过程中也还存在很多问题和困惑，我们必须予以积极的关注和解决。以下几点看法供大家参考。

一是解决好“有用”的问题。企业选用什么方法，不在于“新”、“多”，而在于“有用”、“有效”。要正确理解六西格玛、卓越绩效等管理模式的价值，紧紧围绕企业战略和经营目标，按照科学的步骤和方法，从建立改进机制、健全工作体系入手，扎扎实实地做好基础工作。充分发挥六西格玛管理等先进质量方法在企业成长中的助推作用。

二是解决好“管用”的问题。要使先进的质量技术方法与中国企业的实际相适应，真正为企业解决面临的实际困难，为顾客和社会创造价值，提高竞争力。要真正做到管用，还需要不断丰富和发展六西格玛管理、卓越绩效、用户满意测评等先进质量技术的理论和方法，切忌照猫画虎，照搬照抄。要大胆实践，通过做项目、开展课题研究，促进企业在先进质量技术方法应用上实现较大的提升。

三是解决好“有效”的问题。要关注六西格玛管理等质量技术实施的效果，通过普遍调研和典型案例，分析总结成功的经验和失败的教训，发现我国企业质量管理的特点和规律，以国际化的眼光和本土化的立场，探索我国企业应用先进质量方法的关键因素和有效途径。示范引导更多的企业学习和实践，不断提高质量技术应用的有效性和水平。

全球金融危机为人们敲响了警钟，经济形势的复杂性和不确定性更要求我们深刻理解中央领导同志关于质量的重要讲话、批示精神，提高对质量工作战略意义的认识，我们每一位从事质量工作的同志，要以高度的责任心和使命感，加倍努力，为我们国家和企业质量竞争力的提升多做贡献！

努力开创质量管理学术研究的新局面*

（二〇一〇年八月二十七日）

进入21世纪以来，随着经济全球化进程和中国经济的快速发展，中国社会和企业面临着空前的发展机遇，也同样面对着各方面的冲击和严峻挑战，产品和服务的质量，经济发展的质量受到前所未有的关注。2008年以来，胡锦涛总书记、温家宝总理和张德江副总理等党和国家领导人多次对质量工作作出重要批示和指示，指出“质量是企业的生命”，把加强产品质量工作，提到“中央应对国际金融危机的战略部署，保增长、扩内需，调整产业结构、转变发展方式的战略举措和加强企业管理、提高我国产品国际竞争力的战略任务”的高度。可以说，提高质量是当前我国经济社会可持续发展的迫切需要，也是全球化竞争条件下企业生存发展的必由之路，质量组织和质量工作者大有可为。

与此相对应的是，我们有很多问题需要研究，需要探索。众所周知，改革开放以来，我国产品、服务质量有了很大提高，但与世界发达国家相比较，与激烈的国际市场竞争要求相比较，我们在很多方面都还有差距。2009年，中国质量协会完成的“全国工业企业质量管理现状调查”数据显示，我国企业应用先进质

* 在首次中国质量学术与创新论坛上的讲话。

量管理方法的程度还很低，应用的效果也有待提高，这在一定程度上制约了我国企业质量竞争力的提高。究其原因，可能涉及技术、机制、文化、人员素质和社会环境等多方面因素，需要进行系统的研究和实践探索。在此，我仅就如何开展质量管理研究与创新，促进我国企业质量管理水平不断提高提出几点意见：

一、要面向经济社会发展的大局，紧贴政府和企业的需求

质量工作者要胸怀大局，报效祖国。质量的学术研究与创新工作应坚持服务企业，服务政府，切实帮助企业解决实际问题，为政府决策提供支持。当前，质量领域需要研究、探讨的问题很多，粗略地讲，至少有以下方面可以开展工作：1. 是研究如何调整产业结构、转变经济增长方式，提高经济发展的质量；2. 是研究如何结合顾客和社会发展的要求，综合运用质量管理的理论、方法和各种有效措施，保证产品质量安全，提高企业的经营绩效；3. 是如何促进企业扎实有效地应用先进质量方法，提高员工的整体素质和管理的科学化水平。广大质量工作者要认清形势，服务大局，积极投身到与我国经济主流发展方向相关的研究和实践当中去，潜心钻研，勇担重任，真正发挥出研究工作对我国质量进步事业的支持和先导作用。

二、要注重理论与实践相结合，大力促进我国企业应用先进质量方法

质量的研究成果，只有应用到实践中去，产生效果，才有价值。去年，工信部发布了《关于在工业企业中推广先进质量方法的指导意见》，国家质检总局推出“质量提升”工程，中国质协确定2010年为“先进质量方法推广年”。最近，张德江副总理再次批示，要求工业部门制定推广先进质量管理方法的工作方案。我们要紧紧抓住“推广先进质量方法”这个“牛鼻子”，推动我国企业的质量管理实践不断深化。希望广大质量专家积极行动起来，围绕推进先进质量方法，开展研究、试点和实践指导工作，为企业应用质量方法提供有益的指导。

三、要在学习、借鉴基础上，开拓创新，探索有中国特色的质量管理理论和方法体系

从 1978 年我国引进全面质量管理以来，30 多年时间，我们一直在不断地学习、借鉴国际上先进的质量管理理念、方法和经验。面对新的形势，新的发展机遇，我们要开阔思路，勇于创新，逐步探索形成有中国特色的质量管理理论和方法体系，用以更有效地指导我国企业的质量管理实践。很多源于我国企业的管理方法，如武钢“质量效益型发展道路”、航天企业“质量问题技术管理双归零”等，都有效地促进了企业产品质量和服务质量的提高，对企业竞争力的提升做出了很大贡献。在今后几年的时间里，我们要加大力量开展中国特色的质量管理的研究，希望政府、企业和广大专家学者积极支持、参与。

四、要重视人才培养，提升质量创新能力

质量管理学科要不断发展，必须坚持与时俱进，锐意创新。创新离不开高素质的科研人才，特别是要有质量领域各学科的学术带头人。相对于发达国家，我们的质量研究力量还很弱，很分散，不能满足我国企业对实践指导的需求，也不利于质量管理理论和实践的创新发展。我们要按照《国家中长期人才发展规划纲要（2011-2020 年）》的要求，尽快培育一批高素质的科研人才。这次大会期间，中国质协学术教育工作委员会将进行换届改选，我衷心地希望，各位质量专家学者和实践工作者，在这个平台上精诚合作，无私奉献，服务企业，服务社会，并努力提高自身的素质，形成中国质量专家群体的力量，为质量进步事业做出自己的贡献。

深入推广先进质量方法 提升质量科学技术水平 *

（二〇一一年四月二十七日）

这次会议的主要任务，是认真学习领会十七届五中全会精神，根据“十二五”发展规划提出的任务要求，结合质量发展和质量科学技术进步的实际，谋划未来，检阅成果，奖励先进，交流分享，树立信心，开拓进取，为“十二五”的质量技术科研和创新工作，开好头，起好步。下面我讲几点意见：

一、从经济社会发展的战略地位和基础作用的高度认识质量

质量是国家整体竞争力的核心要素，是经济社会发展进步的标志和保证。党的十七届五中全会决议指出，“十二五”期间，我国经济社会今后的改革和发展，将更加注重科学发展，更加注重发展方式的转变，更加重视和处理好质量与速度、效益与规模、当前与长远的关系，加快从数量扩张型向质量效益型转变。因此“十二五”是我国经济增长方式转变的攻坚关键期，必将更加重视质量，是质量事业发展大有作为的重要战略机遇期。

质量技术是质量事业的重要组成部分，是质量理论在实践中的应用和发展，是质量进步的基础，也是质量创新的工具和平台。我们广大企业和质量专家、质量工作者要看到质量技术

* 在全国质量技术奖励大会暨第八届全国六西格玛大会上的讲话。

发展对推动我国社会进步的重要作用，抓住机遇，肩负责任，为实现经济发展方式转变的要求，提高我国质量竞争力扎扎实实干出一番事业。

二、应用和创新质量技术方法，要注重提升科学性、有效性

中国质协倡导开展先进质量方法推广的年度主题活动，今年已经是第二年。为什么要坚持做这件事，我想主要理由有三点：一是这几年，我在企业进行调研、座谈，亲身感受到我国企业对提高产品质量和管理水平有着十分迫切的愿望与要求，他们非常欢迎质协帮助他们一起做这件事；二是通过调查发现，我国企业在不同程度上存在质量管理科学性、有效性不强的问题，存在着质量技术、方法、工具不会用，用不好的问题；三是抓好先进质量管理方法的普及推广工作，是系统提高我国企业的产品质量，提升企业综合素质和整体竞争能力的重要突破口，也是质协的优势所在。因此，应当由政府主管部门牵头，由中国质协和相关行业协会配合，以企业为主体开展一场深入持久地先进质量管理方法学习推广活动。去年，中国质协在全国质协系统开展了“先进质量方法推广年”活动，收到一定效果，受到企业欢迎。今年这项活动将继续深入开展。我认为，推广先进质量方法，加强质量技术、方法的应用，要以提升企业质量管理实践的科学性和有效性为目的。要做到这一点，首先要加强学习，从理论上掌握先进质量方法的精髓，提高研究和应用的能力，提高在实践活动中应用质量方法的科学性。其次，要注意正确应用。要根据需要，结合企业实际，把正确的方法应用到正确的地方，扎扎实实，养成习惯，让使用质量技术方法成为企业管理的行为规范，成为企业的一种素质和文化。第三是注重质量技术创新，加大技术进步的力度。质量技术不是一成不变的，是不断发展和创新的，其创新的动力在于实践活动，在于对生产、生活中的劳动创造进行归纳、

提炼和总结，在于对质量技术发展的深入思考。因此，要加大对质量技术科研的投入，加大质量技术人才的培养，加大质量技术创新环境的营造，加快培养源于我国自己的质量技术和创新能力。

三、认真总结我国企业的实践，凝炼中国特色的质量管理技术方法

改革开放以来，我们引进了国外先进的质量管理理念、方法和工具，先后推广了QC小组、ISO9000族标准、六西格玛管理、精益生产、卓越绩效模式等质量管理方法，对提升我国产品质量和企业管理水平起到了重大作用。在这期间，我国企业也总结了一些有效的经验和方法，如质量效益型道路、质量信得过班组、质量问题双归零、日清日高管理法等，这些方法源于我国企业特定的环境和管理基础，具有明显的中国特色。从这几年评选质量技术奖申报情况看，其中也有不少企业在管理实践和生产活动中探索出一些好的做法，好的经验，对于解决我国企业面临的普遍问题，很有借鉴和推广意义。当前，加强对具有我国特色的质量方法的总结、提炼工作十分迫切，我们质协和质量专家、学者以及广大质量工作者，要珍惜这些来之不易的经验。要认真总结，找出这些质量方法的内在规律，形成具有中国特色的质量管理方法，更好应用于我国企业。去年，中国质量协会成立了“卓越国际质量科学研究院”，其重要的历史使命之一，就是要开展中国特色的质量管理方法的研究，希望这项工作得到政府、广大企业、科研机构、质量专家的大力支持和参与。

明年是中国质协全国六西格玛推进工作委员会成立十周年，我们要认真总结六西格玛活动开展以来的工作经验，认真研究六西格玛管理的发展，引导企业将六西格玛管理与企业的经营管理和日常运作紧密结合起来，为企业的绩效改进和能力提升做出贡献。

质量是竞争力、是战斗力 *

（二〇一一年六月十日）

我很高兴出席质量管理创新基地授牌仪式。一是来祝贺，二是谈点认识，三是提点要求。

首先，我代表中国质量协会，对航天科技集团“质量问题双归零管理方法推广应用研究”课题正式立项，中国质协“航天科技集团质量管理创新基地”正式成立表示祝贺。这标志着中国质协与航天科技展开了更加深入层次的合作。

接下来谈点认识。大家知道，当前我国正处在转变经济增长方式的关键时期，提高质量是实现又好又快发展的必由之路。对于企业，质量就是竞争力；对于国防事业，质量就是战斗力。要有效提高产品质量和经营绩效，企业需要借助于科学、有效的质量管理方法。中国质协从 2009 年开始，与企业合作开展质量管理创新基地活动，就是想发挥产、学、研各方面的优势，一起探索国内外先进的质量模式、方法在我国企业应用的特点和规律，总结我们国家优秀企业的典型经验，为更多的企业提供有价值的示范和指导，提高中国企业质量管理的总体水平。

航天科技集团我非常了解，你们是我国国防工业的龙头企业，长期以来一直把质量当生命，上升到政治高度看待，工作生产中

* 在航天科技质量管理创新基地授牌仪式上的讲话。

都坚持高标准，严要求，在面对很多封锁的情况下，走出了一条我国自己的国防高科技企业发展之路。这次航天科技提出这项课题，我非常高兴，一方面，是因为航天企业创造了有自己特色的质量方法；另一方面，航天科技主动提出将这种方法推广到其他行业，充分体现了中央企业对我国质量进步事业的责任感和奉献精神，我们应该大力的支持和鼓励。

第三是提点要求。研究工作很不容易，要达到创新基地设定的目标，需要下一些深功夫。希望航天科技集团按照中国质协创新基地管理办法的要求，与中国质协密切合作，做好课题研究的策划组织和资源保障工作，中国质协也要按照课题的需要，积极组织专家，指导、参与课题研究工作，确保研究的顺利进行，并通过多种渠道，将研究成果在更多的企业加以推广和应用。相信在大家的共同努力下，一定能够保质保量地完成创新基地的各项任务目标。

最后，预祝“质量问题双归零管理方法推广应用研究”课题取得圆满成功，预祝航天科技质量管理创新基地取得丰硕成果！

关于全国质协系统建设

摆正位置　明确方向
团结奋进　创新发展 *

（二〇〇〇年二月二十六日）

我来质协才一个多月时间，熟悉人，熟悉质协的各方面情况还刚刚开始。了解的情况还不多，不深。春节前后我到上海、湖南，找了一些同志聊聊天，也进一步看了质协机关同志给我提供的一些材料，集中想了一下中国质协这个系统当前和长远的工作怎么抓？怎么在新的形势下，进一步把大家团结起来，凝聚起来，进一步去开拓工作，开辟新领域，创造新局面？由于我对情况掌握还不那么明，不那么深，思考的问题也不够深入，只是先把想到的几点意见讲出来，供大家讨论，也请大家批评指正。我集中讲四个问题。

一、关于认清形势，摆正位置，明确方向问题

认清形势，主要是两方面形势：一是全国质量工作形势；二是我们质协自身工作的形势。

关于全国质量工作形势，总体来说是好的，但好中有忧，忧中有患。改革开放以来，我们党和政府十分关心和重视质量工作，要求不断提高质量水平。小平同志对产品质量问题和质量工作作过一系列精辟的论述。以江泽民同志为核心的第三代

* 在2000年全国质协秘书长工作会议上的讲话。

中央领导集体在加快改革开放和经济建设的新形势下，反复强调要正确处理发展速度和产品质量的关系。去年召开的党的十五届四中全会通过的《关于国有企业改革和发展若干重大问题的决定》，明确要求，在推进国有企业改革中，必须“重点搞好成本管理、资金管理、质量管理”，并强调“坚持质量第一，采用先进标准，搞好全员全过程的管理”。我国质量工作在不断发展前进，但目前存在的问题也必须清醒地看到：一是有些地方的地方保护主义比较严重，产品质量意识淡薄，在经济工作中存在着“重数量、轻质量”的倾向，有的地方甚至把提高产品质量和发展经济对立起来；二是许多企业内部质量管理滑坡，企业质量管理工作弱化，产品质量得不到保证。一些中小企业产品质量低劣的问题相当普遍；三是伪劣产品的生产和销售屡禁不止，还没有从根本上得到有效控制。有的地方生产、销售伪劣产品活动已经成为区域性的问题，以暴力阻挠、抗拒打假执法的问题时有发生；四是对生产、销售伪劣产品的行为，法律规定的处罚力度不够，行政执法机关缺乏必要的执法手段。进入新的千年，跨向 21 世纪，知识经济将会更加成熟和发展，智能化的时代将会推动高新科学技术日新月异，突飞猛进。全球经济一体化的进程进一步加快，市场的竞争、技术的竞争、企业的竞争，都需要质量作保证，质量问题，质量工作更加成为企业生存和发展的关键。今年伴随我国加入 WTO，我国企业面临参与国际市场竞争的压力越来越大。提高我国产品质量的总体水平，提高参与市场竞争的实力和能力，这是我国企业当前面临的一项十分重要和迫切的任务。对此，我们一定要有充分的思想准备，要有强烈的紧迫感和危机感。我们要自觉地把质量工作放到国际大环境中进行横向比较，清醒地看到我国与世界质量管理的发展和实践所存在的差距。对宏观质量和质量工作形势有一个正确的全面的分析和认识，这是我们考虑安排工作的依据和前提，也是我们工作立足的基础。否则，我们就无法适应全局、顾全大局，审时度势，做好工作。

中国质协成立已经二十多年了，二十多年来，中国质协由无到有、由小到大、由弱到强，已经奠定了很好的基础。各方面比较一致的看法是，可以用“四个一”来概括：一是建立了从上到下的一个网络系统；二是有了一大批质量工作者参加的队伍；三是积累了一定的经验；四是在国内外有了较大的影响，在为政府、为企业、为社会、为用户服务方面发挥了一定的作用。

除了这“四个一”之外，还有的同志认为，还有两条也是很明显的：一是中国质协系统有实实在在的事情干，不那么虚，比较实，而且工作的领域非常广泛，要做的事情很多；二是有了一定的经济收益和基础。有的省、市质协物质基础是比较雄厚的，自养自立已经没有问题。

中国质协基础是好的、条件是好的、队伍是好的，优势是明显的，潜力是很大的，前景也是很好的。这是我来中国质协担任会长后的突出感受。

但是，我们也必须清醒的看到，质协工作存在的问题也是比较明显的，有些问题已经积累多年，有些问题已经制约和妨碍了质协工作的进一步前进和发展。特别是按照市场经济发展的要求，我们不适应的方面和地方越来越突出。如果不很好正视存在的问题，不很好认真地解决存在的问题，我们就不能把握机遇，抓住机遇，进一步发挥优势，把工作更好地推向前进。

我来到中国质协工作，首先考虑的是在新的形势下，如何摆正自己的位置问题，摆不正位置，就无法干好工作。中国质协要创新发展，也必须首先摆正位置，找准位置。在摆正位置、找准位置的基础上，进一步明确和端正前进的目标和方向。质协是社团组织，也是社会中介组织。中介组织，关键是个“中”字，对上、对下、对左、对右，居中者都可以联系，都可以渗透，都可以服务，否则就不叫“中”。社会中介组织，是建立社会主义市场经济必须培育和发展的组织。党的十五大明确指出：在建立社会主义市场经济体制进程中，必须大力培育和发展社会中介组织。是中介组织，就要对上服务，对下服务，对左服务，对右服务。我最近一段时间常讲，中国质协怎么进一步把大家凝聚起来，团结起来，怎么调动各方面的力量，把工作推上一个新台阶？想来想去，就是“服务”两个字。我们质协的宗旨、职能和本事，说到底就是做好“服务”。为政府服务，要当好参谋和助手；为企业、行业服务，要当好桥梁和纽带；为社会和用户服务，要当好知音和知己。做好这些服务达到的目标是什么？就是为提高我国质量的总体水平，尤其是产品质量的总体水平，为质量兴企、质量立市、质量立国和质量振兴坚持不懈、坚忍不拔地努力做出应有的贡献。这就是我们的总方向、总目标。概括起来说就是“一个目标，三个服务”。

实现“一个目标，三个服务”，我想有三点是必须进一步强调的：

第一，要坚持高标准。高标准应该体现在我们为政府和政府部门提供的意见建议和决策的参考依据，都必须是实事求是的，是反映真实情况和切实可行的，而不是虚假空洞的，不切实际的。我们为企业、行业服务，应该是企业、行业急切需要的，对企业有直接帮助的，受到企业欢迎的。企业不迫切需要，不欢迎的服务我们不能去做，我们为社会为用户服务，必须急他们之所急，想他们之所想，最终要让他们满意。我们质协现在所开展的各项活动，所推进的各项工作不能说是低标准的，但是与政府部门，企业及用户的期望和要求，差距还很大。有些事情要求我们做的，我们还没有做，或者说还没有做到位。企业的同志对我们质协的工作是很支持、很关注的，他们对我们的期望和要求很高。但由于诸多原因，我们为满足他们的要求而进行的服务，还没有做到高标准、高质量，有些服务的效果不理想，有些服务还让企业很有意见，很反感，比如乱收费、拉赞助等。

第二，要坚持分层次。对企业的服务，对用户的服务要有层次，要分层次，要分类指导。企业有国有的，有国有控股的、参股的，有大的，有中小的，有民营的、有股份制的，有与外国合资的、也有外国独资的，还有个体私营的，企业的质量管理水平差别也比较大，他们的要求不同，要解决的问题也各有侧重，因此我们必须分层次地分类进行指导。要主动走出去，深入了解各类企业的需求，制订的工作计划要针对他们需要的实际，针对宏观和市场的实际，按照实际，按照他们的需求，做好服务工作，不搞空对空，不搞形式主义，不做表面文章。要牢记质量管理工作的特点，要讲有效性。

第三，要坚持全方位。全方位的概念就是政府有要求，企业有要求，用户有要求，市场有需求，我们就积极主动地去做。能做的要做，自己不能做的，要联合其他部门和组织共同去做。我们质协是跨行业的质量管理组织，不是某项专业的行业协会。因此，我们的服务是面向各个行业的，也就是全方位的，不是局限在一点上，一条线上或一个方面上。我们要在摆正位置，明确方向的前提下，进一步开拓新的服务领域和服务内容，进一步开拓我们工作的舞台和空间。对于这一点我们上下必须首先统一认识。

二、关于做好今年工作，开创新局面问题

关于今年全国质协系统要重点抓好的几项工作，解艾兰①

① 解艾兰，中国质量协会第六届理事会副会长兼秘书长。

同志在报告中已经全面讲了。大家对这个报告给予了充分的肯定，同时也提出了一些意见和建议。有些工作要根据这次会上大家提的意见，进一步做深入细致的研究，再做比较具体的部署。

我对做好今年的工作问题，只能从宏观的角度，从创新发展和改进提高的角度，再强调几点意见。

做好2000年的质量工作，朱镕基总理作了重要的批示，这是党中央、国务院对全党的要求，对全国的要求，是全国人民的迫切愿望，也是企业今年的主攻方向。伴随着我国加入WTO以后所面临的机遇和挑战，质量工作将会更加突出的摆上各级领导的重要议事日程。做好今年质协工作总的指导思想是，认真贯彻落实党的十五届四中全会《关于国有企业改革和发展若干重大问题的决定》和国务院《关于进一步加强产品质量工作若干问题的决定》精神，以全力推动企业积极迎接加入WTO的机遇和挑战，大力加强和改善质量管理，努力提高产品质量水平和经营管理水平为工作重点，更好地为政府服务、为企业服务、为社会和用户服务，开创质协工作的新局面。

第一，努力在全社会营造重视质量的新氛围，推动全民质量意识的提高，推动全社会高度重视质量工作。年前我到上海时，上海质协的同志认为，这项工作我们应当努力做好。质量工作要上新台阶，无论是政府部门，还是企业，还是做具体质量工作的同志，以至全民都必须树立坚定的质量意识。不增强全社会的质量意识，不形成良好的质量环境和质量氛围，做好质量工作是无法落到实处的。上海的同志始终坚持“质量是上海的生命”的指导方针，把质量宣传作为全市加强精神文明和物质文明建设的结合点，把在全上海营造重视质量的新氛围作为质协充分发挥社会作用的一个热点，取得很好的效果，值得各地学习。我们要加强与新闻单位的密切联系和合作，充分依靠新闻媒体、增强全民的质量意识。加大质量宣传力度，在全社会营造“质量振兴人人有责”、“假冒伪劣人人喊打”的重视质量、支持质量工作的新环境、新氛围。质协系统既有一些影响，也能够组织一些活动，要在现有工作基础之上，进一步动脑筋，想办法创造出更多更新鲜的经验。

第二，加强基础工作，严格质量管理。中央和国务院领导同志提出，今年要重点抓好科学管理，要成管理年。我们要积极引导企业按照建立社会主义市场经济体制和现代企业制度的要求，坚持“质量第一、用户满意”的宗旨，落实质量管理是企业管理的纲，扭转质量管理滑坡的现象，克服薄弱环节，加强科学管理，向管理要效率，向管理要效益。要推动企业认真建立健全科学先进的产品质量标准，积极采用国际标准或国外先进标准，按标准组织生产，严禁无标准或不按标准生产。要加强计量检测体系建设，不断完善计量检测手段。要抓好全面质量管理，继续开展质量改进和降废减损活动，继续深入开展群众性的质量管理小组活动。要推动企业认真贯彻落实质量管理和质量保证系列国家标准，积极推进质量认证工作。要借鉴国外经验，推行“零缺陷”和可靠性管理，提高企业的质量管理水平，努力争创名牌，争创一流服务。要坚持以用户满意为中心，继续推动实施用户满意工程，抓紧建立中国用户满意度指数的评价体系。要组织力量，配合有关部门，加强对商品质量的监督检查，积极参与打假活动，保护名优产品，维护消费者利益。

今年我们要突出树立和宣传通过加强基础工作，加强质量管理、提高产品质量、扭亏脱困的典型；突出树立和宣传以质量管理为纲，把质量管理和成本管理、资金管理三个管理结合起来，增强企业竞争实力的典型；要突出树立和宣传积极迎接“入世”的挑战，积极参与国际竞争，内抓管理，外抓市场，争当世界强手的典型；中国质协要与地方和行业质协密切合作，有重点地选择二、三户在这些方面做得突出好的企业，全面总结他们的好经验，在全国进行表彰和树立，大力宣传推广。宣传推广和表彰树立这样突出的典型，实际上也是在评选奖励国家级的质量管理的先进单位。

第三，加强质量专业人才的培养和教育，促进质量专业人才队伍整体素质的提高。这是当前的一项迫切任务，也是长远大计。上海在这方面已经走在前面，我们要支持上海，学习上海。今年质协系统要在质量人才的培养和教育方面争取有新的突破。我考虑，今年是不是争取办两件事情：一是我们积极主动地向教育部汇报，争取在全国有关高等院校设立质量管理的全日制本科专业学系，专门培养适应市场经济体制需要的全面质量管理人才。争取在重点高等院校设立质量管理人才的硕士研究生或博士生的学位教育。要有计划地开展全国性的培养教育活动，使更多的跨世纪的质量人才脱颖而出。二是争取质量工程师的资格认证，开展注册质量工程师的试点工作，积极探索并建立适合我国国情的质量工程师的资格认证制度。这件事情我们必须在国家经贸委、人事部和国家质量技术监督局的支持和指导下，积极推进，积极抓好。

我们要继续抓好全面质量管理的教育培训工作。要根据当前企业的实际需要，采取灵活多样的形式，拓宽培训内容，进一步提高培训教育的质量水平。

第四，加强质量理论和质量方法的研究工作。这项工作目前我们做得很不够，必须大力加强。我们的学术理论研究不能仅限在质量管理的圈子里，要开阔思路，向与质量管理有关的外延发展。要把质量理论与质量政策研究认真结合起来，相辅相成、相互促进，使质量理论和质量政策的研究能够快捷的为现实服务。比如，我们要认真研究质量管理与成本管理、资金管理这“三大管理”是什么关系？怎么处理好这三个关系？质量管理与技术创新为什么要结合，怎么结合？“科技兴企”与“科技强质”是什么关系？为什么说科技是企业发展的牵引力，全面质量管理是企业发展的推动力？在经济结构调整时期，质量为什么要作为主攻方向？加入 WTO，对中国企业的质量管理提出了什么新的机遇和挑战？应采取哪些对策？如何重视和加强国际交流和合作，积极参与国际质量组织活动，认真学习和借鉴国际质量组织和国外的先进经验，使中国质量管理组织尽快站到世界的前沿？这些内容，都是加强学术理论研究的重要课题，我们要抓住不放。对加强质量理论和质量政策的研究工作，我们要在深入调查研究，广泛征取意见的基础上搞出一个规划，确定一些长远的重要课题，抓出有水平高质量的成果，并且做到有计划、有组织，有步骤地推进。

第五，抓当前与抓长远要紧密结合。我到质协之后，许多同志说到这个问题过去处理的不够好，这次会上，也有的同志向我提出这个问题，我觉得大家的意见很对。质协的工作，当前的工作要抓好，当年要办的实事要办好，但是干着当前，干着今年，同时也要想着长远，想到明年，后年，要有一个长远的发展目标和规划。比如，中国质协今后五年、十年要建成一个什么样的组织？要在国际上占有什么样的位置？要在哪些方面有新的发展，要给职工办些什么好事、实事？这些大事都必须有一个规划，有个蓝图，定下个目标，然后要按照这个目标，蓝图去一步步实现。今年要把这件事情办好。要在广泛听取各方面意见和调查研究的基础上，把中国质协的今后发展目标规划拿出来，定下来，然后各省市和行业质协根据中国质协的这个规划，结合自己的实际，作出你们的发展目标和规划。这件大事抓好了，本身就会产生凝聚力和吸引力，也会得到各方面的支持，争得必要的帮助。

另外，我还要强调一点，就是怎么正确处理好有偿服务与无偿奉献，经济效益和社会效益的关系问题，这是我们质协系统在工作中经常遇到的一个问题，解决不好，就会出毛病，甚至会犯错误。质协是社会中介组织，要自养自立，就必须有一定的经济基础。要有一定的经济基础，就必须在国家规定和允许的范围内，在不会给企业增加负担的前提下，开展有偿服务，搞一些创收。但是，搞有偿服务，搞创收不能不守规矩，不能为创收而创收，为赚钱而赚钱，不该收费的也收费，不能收费的乱收费。另外，质协系统在咨询、认证等工作中，必须按标准来做，要公平、公正、公开，绝不能搞商业化行为，败坏名声。中国质协在这方面总的来说是规矩的，但也存在一些问题。有的不顾国务院的三令五申，搞乱收费，企业反映很大，还被国家经贸委点名批评过。我们绝不能服务做不好，服务不到位，钱却没少要，没少赚。办各种培训班、研讨班，包括开一个什么会，不能单单考虑赚钱，不能以赚钱为目的。我们还是要坚持并提倡把经济效益和社会效益结合起来，把社会效益放首位。要坚决贯彻落实国务院和政府有关部门的通知、规定和法令，坚决杜绝乱收费的现象。要提倡和发扬无偿奉献精神、立足本职、尽职尽责、不谋私利、不计名利。在全国的各种协会中，中国质协在这方面要带个好头，树立好的形象和影响。

三、关于发挥整体优势，形成合力，团结奋进问题

做好今年的工作，有利条件很多，面临的困难也会很多。对此，我们必须保持清醒的头脑。开创工作的新局面，并非是一件容易的事情。中国质协成立 20 年来，已经有了一个网络系统，有了一支比较好的队伍，质协的工作要在现有的基础上进一步创新发展，我认为必须充分发挥质协系统的整体优势，必须上下左右形成合力，必须艰苦努力，团结奋进。我们要团结发挥三支队伍、三支力量来做好工作。首先必须调动起中国质协机关的这支力量，让他们充分发挥积极性和才能，这是首先要抓好的。这件事情我们今年要集中研究，特别是质协内部的改革问题、管理问题、自身建设问题，要有较大的突破和改进。中国质协机关要进一步提高素质，吸纳人才，建立起新的激励和约束机制，把内部一定抓好，要有明显的效果。

在抓好这支队伍，发挥这支队伍作用的同时，我们必须用更大的努力，团结和调动省、市质协和行业质协的力量，充分发挥这支队伍的作用。20 年来，我们的省、市质协和行业质协做了大量工作，积累了宝贵经验，培养了一批献身于质量事业的人才。特别是近几年来，上海、天津、广东、四川、江苏、浙江、山东、甘肃、湖北等省市质协的工作有了较大的变化和发展，尤其是上海质协，好多工作走在了全国的前面。机械、电子、邮电等行业质协也做了很多工作。但是，从中国质协来说，如何把省、市质协和行业质协的力量，也就是全国质协系统的力量很好地组织起来，办几件大事，这一点显然是很不够的。很多同志说，中国质协不能只管中京畿道那个小院的事情，还要想、要抓全国质协系统的事情，也就是要想大事，议大事，抓大事。这一点“三讲”期间，中国质协机关的同志也提出来了。我们必须很好地改进。我们质协这个系统的力量、网络的力量是巨大的无形资产，是有凝聚力和战斗力、竞争力的。要做好这方面的工作，有一点必须明确起来，就是中国质协和各省市和行业质协的关系问题。我认为，中国质协和各省市、各行业质协不是计划经济体制下的那种上下级行政领导关系，我们是指导、协调、服务、合作的关系。这种指导、协调、服务、合作关系，也包含着集中力量，统一策划，上下拧成一股绳，共同去办大事、办好事，办实事的内容。比如80年代中搞电教培训，就是由中国质协组织领导，各省市参加，共同去抓的。比如去年全国用户委员会组织的全国大中城市重点住宅小区工程建设和物业管理质量及需求的用户评价调查，就是由全国用户委员会组织有关省市和35个大中城市的用户委员会一起去做的，反映很好。我们中国质协首先要能承担起指导的作用，起到榜样的作用。我们的指导如果是正确的，是有益的，是必须的，那么我相信各省市质协和行业质协是会欢迎的，是会接受的。现在的问题是，各省市质协和行业质协迫切希望我们中国质协加强指导，加强组织和协调，让中国质协这块金字招牌在21世纪更加熠熠发光。问题不在下面，而是在我们上边，在于我们没有拿出明确而有长远指导意义的工作思路和举措，没有组织、协调一些大的有影响的活动，缺乏把大家凝聚起来的办法。我们还没有真正放下架子，虚心向地方质协和行业质协的同志学习，把地方和行业质协创造的好经验学到手，把这些发展的好经验真正变成整个质协系统的财富，变成推动我们质协前进的力量。当然，我们质协系统也有个竞争的问题。竞争是必要的，只有竞争，才能相互促进，共同发展。但竞争不是对立，不是拆台。中国质协应当鼓励和支持各级质协开拓工作，创造新的业绩。应站在更高的层次上着眼全国和全世界，开拓新的工作领域，真正起到导向和示范作用。解决这个问题，是我们今年工作的一个重点，也是一项长期艰巨的任务。

还有一支队伍、一支力量也必须进一步团结和调动起来，那就是大专院校，社会各界和国有大中型企业，中外合资企业里面从事质量教育、质量研究和质量管理工作的同志。他们既有理论，又有实践，又有创新的经验，我们必须在向他们虚心学习的同时，把他们很好地团结在自己的周围，借助他们的头脑，借助他们的智慧和经验，开展理论研究，开展质量技术和管理交流，开展新的工作和服务领域。这个方面过去做了很多工作，但总的来说，面窄，不细，不活，缺乏凝聚力，必须进一步改进。我们质协自身的力量是有限的，但是能把社会各方面的专家、学者和第一线的实践者组织起来，发挥他们的巨大作用，我们的力量就是无限的。

总之，无论前进的路上有多大的困难，无论目前我们工作中还存在多少问题，只要我们这三支队伍，三支力量真正拧在一起，形成巨大的合力，我们就会创造出新的成绩，创造出新的辉煌。“有为就有位”，关键是个“为”字。怎么“为”好？正像大家说的，一是自己要努力去干；二是要主动向政府部门请示汇报；三是多与各个方面、各个兄弟社团加强联系配合，甘当配角。我们要始终把握好这三条。

四、关于加强自身建设问题

加强全国质协系统的自身建设和队伍建设，这是改变目前质协工作不适应形势发展需要的当务之急。现在全国质协系统队伍是比较大了，但参差不齐，素质也亟待提高。这是大家的普遍要求。中国质协是抓质量和质量管理的，我们首先应当把自己的质量和质量管理抓好。抓队伍建设，抓自身建设，首先要抓好领导班子建设。今年上半年中国质协要抓紧换届，我们一定要把换届工作抓紧抓好。通过换届改选，按照干部选拔管理程序，一定要把中国质协秘书处的班子选好，建设好。我们的工作能不能开创新局面，能不能把提出的任务真正落实好，关键在班子。领导班子搞强了，搞正了，工作肯定会上去。中国质协换届后，内部的改革和建设工作马上要跟上，要切实提高中国质协的整体素质，要建立起激励和约束机制，真正做到依法治会，从严治会。各省市今年要进行政府机构改革，要借此机会，加强质协的领导班子建设，调整和充实力量，推进工作。

我们要在加强党的建设，加强思想政治工作中，进一步加强质协队伍建设。要加强学习，把干与学紧密结合起来。江泽民同志一月份在省部级主要领导干部财税专项研讨班上发表重要讲话时指出，我们搞现代化建设，很多方面是边实践边学习，缺什么补什么。现在是走向知识经济的时代，科学技术日新月异，知识的更新频率高、时间快，我们不学习是适应不了的。干质量工作也有很多新的知识，新的内容，国际质量事业的发展也是比较快的，理论的更新也是很快的。我们光靠老知识、老经验、老套套、老办法去干事，肯定是不行了。特别是观念不更新，更是寸步难行。观念的更新，是要有理论武装的，乱更新是要碰壁的。所以，强调干与学是要紧密结合，这样才能提高人的素质，才能提高服务的本领和能力，也才能胜任工作，做好工作。

要正确处理对干部既要使用又要教育的关系，把使用和培养教育紧密结合起来。我们对干部不能只使用不教育、不培养，不能只让他们干事，不给他们“充电”，要把使用和教育紧密结合起来。教育包括思想政治工作，包括对缺点、毛病的批评，包括对违章违纪的处理，包括奖勤罚懒。宋季文同志在世时，曾提出“从严治会”的要求，我认为很对。严能出效益，严能出效率，严能出人才，严能树正气。中国质协和我们的质协系统今后每年都要对干部进行教育或培训，这方面也要搞一个计划。要针对质协干部目前的需要，针对实际工作的需要，开展培训教育。每一位同志争取每年都有一次集中几天的学习培训机会。也支持质协的干部参加学习新知识的各种培训，参加各级党校培训班的学习。这件事中国质协牵头办，希望各省市、行业质协和有关方面的同志参加。

要在更广泛的领域招聘和选拔年青的优秀的复合型人才，培养和选拔年青优秀的人才，使质协后继有才，后继有望。质协是社会中介组织，在人才的选聘和使用上更有灵活性，更能使优秀人才脱颖而出。要把竞争机制引进我们质协的内部管理工作中，能者要上，平者要下，庸者要退。要激励那些干实事、忠于职守、不计名利，廉洁自律，勇于奉献的同志大胆去工作，要批评和杜绝散、乱、懒的现象和行为。要坚持讲学习、讲政治、讲正气，把质协机关建设好，把质协机关的风气扶正。

努力开创新世纪质协工作全面发展的新局面 *

（二〇〇一年二月二十五日）

一、关于第六届理事会工作的回顾

中国质量管理协会第六届理事会于1995年3月组成。五年多来，在以江泽民同志为核心的党中央的正确领导下，我国加快改革开放的步伐，积极推进社会主义市场经济体制的建立，国民经济和社会发展取得了巨大成就，我国的质量事业和质量工作也在市场竞争日益激烈的形势下取得了新的进步。伴随着我国国民经济和质量事业的发展，中国质量管理协会和全国质协系统的工作也有了新的进展，取得了新的成绩。

加强服务，做好服务，这是中国质协成立以来一直培育和坚持的好精神、好传统。第六届理事会成立后，已故的宋季文会长一直把“加强服务，做好服务”作为质协工作的重点，也作为质协机关内部建设的重点，始终如一地抓住不放，抓到底。随着社会主义市场经济体制的逐步建立，随着改革的深化和对外开放的扩大，计划经济体制下形成的一些观念开始转化，适应市场竞争需要的新观念逐步形成。五年多来，中国质协和全国质协系统在由计划经济向市场经济过渡的进程中，积极转变

---

* 在中国质量管理协会第七届理事会暨全国会员代表大会上的报告。

观念，跟上形势，努力做好为政府服务、为企业服务和为社会及用户服务的工作，努力开拓工作领域，整个质协系统广大员工的精神面貌和精神状态是好的，工作做的是大量的，也是很艰苦，很不容易的。

六届理事会工作的一大突出特点是工作推进比较实。五年多来，在国家经贸委、国家质量技术监督局的领导下，中国质协和全国质协系统积极坚持开展质量宣传活动，同有关部门配合连续举办了五次“中国质量高层论坛”活动和“全国质量月”活动，努力营造“质量振兴，人人有责”的全社会重视质量工作的环境和氛围。积极坚持开展质量教育培训，推动企业提高质量管理水平和整体素质。经过五年多的努力，教育培训工作基本走出了一条坚持普及、突出热点、适应需求、开拓创新的路子。据对40个地区、行业质协和中国质协的初步统计，五年多来，共举办1416次培训班，涉及11328个（次）企业，培训了56640人（次），对促进企业质量管理和整体素质提高，起到了积极重要的作用。

积极坚持开展学术研究和交流活动。据对26个地区，14个行业质协统计，五年多来，立项并完成439项自设质量管理研究课题，完成省（部）级以上科研成果18项。兵器工业质协的《田口方法应用研究及推广》、电子质协的《深化军工企业质量体系建设》、机械工业质协的《机械工业质量管理如何适应社会主义市场经济》、江苏省的《江苏省商品质量调查》、上海市的《21世纪上海企业质量管理发展战略研究》、广东省的《质量效益与对策》等高质量的研究成果，为地区和行业的质量管理科学的发展及水平的提高起到了重要作用。国际间的学术交流活动五年来更加活跃，更加密切，团组出访及活动交流已达130多次，先进的发达国家的质量管理经验给我们很大的启示。

六届理事会成立以来，在引导企业积极走质量效益型发展道路方面做出了很大的努力。实践证明：企业坚持走质量效益型发展道路，是实现“两个根本性转变”的有效途径，是适应企业深化改革建立现代企业制度的必然趋势，也是企业在国内外市场激烈竞争中掌握自身生存和发展主动权的必然选择。为鼓励广大企业继续走质量效益型发展道路，五年多来，在企业积极争创的基础上，中国质协共表彰422家“全国质量效益型先进企业”，并向连续三年取得该称号的61家企业颁发了“特别奖”。

广泛开展群众性的质量管理小组活动，是中国质协成立20年来一直坚持组织并推动的一项重要基础工作，始终没有停止和间断过。群众性的QC小组活动已经成为我国企业广大员工积极参与的质量管理活动，成为促进产品、工程、服务质量和经济效益提高的重要举措。五年多来，我国的QC小组得到更大的发展，活动内容更加广泛深入，活动的形式更注重结合实际，活动的成果更为全社会关注。2000年度全国注册登记的QC小组已达150万个，年获可计算的经济效益达328亿元。群众性质量管理小组活动的持续开展，为推动我国质量事业发展和经济效益的增长，发挥着不可替代的作用。

大力推进实施用户满意工程，促进产品、工程和服务质量的提高，是近几年来中国质协和全国质协系统大力开拓并取得新的突破的一项重要工作。我们重点学习考察了美国用户满意度指数理论及其测评方法，翻译了“ACSI方法论报告”，邀请美国、韩国及国内清华大学、中国人民大学、同济大学、复旦大学等权威教授组成了“中国用户满意度指数研究指导中心专家组”，启动了“中国用户满意度指数第一批30户试点企业”

的试点工作，并在国家经贸委、国家外国专家局和天津市政府的支持指导下，于去年召开了“用户满意理论与实践2000年天津国际研讨会”。以用户满意理论作指导，积极开展了农药、化肥、物资、城市住宅工程建设及物业管理等方面的用户评价调查活动，开展用户满意产品、工程、服务及企业的表彰活动，大力推动企业建立以用户满意为中心的经营管理体系。

近几年来，质协系统的贯标和认证工作也有了较快发展，发挥了从事质量管理的专长，在这一工作领域显示了较大作用。上海质量体系审核中心、长城（天津）质量保证中心、三峡质量保证中心、江苏质量保证中心、浙江质量体系审核中心、八一质量体系认证中心、华信技术检验有限公司以及中质协质量保证中心等质协系统创办的认证机构，在较为激烈的市场竞争中，以优质的服务，赢得了企业的信任，现已认证企业达7000多家。在保持质量体系认证的同时，经过努力，中质协质保中心和上海质量体系审核中心已率先具备环境管理体系认证资格，中质协质保中心还取得了职业、卫生、安全管理体系认证资格，并已开展工作。

与认证工作同时较快发展的还有咨询工作。目前质协系统已有近三分之二的协会开展了咨询工作。从40个协会反映的情况看，进行ISO9000咨询的企业已超过3000家，涉及质量管理奖和全面质量管理的咨询达6000多个企业。质协系统的咨询服务工作，正随着质协信誉的提高而不断发展。

六届理事会的工作在前几届理事会工作的基础上又有了新的发展，为中国质量事业的振兴和质量工作的改进做出了贡献，也推动全国质协系统进一步由小变大，由弱变强，为今后的发展进一步奠定了基础。我在去年的全国质协秘书长工作会议上曾讲过：中国质协已经建立了从上到下的网络系统，有了一支一大批质量工作者参加的队伍，积累了许多宝贵的经验，在国内外已有了较大的影响。中国质协的基础是好的，条件是好的，优势是明显的，发展潜力是很大的，前景是光明灿烂的。

回顾六届理事会的工作，令人欣慰，令人鼓舞。这里我特别应当强调的是已故六届理事会会长宋季文同志所做的贡献。他以身作则，带病工作，严格要求，严以自律，为中国质量事业的发展，为六届理事会工作的发展呕心沥血，不遗余力。在此，请允许我以十分诚挚的心情，向已故的宋季文会长表示深切的怀念和敬意！同时，向关心、指导全国质协工作的各级领导和支持、帮助质协工作的广大企业表示衷心的感谢！对为推动我国质量事业发展付出辛勤劳动和智慧的质量专家、学者、质量工作者和质协系统广大员工表示亲切的问候！

回顾六届理事会的工作，我们也必须清醒地看到前进中存在的问题。首先从总体上看，我们质协系统的凝聚力、竞争力和经济实力还不强，整体合力发挥得还不够好；其次是工作发展很不平衡，中国质协作为全国质协系统的“龙头”，组织、指导、协调的作用还很不够；第三是工作开拓的不够，我们服务的领域和圈子还比较窄；第四是队伍建设抓的不紧，整体素质亟待提高。

二、关于第七届理事会工作的建议

第七届理事会的工作，是伴随着新世纪的到来和我国第十个五年计划的实施而展开的，将备受社会各界和各个方面的关注。第七届理事会肩负着重大而光荣的任务，“继往开来，任重道远”。我们必须以邓小平理论、江泽民总书记提出的“三个代表”重要思想为指针，坚定不移地贯彻落实党的十五大精神，贯彻落实《产品质量法》，《质量振兴纲要》和《国务院关于进一步加强产品质量工作的决定》，紧紧围绕国民经济战略性结构调整，围绕努力提高我国质量工作的总体水平，创新思路，创新机制，团结奋进，积极为提高我国经济运行的质量和效益，实现经济增长方式的根本性转变和我国质量事业的振兴做出新的贡献。

（一）认清形势，明确方向，增强紧迫感和责任感

认清形势，摆正位置，明确方向，这是做好七届理事会工作的前提和根本。认清形势，一是要认清全国宏观经济的发展和全国质量工作的形势，二是要认清质协自身工作的形势。党的十五届五中全会制定的“十五”计划建议明确指出，我国的第十个五年计划必须把发展作为主题，把结构调整作为主线，把改革开放和科技进步作为动力，把提高人民生活水平作为根本出发点。“十五”计划建议还指出，今后五到十年，是我国经济和社会发展的重要时期，是进行经济结构战略性调整的重要时期，也是完善社会主义市场经济体制和扩大对外开放的重要时期。为此，以提高经济增长质量和效益为中心，全面做好国民经济结构的战略调整，实现国民经济持续快速健康的发展，是今后五到十年最根本的任务。

进入21世纪，伴随全球经济一体化和生命、纳米、信息等高新科学技术突飞猛进的发展，质量的内涵和外延将不断丰富，质量的竞争将日趋激烈，21世纪将成为质量的世纪，质量将决定着人类的生存、民族的振兴和国家的强盛。

新的世纪，新的五年计划为我国质量事业和质量工作的发展提出了新的要求，确定了新的方向、新的目标和新的任务，这是质协工作开拓前进的动力和源泉，也是我们全部工作的出发点和落脚点。面向新的世纪，我们质协系统有很多工作可做，有很多事情逼着我们去做。我们既要看到推动质量实现飞跃性跨跃的强大动力，也要看到产品竞争、质量竞争和市场竞争所

带来的巨大压力。新的世纪做好质量工作，不仅要从解决我国目前产品质量存在的许多问题出发，更要从提高我国经济增长质量和效益的全局出发，开拓思路，开动脑筋，努力有所作为。

质协是社团组织，也是社会中介组织，我们的宗旨，我们的最大本领就是两个字“服务”。我们要在国家经贸委、国家质量技术监督局的领导下，为国家经济发展和社会进步服务，为“十五”计划的实施服务，为宏观、为大局、为全局服务，也要为微观、为企业、为用户服务。作为市场经济条件下的社会中介组织，只有“有为”才能“有位”，关键是个“为”字。怎么才能“为”好？最重要的是要增强时代的责任感和紧迫感，有一个良好的精神状态。21世纪将会成为我国质量事业和质量工作大发展、大提高的世纪，也将会成为我们从事质量事业的社会中介组织大有作为的世纪。

（二）坚持“服务”宗旨，努力创造新的业绩

第七届理事会的工作要在思路创新，机制创新中求得全面发展，必须坚持“服务”的根本宗旨，突出重点，抓住重点，集中力量，抓出实效。要在六届理事会已经抓出成效的工作基础上，开拓新的工作领域。争取有新的突破，新的业绩。

1．坚持为政府服务，努力当好参谋和助手

作为民间社团组织和社会中介组织，努力为政府服务，当好参谋和助手，是义不容辞的责任和义务。七届理事会要把怎样为政府当好参谋和助手作为重要问题，认真研究，认真落实。我们要认真贯彻落实党中央、国务院的指示，协助政府有关部门做好健全质量法制建设，强化质量监督机制，加大质量宣传力度，建立质量激励机制，增强全社会质量意识等方面的工作。

我们要从宏观上大力加强质量立法的宣传，提高全民的质量意识，积极营造全社会重视质量的良好环境和氛围，杜绝

假冒伪劣产品的泛滥，杜绝重大质量事故的发生。质量是千秋万代的民族大业，需要全民关心、全民参与。我们要为此积极向政府及其主管部门提出意见和建议，也要在他们的支持、指导下多组织开展形式多样的宣传教育活动，继续参与并办好“3·15”活动和“全国质量月”等重大活动。要充分运用质协系统自办的各种刊物和宣传阵地、宣传手段，向全社会宣传提高质量的意义，宣传《产品质量法》、《质量振兴纲要》和国家有关质量的政策、法规。

我们要深入实际，积极开展调查研究，了解质量状况，发现新的典型，总结新的经验，及时反映实际存在的问题，对有关涉及全局性的重大问题，能及时提出意见和建议。

中国质协过去的工作仅限于第二产业，限于产品的质量管理。今后要扩大服务对象和领域，要扩大到各个产业和行业。因为各个产业和行业都有质量提高的需要，我们要及时总结和推广他们做好质量工作的好经验，为他们提供优质的服务。世界上发达国家的质量组织，都称为质量协会。为此，我们建议将“中国质量管理协会”更名为“中国质量协会”，请七届理事会审定，然后按规定办理。更名后，名符其实地承担起新世纪我们应当承担的工作和任务，使我们能更好地在为政府当好参谋和助手方面做出新的成绩。

2．坚持为企业服务，努力当好桥梁和纽带

全心全意地为企业服务，是中国质协和全国质协系统的主要职能。七届理事会的工作要把全心全意为企业提供优质服务作为重中之重，切切实实地下工夫，认真抓好。

新的世纪开始，我们要积极组织开展新一轮全面质量管理基本知识普及教育活动，掀起一次新的再认识、再教育的热潮。

要继续发挥系统优势，做好质量专业人员的培训工作，做好质量工程师的培训工作，帮助企业培养质量管理专业人才，促进企业质量管理人才和员工质量素质的提高。

要重点抓好启动“全国质量管理奖”评审工作。参照国际通用做法，结合中国实际，树立卓越公司新的经营模式，引导我国企业向卓越经营方向发展。全国质量管理奖评审要坚持高标准，制定科学的评审办法和程序，做到客观、公正、公开，加强过程监督，杜绝不正当行为。开展这项工作要坚持既积极又慎重的原则，防止一哄而上，层层评选。

要继续推动企业深入开展群众性的质量管理小组活动，在活动内容、活动形式和活动方法上要进一步创新，讲究实效，力戒形式主义，争取为企业创造更大更实际的经济效益。

要继续广泛深入地推动实施用户满意工程，抓紧建立中国用户满意度指数（CCSI）的评价体系，积极倡导开展第三方的用户评价调查，推动企业建立以用户满意为中心的发展战略和经营管理体系。

要继续推动企业实施品牌、名牌发展战略，以品牌兴业，以质量立企，引导企业走质量效益型发展道路。

要积极宣贯2000版ISO9000族标准，大力开展认证、咨询工作，继续推动我国企业普遍建立健全质量管理体系，夯实企业质量工作的基础。全国质协系统的认证、咨询机构要在规范认证市场，建立正常工作秩序，维护认证信誉，公平竞争，求真务实等方面做出表率、树立榜样。

全心全意为企业服务，还必须积极扩展服务对象和领域，我们不仅要为国有企业做好服务，还要为合资合作企业、民营企业做好服务，为各种不同所有制的企业服务。我们的服务应当是高标准、分层次、全方位的，努力做到急企业之所急，解企业之所难，帮企业之所需。

做好全心全意为企业服务的工作，还必须加强质量政策、质量法规和质量理论的研究工作，用正确的理论、思想和政策引导企业步入健康发展轨道。

3．坚持为社会为用户服务，努力当好知音和知己

为社会为用户服务，就是要维护消费者和用户的正当权益，保护消费者和用户的利益，也就是依法维护规范的市场秩序。在这方面，中国质协和全国质协系统有很多工作可做。中国质协的全国用户委员会是一个在全国很有影响的群众性的社会组织，已经承担了这方面的任务。五年多来，在政府有关部门的大力支持指导下，已经做了大量的、有力度有影响的工作。七届理事会要充分发挥全国用户委员会和各省、市用户委员会的作用，积极配合政府有关部门，联合消费者协会等组织，认真处理群众的合理投诉，深入开展各种产品和商品的质量跟踪活动和咨询服务活动，积极参与打击假冒伪劣工作，积极维护市场秩序，维护消费者和用户的利益。

（三）以改革、创新的精神，大力加强质协系统的建设

七届理事会的工作要开创全面发展的新局面，必须进一步大力加强质协系统的自身建设和队伍建设。现在全国质协系统队伍是比较大了，但参差不齐，素质亟待提高。这是大家的普遍要求。中国质协是抓质量和质量管理的，我们首先应当把自身的质量和质量管理抓好，把自身的队伍建设好，真正能够担当起“龙头”的作用，真正能够加强对各地区、各行业质协的指导和协调工作。

加强自身建设，重点是要加强领导班子建设。领导班子能以身作则，坚强有力，公道正派，就能带出过硬的队伍。各级质协的领导班子成员要坚持讲学习，讲政治，讲正气，胸怀全局，勤勤恳恳，廉洁自律，努力把工作做得更好。

要坚持“依法治会”和“依德治会”并重，坚持两手抓，两手都要硬，坚持“从严治会”，大力培育质协系统内部良好的学习风气、研究风气、协作风气和向上的风气。新的世纪，质量概念、质量观念都蕴涵着新的知识、新的内容，光靠老知识、老经验、老办法、老一套去干事，肯定是不行了。特别是观念不更新，将寸步难行。观念的更新，要靠理论的武装。因此，要特别强调加强学习，把干与学，把对干部的使用和教育紧密结合起来，这样才能胜任工作，做好工作。

要加快内部人事、分配制度改革的步伐，把竞争机制引入我们质协的内部管理工作中来，能者要上，平者要下，庸者要退。要激励那些忠于职守、不计名利、勇于奉献的同志大胆去工作。要批评和杜绝散、乱、懒的现象和行为。对于违法违纪的行为，无论是谁，都要认真查处，绝不手软。

要大力提拔年青优秀的人才，使质协后继有才，后继有望。要在更广泛的领域招聘和选拔年青的、高素质的综合管理人才，增加全国质协系统的新鲜血液。

加强质协系统的自身建设，还有一项重要的工作，就是要大力发展协会会员，尤其是企业会员，使我们的组织更具有广泛性、群众性和代表性。这是一项基础性的工作，必须抓实抓好。

新世纪春光明媚，曙光在前。让我们在以江泽民同志为核心的党中央的正确领导下，创新求实，团结奋进，努力开创新世纪质协工作全面发展的新局面！

协会工作重在务实和协作*

（二〇〇一年二月二十六日）

在新的世纪，怎样进一步开创质协工作的新局面，国务院领导有很重要的指示，国家经贸委的领导、国家质量技术监督局的领导也作了很重要的讲话。工作方面已经明确，现在是大家应当如何去干的问题。今天上午的讨论大家提出了很好的意见，我们将根据大家的意见，进一步完善工作思路，进一步明确方向、明确工作的步骤和措施。大家对常务理事会的组成意见，会后将按正常程序做适当的调整和补充。下面我讲两个问题。

一是抓落实。要把我们所讲的工作变为现实，变为我们新世纪的起步，这是关键，因此会后要很好地抓落实。抓落实是两个方面，一个方面是中国质协秘书处要根据这次会议所决定的工作方向、主要工作，做出具体的规划，扎扎实实地、一步一步地抓出成效来。第二个方面是各地、各行业质协要根据实际情况，贯彻这次会议的精神，贯彻领导的讲话，研究当地和行业的情况，使中国质协和各地、各个行业的质协都能发展，共同前进。

二是强调协会是大家的协会。协会工作必须充分发挥会员、

---

* 在中国质协第七届理事会暨全国会员代表大会上的总结讲话。

理事、常务理事以及会长、副会长的作用，大家都要关心支持协会工作，把协会搞好，使协会有新的发展，有新的突破。为提高我国质量事业的水平，为国家经济和社会发展做出我们的贡献。希望各个会员、各个理事、各个常务理事、副会长、会长都尽心尽力地来维护支持关心协会的工作，关心协会的壮大。也希望中国质协和各行业各地区的质协要很好地为会员、为理事、常务理事关心协会工作创造条件。协会的一些资料，一些活动，要让我们的会员单位、我们的理事都知道。要经常加强联系，会员、理事、常务理事有很多是外地的，你们到北京来，一定要到中国质协来看看，大家多交流，多联系，你们有什么困难、有什么需要，我们将尽力地帮助。我们质协的同志，包括会长、副会长到各地去，对我们的会员企业、对于我们的理事、常务理事也要加强联系，要多了解一些情况，只有这样才能使协会能够在新世纪开创新局面，不断地发展壮大。

真抓实干 开拓进取 促进全国质协系统新发展*

（二〇〇一年二月二十七日）

这次理事会换届工作会议，明确提出了新世纪我们质协系统工作的方向、工作目标、工作的要求，现在的关键是落实。昨天闭幕会上我也是强调了抓落实，就是要怎样把我们所说的变为现实，在今年变为一个很好的起步。真是要起步，不是停留在文字，不是停留在口头上，是要在我们实际工作中有进步。

我们各个质协秘书长是抓落实，起好步的关键。怎么去落实，落实的关键要靠秘书处，这一点要明确，明确我们秘书处的地位，因为我们质协是群众性的社团组织，它的会长和副会长，一些领导成员要有各个方面的代表性，而且要有有声望的同志来支持协会的工作。我们希望这些同志关心支持协会，但具体办事呢，说实在话，这些同志由于身体精力的限制，他不可能做许多具体的工作。政府部门的一些领导同志也没有精力来做具体的工作。他只能在整个大的方向上给予支持，在会上讲质协怎样重要，质量工作怎么重要，这是由于工作性质决定的嘛。他们不能做具体的工作，具体工作要靠秘书处，靠秘书长班子，落实主要靠你们，咱们今天开会是来实的，不要讲空话，

* 在2001年全国质协秘书长工作会议上的讲话。

就是要实干，要明确秘书处的责任。秘书长的责任重大，任重而道远啊。在新世纪开创新局面，工作靠秘书处，靠秘书长班子，也就是靠你们在座的这些同志了。

除了要靠领导，靠秘书处，还要靠基层、靠会员、靠理事和常务理事，昨天我也讲了，秘书处班子为了要“靠”，你们也要为人家关心创造条件。

秘书长班子怎样落实，怎样来承担重任。首先要有一个好的秘书处班子，好的秘书长班子，好的工作班子，这一点是关键，有了好的班子，才能带出好的队伍，才能开拓业务，工作才能有起色。

我们中国质协虽然成立了二十多年，到今天这个地步，是通过艰苦奋斗得来的，我们搞得好的质协也是通过艰苦奋斗得来的，拿上海质协来说，开始也很小啊，只有几个人，一两间办公室，现在发展壮大了，就是有个好的领导班子创出来的嘛；天津质协、四川质协都是创出来的，都是有好的班子啊，是艰苦奋斗得来的。因此必须要有一个好的领导班子、好的工作班子，这样才能带出队伍来。

另外，还要有好的机制，这个机制包括激励机制和约束机制。要激励大家，凝聚大家为质协，为中国的质量事业而努力奋斗。除了我们要加强思想政治工作，认真学习江泽民同志“三个代表”重要思想外，得有激励机制，得有监督约束机制，这一点也不要含糊啊！

业务工作要开拓。希望各地区、各行业质协认真贯彻这次会议的精神，根据你们自己的情况，研究你们自己该怎么开拓工作。中国质协和有关质协除了要继续做好日常工作以外，要重点抓两三件工作。

第一项工作是再次掀起质量的普及教育高潮。因为普及质量教育，确实能起到很大作用。抓质量要抓全面管理，要每个工序每个工序全面地抓。质量是在生产过程中，而不是在最后的检验中形成的，不能死后验尸。80 年代全面质量管理教育为我国的质量事业发展起了很大的作用。这个传统要坚持，严格标准，严格操作，严字当头抓好质量。但现在质量的概念有了很多的发展，科技也有了较大的发展，增加了质量的内涵和外延。另外现代企业的生产者、经营者、领导者的水平比我们那时候是高得多了，因知识发展快呀，他们学了很多的知识。而且工具也不一样了，当时我们是打算盘呀，50 年代我是打算盘搞数学啊，用算盘算工程量啊，后来拿个计算尺拉呀，现在是电脑哇，工具也不一样了，但是对质量的意识怎么样呢，我想大部分的质量意识还是很高的，但对系统的质量保证体系，新的观念确实还是很匮乏，我曾经了解过相当知名企业的领导者知不知道 ISO9000 是什么内容，不光是企业，好多在省里面搞主管质量的同志，也不知 ISO9000 是什么。当然不要说别人，到协会来以前我只知道这是个标准，是个国家标准，到底是什么内容不知道，到了质协我老老实实学习，什么是 ISO9000，它包括什么内容，2000 年版又是什么内容，好多咱们都不懂嘛。实事求是地讲，作为一个企业的经理，这是不是个问题呢？因此我考虑要进行一次全员全面的质量的再教育，为我们质量事业的振兴打好一个根本的基础，但这个问题怎么启动哇，现在不像 80 年代那个时候，一开会都来，你就讲吧，你就灌吧，现在是你讲得好，他又需要才来听，讲不好，不需要才不来听呢！中国质协现在有一个方案，希望赶紧抓落实，这是个最基础的工作，教育包括着祖国的荣誉，我们民族的振兴。这里面要有政治的紧迫感，不是发个通知就能解决问题的，怎么搞，要各家都统一起来搞，这是第一项工作。

第二项工作是关于质量管理奖的问题。我们非常同意惠博阳①同志的意见，不叫“恢复”，应该是启动新一轮的新的内涵的质量管理奖，这是由行业协会来评这个奖，吴邦国②同志给我的信中，你们注意到一句话没有，就是要你们抓这个质量的激励机制。这句话是有含义的，不是说得很明确，但是是有含义的。因此这个事情绝对不能说“恢复”，领导同志没有批准，你怎么能说“恢复”呢？为了贯彻《产品质量法》，贯彻领导的指示，由行业出面来评选这个质量奖，来启动质量奖的评审，这个观念要搞清楚。刚才惠博阳也提到，关键是怎么评，怎么个标准，怎么个步骤，这个问题确实很重要，这个搞好了是个促进，搞不好最后又是挨板子。

第三项工作就是我们质协要强调为用户服务。我们非常敏感，非常积极主动的打击假冒伪劣，要联合消协等有关组织，把打击假冒伪劣当作我们的工作，因为我们不是要为老百姓服务吗，现在是假冒伪劣充斥，老百姓深恶痛绝，连大米也拿油来磨光，药里面也有假的，害人简直是害到极点了，所以朱镕基同志在中央工作会议上反复强调，国民经济的一项重要工作就是要整顿市场秩序，其中最重要的就是打击假冒伪劣，我们质协系统是搞质量的，当然我们要从源头抓起，保证要出好质量，要搞名牌，假冒伪劣是破坏我们的质量，破坏名牌的，是反社会、反人民的行为，所以质协要事不宜迟地把这项工作搞好。用户委员会要集中抓这个事，我们不够敏感啊！当然消费者协会是他的主业，比如说“三菱汽车”，我们质协怎么就不敏感。

---

① 惠博阳，国家质量监督检验检疫总局质量管理司副司长。

② 吴邦国，中共中央政治局常委、全国人大常委会委员长、党组书记。

我们大家要联合起来一起干。我在去年的秘书长会上特别强调这个问题，我们质协系统是个整体，我们要发挥整体优势，大家一定要协同起来一起干，特别是中国质协，我今年用了个新词，叫做发挥龙头作用，龙头就是要在前面舞，后头跟着走，但是它又不是什么领导关系，这个问题要讲清楚，它只是在前面起个示范带头的作用，牵头的作用，协调的作用。中国质协一定要起到龙头作用，加强与各个协会的联系，要充分和各个质协联合起来干，要多通信息多研究，而且鼓励各地质协干得更好。上海质协搞得好，四川搞得好，天津搞得好，都好，都是中国质协系统的，中国质协应该站得更高，要鼓励竞争，鼓励大家干得好，中国质协支持大家干得好，不要心里不舒服，应该心里更舒服，支持大家，搞得更好。也希望各地质协对龙头多关照，多关心，也只有有了大家的支持，龙头才舞得起来，只有龙头舞，那不是耍光杆司令吗？所以说大家要互相形成合力，取得新的成绩。

认清形势 发展壮大*

（二〇〇二年一月十七日）

这次常务理事会议原来准备在年前开，为了贯彻六中全会精神，精简会议，也为了集中起来一起研究问题，就决定把常务理事会议和全国质协秘书长会议两个会合在一起开，对会议的准备也更充分些。这次会议把五项议题向各位常务理事作了汇报，多位常务理事发表了很好的意见，这些意见都是很有代表性的。下面，我想根据大家谈的一些意见再强调三点，供同志们参考。

一、要充分肯定中国质协秘书处一年来的工作。通过一年来的观察，我认为中国质协秘书处的工作是有进步的，是应该充分肯定的。这主要是各位常务理事单位、理事单位、各位领导，特别是国家经贸委和国家质检总局的指导支持和大家努力的结果。但作为具体的工作机构，秘书处做了大量工作，这一点应该加以肯定。不管是从贯彻七届理事会的决议，几项重大活动的开展，还是秘书处内部的机制改革，都有新的进步，以马林①同志为首的领导班子，是一个敬业的、努力工作的班子，是一个比较好的班子，队伍也是个比较好的队伍，精神面貌也发生了新变化。但是我们应该清醒的看到，我们还有很大的差距，还有很多工作没有到位，或者到了位还做的很不够。我们

---

* 在中国质协七届二次常务理事会议上的讲话。

① 马林，时任中国质量协会副会长兼秘书长。

比中国消协还差的很远。很多领域我们还没有进入。所以既要看到我们的成绩，又要看到我们的差距，看到任务还相当艰巨。任重而道远。工作不到位，我感到责任很大，我要和大家一起，使明年开这个会时能有更大的改进。

二、要认清形势，加快发展壮大自己。现在已进入 2002 年，2002 年将是我国历史上非常重要的一年。我们党要召开第十六次代表大会，要确定新世纪党的奋斗目标和任务，要把继往开来、与时俱进的社会主义现代化事业继续推向前进。我们已加入世贸组织，要以正式的成员身份参与国际经济贸易事务，促进我们的发展，要为世界和平与发展做出应有的贡献。但是，我们面临的挑战也是非常严峻的。要认清当前形势，既要看到形势好的一面，又要看到严峻的一面，更加激励我们做好工作。我们的任务光荣而艰巨。新的一年，我们面临新的机遇和挑战。我们要以新的面貌，新的精神状态和新的改革措施做好我们的工作，加快发展壮大自己。中国质协秘书处的同志要站得更高些，看得更远些，思路更放宽一些。中国质协最大的本事就是服务，为政府当好参谋助手，为企业当好桥梁纽带，为社会和用户当好知音、知己。现在，这些方面都做了很多工作，但做的很不够。希望根据各位常务理事的意见，秘书处认真研究，抓好落实。

三、要充分发挥常务理事会的监督和领导作用。中国质量协会是全国性的社团组织，常务理事来自各条战线和各个方面，有卓越的组织能力和丰富的经验。大家应该积极充分发挥各自的作用。过去，我们在发挥常务理事会的监督和领导作用方面做的不够，要很好的改进。发挥常务理事会的领导和监督作用，不仅仅是开开会，更重要的是让各位常务理事多参与协会的各项领导工作，发挥他们的才能。我们要通过努力，把中国质协办成各位常务理事、各位理事和全国质量工作者之家。

加强自身建设 提高全国质协系统整体竞争力*

（二〇〇二年一月十八日）

这次秘书长会议开了一天多，马林同志做了工作报告，上海、青岛、深圳、湖北质协的同志分专题交流了工作经验，中国质协的有关部门把今年的重点工作跟大家作了说明。同时，大家对会议主要议题进行了热烈的讨论，一致反映这次会议开的还是不错的，马林同志的报告大家反映也是不错的，对中国质协一年来的工作也是比较满意的。昨天常务理事会对中国质协一年来的工作给予了充分的肯定。对于今年的工作任务，大家也提出了一些很好的意见。两个会议开的都很好，但最终还是要体现在今年的工作上，希望各地质协、各行业质协、各部门的同志要很好的结合实际，落实这次会议精神，使我们在新的一年里工作有新的起色。下面我根据大家讨论的意见和个人的一些想法，再强调几点，供大家参考。

一、关于形势

认清形势是十分重要的，只有认清形势，才能明确方向，才能把工作抓到关键上，抓到点子上。当前我们国家整个形势很好。经济发展、社会稳定、人民生活水平提高，国外舆论评

---

* 在2002年全国质协秘书长工作会议上的讲话。

价是“一枝独秀”，因为在世界经济增长趋缓的情况下中国还能够保持7.3%的增长率，这是很不容易的。但问题也不少，现在最大的问题是经济秩序混乱，社会诚信下降，中央已采取有力的措施来解决，来抓这些问题，使我们的经济能够更好的持续健康的发展。新的一年我们面临的形势，既有机遇，又有挑战。今年是非常重要的一年，我们党要召开十六次代表大会，这是一次非常重要的大会，是在新世纪进一步确定我们党的战略任务、战略目标的一次重要的大会，这对推进继往开来、与时俱进的社会主义现代化事业将会发挥重要的作用。目前，我国已正式加入了WTO，我们已成为国际经济社会事务中很重要的成员，我们要在世界和平与发展中发挥重要的作用。因此，我们面临的新任务相当繁重、相当艰巨。在新的一年里，我们要有新的认识，要用新的工作业绩来迎接十六大的召开。作为中国质协来讲，通过大家的努力，去年工作确实是有进步的，是有发展的，是有业绩的，这一点应该充分肯定。但是，应该清醒的看到我们的工作还有差距，很多方面我们的工作还没有到位，而且，还存在着这样那样的不足和问题，甚至是缺点。所以，在新的一年里，应该针对这些问题来进一步改进，使我们的工作做得更好。中国质协于1979年成立，二十多年来做了大量的工作，是一个很有基础的协会，我到中国质协工作已经两年了，两年来和大家一起工作，我也学了不少东西，也有很多心得体会，但说实在话，总感到对工作不是那么满意，对我自己不那么满意，有好多事情，我们没有去做，做的事情没有做的非常好，与形势对我们的要求，与各方面对我们的要求确实有差距。为政府当好参谋助手做的怎么样？我认为做的还很不够。为企业服务做的怎么样？做了，但做的还不够。当用户的知音和知己，作为工作口号是提出来了，也做了大量的工作，但做的还很不够。总之一句话，对工作我感到还是不很满意。不满意怎么办呢？就要进一步去努力。协会是中介组织，工作做得怎么样，就看你的凝聚力怎么样，看你的社会影响怎么样，中国质协是有凝聚力的，但凝聚力还不强，我们必须努力增强凝聚力。

二、关于今年工作

新的一年，我们工作的指导思想概括起来讲就是：要认真贯彻江总书记“三个代表”重要思想和党的十五届六中全会精神，以迎接党的十六大召开为动力，以加入WTO为契机，大力加强质量改进和质量监督工作，努力提高产品质量和售后服务水平，努力推进新世纪的质量事业，更好的为政府服务，为企业服务，为社会和用户服务，更好的提高全国质协系统参与市场竞争的综合实力，提高质协的社会影响力。落实这个指导思想，最重要的就是要进一步地开拓，进一步搞好服务。中国质量管理协会现在已更名为中国质量协会，说明我们的工作内涵有了新的升华，范围有了更大的扩展。大到企业的战略决策，小到每个人生活中的细小问题，都存在质量问题。凡是有人的地方都存在质量问题。从这个角度看，我们质协工作的领域非常大，很多领域我们还没有开展工作。有很多企业、事业单位及服务单位我们还没有进入。过去我们大部分精力都集中在国有企业上，民营企业等其他企业虽然已经开始进入，但是做得很不够。我们做好质量工作的空间和范围是很大的，我们有很大的发展潜力，关键看我们工作怎么样。为此，我们除了要把原来做的，已经长期抓的一些工作，包括培训、咨询、认证、质量小组活动等工作继续抓好以外，还要开拓新的领域。要使我们的工作范围扩大，要使我们的工作更深入。做到这一点，就必须开拓思路，搞活机制，调查研究，掌握信息。要围绕政府想什么，抓什么，企业想什么，干什么，老百姓想什么，要什么，去开拓工作。我对用户委员会讲过多次，抓电视机、电冰箱的质量和服务是对的，但是你要想到，现在电视机、电冰箱不像过去了，过去大家攒很久的钱才买一台电视机、一台电冰箱，现在千八百块钱就能买到。现在大家主要关心的一个是住宅，一个是汽车。我对用户委员会说你就抓这个事情，你才能得到老百姓、用户的支持。所以他们抓了“百万用户评住宅”这个活动，这个活动仅仅是开始，还做得很不深入。现在商品房买卖中引起的纠纷是很多的，老百姓省吃俭用积攒几十万元钱买了房子，但质量问题很多，能没有意见吗？我们必须维护消费者的合理要求，同时要保护开发商的合法权益，这才是公正的。只要我们的服务贴近老百姓，有的放矢，就会越做越有活力，越做越有凝聚力。我们要向中国消协学习。开始时中国消协没有中国质协这么大的牌子，也没有这么大的队伍。它几年就搞成这个样子，大家反映不错啊。他们的工作就是抓住了重点和热点，把心和老百姓贴在一起，所以他们的凝聚力就大。消协办的杂志从6000份增加到60万份，这说明他们的凝聚力很强。所以我们要向人家学习。不要有愧于中国质协这块牌子。

三、关于自身建设

中国质协从成立以来，做了大量的工作，有了很好的牌子。在我当厂长、经理的时候就对中国质协有印象，一些地方和行业质协的工作做得也不错，比如上海、天津、四川等质协，在地方都开拓了一定的局面，都有一定的凝聚力，一定的威信。但是我们要进一步增强凝聚力，扩大社会影响，为现代化事业做出更大的贡献，必须加强我们的自身建设。自身建设最根本的就是要以法治会、以德治会、从严治会。我反复强调要以法、以德治会，要从严治会。严能出人才，严能出正气，严能出效益。现在走进质协机关不像前几年了，比较干净了，这说明是进步了，但是很不够，还要进一步改善。自身建设，首先是要加强思想政治工作，什么时候都要强调思想政治工作，强调敬业精神。其次是要抓转变机制，一定要搞活机制。在用人问题上就是要能者上，收入分配一定要拉开差距。你的业绩好就应该奖励，经济上要奖励，而且要表扬。干的不好的，对不起，你就应该下。说了就得算数，这才能有正气。对那些违法、搞名堂的绝不能手软，否则就会毁了我们的名誉。在钱的问题上，不该拿的拿了就应该处理。从严字上讲，一个是要加强思想政治工作，强化敬业精神，一个是要有激励的机制和约束的机制。我们还必须加强学习，要学习党中央的文件、国家的政策和法律法规，了解全局，胸有全局，提高我们的政治思想水平。还要学习业务，学习专业知识。要学习 WTO 规则，要利用这些规则去开拓我们的市场，开拓我们的国际经济贸易，反过来讲，我们要利用这些规则来保护我们的权益，要真正地知道 WTO 到底是怎么回事。只有学习好了，我们才能做好工作，眼睛才能明亮，脑袋才能活。要重视培养人才，特别是培养市场经济需要的人才，市场竞争最后还是人才的竞争。

四、关于“一体化”

要把中国质协这块牌子做大、做强、做亮，就要强化一体意识，发挥整体的作用，这也可以叫做“一体化”。首先中国质协秘书处要起到牵头、指导、协调的作用，要为各地方质协、各行业质协服好务，这才是整体意识的首要基础。咱们不是有句话吗？叫做“兵熊熊一个，将熊熊一窝”，中国质协是牵头的，起码是前头领道的吧，你自己就要很好的起到这个作用，而且为行业协会、地方协会服好务，而不是跟人家争蝇头小利。要组织活动，把整体意识体现在活动上。比如我们去年组织了统一培训，组织了全国质量奖的评审，这不是好事情吗？当然现在还做的不够。只管自己，不管别人这种情况还是有的。反过来说，有些质协实力强大了，就骄傲了，这也是错误的。统一的活动并不是限制大家这个不能做，那个不能做。我希望各行业质协、各地方质协要支持中国质协秘书处的工作，他们做的不对可以提意见，也可以反映到我这里来。我绝对不会站在秘书处的立场上，我是站在中国质协这个立场上，请大家相信我。所以，大家要形成一个整体，这样才能发挥整体作用，这样社会影响才能大。讨论中，大家提到了全国质量管理奖的评审问题。质量奖的评审去年重新启动，说实在话，我们是冒了风险的，我个人也是顶着风险的。我们协会来搞，搞了以后事实说明搞的还可以，我们还要继续坚定不移地搞下去。但是，大家提出评的数量太少了，就评出五个，又不照顾地区，又不照顾行业，影响大家积极性。对这一条，我始终认为必须坚持少而精，而且不能搞照顾。当然去年是五个，今年可以是六个、七个，但绝对不能多，一多就乱了。要坚决按照标准评审。要真正评出我们的标杆，真正是先进企业，这样才能促进我们的工作。至于说地方质协搞不搞，行业质协搞不搞，评不评质量管理奖，我个人意见是不要搞，搞乱了就麻烦了。但我也不能强令你们不要搞，有的说我们已经搞了好几年了，一定搞的话必须按照标准，千万不要降低标准，不要搞多搞乱。搞多搞乱了，最后就要砸我们自己的牌子。过去为什么质量奖开头搞的很好，最后又停了，就是这个原因。我不是限制大家，也不是指令大家不搞，一定要顾全大局，别到最后又把这样一件有意义的事情搞掉了。我希望大家拥护我的意见。关于新一轮的质量普及教育问题，这个问题是我提出来的。因为当年我当经理、当厂长的时候对全面质量管理的教育印象很深刻，什么QC小组啊，什么会诊啊，我都有印象，已经过了几十年我都有印象，这说明全面质量管理教育活动功不可没，对促进中国的质量事业起了很大的作用。现在情况有了很大的变化和发展，我们现在有好多人对基础的质量知识并不懂，包括一些企业领导者。在这样一个转变的时期，需要在全员中再进行一次全面的质量普及教育。我的倡议得到了国家经贸委、质检总局的支持，他们委托我们中国质协来搞，这是很有意义的一件事情。这件事情要搞好，一定不要搞形式主义，而要搞出实效，到二十年后让现在这些厂长、经理都记得我们还进行了教育，有那么一回事，目的就达到了。这里，我明确讲就是要坚持“三统一”，坚定不移的做到“三统一”。地方、行业质协一定要按照“三统一”的原则搞好各自的工作。中国质协要在这方面牵好头，服好务，做好各项组织落实工作。这也是专业化、规范化、一体化的需要。全国质协系统专业化、规范化、一体化的工作做好了，我们全国质协系统的作用就会发挥更突出，我们的社会影响就会大大提高。

加强自身建设 进一步开拓质量工作的新局面*

（二〇〇二年十二月十日）

刚才，马林同志代表秘书处汇报了2002年所做的工作，谈了2003年的工作设想，我是完全赞成的。我也同意刚才很多领导和常务理事发表的意见，这些很好的意见，应该吸收到我们的工作总结和明年的工作部署中。正如大家所说的，今年一年来秘书处在常务理事会的领导下，确实是做了大量的工作，完成了上届常务理事会议所确定的主要任务，而且完成得比较好。工作有所进展、有所开拓，取得了很大成绩，应该充分加以肯定。但是，应该看到工作上的差距还是很大的。正如大家所说的，按照对质协本身的要求，广大人民群众的要求、党的要求，我认为我们的工作还是有很大差距的。一定要保持清醒的头脑，在成绩中找差距，在前进中找差距，使我们的工作不断地前进，这是我的第一点看法。

第二点看法是对明年工作的要求和建议：

首先，要认真学习和贯彻十六大精神，进一步做好质协工作，开拓质协工作的新局面。学习十六大精神，要真正学习、真正领会精神实质，而且要结合我们的实际做好工作。这方面

* 在中国质协七届三次常务理事会议上的总结讲话。

我讲三层意思：一是，通过学习十六大报告的精神，进一步认识质量工作的重要性，刚才很多同志提到了，我们实现新型的工业化，达到全面建设小康社会这个宏伟的目标，质量是非常重要的。在经济全球化、科学技术迅猛发展的情况下，竞争越来越激烈，企业之间的竞争，国家之间的竞争……说透了是经济实力的竞争。那么经济实力的核心问题、竞争的焦点是什么？是质量！我说的这个质量是大质量的概念，包括决策的质量、工作的质量、产品的质量、服务的质量，是全方位的质量概念。什么离得了质量？质量的好坏，直接关系到我们经济、社会整体素质的水平。竞争的焦点是质量。因此要进一步通过学习十六大的报告，提高我们对质量工作的认识。二是，要通过学习使我们认识到，从事质量工作责任更加重大，要增强我们的责任感。我们做质量工作，就是落实“三个代表”重要思想。我们质量工作不是一项具体的经济工作，我们所做的工作，就是维护“三个代表”。因为你是为了先进生产力嘛，是为了人民的根本利益嘛，你有质量文化嘛。所以要增强提高做好质量工作的责任感、光荣感，所做的工作就是维护“三个代表”，要与十六大精神结合起来。三是，刚才很多领导都谈到，落实十六大精神，我们质量工作也要有新的思想、新的举措，什么叫新的思想？我认为在质量方面，就是进一步在提高全民质量意识的基础上，要不断地开拓质量工作的新领域。这个领域不光是限制在产品上。这个领域应该不断地开拓，我们搞质量工作也得与时俱进，在质量的含义上要开拓。过去在产品经济时代，我们主要抓的就是生产合格产品，按标准生产合格产品，这是对的，现在也应该坚持。但是现在就是看用户和顾客满不满意，这是衡量质量的根本标准。关键问题就是要上升到“以顾客满意为中心地搞好质量工作”的认识高度。刚才有很多同志说到要抓设计，抓源头，抓生产，抓销售，抓售后服务等这一系列的工作。在这方面要研究新举措。以上三点要结合我们的实际来贯彻学习好十六大精神，进一步开拓质量工作的新局面。

其次，要特别强调抓好质量的基础工作。现在世界上最流行的潮流就是推广六西格玛。六西格玛是世界先进企业经过试点的最有效的搞好质量经营的模式。我初步学习了六西格玛，我个人认为：六西格玛是过去我们老一辈80年代初期推行的全面质量管理的延伸和发展。六西格玛核心的问题就是用数理统计等先进的方法最后达到零缺陷，当然还有战略的各个方面。我们推行全面质量管理以后，中心目的也是通过全面、全员、全过程地来加强质量管理。六西格玛是用先进的技术来搞好质量管理，是一个对QC小组和TQC的延续和发展。所以我们要进一步抓好质量管理小组的活动。这是体现我们党全面依靠工人阶级搞好质量的关键，也是一个重要手段。必须结合起来推广六西格玛，创造出有中国特色的六西格玛，使我们的质量上一个新的台阶。抓基础工作，包括培训、咨询、认证等等这些手段。把基础工作抓好，使我们的产品、服务等各个方面得到改善，提高我们的质量管理水平。

再次，就是抓用户，抓消费者满意的工作。因为再好的产品必须有消费者接受，顾客满意。这是我们企业生存发展，是我们任何单位、任何工作生存发展的根本点。中国质协一手抓基础工作，一手抓用户工作，我们有很多的消费者，真正相信质协是为他们说话的，是他们的朋友，他们信赖你。抓用户工作，我一再强调要抓重点，要开拓的领域太多、太广，要抓住重点，抓住关键。过去我们抓家电产品和其他东西，我认为都对，还要继续抓。但是，现在要抓的是老百姓最主要消费的，而且意见是最大的，比如抓住宅。买房子可不简单啊，花几十万啊！把全部、全家的积蓄都拿出来啦，那房子的好坏对他太重要了，而且现在老百姓意见也很大。当然我们也要维护房地产开发商的正当权益。既要保护消费者利益，也要保护经营者利益。再一个是汽车，汽车了不得呀，今年销售增长 50% 啊。我国现在成为世界上第六大汽车生产国啦。我看再过三年、五年，中国的汽车工业不知要带动多少产业！今后的汽车产业要占国民生产总值的六分之一。现在，对汽车的满意的评价，是大家最关心的话题。中国质协搞用户满意度测评，就有影响，这也是真正代表人民的利益嘛，真正地为人民服务嘛。所以就是要抓顾客，抓消费者这一头，通过抓用户工作来提高质量协会的品牌影响和价值。就是要使人们信赖你中国质协，认为你是说公道话的，是能够为大家服务的。既要为企业服务，提供信息，又要为顾客、消费者提供实惠。

第四，质协必须加强自身的建设。要有能力牵头组织全国各地质协、各行业质协开展各方面工作，要能够发挥全国质协系统的整体力量，首先就要把自己建设好。现在竞争是非常激烈的，我一再跟同志们说：我们要在夹缝中求生存、求发展，就看你的本事如何，你的本事就在于你的服务，就在于你的信誉，因此必须加强自身建设。你要有凝聚力、要有号召力，靠别的不行。过去我们在行政上，可以发通知，发命令。现在，发通知，发命令也不是百分之百的灵了。从行业协会讲只有靠你的服务、靠你的质量、靠你的本事，才能发展，才能前进，所以必须加强自身建设。自身建设的关键，主要是抓机制的问题，就是人员能进能出，能上能下，收入的差距拉开，这样才能激励大家的积极性。有一个好机制，还要加强思想政治工作。必须强调，为了国家、为了人民，必须做出贡献，做出牺牲，这样才能不断提高我们队伍的素质。而且要从小事抓起，(业务)工作要抓大事，思想工作和协会机关的作风，要从小事抓起，从每点每滴的卫生抓起。一进你这个单位，一看面貌不一样，你这个单位气氛就不一样。一进来就乱七八糟，我认为这个单位就精神不振奋，工作效率就不高，我有这个体会。所以要从最小、最细微处抓起。我们机关一定要抓好 5S 管理，要把这项工作搞好。

不断增强质量工作的责任感 *

(二〇〇三年二月二十日)

党的十六大是一次非常重要的会议，我们要很好地、认真地学习领会会议精神，用十六大精神指导我们的全面工作。

学习十六大精神，要围绕主题、把握灵魂、抓住精髓、狠抓落实，要本着这四句话来抓好我们的学习。十六大的主题非常鲜明，就是高举邓小平理论的伟大旗帜，全面贯彻“三个代表”重要思想，继往开来，与时俱进，全面建设小康社会，加快社会主义现代化建设，为开创中国特色社会主义事业的新局面而奋斗。这个主题告诉我们要举什么旗，走什么路，实现什么目标，我们必须围绕这个主题来做好工作。十六大灵魂就是三个代表的重要思想，我们必须把握住。十六大的精髓是解放思想、实事求是、与时俱进。用十六大的精神来指导工作，搞好工作，要结合实际狠抓落实。下面我就质协系统怎样结合实际贯彻十六大精神谈几点意见：

一、通过十六大文件的学习，进一步提高我们对质量工作的认识，增强我们做好质量工作的责任感、光荣感、紧迫感

十六大文件讲得非常明确，我们党的宗旨就是执政为民，发展是第一要务。要推进社会主义建设，质量工作越来越重要。

---

* 在2003年全国质协秘书长工作会议开幕式上的讲话。

现在国内国际市场的竞争是非常激烈的，竞争主要是经济实力，是综合国力的竞争，竞争的核心问题是质量。我们说的质量是大质量的概念，不仅是产品质量，还包括战略质量、工作质量、决策质量、服务质量等等。没有好的质量，怎么能代表先进的生产力呢？生产力没有好质量，怎么会先进呢；要维护人民的根本利益，就是要国家富起来，没有好的质量，怎么能有好的生活呢。在实现全面建设小康社会的过程中，质量工作是极其重要的。我们从事质量工作的同志们要感到非常光荣，要有紧迫感、责任感，要进一步抓好质量工作，为实现我们的战略目标做出贡献。

二、搞好质量，必须开拓创新、与时俱进

刚才马林同志讲了，这些年来通过大家努力，做了大量工作，成绩应该充分肯定，但距离十六大的要求，广大群众的要求，广大企业的要求，我们的工作做得还不够，还有差距。我们只有在思想观念上，不断开拓创新，与时俱进，才能使质量工作有突破性的发展。进一步搞好工作，要不断地改进，不断地提高。比如说我们的基础工作，进行新一轮的培训教育，要进一步的改进。我们的教材、老师、培训方法，要进一步地改进，通过不断改进，提高实效。全国质量管理奖评审工作在国家经贸委、质检总局的支持下，大家努力搞了两年，普遍反映还是比较好的，但也要不断改进。质量奖一定要坚持严格的标准。我们评质量奖的目的不是为了搞什么奖，重要的是树立卓越标杆，这点必须坚持。要坚持少而精，严格、公正地把它评好，起到促进作用。质量奖的范围、行业太广泛了，各行业有各行业不同特点，在今后评审工作中除了坚持高标准、严要求外，也要结合行业的特点。但前提必须坚持统一标准。不然搞多了、搞乱了、最后必然是搞垮了。今后要评选服务行业的卓越模式，服务行业的卓越模式和现代电子行业的卓越模式总有不同的特点吧。在坚持卓越、坚持标准的基础上，要不断改进我们的工作，要适当考虑行业的特点。另一方面，为了更好的、真正的评出卓越的先进企业，一定要发挥地方质协、行业质协的作用。我们要不断改进、不断创新、不断开拓新的领域。刚才于局长、惠司长都讲到了，现在不光是产品质量，也注重了工程质量、服务质量，但是我们现在还有好多领域没有涉足啊，我们要不断开拓新领域，急中央之所急，想老百姓之所想。要本着这个原则去考虑问题。质量问题，中央想什么，想抓什么，我们就围绕这个去抓。老百姓最关心的事情，反映最强烈的事情，也就是我们质量工作应该做好的事情。最近我们在用户评价方面集中力量抓汽车，去年我国汽车销售了300多万辆，成为世界上第五消费大国。现在大家买汽车热得很呐，但这里面的问题不少，我们把顾客的意见，反映到企业，让企业不断地提升质量，是非常重要的事情。现在老百姓看病的意见很大，当然医院、医疗部门做了大量工作。工作怎么扩展到这些领域中，我们要进行研究。

三、要抓好基础工作

就是要严格要求，抓好基础工作。搞好质量，最根本的就是要严。我个人的体会，严才能出效益，才能出高质量，才能出干部。而且严要从领导严起，也就是过去大庆人创造的“三老四严”。抓基础工作就是要认认真真地抓好培训，提高我们对质量工作的认识，提高我们搞好质量的本领。一定要加强培训、认证、全面质量管理、试点推行六西格玛等搞好企业质量管理的基础工作，使我们的产品和服务，满足市场需求与顾客需求。所以我认为基础工作不能丢，一定要抓好基础工作。抓好基础工作，才能真正提高质量水平。

四、抓好用户工作

体现“三个代表”重要思想应考虑老百姓的根本利益。一定要了解老百姓对所采购的商品、所享受的服务满不满意。不满意，通过我们反映给企业，反映给生产部门或服务部门，不断提高企业的工作和服务质量，这样才能使我们的整个综合国力得到加强。一定要把用户工作当作我们质协工作的重中之重来抓好。用户工作也要不断创新，不断开创新领域。农村是我们最大的消费市场。现在要拉动国民经济的发展，除了国债拉动基本建设以外，更重要的是要靠消费来拉动，这才是真正的拉动。现在消费上不去主要是农村这一块。农村需求各不同。富裕农村需要的不一样，山区农村需要的不一样，情况很复杂，所以要通过调查顾客满意，反馈到企业，更好的促进生产，促进销售，保证顾客满意。

五、质协系统要加强协同、协调，发挥整体优势

2000 年我到质协第一次参加秘书长工作会议，就提出发挥整体优势问题。通过调查，我们质协系统在袁宝华同志、朱镕基总理、宋季文同志等的关心支持和领导下建立了一个非常完整的系统，基本上各个省、区、市、行业都有质协组织，有的工作也很不错。如何发挥整体优势，打造质协的品牌很重要，更重要的是为提高质量做贡献。这两三年来，整体作用发挥比较好，马林同志在总结中提到了这一点。但是整体优势还没有充分发挥出来。为什么呢？首先，中国质协本身就要检查自己。牵头、协调、服务作用发挥不够。协调不够，服务不够，吸引力不够，所以牵头牵不起来。各地方、各行业质协也有这个问题。需要中国质协的时候就找质协，不需要的时候联系就少。我认为这种作风也是不对的。我认为各地质协在统一活动中可以大显神通，我希望进一步增强整体意识，在一些活动中能够统一步调。但是各地区、行业质协可以创造，可以发挥。这样才能共同为新世纪的质量工作做出贡献。

六、要搞好工作，一定要加强自身建设

首先从中国质协开始。现在不是制定了发展战略吗，就要从自己的自身建设做起。要进一步努力，把工作搞得更好，把队伍建设得更好。机关的形象、机关的文化都要认真抓，抓出效果。也希望各地质协、各行业质协努力抓好自身的建设。

我们质协系统现在的工作发展还不平衡，特别是西部地区，还比较薄弱。除了西部地区发挥自身的力量以外，还需要我们组织起来努力工作。希望各地、各行业质协在不同的起跑线上，继续前进，艰苦奋斗，为我国质量事业做出更大的贡献！

发挥质协优势 为提高我国质量事业做出新贡献*

（二〇〇三年二月二十一日）

这次全国质协秘书长工作会议，我认为开得是很不错的，会议开的一年比一年好。这次会议开得好表现在什么地方呢？一是各地区质协、各行业质协都很重视。二是马林同志的工作报告做得好，是经过认真研究的，总结了去年的工作，通报了中国质协发展战略，对今年的八项主要工作讲得非常明确，也符合我们当前的实际。三是不管大会、经验交流、还是专题讲座，大家都非常认真。我参加了两个地方小组讨论，大家非常认真，提了很多很好的意见，交流的好、讨论的好。总体来看，这次会议开得是成功的，为我们今年的工作有突破性的发展奠定了一个很好的基础，这一点也是大家的共识。

会后，希望大家根据各地区、各行业的实际情况，认真落实这次会议的精神。总的要求是要落实十六大精神，用十六大精神指导我们质量工作迈上新的台阶。大家在讨论中还提了一些问题，也讲了些困难。我看有几个有共性的问题，一是我们的工作发展不平衡，尽管地方、行业质协的同志工作都很努力，但发展不平衡。一部分工作搞得相当好，相当

* 在2003年全国质协秘书长工作会议闭幕式上的讲话。

不错；一部分处于中间状态；还有一部分工作很困难。我想工作好的，今年应该更好，做出更突出的成绩。工作处于中间的，希望更加努力，有进步。工作比较困难的，要充满信心，鼓足干劲，我想工作是能做好的。因为现在大家都非常重视质量，我们又是从事质量工作的，我们完全有条件、有信心，把工作搞好，为质量事业做出贡献。大家说这个不支持，那个不重视。我看最关键的问题是靠自己。大家要主动积极的争取政府有关部门的支持。不管是经贸委也好，质检局也好，都要主动去汇报工作。争取为政府部门服务好，最根本的还是要靠我们的服务，用我们的实际行动，用我们的实际工作成果，去争取政府支持。让政府看到质协还有点用，这样政府才会发挥质协的作用。我到质协以后，跟经贸委、质检总局都汇报了，主管部门最大的支持就是给中国质协任务。反过来，我也跟质协的同志讲：给你任务，你要努力去干，要干出成绩来，人家才会信任你，才会再给任务。因此，我希望大家，要充满信心，积极主动，坚忍不拔的努力工作。主动请示，主动汇报，找一次不行，找两次，干点样子出来，人家就信任你了嘛！这方面希望我们大家共同努力。凡是与质量有关的政府部门，我们都需要去汇报工作、争取支持。如何得到支持，就得看你的工作，看你的服务水平了。

我要强调的是：我们一定要发挥质协系统的整体优势，这样我们的力量才能大，我们的贡献才能大。为此，中国质协一定要牵好头，做好组织协调工作，为各行业、各地区质协服好务。希望各地质协、行业质协一定要积极的配合和支持中国质协的工作。尽量的统一步调、统一行动，这样才能发挥整体优势。这里不排除各地区、各行业质协独立的工作，希望大家努力工作，努力发展，越快越好，但一定要注意发挥整体优势。

希望通过大家不断努力，把质协的社会知名度尽量做大一些。在全国性质量工作中，尤其是今年的QC小组纪念活动要搞得好一点，影响大一点，为提高我国的质量，提高我们国家的综合国力做出新贡献。

高举质量振兴大旗 努力开创质协工作的新局面*

（二〇〇四年二月十九日）

新年伊始，我们聚会北京，总结 2003 年度工作，研究部署 2004 年度的任务，共谋全国质协系统的建设、改革和发展。我相信，这次会议在大家的共同努力下，一定会对全国质协系统今后的建设、改革和发展，对中国质量事业的推进，产生积极作用。

2003 年，全国质协系统一手抓防治“非典”疫情，一手抓质量工作，在极其困难的情况下，质量学术研究与交流、全面质量管理基本知识普及教育、六西格玛管理技术的研究和推广、全国质量管理奖的评审、全国用户满意工程的推进活动、咨询、认证以及全国质量管理小组 25 周年纪念活动等几项重点工作都取得了新的进展和突破。应该说，这些成绩的取得是非常来之不易的。

在肯定成绩的同时，我们还必须清醒地看到，全国质协系统的工作，与形势发展对我们的要求，还有很大的差距。我认为：我们质协系统的工作，要更加努力，开拓创新、求真务实，与党和政府的中心工作、重点工作还要贴得更紧一些；与老百

---

* 在 2004 年全国质协系统秘书长工作会议上的讲话。

姓关注的热点问题还要贴得更近一些；全国质协系统的整体作用，还应该进一步加强；全国质协系统与政府有关部门、各行业、企业、院校、科研机构以及质量专家的联系，还要更紧密一些。如果这些方面工作有进展，我相信全国质协系统的工作将会更加出色，力量将会更加强大，组织将会更加有凝聚力。下面，我就全国质协系统如何发挥好整体作用并做好今后的工作，讲几点意见。

一、认清形势　把握机遇　迎接挑战

2003 年是我们党和国家面临严峻考验并取得巨大成就的一年，我们感到欢欣鼓舞。在以胡锦涛同志为首的党中央的正确领导下，我国的改革开放和现代化建设取得了新的成就，经济发展保持了快速增长的势头。其中，GDP 增长达到 9.1%，人均国民生产总值首次超过 1000 美元；规模以上企业利润增加 8000 亿元，国家财政与税收双双突破 2 万亿元；外贸进出口总额突破 8000 亿美元，外汇储备达到 4016 亿美元；城镇居民收入平均增长 6%，农村居民收入平均增长 4%；尤其是我国首次载人航天飞行圆满成功，这标志着我国综合国力和科技实力的进一步增强，在世界的地位进一步提高。总之，2003 年我国经济发展、民族团结、社会稳定，全面建设小康社会开局良好。

在这种大好形势下，我们的质量工作将面临新的发展机遇和挑战。机遇是什么呢？实现全面建设小康社会的宏伟目标，中央特别强调要坚持“科学发展观”和“五个统筹”的原则，说明在建设过程都存在着质量问题，我们周围各个方面也都存在着质量问题，质量是效益的基础，没有效益就没有发展，质量工作非常重要。这给我们质协工作带来了发展的空间，需要我们做大量的工作。另外，广大企业和广大人民都非常重视质量，这是我们搞好工作的有利条件。我们质量工作是大质量的概念，不仅仅是产品的质量，要延伸到工程质量、服务质量、决策质量等等。因此质量工作有很好的机遇，我们有很多工作可做，我们的工作有很大的发展空间，我们必须抓住这个机遇，把我们质量事业推向前进。但挑战也非常激烈，企业要求推进质量、要求质量服务工作的水平不断提高。现在认证、咨询机构如雨后春笋一样发展，世界上大的咨询公司、中介组织进入了我们的国家。因此，竞争非常激烈。中国质协内部开会时和在中国质协常务理事会上我反复讲，现在不要满足于现状，否则就会落后，不进则退。所以我们要进一步努力，进一步开拓，我们才能抓住机遇把质量工作推向前进。就质协系统而言，有些问题也需要解决。突出的问题就是我们的整体实力还不够强，整体的优势还没有发挥出来，社会影响还不够大，主要表现在：

一是我们质协系统还没有真正形成一个整体，在某些方面我们还没有统一行动起来，因此，工作还不够理想。二是各地区、各行业质协的发展还很不平衡，有的发展很快，比如说上海质协。大部分质协发展较慢，没有开拓，或者开拓不够。还有少部分质协基本处于瘫痪状态，名存实亡。三是我们的人才缺乏，业务服务水平还不高。主要还是我们的视野不广泛，没有充分发挥人才的作用，没有培养和造就质量人才，所以要面向社会很好解决人才问题，这是质量工作能不能前进的关键问题。四是我们服务的领域还比较窄，主要集中在生产制造业，其他领域如服务业我们涉及得就很少。五是我们还没有形成统一的发展规划和战略，没有形成统一的奋斗目标。

产生这些问题的原因是多方面的，但根本原因，我认为还是在于我们自己：一是中国质协的责任意识、服务意识不强，在全国质协系统中的牵头作用、组织作用发挥得不够，没有及时有效地把大家组织起来。二是我们大家（包括地方质协和行业质协）的危机感、紧迫感还不强，思想还不够解放，观念还比较陈旧，市场意识不强，工作方法和机制还不够灵活。三是我们个别同志的使命感和全局意识还不够强，社会公益性活动不积极参加。四是我们有些地方、行业质协的领导力量不强，工作开展不力。五是我们的发展意识和改革创新意识不强，满足于现状。

以上几个问题，是制约我们全国质协系统增强整体实力、发展壮大的主要问题，也是影响我们质量事业全面、协调、可持续发展的关键。在这个问题上，中国质协要有所作为，要充分发挥牵头、组织和协调作用，打破传统观念，以共同的质量事业为基础，把全国质协系统和社会力量整合起来，共同推进我国质量事业更快的发展。

二、同心同德　共同打造质协的品牌

二十多年来，全国质协系统高举质量振兴大旗，为振兴我国的质量事业，为我国的经济发展，企业的技术进步以及全民质量意识的提高开展了卓有成效的工作，得到了党和国家以及广大企业的认可。随着我国社会主义市场经济体制的建立，以及政府职能的转变和调整，我们质协系统原有的工作基础和工作机制也发生了根本性的变化。为了适应这种变化，保证中国质量事业全面、协调、可持续的发展，形势迫切需要我们把力量重新整合起来，共同面对机遇和挑战。下面，我谈几点意见：

（一）充分发挥主力军作用

地方、行业质协以及全国广大的质量工作者，是中国质量振兴事业的主力军。在新的历史时期，我们要以共同的事业为纽带，紧密地团结起来，在中国质协的牵头、组织和协调下，统一行动，同心同德，共谋发展大计，共同打造质协的品牌。

（二）明确共同的使命和目标

整合全国质协系统的力量，首先要明确我们共同的使命和目标，我们质协系统应该将推进中国质量事业的发展作为我们的共同使命。通过努力奋斗，使我们成为中国质量领域最有影响力的传播者、最有号召力的组织者、最有价值服务的提供者。实现这个目标，关键是服务要好，服务为立会之本。

（三）明确中国质协和地方、行业质协的责任

我认为，中国质协要进一步树立责任意识和服务意识，努力提高工作质量和服务水平，团结质协系统和社会各界的力量，在推进中国质量事业的过程中，做好牵头、组织和协调工作，要积极支持地方、行业质协的工作并做好服务。各地方、各行业质协在做好本地区、本行业质量工作的同时，还要积极参加和配合由中国质协牵头组织的全国性质量推进活动。既要积极参加统一组织的整体活动，又要发挥各自的优势，结合自身的实际，努力开创工作的新局面。同时，我们还更要加强行业自律，促进全国质协系统的健康有序发展。

（四）加强组织建设，处理好各种关系

各地方、各行业质协要加强自身的组织建设，转变观念，创新机制，克服困难，振作精神，积极争取各级政府部门的支持和领导，不论谁主管，都要努力工作，关键看自己的工作与服务质量，靠自己的诚信，要有为才有位，妥善处理好各种关系，努力实现工作机制的转变。

（五）团结社会各界力量，共同推进中国质量事业的发展

要实现我们的使命和目标，光靠我们的力量是不够的，我们还要广泛吸纳社会各界的力量，积极与国内外的质量机构，科研院所建立联系，开展合作。要团结广大的质量专家和质量工作者共同推进我们的质量事业。

三、求真务实　开拓创新

求真务实、开拓创新，有两方面内容：一方面要把我们原有的工作做精、做好、做强，做出精品来。另一方面要开拓我们的服务内容。第一，我们要以“三个代表”重要思想为指导，紧紧围绕党和国家的中心工作，全面建设小康社会的总体目标，抓住我国经济建设和发展中存在的突出问题，抓住人民群众关心的热点问题积极开展工作。第二，我们要继续做好原有的几项业务工作，把这些工作做大做强。一是积极引导各类企业学习实践卓越绩效模式；二是努力开创用户满意工程的新局面；三是深入开展新一轮全面质量管理基本知识普及教育工作；四是把全国质量管理小组活动推向一个新的发展阶段。第三，我们要开发新的业务和拓展新的服务领域，我们的服务业务，要从一般产品、中端产品向高端产品发展，我们的服务领域要由第二产业向第一产业和第三产业延伸，我们的服务区域要从城市向农村渗透。

2004年是实现“十五”规划、深化改革、扩大开放、促进发展的重要一年，也是全国质协系统改革、建设和发展的关键一年。我衷心地希望大家振奋精神，认清形势，明确使命，团结协作，求真务实，开拓创新。让我们以共同的事业为纽带，高举质量振兴的大旗，不断加强自身的建设和改革，努力开创工作新局面，为实现我国国民经济持续快速协调健康发展和社会全面进步贡献力量。

全国质协系统要努力提供有价值的服务*

（二〇〇五年一月二十四日）

今天上午马林秘书长对全国质协系统 2004 年工作做了总结，对 2005 年工作做了安排，我认为有新意、有观点，希望大家结合自己的情况进行讨论。国家质检总局惠博阳同志把质量管理司今年的 14 项工作向大家作了说明，这是对我们质协系统的信任，这是对质协系统怎么为政府部门服好务指出了方向。另外从交流的经验看，大家做了大量的工作，取得了一定成绩，这是应该肯定的。下面我着重讲几点意见。

一、要加强全国质协系统的力量整合

（一）为什么要加强全国质协系统力量整合

我认为，主要原因有三点：第一点，质协系统在国家经济建设中，任务繁重，责任重大。在党中央国务院领导下，我们国家的各项工作发展进步很快，由于经济实力的增强，我国的国际地位得到很大提高，但是在发展中也存在一些问题，主要就是在经济建设过程中，依靠资源的大量消耗和环境的污染为代价，这将影响、制约经济的持续发展，也关系到我们后代的生存发展问题，所以中央提出要落实科学发展观，发展是第一

* 在 2005 年全国质协系统秘书长工作会议上的讲话。

要务，其本质就是“以人为本”，实现全面、科学、协调、快速的发展。要实现这一目标，我反复思考，关键就是要提高质量。

质量涉及方方面面，小到企业的产品质量、各个单位的工作质量，大到宏观决策质量等等。要落实科学发展观，提高我们国家的经济实力，实现我们建设小康社会的宏伟目标，就必须加强质量工作。全国质协系统在这个历史进程中担负的任务很重，责任很大，我们要为国家经济建设做出更大的贡献，要提高社会经济发展的质量，就必须把质协系统建成全国最有权威性的质量组织，真正实现我们的愿景，成为中国质量事业的推动者，组织者，传播者，服务者；要扩大我们的影响，增强我们的凝聚力，就必须把质协系统的力量组织起来，发挥整体优势，把分散的力量集中在拳头上，来推进质量事业。

第二点，质协系统面临严峻的挑战。现在我们面临的挑战是很激烈的，WTO以后经济已经实现了全球化，国外各种质量组织已经大量进入我国，国内很多质量机构也在进行这方面的工作，从总体上看，这对我国企业提高质量管理水平是有利的，但因此带来的竞争也更加激烈了。

这些年来我们做了大量工作，取得了一些成绩，但我们也应看到，停滞不前，就是落后，今后连生存也有问题，应该有这个危机感，要居安思危。既然面临严峻的挑战，就必须把我们的力量整合起来，集中起来，发挥整体优势，使我们在竞争中有所前进和发展。

第三点，质协系统有条件整合力量。经过二十多年的建设，我们已经有了一个良好的组织系统，通过大家的努力工作，形成了较好的工作基础，这几年来我们的合力在不断增强。另外，国家对民间组织比过去任何时候都重视了，国家现在要充分发挥民间组织的作用，来协助政府做好工作。协会要为政府服务，为企业服务，发挥好桥梁纽带作用。

刚才惠博阳同志讲的 14 项任务，我看大部分工作都需要质协系统协助去做，在政府部门的领导和支持下，协会通过自身的努力，为政府提供优质的服务，为协会的发展壮大创造了有利条件。质协系统加强整合力量，是各自发展壮大的需要。因此希望大家进一步统一思想，真正整合起来，发挥整体合力，为政府提供有价值的服务。

（二）质协系统的现状

首先，我认为质协系统力量整合虽然有所进步，但力量还很分散，还不是很强，还没有形成合力，影响力还不是很大，凝聚力还不太强。什么原因呢？主要是中国质协没有真正起到牵头、组织、协调、指导的作用，没有把这项任务当成战略任务来抓，思想认识上还没有达到这个高度，在这方面投入的精力还不够。

其次，从总体情况看，地方、行业质协对加强力量整合在思想认识上是拥护的，但在行动上还是有差别的。存在着有利的就干，没有利的就不干的现象。没有站在振兴质量事业、促进共同发展的高度来统一行动。就拿新一轮 TQM 普及教育来说，有的质协就是不抓，有的质协却做得很好。关键是中国质协没有大胆的进行指导和牵头。所以我们还要进一步统一思想认识，进而统一行动。

（三）怎么整合？不外乎三个方面

第一，在思想上，要认识到整合的重要性，一定要统一认识，统一到整合是我们共同发展的需要，是事业发展的需要，是落实“三个代表”重要思想的需要，是实现我们宏伟目标的需要。我们必须这样做，才能有所作为，才能发展壮大。

第二，在组织上，中国质协和地方、行业质协不是计划经济体制下的上下级关系，而是市场经济条件下的战略合作伙伴关系，团体会员、分会会员都要按照章程履行相关权利和义务。

第三，在工作上，要协调配合。凡是经过常务理事会和秘书长会议决定组织开展的全国性大型活动，大家都要一起行动。与此同时，中国质协在工作上要帮助和重视支持地方、行业质协的工作，中国质协和地方、行业质协统一行动，才能形成声势。我们鼓励支持地方、行业质协根据自身情况大胆发展，开拓创新，也鼓励区域性的合作协作，共同交流，共同进步。

总之，这件事说起来容易，但做起来很难。我从2000年以来，年年都提出这个问题，年年都有所进步。我希望通过这次会议进一步增强质协系统的凝聚力，认识到我们的重大责任，更好地开展好各项工作，推进我们的质量事业，增强我们的综合国力，实现我们的宏伟目标。

二、要认真宣贯《卓越绩效评价准则》国家标准

今年和以后一个时期，质协系统要以贯彻落实《卓越绩效评价准则》国家标准为纲，以这项工作为龙头，来带动我们的其他工作。

卓越绩效模式是全面的、科学的，是提高企业核心竞争力的一种科学的方法和理念。抓好这项工作，不仅能够引导我国广大企业实现观念转变和制度创新，增强竞争实力，而且还将带动培训、咨询、认证、六西格玛、QC 小组等工作很好的开展。希望通过大家的努力，促进全国更多的企业贯彻《卓越绩效评价准则》国家标准，也希望地方、行业质协在这项工作中，创造出好的经验和方法。与此同时，我们还要认真做好全国质量管理奖的评审工作，真正让大家充分认识到创奖过程中的价值，创奖不是唯一目的，是一个提高自我的过程，更重要的是提高我们全面卓越的水平。我们要继续坚持科学、公正和少而精的原则，在地方、行业质协评定质量管理奖的基础上，评选出全国质量管理奖。

三、各级质协要以服务为根本宗旨

只有提高服务水平，才会有凝聚力，才会有吸引力，才能吸引更多企业，才能满足企业的需求，才能有稳定的志愿者，稳定的质量事业的关心者。在此基础上，我们还要扩大工作范围和活动领域，要在工业企业、建筑行业、服务行业等开展工作。因此，要创新，要多想，凡是符合“三个代表”重要思想的、符合人民群众根本利益的，我们就要积极地去开展工作。

四、各级质协要不断加强自身建设

中国质协不要满足于现状，现在建设和发展还很不够，必须进一步加强。一是要进一步建立健全内部激励和约束机制。二是要实行末位淘汰制。三是要加强思想政治工作，特别是要认真开展保持共产党员先进性教育活动，发挥共产党员的模范带头作用。

地方、行业质协情况不一样，发展也不平衡，希望大家多向主管部门领导汇报，争取多支持，不断加强领导班子的建设，加强队伍的建设。

总的来说，无论是中国质协，还是地方、行业质协，都要坚持有为才能有位的原则。只有对企业有帮助，才能受到企业的尊重和认可。

站在新的起点 谋划创新发展 为全面实施质量兴国战略 做出新贡献*

（二〇〇六年四月二十日）

我受第七届常务理事会的委托，向中国质量协会第八次全国会员代表大会做工作报告，请审议。

一、关于第七届理事会的工作回顾

过去的五年，是中国质量协会发展过程中很不平凡的五年，也是第七届理事会、常务理事会带领中国质协转变观念、创新机制、抓住机遇、快速发展的五年。五年来，在原国家经贸委、国务院国资委的直接领导下，在国家质检总局等国务院有关部门的指导支持下，中国质协以科学发展观为指导，以服务立会为宗旨，注重协会发展战略的研究，积极探索有利于协会发展的新模式；注重开展质量普及教育推进工作，广泛传播先进的质量理念和方法；注重质量学术研究和交流，推动质量技术、工具的使用和创新；注重整合全国质协系统的力量，大力营造关心和重视质量事业发展的社会氛围，在大家的共同努力下，各项工作迈上了新台阶。

* 在中国质量协会第八次全国会员代表大会上的工作报告。

（一）以服务立会为本，进一步明确协会发展方向

中国质协是致力于质量管理和质量创新的社团组织。协会自身价值的实现，最终要体现在服务工作上。第七届理事会在传承第六届理事会“加强服务、做好服务”的工作思路基础上，进一步强化了“服务立会”的宗旨。我们在各种会议、活动中反复强调：对企业服务，要提升核心竞争力；对社会服务，要做到让顾客满意；对政府服务，要当好参谋助手；对会员服务，要当好知音知己。从几年来的实践看，我们坚持了服务立会这一条，全国质协系统的培训、咨询、认证、用户满意度测评等基础性服务业务，按照专业化、国际化的要求，业务规模不断扩大，档次进一步提升，美誉度明显增强，赢得顾客、政府和社会各方面的认可，树立和打造了全国质协系统热心为顾客服务的形象和品牌。

协会发展必须要有自己的方向和目标，同时要有实现这个目标的发展战略。为了明确全国质协系统在推进国民经济和社会发展中的责任、作用与义务，确保全国质协系统在激烈的市场竞争中能够健康持续快速发展，七届理事会要求中国质协和地方行业质协，根据自身的实际，制定发展战略规划，作为全国质协系统统一思想、凝聚人心、形成合力的行动纲领。目前，这项工作已初步完成，这次会上还要请大家讨论，进一步修改完善。

（二）跟进质量发展趋势，积极倡导和宣传先进质量理念

七届理事会成立之时，正面临国际上质量理论不断创新的形势。这几年，在跟进国际质量发展新形势，倡导质量新理念方面，做了这样几项工作。

一是宣传“大质量”概念，与国际质量新理论接轨。中国质量管理协会及时将原名称更名为中国质量协会，这样更有利

于拓展质协系统的工作领域。目前全国质协系统已将质量服务的领域由第二产业，向第一产业和第三产业延伸；由主要针对企业，向政府机构和非盈利组织延伸；由普遍化质量功能性服务向个性化差异性质量增值服务延伸。

二是积极宣传和倡导顾客满意的质量观。中国质协、全国用户委员会通过组织开展全国汽车、住宅和医疗服务等行业的用户满意度测评，大力推动全国用户满意工程联合推进活动，表彰全国用户满意企业、工程、服务和明星等活动，引导我国企业建立顾客满意的经营战略，在传播让顾客满意的质量观方面发挥了重要作用。

三是引进消化吸收先进质量管理技术。2001 年，中国质协率先引进卓越绩效模式、六西格玛管理等国际上流行的，行之有效的质量改进方式。中国质协于 2002 年成立了全国六西格玛工作推进委员会，全面、系统引进、消化六西格玛质量管理技术，编译图书、出版教材、开展培训、积累案例；建立六西格玛黑带注册制度；确立了六西格玛黑带培训教师认证制度；在全国范围内组织了统一考试，规范了认证和培训市场。

（三）加强服务能力建设，为企业提供有价值的服务

卓越绩效管理，是 21 世纪质量管理的发展趋势。坚持质量持续改进，是我国优秀企业的执著追求。根据企业的迫切要求，在原国家经贸委和国家质检总局的支持下，中国质协根据《产品质量法》的有关规定，借鉴国外成功经验，于 2001 年开展了“全国质量管理奖”（2005 年 11 月更名为全国质量奖）评审工作。整个评审工作坚持“少而精”的原则，制定了严格的评审标准和管理办法，在专家组成的评审委员会主持下规范运作，保证了奖项的质量。“全国质量奖”成为我国质量领域的最高荣誉。

在中国质协实践的基础上，国家质检总局于2004年9月发布了《卓越绩效评价准则》和《卓越绩效评价准则实施指南》国家标准。标准的出台，不仅为引导我国企业走卓越质量经营之路提供了规范，也为进一步做好“全国质量奖”评审工作提供了依据。

2001年至2005年共有宝钢、海尔等35家企业获此殊荣，有近300家国内知名企业申报了“全国质量奖”。获奖企业的行业和地区分布在机械、冶金、电子、建筑、轻工和服务等14个行业，以及上海等15个省、直辖市和自治区，其中包括不同所有制、不同经济结构和不同规模的企业。实践证明：设立全国性的质量奖项，对建立国家质量激励机制，推动企业实现观念变革、管理创新和持续改进；对企业提高产品、服务质量、综合绩效以及竞争实力等都产生了重要作用。

（四）广泛开展全国性群众质量推进活动，夯实我国企业质量管理的基础

七届理事会十分重视质量教育普及和质量知识传播工作。根据国家经济建设的新形势和政府质量主管部门的要求，中国质协及时提出继续承担开展对企业一线员工进行质量知识普及教育的任务。2001年国家质检总局、原国家经贸委、全国总工会、共青团中央委托全国质协系统启动了新一轮质量管理基本知识普及教育，五年来有70多万人参加了培训并通过了全国统一考试。中国质协持续组织开展的全国质量月、群众性的质量管理小组、杰出质量人评选等活动，都收到很好的效果。

（五）加强质量学术研究和交流，努力推进质量技术进步

开展质量学术研究和交流，推动质量技术进步是中国质协的重要任务。七届理事会期间，中国质协通过成立卓越质量研究中心、创办中国质量学术论坛、设立中国质量协会质量技术

进步奖、出版系列质量著作、举办第八届亚太质量组织会议和第十七届亚洲质量网会议等，有力地推进了质量学术研究和交流工作。

几年来，中国质协先后完成了原国家经贸委、国家发改委和国家质检总局委托的《中国企业质量管理现状调查》等多项课题研究；上海质量协会创办了上海质量科学研究院和上海朱兰质量研究院，围绕政府的工作重心，开展了大量应用性研究课题。还有一些地方、行业质协也都开展了质量学术论文的征集和交流活动。

我们还组织力量对我国推行全面质量管理 25 年的实践，特别是对全国用户委员会的工作、全国质量效益型先进企业的活动、全国质量月活动以及对海尔、宝钢、武钢等国内知名企业在质量管理方面的做法和经验等进行了阶段性总结，并出版了相关专著和专题报告，受到了企业及社会的好评。

（六）整合质协系统力量，实现双赢、共赢

以共同的质量事业为目标，充分发挥全国质协系统的整体作用，打造全国质协系统品牌，是第七届理事会十分关注的问题。我们认真分析了全国质协系统二十多年来发展的成功经验、面临的机遇和挑战、存在的主要问题和改进方向，提出了“抓住机遇、迎接挑战，整合力量、共同发展”的工作指导思想及实施意见，并围绕全国质协系统力量的整合做了许多工作，对于发挥全国质协系统的整体优势，维护全国质协系统的品牌信誉，实现工作协调配合，资源共享互补起到积极作用。

从总体上看，七届理事会期间全国质协系统的精神面貌、服务水平、竞争能力、整体影响有了较大的提高，在全社会树立了因为专业、不可替代，因为规范、值得信赖的整体形象。

在总结工作，充分肯定成绩的同时必须清醒地看到，我们从事的质量工作与建设创新型国家，增强国家竞争力的要求还不适应，与企业及社会各个方面的要求还不完全适应，工作中还有很多值得改进和加强的地方。比如，质量工作和服务的领域还不够宽，医疗、教育和新型服务业等领域的开拓进展较慢；地方、行业质协的发展还很不平衡，全国质协系统的整体作用和品牌影响力需进一步加强；对发展会员的重视程度还很不够，特别是对创新会员服务和提高有效性做得还不到位。这些问题需要引起我们高度重视，并切实加以解决。

二、关于对第八届理事会的工作建议

今年的全国人民代表大会批准了“十一五”发展规划。“十一五”时期是全面建设小康社会承前启后的关键时期，也是我国经济社会发展进一步转入科学发展轨道的关键时期。党中央、国务院已经明确提出了全面建设小康社会，建设社会主义和谐社会；转变经济增长方式，提高增长的质量和效益；增强自主创新能力，培育有国际竞争力的优势企业；改善人民生活质量，营造安全健康环境等“十一五”时期我国经济社会发展的指导原则、主要目标、战略重点和重要任务，如何结合质量工作落实好中央的要求，是摆在我们面前的重要历史任务。

这次会前，我给温总理写了一封信，汇报了这几年质协的工作，提出关于继续开展质量普及教育等方面问题的建议。温总理很快作了重要批示，不仅把信批转给吴仪、曾培炎两位副总理，还指示国资委、国家质检总局对信中提出的意见进行研究。国资委、质检总局的领导认真听取了我们的工作汇报。这充分说明了国务院领导、国务院经济质量管理部门对质量工作的高度重视，也是对我们工作的肯定、支持和鼓励。当前，摆在面前的中心任务，就是要站在历史的新起点上，增强责任感和使命感，全面谋划未来五年中国质协的发展思路，抓住机遇，加快发展，把质量事业大踏步的推向前进。

从国际上质量发展趋势看：经济全球化以及科学技术进步给人类社会带来了深刻的变化。随着科学进步和技术不断更新，特别是信息技术的普及，组织、产品和服务的质量将变得更加透明，产品和服务的更新换代速度将不断加快，这对组织满足顾客需求的经营管理系统提出了更高的要求；经济全球化的发展趋势导致了组织间竞争和互相依存程度的提高，它将深刻地影响各类组织的质量观念和行为方式；质量对经济、社会和环境可持续发展的贡献必将越来越明显。

未来质量发展的趋势是：首先，“大质量”的概念将得到更加广泛的接受和认同。质量已经超越产品和服务满足当前顾客要求的范畴，超越制造业的范畴，超越单一企业的边界，涵盖了教育、服务、医疗、政府工作等各行各业，乃至经营管理、社会发展领域。其次，质量已成为进入国际市场的首要关注点，成为企业竞争力的核心组成部分。第三，质量的概念、原理和方法等，也将被越来越广泛地应用于各行各业以及人们工作生活的各种场合。第四，组织内部的质量管理，不仅局限于技术和操作层面。高层管理者会更加关注如何从战略层面上重视质量，系统地将企业的整个经营管理系统，与不断增长的顾客期望和社会可持续发展的要求结合起来，以获得持久的成功。因此，不论从国内还是从国际形势看，国力的竞争，实质还是经济增长质量的竞争；企业的竞争，实质就是产品质量和经营质量的竞争。说到底，是人对质量认知、践行的竞争。

根据国内外的形势和我们面临的任务，建议第八届理事会工作的指导思想是：以科学发展观为指导统领全局，认真落实《国民经济和社会发展第十一个五年规划纲要》对质量工作的各项要求，紧跟国内外质量发展的趋势，密切联系顾客的需求，坚持创新、加快发展，为建立最权威、最有影响力的质量组织而努力奋斗。

为了实现以上任务，我们起草了全国质协系统发展战略的初步框架。在这里我想重点强调落实好这个战略的重要意义和具体要求。全国质协系统成立已有二十多年的历史了。二十多年来，我们形成了一个比较健全的全国质量推进系统，培育了一支有较强工作能力的质协队伍，拥有独具特色的专业服务内容，在全国范围内产生了比较好的影响，这是我们应当珍惜的宝贵财富。但是形势在发展，质协也要发展。发展就要确立统一的奋斗目标，制定统一的行动纲领。中国质协2006—2010年发展战略，就是谋划下一步如何加快发展。希望大家站在推进中国质量事业这个高度，站在促进全国质协系统的整体发展这个大局，进一步修改、丰富、完善中国质协发展战略和2010年目标纲要。全国质协系统要认真学习好、贯彻好这个发展战略。地方、行业质协在对其所处的外部环境和拥有的资源进行综合分析的基础上，根据今后5年全国质协系统总体发展战略的要求，合理、有效地配置资源，制定出与全国质协系统总体战略目标相一致的发展计划，以实现全国质协系统共同发展、共同做强的目标。

发展战略有了，怎么去落实，我想重点讲一下实现“五个创新”，打造“五个品牌”的问题。党的十六届五中全会关于制定“十一五”规划的建议，提出了自主创新的重大课题，胡锦涛总书记在全国科技大会上发出了“建设创新型国家”的伟大号召。党中央、国务院做出的建设创新型国家的决策，是事关社会主义现代化建设全局的重大战略决策。它不仅标志着我国科技发展路径的战略转型，也标志着我国经济发展战略和政策的重大调整，为当前和今后我国企业的发展确立了新的战略起点和导向。

创新是一个民族的灵魂，一个组织或一个企业，如果没有创新的意识，没有创新的精神，没有创新的机制，没有创新的制度，就不可能追求卓越，就不可能永续发展。因此，要在全国质协系统，大力倡导和弘扬自主创新的精神，形成一种自主创新的风尚，努力提高自主创新能力，做出一批自主创新成果。

第一个创新，就是要创新质量观念。观念的创新，是一切创新的先导。作为中国质量事业的推进者，我们必须从新的视角认识质量，向企业和社会传递新的质量观念。要继续在全社会宣传和倡导大质量概念，让大家充分认识到质量的重要性，质量已成为国际市场关注的焦点，质量是一个国家或一个经济组织良性发展的基础，质量将成为每个人的道德准则。我们必须用这种全新的质量观指导工作，推进以企业为主体的全社会的质量创新活动。

第二个创新，就是要创新质量模式。质量不是靠单一环节取得的，如果没有覆盖全部过程，没有全员良性参与的合理模式，就不可能产生卓越质量。在这方面，要抓好卓越绩效模式的宣贯工作。从 80 年代的 TQC 到 9000 族标准，再到卓越绩效模式，是质量管理模式不断发展，不断深化的过程。我们要引导企业实现不同质量管理体系的融合。在当前和今后一个时期，根据中国国情和企业管理的实际，吸收、消化和创造性地贯彻卓越绩效模式，就是创新质量模式。

第三个创新，就是要创新质量服务水平。随着广泛参与全球化竞争，我国企业的国际化、市场化已成为必然趋势，与此相应，企业对质量服务从内容到水平都有了更高的要求。只有适应这一要求，我们才能真正起到中国质量事业推进者的作用。创新质量服务水平，就是要在质量服务的内容方面充分适应企业的实际需求，提升业务的国际化水平。

第四个创新，就是要创新质量推进机制。一方面要形成全国质协系统的合力，按照充分发挥各自优势，共同打造质协品牌的原则，整合好全国质协系统的力量；另一方面要形成产学研有效合作的机制。创新源于实践。企业的实践，是质量创新的源头，学术研究机构的参与，是理论化和系统化的保证。质协系统要成为产学研结合的平台，为这种结合搭桥铺路，打造我国质量创新的机制。

第五个创新，就是要创新质量活动。创新质量活动，关键是要开展受企业用户欢迎、为企业创造价值的全国性质量品牌活动。我们要根据国际上质量管理的发展趋势和我国质量管理的实际，继续做好已经形成品牌影响力的全国性质量推进活动，并通过具体活动内容，活动方式的创新，为企业和社会创造更多的价值。

从具体工作方面讲，在继续做好中国质协开展的学术研究、教学培训、咨询认证、用户评价等日常工作的基础上，要进一步加强全国质协系统的力量整合，共同做好五项全国性的质量品牌的推进工作。

新一届理事会应当在过去十分注重加强全国质协系统力量整合的基础上，继续深入调查研究，认真听取地方行业质协的意见，提出全国质协系统力量整合、实现共赢发展的切实方案和具体措施。整合质协系统资源，调整质协系统运作模式，优化工作流程。中国质协和地方行业质协，不是计划经济体制下那种上下级行政领导关系，而是市场经济条件下具有共同的质量事业和奋斗目标的战略合作伙伴关系。全国质协系统力量合则赢，合则强，合则优，合则胜。

全国质协系统要重点开展好的五项全国性质量品牌推进工

作是：

（一）认真抓好卓越绩效评价准则国家标准的宣贯工作，严格全国质量奖评审工作

《卓越绩效评价准则》和《卓越绩效评价准则实施指南》的发布，体现了全面质量管理从指导思想到技术方法的变革与发展趋势，是当今我国质量管理成功经验的最新总结，是我国质量管理工作发展到一个新阶段的标志。学习、贯彻这套标准必将对我国企业获得长期的市场成功产生深远的影响。我们要通过全国质量奖的评审，引导更多企业学习实践卓越绩效模式，走卓越质量经营之路，推动我国企业增强整体竞争能力，提升国家综合实力。要把全国质量奖评审工作做得更规范，更有影响力。各级质协要大力宣传设立质量奖的目的和意义，宣传创奖过程给组织带来的价值，传播获奖组织的经验。要在政府质量管理部门的领导下，为建立健全国家质量奖励制度，设立国家质量奖继续做出不懈的努力。

（二）大力开展质量学术研究和交流，推动我国质量科学和技术进步迈上新的台阶

要认真总结我国引进和开展全面质量管理工作的历史经验，在积极引进、消化和吸收国外先进质量理念、方法和技术的同时，根据我国经济建设和企业发展的实际，总结全国质协系统和我国各个行业、各种组织在创新质量管理科学的理论、方法和技术方面的成功经验及典型案例，加以推广应用。要继续搞好推选中国杰出质量人活动。要加快建设有中国特色的质量管理理论体系的步伐，努力培养出在世界质量领域具有话语权的中国质量管理大师。要继续办好中国质量学术论坛、全国六西格玛大会；组织好中国质量协会质量技术进步奖评选。

（三）全力做好新一轮全面质量管理知识普及教育活动，打牢我国质量管理的基础

新一轮全面质量管理知识普及教育工作，是构建21世纪质量大厦的重要基础性工作。这项工作开展五年来，取得了一定的成绩。但就全国而言，工作开展还很不平衡，培训的人数还远远不够。希望全国质协系统要充分认识开展这项工作的重要意义，增强责任感和紧迫感，花大力气和精力，采取切实有效的措施，把这项工作做好做实，做出声势，做出规模，争取到2010年，各地区、各行业骨干企业员工普及教育考试通过率达到50%以上。

（四）继续推进全国用户满意工程活动，引导企业树立用户满意的质量观

全国质协系统和各级用户委员会要持续不断的宣传顾客满意的质量理念，按照“大质量”的概念，广泛开展用户评价活动，引导各个行业、各种组织关注市场、关注顾客，推动以顾客为导向的产品、品牌设计和质量改进。要以提升产品和服务质量为核心，加快构建市场质量评价体系，大力推进顾客满意工程活动。要在总结过去经验的基础上，积极参与国家顾客满意度指标体系的建立，为国家宏观评价经济产出质量，预测消费趋势提供调查依据。要建立中国质量数据库，完善网络技术平台，实现各行业、地方质协之间的信息共享，提高工作效率，降低运作成本。要积极配合政府主管部门开发行业质量竞争力指标评价方法。要引导各个行业、各种组织建立综合评价企业质量能力和质量竞争力的评价体系，促进企业持续改进。

（五）广泛开展群众性质量管理小组活动，充分调动广大员工参与管理与创新的主人翁积极性

质量管理小组活动是引导、支持生产第一线员工大力发扬

"主人翁"精神，积极参与企业经营管理和科学技术创新的重要组织形式。这项活动已在我国持续开展了28年，不仅为国家和企业创造了巨大的经济效益，同时也提升了企业员工队伍的素质，培养了大批人才，改进了企业文化。要在以往取得成绩的基础上，更加广泛的宣传QC小组活动的价值，扩大员工的参与水平，创新活动的组织形式，提高攻关成果的质量，做好成果的转化利用工作。

回顾过去，我们在国务院国资委和国家质检总局等政府部门的领导下，在第七届理事会各位副会长、常务理事、理事和广大会员单位的支持下，做了一些应该做的工作，取得了一定的成绩。在此，我对他们付出的辛勤劳动表示衷心的感谢！

展望未来，我们站在新的起点，机遇难得，不容错过。让我们紧密的团结在以胡锦涛为总书记的党中央周围，振奋精神，团结一致，敢于挑战，开拓创新，为推进我国质量事业，为全面实现小康社会目标做出更大贡献！

以实现共赢为平台
构建和谐发展的质量组织*

（二〇〇七年二月八日）

2006年，全国质协系统以党的十六大和十六届六中全会精神为指导，认真贯彻落实第八次全国会员代表大会的精神和全国质协系统秘书长工作会议的工作部署，结合各自的实际，求真务实，奋力拼搏，取得了好的成绩，是各项业务发展较快的一年。我利用参加政协会议、活动的机会到各地调查研究，走访了一些地方质协，了解了一些行业质协工作的开展情况，也听到各方面对质协工作的反映，实事求是讲，无论是政府，还是社会各方面，对质协系统的工作是肯定的，对大家的努力是肯定的，对工作的进步是肯定的。这是大家辛勤工作的结果，也是全国质协系统相互支持、相互帮助的结果。为此，向各位秘书长表示衷心地感谢，也请你们转达我对质协系统全体工作人员的问候。感谢你们一年来辛勤的工作。关于2007年的工作，马林同志已经专门做了报告，任务已经明确，希望我们共同努力，争取目标的实现。下面我就如何发挥全国质协整体的作用，以实现共赢为纽带，构建和谐发展的质量组织的问题，谈几点看法。

---

* 在2007年全国质协系统秘书长工作会议上的讲话。

目前，全国质协系统，包括地方、行业协会和中国质协各分会共有84家，涵盖了各省（区、市）和重点行业。从协会成立的那一天起，就决定了质协组织的特征，即服务为本，以服务为宗旨。通过服务，提供价值，通过价值的实现，创造共赢。这几年，我每年都在强调如何把全国质协系统的力量凝聚起来，实现共赢这个目标，中国质协也围绕这个方面做了很多工作，全国质协系统逐步形成了共识，而且大家都愿意这样做。因此，这几年确实每年都有新的进步和提高，凝聚力在增强，整体效益越来越好。这是各质协相互支持、共同努力的结果，也是中国质协努力做好牵头、组织、协调工作的结果。但我认为，质协组织要不断壮大，实力要增强，要能够应付新的挑战和机遇，这个问题还要强调，还要不断地讲。

第一点，我讲一下这个问题的重要性。在去年4月召开的中国质量协会第八次全国会员代表大会上，我明确提出：中国质协与各地方和行业协会的关系，不是计划经济体制下的上下级领导关系，而是市场经济体制下具有共同的质量事业和奋斗目标的战略联盟关系。中国质协更多的是担负牵头、组织、协调的责任。这是依据全国质协系统共同的目标，共同的价值观提出来的。什么是共同目标？具体讲，那次会上提出的“十一五”期间全国质协系统发展战略和实现“五个创新”，打造“五个品牌”的工作任务，就是我们全国质协系统共同的工作目标。什么是共同价值观？全国质协系统的宗旨就是为各类组织，通过服务创造价值，这就是质协一切工作的出发点和落脚点。因此，面对共同的价值取向，共同的任务和责任，全国质协系统必须加强力量整合，发挥整体优势，突出服务和创新意识，协作共赢，实现全国质协系统的和谐发展和健康发展。

“十一五”期间，全面落实科学发展观，提升我国经济增长质量和效益，推进我国质量事业的发展，全国质协系统任务艰巨，责任很大。因此，我们要把分散的力量集中起来，发挥整体优势，增强全国质协的凝聚力和影响力，把质协系统能够做的事认真做好。中国质协作为龙头，应牵好头，真正发挥好组织和协调作用。中国质协同各行业和地方质协要互相支持、分工协作，资源共享，共同发展。特别是要注意发挥行业和地方协会独特的资源优势，共同塑造质协系统的整体品牌，要在我国质量事业推进工作这个平台上，更加主动、自觉地实现协作共赢，和谐发展。

在实现质协系统共同发展方面，已经有了很好的基础。在各级政府的关心和支持下，通过我们的大力推进，卓越绩效模式越来越得到我国优秀企业的认同。经过各地方、行业协会的共同努力，新一轮全面质量管理知识普及教育活动开展的有声有色，打牢了我国质量管理的基础；这几年，全国质量管理小组活动有了新的突破，群众性和领导者推动的特征越来越明显；全国用户满意调查测评和创建用户满意工程在很多地方和行业已经开展起来；六西格玛管理推进成为很多优秀企业提高绩效的工具，可以说，质协的各项活动都上了一个新台阶。在新的起点上，质量组织要持续发展，实现跨越式发展，客观形势要求我们质协系统的管理体制要不断完善，工作方式要不断创新、各方面关系要得到有效的协调，组织运作要有序规范。实践证明，面对新的挑战，仅靠单个组织的力量是不够的，分散的结果可能是留下少数，多数被淘汰。只有大家携起手来，形成质协组织的整体力量，我们才能适应建立社会主义市场经济体制的要求，才能适应转变经济增长方式，提升经济发展质量的需要，才能同国际一流质量组织对话、交流，才能不负质量组织的使命。因此，实现共赢是全国质协共同愿景的要求，是生存、发展的需要，是全国质协系统面对形势和挑战的共同选择。

第二点，我讲一下全国质协系统在统一认识的前提下，创造性地开展工作的问题。统一认识就是要把大家的思想统一到第八届理事会提出的任期目标上来，统一到“实现五个创新，打造五个品牌”这个大前提下来，这是质量组织和谐发展，各种要素始终处于一种相互协调、相互配合、相互支持状态的首要条件。统一认识不是空的，是要求大家真正做到战略目标的统一，行动步调的统一。形成了这种共识，我们就能联合和动员各种力量，发挥整体优势，为社会创造和提供更大的价值。质协系统是政府部门质量领导工作的助手，是国内外质量领域专家、学者先进理念和技术方法传播推广的窗口，是质量从业人员活动交流的平台，是为我国各类组织提供质量服务的专业组织，我们要利用好这个平台，发挥好自己的优势。什么是我们的优势？我认为有这样几点：一是质协组织的专业性。经过二十多年的发展，全国质协系统集中并整合了一大批全国质量领域的专家、学者、管理者和质量工作骨干队伍。我们不仅在质量理论上与国际接轨，并实现了结合我国实际的活动创新，全国质协提供的服务专业化程度已经得到政府和社会各类组织的认可；二是我们开展的几项品牌活动，包括推广卓越绩效模式、质量小组、用户满意、六西格玛等，这些活动已经开展了多年，是我们质协的标志性活动；三是我们在行业和企业多年来提供服务赢得的信任和信誉，这一点是十分来之不易的；四是政府部门、院校、企业和各类组织对我们的多种支持。我们要利用好这些优势，在工作上不断开拓、创新。全国质协系统既要形成一股力量，统一行动；又要利用和发挥自己的特点，鼓励和引导大家创造性的开展工作，努力为政府、为老百姓、为企业服好务。

这里我要特别讲一下，质协系统开展多项活动必须规范自律。全国政协常务副主席、中国质协名誉会长王忠禹同志在中国质协第八次全国会员代表大会上讲的几句话非常中肯，他说："质量工作越来越重要，协会有了更大的发展空间，企业需要协会提供优质的服务。但协会要做到真正为企业服好务，能够帮助企业解决实际问题，不要给企业添麻烦。"这是对我们质协工作的要求和期望。我们既要避免因为工作能力，服务水平的原因，给企业增添不必要的"麻烦"，又要坚决反对乱搞评比，乱拉企业赞助事情的发生。还要警惕社会上一些不法分子利用质协的牌子行骗，损害质协的名誉。总之一点，工作越开展，就越要注意规范运作，这是全国质协系统的共同价值观。

第三点，我想讲一下加强质协系统的建设问题。目前，全国质协虽然整体上发展是好的，但也是有好、有差。质协系统的建设，关键在选好领导班子，关键在人。协会领导无论在认识水平，还是领导水平，都需要进一步提高。加强领导能力和自身素质两个方面的建设，这是新时期对质协系统的领导班子的要求。质协工作的成败关键在于秘书长，我们要继续争取地方和行业领导的支持，把领导能力和职业素质好的人才选拔到质协的领导班子上来，让能干事，干实事，实干事的人在质协的岗位上发挥更大的作为。

干好秘书长工作没有现成的模式照搬，关键在于要有一种自觉的服务意识，有一种良好的工作状态，有一个干事业的工作劲头，有一套符合实际，勇于开拓的工作思路。这次会上印发给大家的上海质协去年工作总结和今年工作要点，我看了一下，讲的很好，突出一点就是服务意识强，精心打造自己的质量服务品牌，得到了政府、社会和企业的认可，请大家认真读一下。协会组织各部门之间加强沟通和联系，提倡相互学习、取长补短。我们要倡导全国质协系统的和谐统一，不断增强质协系统的凝聚力和创造力，共同服务于企业，服务于社会。

通过与行业和地方协会的长期合作，中国质协学习到了许多宝贵的经验。今后，在继续为全国质协系统做好牵头、组织、协调工作的同时，要加强全国质协系统的整体作用和品牌影响力建设。要进一步整合质协系统资源，调整质协系统运作模式，优化工作流程。在这中间，要深入调查研究，认真听取地方、行业质协的意见。同时中国质协也要继续毫不吝啬地为行业和地方质协的工作提供必要的支持。关于秘书长的学习、培训工作，中国质量协会应该采取多种形式多承担一些工作。

在新的一年里，我们要按照科学发展观和构建社会主义和谐社会的要求，建设和谐发展的、在中国最具影响力的、最具权威性的质量组织。为此，我们要共同努力，开创质协工作新局面。协作促发展，和谐求共赢，让我们以优异的成绩迎接党的十七大胜利召开。

统一思想　推动全国质协系统工作又好又快地发展*

（二〇〇八年六月二十八日）

中国质协第八届四次常务理事会议暨 2008 年全国质协系统秘书长工作会议今天在这里一并召开。按照惯例，这样的会议一般应安排在每年的春节前后，今年推迟了一些。主要原因，是一直在为这次会议做准备。当然，也是考虑到前段时间大家忙于抗击冰雪灾害，特别是最近一段时间都在参与四川汶川特大地震的救灾工作。这里我特别想讲一下，这次抗震救灾，全国质协系统在党中央、国务院和各级党委、政府的正确领导下，行动很快。据不完全统计，全国质协系统向灾区捐款 123 万元，并以多种方式参与到救灾工作中。借此机会，我代表中国质协特别向遭受特大地震灾害地区的会员单位、质协和质量工作者表示亲切慰问，向全国质协系统积极参与抗震救灾活动表示衷心的感谢！今天，我讲三个问题。

第一个问题，要十分重视、认真总结质协系统在引进和推行全面质量管理，推进我国质量事业过程中积累的宝贵经验

大家知道，今年是我国改革开放 30 周年。对于我们质量工作者来说，更不寻常的是，今年是我国引进并推行全面质量

---

* 在中国质协第八届四次常务理事会议暨 2008 年全国质协系统秘书长工作会议上的讲话。

管理30周年和开展质量管理小组活动30周年，明年我们还要迎来中国质量协会成立30周年。这么多个“30周年”，不能不引起人们的回顾，不能不让我们更加深入的思考。1978年，在我国刚刚实行改革开放政策的时候，原国家经委袁宝华等同志抓住机遇，及时提出大胆引进包括全面质量管理在内的国外先进的管理理念和方法，从此拉开了我国推广、使用现代质量管理方法的序幕。中国质量协会就是在那个时候在原国家经委领导同志亲自关心、过问下，选派了一批来自政府质量管理部门的同志和在企业负责质量工作的同志组建成立起来。因此，中国质协是最早参与我国引进并推行全面质量管理的质量组织。全国质协系统是近30年我国质量事业发展的见证者、实践者、推进者。

30年来，在引进和推行全面质量管理过程中，全国质协系统发挥了不可替代的作用，做出了突出的贡献，取得了宝贵的经验。我认为，至少有以下几方面的体会，或者叫基本经验需要总结。

（一）坚持服务立会的宗旨，全心全意的为会员和各类组织提供质量服务

中国质协、全国质协系统各单位都有上级政府主管部门，我们的业务工作、人员与政府经济、质量管理部门有很密切的联系，但我们既不是政府部门，也不是“二政府”。30年来，质协系统能够发展，能够进步，靠的就是“服务”，这是质协立会之本。服务不是凭空说，是要体现在我们开展的五项品牌活动上。这段时间，我去了一些企业，人家对质协还认可，还愿意同我们打交道，就是因为质协在质量改进、绩效提升方面为人家做了点实实在在的工作。下一步如何改进服务，提升服务质量，在新形势下继续发展壮大，我们需要认真总结这方面

好的经验。

（二）重视大质量概念传播和质量知识的普及教育

宣传大质量观，不能仅仅理解为是针对传统质量理念而言。质量理念内涵的充实和外延的延伸，源于经济社会发展带给人们观念的变化。质量随时代而发展。从广义上讲，任何活动都含有质量，好与坏都体现一个质量问题。在市场经济条件下，所有成本构成中都存在质量，质量成为价值的核心。因此，树立了大质量观，人们才可能自觉利用质量的理念和科学的方法，去解决产品、服务、经营以及一切活动当中的缺陷和不足，追求持续改进。大质量观为质协工作提供了更广泛的发展领域和服务空间。

质量问题说到底是人的问题，是人的观念、素质问题。重视质量理念传播和质量知识的普及教育，就是要把宣传、教育、培训人的工作牢牢抓住不放手。质协系统成立后干的一件大事，就是会同当时的国家经委多次组织质量管理专家、学者和企业质量管理的领导同志开展全面质量管理巡回宣讲。有3000多万人次参加了全面质量管理基本知识达标考试，其中许多人成为后来管理队伍中的领导者和骨干。2001年，中国质协得到政府授权，启动了新一轮全面质量管理基本知识普及教育。据不完全统计，到目前为止，已有近百万人通过了统考。全面质量管理不仅是普通员工的质量知识基本框架，也是每位领导同志应当掌握的，而且领导是关键。去年，我请协会的同志组织专家专门编写了一本针对领导同志的质量读物《CEO的质量经营》，我们计划下一步还要办一批培训班。这是一项很重要的质量基础工作，是质协系统的“看家本领”。

（三）重视质量“源头”管理，把握质量管理的“原点”

质量在用户面前的表现往往是结果感受。但是影响质量好坏的重要因素存在于产品、服务形成的全过程。因此，质协一贯强调重视质量管理的全过程，把从“源头”控制质量作为我们抓好质量工作的基本原则之一，形成为一种服务特色，这也是用户和服务对象信得过我们的原因之一。为顾客提供满意的产品质量是质量管理的出发点，因此，产品质量是质量管理的“原点”。企业，生产、服务组织是各类产品的产出基地。因此，抓产品、服务质量要从这里首先抓起。不论质量管理方法、模式多少变化，通过现场质量改进，保证产品质量始终是质量管理的基本使命，这既是质量管理实用性、有效性的关键所在，也是今天产品质量管理向工作质量、经营质量管理延伸的生命力之所在。

（四）以开放的姿态引进、学习国外先进的质量管理方法，结合我国实际加以消化、吸收

自 1978 年我国引进全面质量管理以来的近 30 年，全国质协系统一直坚持学习、努力吸收各种质量理论发展的全部优秀成果。从 QC 小组、全面质量管理、ISO9000 质量管理体系到精益生产、六西格玛管理和目前正在广泛推广的卓越绩效模式，我们走过了一条学习、引进、吸收、消化、总结、推广的路子。质量理论的研究，是在引进和实践总结的基础上，上升到理论，再指导实践，不断提高质量科研能力和质量管理水平的过程。从我国企业发展现状看，已经涌现出了一大批把国际上先进的质量管理方法为我所用的优秀企业，有的已成长为世界级卓越企业。实践证明，没有改革开放，没有引进、消化和借鉴吸收国外先进质量理念、方法和技术，没有质量理论的研究和应用，我国质量管理就不会是今天的局面，我国的产品、服务、经营质量也不会是今天的局面。

（五）紧密结合我国经济社会发展和科学、技术进步产生

的需求提供最有效的质量服务

质量管理科学要与我国社会发展的要求同步，才能实现其服务价值。比如，近年来，很多会员单位、优秀企业向我们提出提供质量管理个性化服务的需求。我们感觉到越来越多的企业开始关注产品从设计开发到使用后终结处理的整个生命周期过程对社会的贡献，减少资源和环境的负荷问题。这个变化和要求，原来看起来离我们很远，现在已经是经常遇到了。这就告诉质协系统要更加重视加快服务能力的建设，提供符合用户要求的科研和咨询、培训等服务项目，不断满足国家发展以及各类组织在新形势下对质量组织的要求。

（六）当好政府的助手、企业的桥梁，发挥质协系统整体优势

这个问题大家都有深刻体会，我这里就不展开讲了。需要总结的还有很多方面，包括充分发挥专家优势、开展质量课题研究、加强品牌活动建设等。

总之，从现在起，就要把全国质协系统成立30年宝贵经验的总结工作列入到全国质协系统的工作议程上来。要集中力量，把质协系统30年的总结工作这篇文章做好。明年，我们要开个很好的纪念大会，浓墨重彩的在中国质量史上添上一笔。

第二个问题，要进一步认清形势，把思想统一到质协工作可持续发展上来

总结30年来质协系统在推进我国质量事业发展过程中所取得的成功，如果说质协比较好的选择了组织的定位，比较早的进入了市场，比较恰当的担当了质量服务的角色，比较幸运的抓住了发展的机遇，除了质协系统多年形成的核心价值观和坚持执著的探索外，一个很重要的因素是质协面对不断变化的外部形势有一个比较准确的判断，始终保持了一个比较清醒的

头脑。当前看待形势，首先要认真学习、领会胡锦涛总书记在6月13日中央召开的省区市和中央部门主要负责同志会议上的重要讲话，把思想统一到中央对今年我国经济社会发展形势的正确分析上来。具体到质量领域，应当侧重在以下几方面加以研究分析：

（一）要关注国家经济社会进步的趋势

进入21世纪，关注质量已成为整个社会广泛应用科学技术所形成的时代特征。在我国，随着改革开放的不断深入，发展的环境、条件发生了变化，对发展的质量要求更高。党中央提出科学发展观，就是科学分析当前我国发展的阶段性特征后，作出的战略选择。因此，我们要全面学习和理解科学发展观的深刻内涵、精神实质和根本要求，用来统领质协各项工作，实现可持续发展。质量，与科学发展密不可分；质量，因经济社会要实现科学发展和可持续发展而越来越重要；质量，因人们对安全、健康的关心而越来越受到重视；质量，因用户对产品、服务潜在、延伸的需求，变化得越来越"挑剔"，这些既是好事，也是挑战。按照大质量的概念，我们必须把"对社会和环境的贡献"、"资源管理"、"社会责任"、"产品设计开发质量"等当代中国发展中的话题纳入到我们的视线里。

（二）要关注质量领域正在发生的变化

从国际上质量领域这几年的研究和实践看，质量管理一般的工具、方法，现场改进等是广泛、经常使用，也是最有效的质量控制办法之一。同时，卓越绩效模式、六西格玛、平衡计分法等一些新的质量管理方法的应用范围在迅速推广。特别是质量管理方法已开始呈现多元化的趋势。比如，管理的职能在质量解决方案中大量应用；各行各业都有自己的顾客和相关方，质量管理领域开始向各行各业渗透；精益管理、变革管理、识别顾客、领导和战略等，这些都在影响着质量领域，每天都在发生变化。

（三）要关注质协服务对象对质量经营的需求

由于经济全球化，特别是全面质量管理、质量体系建设的推动，我国有很多好的企业质量管理活动已实现与国际接轨。现在越来越多的企业希望我们提供有针对性的“个性化”量身订做项目；有计划性的“系列化”延伸展开的跟踪服务；有专家资源整合的“权威化”质量经营方案。一句话，我们的客户水平提高了，我们服务的水平必须提高。

（四）要关注质协发展成长的条件和环境

去年以来，质协系统认真执行国务院的要求，对“评比表彰达标”活动、资格考试注册项目、服务收费情况都进行了认真的清理。取消了不符合新要求的项目，对拟保留的项目严格控制，按要求上报审批；对正在开展的活动强调一定要规范运作。由于在这方面我们一直把的比较紧，2006 年协会理事会换届时对开展的活动已经进行了整合，精简为 5 个品牌活动，因此比较主动。现在看来，协会必须要适应越来越规范的环境，提高在逐步成熟的市场上生存、成长的能力。

对于形势的分析，同志们有什么看法，也请大家来谈。目的就是在新形势下，全国质协系统工作要进一步统一思想，树立信心，以贯彻落实党的十七大精神为指导，践行科学发展观，不断加强能力建设，完善推进方式，开拓服务领域，提升服务价值，全面规范和创新核心业务和品牌活动，为提升我国经济社会的发展质量贡献力量。

第三个问题，要同心协力，努力开创全国质协系统工作的新局面

党中央、国务院对我国质量工作非常重视。党的十七大以科学发展观为指导，强调要切实转变经济发展方式，着力优化经济结构和提升经济增长质量，重视改善民生，促进社会和谐，推动经济社会实现又好又快的发展，这为我们努力做好工作指明了方向。30年来引进和推行全面质量管理为全国质协系统提供了重要启示，这就是：广泛开展质量教育培训，增强质量意识，提升质量素质，是推进我国质量事业的重要基础；积极跟踪引进国外先进的质量理念、方法和技术为我所用，保证质量服务的前瞻性、有效性和专业水平，不断满足各类用户的需要，是推进我国质量事业的动力源泉；充分发挥全国质协系统的整体优势，集中精力、同心同德，共同做好全国性品牌活动，是推进我国质量事业的组织保障。关于今年质协系统工作意见，下面马林同志要向会议做专题报告，因此，我只强调几点：

（一）以全国质量奖活动为龙头，规范和创新核心业务和品牌活动

推广卓越绩效模式，开展全国质量奖活动已经进行八年。从模式的选择、创建、评审、推广、社会认知到国家标准的出台，这项活动已经进入成熟期。形象一点说，如果把质协系统的工作比作一条船，那么质量管理基础工作就是船体，全国质量奖就是帆，科学的质量方法就是推动力，帆要鼓起来，船才能跑得快。因此，全国质协系统要以宣贯《卓越绩效评价准则》国家标准，开展全国质量奖和各省市、各行业质量奖的评审工作为龙头，创新各项核心业务和质量品牌活动，进一步把质协系统的工作带动起来。

发挥全国质量奖的龙头作用，关键是要加大推进力度，进一步发挥地方、行业的积极性，推动和引导更多的企业导入《卓越绩效评价准则》，打牢全国质量奖活动的基础；要进一步宣传和明确创奖的目的，全面理解《卓越绩效评价准则》的主要

内容和精神实质，体现创奖过程中的价值和获奖持续改进的价值，带动全国产品、服务质量整体水平的不断提升；要让获奖的企业发挥学习标杆的作用，使更多组织得到分享。同时，要进一步提升全国质量奖的社会影响力和美誉度。

创新业务和品牌活动，要以会员需求为导向。要大力加强与会员企业的联系，了解他们对质量经营的新需求，发挥专业化组织的优势，提供有价值的、规范的服务。要把全国质协系统办成会员的家。不论他们是否有质量方面的要求，都愿意到质协来，愿意请质协帮忙。我们要通过五个品牌活动的创新，能够吸引更多的组织参加进来。

在新的形势下，全国质协系统要在迅速发展会员队伍的同时，主动扩大我们的服务领域，包括向服务行业，金融、医疗、学校、出版、网络、传媒、休闲、娱乐等组织覆盖。我们的品牌活动，要适应这些行业的特点，满足他们的个性化需求，在这些领域开展起来。

（二）积极探索适合我国经济社会发展要求的质量理论体系和质量管理模式

从质量推进的过程看，无论是全国质协系统完善质量推进方式，还是企业的质量管理创新需要，指导我国的质量管理整体水平的提升，都已经到了应该把引进、消化国外先进的质量管理理念、方法与技术和总结、概括我国质量管理的成功经验有机结合起来，提炼和总结出适合我国经济社会发展要求的质量理论体系和质量管理模式的时候了。因此，全国质协系统要加强质量学术的研究与交流工作。加强质量学术研究与交流，就是要加强领导力量，做好战略规划，找准工作切入点，选定具体项目，发挥专业优势，培养学术带头人，加大人力、资源投入，持之以恒的把这项工作抓实做好。中国质协要带好这个头。在这方面上海朱兰质量研究院做的很好。当然，一些地方、行业质协目前可能质量学术和理论研究力量还不足，对于发现、挖掘的典型或案例，可以整合、利用各种资源一道来做。要投入力量研究在医疗卫生、教育、政府机构和社会公共组织的质量服务需求，开发相关业务和课程，努力满足他们的质量服务愿望。

（三）要继续下大力气抓好质量教育培训和质量状况调查工作

要做到产品、服务质量的全过程控制和全员参与，必须夯实基础。基础就是质量知识的普及教育、素质教育，搞好经常性、制度化的质量理念、知识、标准、方法教育培训。除了重点抓好质量普及教育，加强员工教育培训外，很重要的问题是企业领导者、政府管理者要了解质量管理，具备必需的、基本的质量、标准知识。因此，我们计划从今年开始，开展针对从事经济工作的政府部门领导、企业高级管理人员的质量知识培训。经过一年的准备，目前教材已编写完毕，并经国家质检总局质量司审定，近期就可以开始举办。希望这项活动能够得到来自政府和社会各个方面的支持，经过全国质协系统坚持不懈的努力，力争用几年的时间，能够把县以上行政领导干部和我国大中型企业的主要领导人员普遍培训一遍。

在全国各地区、行业开展质量管理状况的调查这方面的专题调查，摸清我国产品、服务和经营质量的现状，取得相关数据和概念，编制年度“中国质量管理现状调查报告”十分必要。这是一项重要的基础工作，也是改善我国企业质量经营，实现又好又快发展的重要依据，是国家对产品质量重视和负责的表现，也是质协为政府提供服务的一种方式。去年，我们开始尝试做，调查报告为政府及有关方面提供了一定的参考依据。今年要进一步利用全国质协系统的合力，把这项工作做得更加细致完善，更加有用。

（四）要利用开展纪念活动的契机、把总结、表彰、宣传活动搞好，扩大质协系统的品牌影响力

目前，全国纪念质量管理小组活动开展30周年的系列活动正在开展，10月份要召开纪念大会，请大家多支持。关于质协成立30周年纪念活动，已经提出一个工作方案，这次会议定下来，大家回去一起抓好落实。要特别注意，组织这方面的活动，既要隆重热烈，又要处处节俭。

让我们在以胡锦涛同志为总书记的党中央正确领导下，在国务院国资委和国家质检总局等政府经济质量主管部门的关心支持下，高举质量振兴旗帜，深入贯彻落实科学发展观，为推动全国质协系统工作又好又快的发展，提高和促进我国经济社会发展的质量，做出我们应有的贡献。

抓质量 促增长 转危为机 把我国产品质量提高到一个新的水平*

（二〇〇九年一月一日）

新的一年是新中国成立60周年，也是落实“十一五”规划的关键一年。不久前召开的中央经济工作会议，明确提出了2009年全年经济工作的指导思想、总体要求和主要任务，对于贯彻落实科学发展观，特别是应对国际金融危机带来的挑战，促进经济平稳较快增长，具有十分重要的指导意义。

在新的一年，全国的广大质量工作者要紧紧围绕党和政府的中心工作，增强使命感和责任感，提高在当前经济形势下对质量工作的认识，抓质量促增长，转危为机，把我国产品质量提高到一个新的水平。

一是要时刻牢记质量安全是企业的生命，关系到企业的发展，关系到人民群众的切身利益，关系到国家形象。质量无小事，我们要始终保持清醒的头脑，要把提高质量作为应对危机的重要举措。要充分认识到质量是提升企业核心竞争力的基本要素，无论是参与国际竞争还是扩大内需，都必须坚持以质取胜这一长期的战略方针。要不断强化质量意识。提高质量是企业的内在责任，只有不断加强管理，苦练内功，才能赢得市场竞争的主动权。

---

* 此篇文章为陈邦柱同志在《中国质量》杂志2009年第一期发表的新年献词。

二是抓质量要从源头抓起。广大质量工作者要通过细致深入的调查研究与科学分析，着力推进先进的质量管理模式，发现生产与管理工作中的问题与缺陷，抓住产品质量形成过程中的原点，改进设计及过程控制。强化质量是基础，完善质量自律机制和质量保证体系，通过质量改进提升企业的核心竞争力。

三是加强质量基础工作。质量的基础牢固不牢固，关键是人的质量观念和素质的提升。因此，要加强对广大员工的质量知识普及教育工作，特别是做好企业主要负责人的质量知识培训工作。通过培训和宣传，形成全社会重视质量的氛围。要搞好质量现状的调查，提供管理的基本情况，摸清存在的薄弱环节，提高质量控制和改进的能力，通过夯实基础，不断提升我国各类组织的质量经营水平。

2009 年是“全国质量安全年”，也是全国推行全面质量管理 30 周年和中国质量协会成立 30 周年。我们要以此为契机，继续规范地开展全国质量奖工作；推进和实施用户满意工程；推进 QC 小组活动的进一步开展；开发新课程，推进质量培训的深入和普及；加强质量理论研究和我国优秀质量管理实践经验的总结工作；不断扩大中外质量界的交流与合作，不断学习和引进国际上先进的管理理念、方法和工具，带动质量学术研究和推广应用。

在新的一年，全国质协系统要进一步加强自身改革和建设，按照市场化、规模化和国际化的要求，以共同的事业为纽带，利用我们的质量专业优势，扩大服务领域，为顾客创造更多的价值，开创质协工作新局面。让我们在新的一年深入贯彻落实科学发展观，共同努力，应对挑战，创造性地开展各项工作，为实现经济社会平稳较快发展贡献力量！

努力推动全国质协系统工作迈上新台阶*

（二○○九年四月八日）

中国质协第八届六次常务理事会议暨2009年全国质协系统秘书长工作会议现在开始。这次会议的主要任务，就是认真学习、贯彻、落实中央经济工作会议和党中央、国务院领导同志对加强质量工作的重要批示精神，抓住机遇，克服困难，超常发挥，乘势而上，努力推动全国质协系统工作迈上新台阶。下面，我讲几点意见，供大家讨论。

首先给同志们介绍一些情况。去年上半年，针对一段时间以来我国在质量安全方面接连发生的一些问题，我先后到近十个省、市、自治区的企业、质协进行调研，了解情况，就必须从源头抓质量、尽快开展针对领导干部的质量知识培训，对抓质量就要抓企业、抓领导等问题形成了一些初步意见，向国家质检总局、国务院分管质量工作的王岐山副总理做了书面汇报。岐山副总理非常重视，并在百忙中亲自听取我的汇报，作了重要指示。国家质检总局党组也非常重视，专门委派一名副局长和两位司长到中国质协现场办公、调查研究、听取意见，对质协工作给予很大支持和鼓舞。

* 在中国质协第八届六次常务理事会议暨2009年全国质协系统秘书长工作会议上的报告。

“三鹿奶粉”事件发生后，我反复思考，深感质量安全问题的严峻，不能再折腾了。质协应该，也有责任做些工作。10月10日我给中共中央总书记胡锦涛同志呈报了一封信，汇报了我对加强我国质量工作的思考和建议。总书记在十分繁忙的工作中看了这封信，并于11月11日作了重要批示。胡锦涛总书记指出：德江同志：邦柱同志的建议值得重视，质量是企业的生命。改革开放以来，我国产品质量水平有了很大提高。但一些领域与国际先进水平相比，还存在较大差距。在当前经济形势下，提高产品质量，增强竞争力，对扩大市场需求具有重要意义。望加强领导，认真落实有关法律法规，科学实施，常抓不懈，把我国产品质量提高到新水平。国务院主管工业的张德江副总理随即作出重要批示：毅中同志：锦涛总书记关于提高产品质量的批示，非常及时，非常重要，为我们指明了下一步的工作重点和方向。建议工业和信息化部领导班子结合学习实践科学发展观活动，认真学习领会总书记的批示精神，会同有关部门制定加强产品质量建议的工作方案，把提高产品质量工作作为工业和信息化部的工作重点，常抓不懈，抓出成果，在工作中，要注意发挥行业协会的作用，有关工作情况，望及时报告。德江副总理还把我找到他的办公室，当面了解质量方面的情况，强调要发挥协会的作用，尽快提出和上报有关专题报告。

为了贯彻落实党中央、国务院领导同志的批示指示精神，我先后分别向国务院国资委李荣融[①]主任、工信部李毅中部长、国家质检总局王勇[②]局长等同志汇报有关情况和协会的工作，听取政府行政主管部门主要领导同志的意见，也得到了他们的

① 李荣融，时任国务院国资委主任、党组书记。
② 王勇，时任国家质量监督检验检疫总局局长、党组书记。

充分理解和大力支持。中国质协还专门召开专题会长办公会，学习领会领导同志的批示精神，讨论了贯彻落实的意见。

我讲这些背景情况，目的是告诉同志们，这是当前全国质协系统开展工作的努力方向和重要的机遇期。为什么这样讲呢？主要有三点理由：

第一点，党中央、国务院对质量工作高度重视。刚才，我向大家传达了胡锦涛总书记的重要批示。我认为，总书记在一个协会上报的材料上，用了那么长的一段话阐述质量的重要，寓意非常深，完全超出我的想象，很受鼓舞，也很受教育。紧接着在去年底召开的中央经济工作会议上，胡锦涛总书记发表重要讲话中又多次提到质量问题，他指出：随着我国发展阶段的变化，增长粗放和产品质量不高问题日益突出。食品、药品质量安全和生产安全事关人民群众生命、事关社会稳定、事关国家信誉，必须高度重视并切实做好。温家宝总理也在讲话中指出：我们必须充分认识加强产品质量和安全工作的极端重要性，要始终坚持质量第一的意识，全面提高产品质量。

联系到去年以来党中央、国务院领导同志的一系列批示和讲话，我深切感到党中央、国务院领导同志对质量问题，站的高，看的远，讲的重，抓的实，对于进一步做好我国质量工作，不仅有重大的现实意义，而且有深远的历史意义。胡锦涛总书记的批示再次指出“质量是企业的生命”，并且在讲话中提出质量问题的“三个事关”，这不仅与毛泽东、邓小平、江泽民等党的三代领导集体关心我国质量工作一脉相承，而且还充分体现了第四代领导人在新的历史时期对我国质量问题重要性的新认识。特别是明确提出了“全党要重视质量”，这在我们党内是第一次，可以说，对质量的重视是前所未有的。

第二点，中央经济工作会议确定的“质量和安全年”活动已经启动。上个月，国家质检总局在重庆召开质量管理工作会议，对质量安全活动进行了全面部署，并要求所有企业都要开展“质量和安全年”活动。全国质检系统“质量和安全年”活动方案中很多安排与质协系统的工作相关，比如普遍开展一次全员质量安全意识和质量管理教育培训活动等，为质协发挥优势既提出了新的任务要求，也提供了新的平台。国家通过组织这样的活动，引导社会的广泛参与，质量必将在更深层次、更广泛领域、更深远意义上影响我国经济社会发展，我们必须牢牢把握住这个抓手。

第三点，目前，美国金融危机引发的全球经济萧条还在持续，世界主要经济体无一幸免，我国也不可能独善其身。有人做出乐观的估计，预计今年底中国可以率先走出危机。我非常希望实现这个愿望。但经济发展的规律是不能用年度来推测的。复苏可能有快有慢，有先有后，但要彻底摆脱这次金融海啸的影响，是要花费巨大的努力，才有可能缩短这个周期的。在全球金融危机对实体经济冲击和影响的应对中，越来越多的企业选择由“冬眠”变为“冬练”，变负为正，转危为机。把握机会用来练内功，夯实质量管理基础，组织质量改进，提升核心竞争力，迎接新的增长期到来，已成为优秀企业的共识。这种真正来自企业内在的，十分迫切的，又有针对性的质量改进和提升的需求，是十分宝贵的，也是十分难得的。我们必须努力使这些要求得到满足。

因此，全国质协系统要在这样的机遇面前，认清形势，统一思想，充分认识到中央经济工作会议的部署和党中央、国务院领导同志对质量问题的重要批示，经济社会健康发展和企业的需求，为我们做好当前和今后一段时间的工作提供了十分难得的机遇，我们要十分珍惜这来之不易的机会，以质量工作者的责任感和使命感，抓住机遇，加倍努力，化解困难，转危为机，做好每一项工作，以优质服务，赢得党和政府的信任，赢得企业的认同，赢得国际同行的尊重，打开工作新局面。

2009年是中华人民共和国建国60周年，也是我国引进推行全面质量管理和中国质量协会成立30周年。可以说，今年既是全国人民期盼的一年，又是中国质协发展历史上值得纪念的一年。因此，做好今年的工作，意义重大。关于今年全国质协系统的工作安排，戚维明同志下面要向大家报告，请常务理事审议，我只强调以下几项工作：

一、认真学习领会和贯彻落实党中央、国务院领导同志关于加强我国质量工作的批示精神，是今年全国质协系统工作的重中之重，是一切工作的首要任务

要通过各种形式和活动，广泛宣传好党中央、国务院领导同志批示精神，把对质量重要性的认识统一到中央的精神和工作要求上来。要积极主动的向地方政府及业务主管部门汇报党中央、国务院领导同志的批示精神，结合本地实际，实实在在的提出贯彻落实的意见，建言献策。要明确提出质协系统今年配合政府开展的几项质量推进重点工作，取得地方政府及业务主管部门的支持。全国质协系统要统一思想，认清形势，把握机遇，迎接挑战，思想认识要落实到党中央、国务院的工作要求上来，活动安排要结合到“质量和安全年”的部署上来，发挥优势要体现到各项质量服务项目上来，推动各项业务迈上新台阶。

今年年底，我们要向中央报告“质量管理现状调查和重点产品用户满意度调查”的结果，要汇报今年质量教育培训工作开展的情况。各地方、行业质协要积极配合中国质协的工作安排，集中力量，动员资源，出色完成调查工作，千方百计保证年度调查结果分析报告的质量，向党中央、国务院交出全国质协系统的一份满意答卷。今后我们要把这项工作长期开展下去。

二、紧密联系协会工作实际，积极开展“质量和安全年”活动和质量服务工作

刚才我介绍了国家质检总局已经对“质量和安全年”做了详细安排和部署。质协很多工作都纳入进去了，比如质量月活动，质量管理小组活动，质量教育培训，质量专家企业行、质量知识竞赛等，这是对我们工作的肯定，也是信任。我们要借助“质量和安全年”的契机以及“质量月”等平台，大张旗鼓、理直气壮的开展工作，把质协的优势发挥出来，展现出来。年底，大家要把这方面的工作结果专门总结一下，报给我们，以便统一上报。

三、积极发挥专业优势，帮助企业强身健体，战胜危机

受美国金融危机影响，今年，我国经济发展将是新世纪以来最困难的一年。不仅实体经济继续受到冲击，我们的工作也将会面临很多困难。转变这种局面，变被动为主动，必须拿出质协系统的全部力量。因此，我们要以大局为重，全力以赴，以质协组织的专业优势服务大局、服务经济、服务企业、服务社会。要帮助企业增强和培育信心，让企业认识到危机也是变革的机会，要从调整修改完善战略入手，重新审视和确定企业下一步的发展方向，以充分的准备，主动迎接新增长期的到来。要倡导全国各类组织联系实际，开展一次质量诊断、培训与改进活动，将“质量是企业的生命”的意识转化为领导和员工的行为准则，找问题，学知识，练内功，把质量基础工作做实，提升质量管理水平和核心竞争力。

今年，也是看一个组织是否有存在价值，是否具有在经济寒冬中破冰前行能力的考验期。全国质协系统也面临着困难，大家要充满信心，迎难而上，要根据新的形势和任务，配合国家工业振兴计划和区域中心的明确定位，主动深入企业调查研究，了解实际需求，提供有针对性的增值服务和个性化服务，为提升企业竞争能力和产品实物质量水平发挥我们的专长，体现我们的价值。要通过我们的服务，让企业真正体会到质量管理是应对经济危机的有效方法之一，为努力实现中央提出“保增长、扩内需、调结构”的要求做出全国质协系统的贡献。

四、认真做好中国质协成立 30 周年纪念和表彰活动

纪念中国质协成立 30 周年，这既是中国质协的一件大事，也是全国质协系统的一件大事，是继承质协历史和文化，提升质协形象和品牌，增强质协凝聚力和影响力的一次难得机遇。饮水思源、温故知新，要以传承创新发展为这次活动的主题，回顾质协的发展史，认真总结中国质协成立 30 年来所做的主要工作和取得的重要成绩，整理我国卓越企业在推进中国式质量管理的典型和经验，表彰为中国质协的成长和发展壮大做出过突出贡献的人员和单位，隆重开好中国质协成立 30 周年纪念大会。通过纪念活动，宣传质协工作，树立服务品牌，扩大社会影响，促进加快发展。

五、进一步开展和创新全国质协系统五项品牌活动

要结合新的形势和任务，联系质协发展的实际，进一步明确中国质协和全国质协系统的战略定位，完善发展战略，保证品牌活动的健康和可持续发展。其中很重要的一点，就是要坚定不移的树立学术研究领先的思想，重视理论对实践的指导，关注对最佳实践的理论概括。在继续坚持引进、吸收、消化、推广国外先进质量理念、方法和技术的同时，要切实加强对我国企业质量管理自主创新实践方面的经验总结，用质量科研项目支持中国质协质量创新基地的建设，创造富有中国文化、符合中国企业管理实际的质量管理理论、方法和技术，让学术研究成果，不仅为协会的核心业务和品牌活动提供支持，而且要为我国企业的管理实践提供有力帮助。与此同时，还要积极加强与世界各国和地区的质量组织的交流与合作，实现优势互补，共享各自在质量管理方面的创新成果。

要自始至终坚持全国性质量品牌活动规范运作的原则，提升质量品牌活动的价值。质量品牌活动要注意活动的内容创新，理念创新，过程创新，方法创新。要将在质量品牌活动中的创新做法、发明专利，转化为企业的工作规范、工艺流程、作业指导书、技术标准等，使这些成果变成生产力，以适应专利技术化、技术标准化、标准全球化的趋势。要有专业技术和专业团队做支撑。要有评审标准和评审纪律做保障。各项质量品牌活动的评审结果要得到企业及有关各方的充分认可，并经得起历史的检验。

要识别在新形势下企业对质量服务的需求，以全国性质量品牌活动为载体，大力提升质量品牌活动的附加价值，今年，中国质协在质量管理小组活动方式、行业用户满意测评、现场管理评价、质量体系标准换版等都将陆续推出新的活动，有些是具有探索和开创性的。全国质协系统要积极参加进来，一道实践、一道改进、一道创新，共同打造和培育质协系统核心业务的权威地位，努力保持全国质协系统专业不可替代，规范值得信赖的优势。

不辱使命　创新发展 *

（二〇一〇年四月十日）

这次常务理事会的主要任务是：全面学习、贯彻落实党的十七届四中全会、中央经济工作会议和中央领导同志关于加强质量工作的重要指示精神，总结全国质协系统2009年度工作，研究部署2010年度重点工作。关于去年工作总结和今年的工作安排，委托戚维明同志向大家报告。在这里，我重点就有关质量问题的一些想法和改进质协工作等问题，谈几点意见。

最近，日本丰田汽车公司质量事件引起全球的关注。在过去相当长的一段时间内，丰田汽车是日本制造和卓越品质的象征，丰田公司是日本企业开展质量管理的鼻祖，丰田生产方式是企业质量管理的标杆。这样一个世界级的卓越企业，为什么还会出现这样大的质量事故，原因是什么，非常需要我国企业引起深思、吸取教训。这个重大国际性质量事件，再次印证了总书记指出“质量是企业的生命”这一深刻教诲的重要性、前瞻性和战略意义。这几年我们大家亲身感受到总书记、总理，德江、岐山等中央领导同志对质量工作非常重视，抓得很紧，多次在重要讲话中强调质量问题。我认为，学习中央领导同志指示，借鉴丰田事件，认识当前形势下质量问题的重要性，应

---

* 在中国质协第八届七次常务理事会议暨2010年全国质协系统秘书长工作会议上的报告。

当有以下几点启示。

一、质量问题是我国经济社会发展中一个事关全局的战略问题

一方面，无论从国内还是国际上发生重大质量安全事故造成的严重后果看，产品质量关系人民群众切身利益，关系企业的生存和行业发展，关系政府和国家的形象。质量出了问题，就要影响经济社会平稳较快发展的全局；另一方面，落实科学发展观，进一步加快经济结构调整，转变经济增长方式，没有质量的理念不行，没有质量工具方法的支持也不行。从某种意义上说，调结构首先要调观念，要从重视规模、数量的增长，向重视质量和效益增长转变，要把“大质量”的理念融入到经济发展方式转变当中，确保中央提出的战略目标实现。

二、质量问题关系国际政治和国家经济安全

在经济全球化的今天，受国际金融危机影响以及一些国家内部原因促使，贸易保护日益凸显，不仅频率加快，涉及项目范围扩大，而且手段升级。质量也是被格外关注的问题之一。出现产品质量问题，或因标准差异、产品特性指标不符等原因，都有可能授人以柄、借题发挥，造成重大损失甚至国际影响。企业忽视质量和质量信誉，就可能被挤出国内和国际市场，就可能毁于一旦。提高产品质量是应对新的国际贸易保护主义最为重要的举措。在国际政治经济生活中，质量和质量信誉问题既是经济问题，也是政治问题，我们必须从维护国家政治、经济安全的高度来认识产品质量和质量信誉问题，加强质量风险防控，绝不能在产品质量上先输一棋，维护我国产品质量的正面形象和国家声誉。

三、要把提升产品质量作为一项长期、紧迫和艰巨的任务

新中国成立以来，尤其是改革开放三十多年来，我国企业的管理水平和产品质量，从整体上看，有了很大的提高。但与丰田等世界知名企业的质量管理基础和产品实物质量相比，差距还是比较大的。丰田这样的企业会出现质量事故，我们的企业更有可能出现质量事故。所以，要充分认识到质量工作的重要性、复杂性、艰巨性和不可预见性。要认真落实总书记的重要批示，“重在落实，重在持之以恒，重在严格管理”，质量工作要天天抓、月月抓、年年抓，一刻也不能松懈，而且要抓好每个环节，真正做到持之以恒。要增强对产品质量和质量信誉的忧患意识。要充分认识到产品质量没有最好只有更好，追求卓越只有起点没有终点。提升质量、追求卓越，必须坚持持续改进。生产高质量的产品，不仅是企业的基本责任，而且是企业永续经营的前提和条件。

在质量事业发展的进程中，应该正确处理好以下几个关系：

（一）处理好提升质量与品牌建设的关系

企业有个好的品牌非常重要，但基础是产品好，质量过硬。加强质量管理是提升产品质量的有效措施，没有好的质量，就没有好的产品，品牌附加值就不可能提高。质量是产品的基石，好质量的产品才能得到消费者认可，才能形成和塑造企业的良好的品牌形象。要使广大企业真正认识到，回归质量，把提高质量作为品牌建设的原点，在质量提升中铸就成功品牌，是加强品牌建设必然和正确的选择，也是加快赶超国际先进水平的必由之路。

（二）处理好提升质量与降低成本的关系

在处理成本和质量关系时，首先要考虑质量，否则要付出更大的成本。扩大规模、适度降低成本是企业提升竞争力的有力措施之一，但降低成本不能以降低质量和损害消费者利益为条件，如果消费者购买的产品没有了质量和安全，企业的效益也就无从谈起了。当降低成本成为追求企业效益和规模的主要手段时，管理的风险将被成倍的放大。不论企业发展到多大规模，处于何种领先位置，在处理质量与成本的关系时，必须坚持质量第一。

（三）处理好提升质量与发展速度、扩大规模的关系

在社会化、工厂化作业生产条件下，出现质量问题的产品可能是批量的，会给企业或消费者带来直接的、巨大的损失。因此，企业要避免盲目提升发展速度和扩大生产规模。不能颠倒质量、速度和规模的顺序和位置，不能忽视产品实物质量的提升，不能放松对产品质量的监测，更不能以速度和数量葬送质量。如果规模扩张速度快于管理方法提升的速度，就有可能出现管理失控，并由管理失控导致质量失控的情况出现。要努力做到坚持高质量的发展速度和高质量的扩大再生产，做到管理能力的提升和规模的扩大相符合、相一致，这才符合又好又快的科学发展原则。

（四）处理好提升质量与提高员工素质的关系

企业的发展速度，是依靠员工成长及队伍素质的提高做支撑的。随着企业的发展，员工数量也在不断扩大，员工的素质也要不断提高，要使员工的素质提高与企业的发展速度相一致。也要发展。企业发展要以优质的人力资源作为保障，十年树木，百年树人，人的素质的提高、员工队伍质量技能的提升和增强，不是一朝一夕的事情，需要持续不断的培养和塑造。企业领导者要舍得在这方面的投入，像重视企业绩效一样重视企业员工队伍建设。

（五）处理好提升质量与履行社会责任的关系

温家宝总理在今年召开的十一届全国人大第三次会议的报告中指出：“企业家身上应该流淌着道德的血液”。温总理的论述深刻的阐述了企业家的品德与社会道德的关系，产品质量与社会责任的关系。企业家是企业运营的舵手，企业家身上流淌的“道德血液”里，最根本、最重要的就是“质量因子”，质量是基础，安全是底线，关注顾客需求，保障用户利益，勇于承担质量责任主体的责任和义务，这就是企业家和企业履行社会责任的直接体现。

我国经济发展已经进入了重要的战略调整和转型时期，培育新的竞争优势，增加我国产业及企业产品在全球产业链上的高附加值的比重，促进中国制造升级，培育国际品牌，塑造质量信誉，已成为我国工业行业和企业的重中之重。质量管理实践既对质量组织和质量工作者提出了严峻的挑战，也提供了良好的发展机遇。全国质协系统应该面对新的形势，承担新的历史使命。贯彻落实中央领导同志的指示精神，从丰田汽车质量事件中吸取有益的教训，关键是如何把我们自己的工作做好，把我们自己的事情办好。具体讲，我还是强调这么几点：

一是抓教育。在各级党委和政府的重视支持下，在企业的大力配合下，全国质协系统积极开展质量宣传教育工作，对提高全民质量意识和素质，起到了一定的推动作用，这是有目共睹的。但是，我们做的还不够，与质量形势发展的要求还有很大的差距，全民崇尚质量和重视质量的社会氛围还没有形成，广大企业员工的整体质量意识、素质和技能还不够强，质量兴国的基础还不牢靠。因此，我们要再接再厉，大力加强质量宣传教育工作。

抓教育培训要先抓好领导干部的质量知识培训。企业主要负责人是质量第一责任人，通过有针对性的培训教育，帮助解决好企业主要负责人重视质量，懂得如何从战略的角度，用系统的方法抓质量的问题，坚持质量经营方向，确立以质取胜战略。“一把手”不能把企业的质量工作全部委托职能部门去管，必须亲自负责、亲自过问，带领整个企业对质量重视起来，保证质量管理方法在企业落地。其次是提高企业全体员工的质量意识、素质和质量工具方法使用技能，这需要企业在员工培训方面继续下功夫，加大一点投入。从去年我们对近5000家企业调查的结果看，员工培训需求很强烈，但投入不足，应当尽快改变。促进企业员工对质量工作由“要我做”到“我要做”、“我会做”转变，在企业真正形成全员、全过程、全方位的质量管理局面。第三是倡导在企业建立质量文化，树立全员自觉的质量意识和先进的质量理念。要使每个员工懂得企业的质量信念是什么，本职工作的质量要求是什么，自身的质量责任是什么。在这里我还想强调，质量信誉建设同质量工具方法学习一样重要，应当引导和鼓励企业把质量主体责任意识融入到企业文化里，落实在经营管理活动中。

二是抓方法。去年，在纪念我国推行全面质量管理和中国质量协会成立30周年之际，我请老领导朱镕基同志题词，他勉励我们“质量是企业的生命，质量管理是企业的生命线”，强调加强质量管理的重要性。实践充分证明，推广先进的质量理念、方法和工具，是从技术、管理和文化等方面，系统提升我国企业的综合素质和竞争能力的有效途径，也是提升产品质量水平、培育知名品牌的根本保障。根据我们去年开展全国企业质量管理现状调查反映出来的问题，中国质量协会决定今年在全国质协系统组织开展先进质量方法推广年活动。目的就是以这项活动为抓手，明确提出活动内容、目的和各项指标，通过宣传、培训、试点、交流等多种方法，进一步引导企业牢固树立“质量是企业的生命”的意识，加大对先进质量管理方法的推广力度，努力做到质量工具方法在企业中“学懂、会用、有效”。我认为，全国质协系统开展这项活动，符合国家质检总局、工信部提出的要求，非常必要、非常及时、非常具有针对性，对继续发挥好全国质协系统的力量，动员全社会共同关心我国质量事业发展也非常有意义。这项活动安排，就是今年全国质协系统工作的主题。我们要举全系统之力，把这项活动组织好，开展好。要造出声势，方式灵活，讲求实效。要以这项工作为龙头，带动各项工作创新发展。

在组织这项活动中，第一是要在推广上下功夫。要“推的动，用的好，见成效”。质协系统要组织好各方面力量，根据不同行业、不同企业的具体特点和管理实际，为企业提供量身定制的服务，提高质量服务的有效性。要耐心细致帮助企业、员工真正掌握各种先进的质量理念、方法和工具的精髓，能够融会贯通，灵活应用。要根据中小企业的需求，着力帮助、辅导好急需的提高产品实物质量和经营管理水平的方法和技能。第二是要循序渐进，根据企业的不同发展阶段和内在要求，有区别的帮助企业开展 5S 管理、现场管理改进、QC 小组活动、ISO9000 族质量标准、可靠性管理、质量功能展开、卓越绩效模式、六西格玛管理等工具方法和系统的管理模式，特别要重视总结、推广我国自己在质量管理实践中总结出来的质量管理方法，推动企业走卓越质量经营之路。第三是要典型引路。通过先进质量理念、方法和工具在企业得到正确运用，使企业质量管理工作有一个重要的抓手，在提升企业业绩和核心竞争力方面获得好的效果。企业要在参与这项活动中，通过管理“软实力”的提升，持续提高产品质量和市场竞争力，成为行业的标杆、领头羊，带领更多的企业共同进步，为实现我国由制造大国到质量强国的转变打下稳固的基础。

三是抓创新。要在认真总结传承我国开展质量管理的有效作法和成功经验，巩固现有成绩的基础上，以振兴中国质量事业为己任，广泛凝聚各方力量和智慧，搭建产、学、研相结合的质量交流平台，进一步健全完善我国质量事业的推进机制，调动专家、学者、企业质量工作者和质协系统工作人员的积极性，为加快我国质量事业的发展添砖加瓦，建功立业。

全国质量奖、全国员工质量知识普及教育和统一考试、用户满意工程、现场管理星级评价等全国性质量品牌活动要精耕细作，规范行为，创新方法，进一步提高品牌影响力和认知度。质量培训、咨询、用户满意测评等各项核心业务要不断提升专业水平，增强顾客价值。要充分利用去年我们开展质量调查取得的宝贵资料，分析我国企业在质量管理和质量保证方面的现状，针对不同行业和企业，提供有针对性的指导和服务。同时，要研究普遍存在的、影响质量问题的各种现象及产生原因，找到解决的方案或办法。要认真总结我国企业开展质量管理的最佳实践，积极探索有中国特色的质量管理理论体系的建设，在形成我国质量事业推进机制和探索有中国特色的质量管理理论体系、管理模式方面，争取有新的收获。

这几年，质协工作越来越受到重视，责任也越来越大，必须加强我们全系统的自身建设。最近，我在中国质协提出，要增强历史使命感和责任感，要更加热爱中国质量事业，因为这个事业是伟大的事业；更加热爱质协组织，因为这个组织是从事于这个伟大事业的组织；更加热爱本职工作，因为我们的工作与伟大的事业联系在一起。我建议要向全国质协系统的同志们大力提倡，开展“三热爱”活动。要把提高服务能力放在质协系统发展的首位。要培养一支懂得理论、方法，热心为企业、政府和社会服务的专业队伍。要不断改进服务方式，注重为相关方创造价值，维护和开发良好的客户关系。要严格自律，规范服务行为，保持全国质协系统专业、敬业的社会形象。

让我们更加紧密的团结在以胡锦涛同志为总书记的党中央周围，深入贯彻落实科学发展观，只争朝夕，倍加努力地工作，为开创我国质量事业的新局面而努力奋斗，为推动我国经济社会又好又快的发展做出应有的、更大的贡献。

切实加强全国质协系统服务品牌建设 *

（二〇一一年四月十日）

这次会议的主要任务，就是认真学习贯彻党的十七届五中全会和全国人大十一届四次会议精神，坚持以科学发展为主题，以加快经济发展方式转变为主线，研究和部署全国质协系统今年工作。因此，开好这次会议，对于统一思想、坚定信心，明确目标、谋划未来，在“十二五”开局之年，开好头、起好步很重要。关于全国质协系统的工作总结和部署，今天上午会上，戚维明同志要向大会报告，请同志们审议。下面，我重点强调几个问题：

一、“十二五”是提升质量工作的关键机遇期

建国六十年来，特别是改革开放三十多年以来，我国经济建设取得了举世瞩目的成就。去年年底，我国经济总量已位于世界第二位，成为世界名符其实的制造大国。在看到成绩的同时，我们不应当回避，我国经济发展的方式还比较粗放，总体发展不平衡；我国产品多数属于加工制造，缺少核心竞争力；一些企业质量意识不强，质量管理不规范；质量诚信体系、质量安全保障体系不完善，特别是一些假冒伪劣产品屡禁不止，仍在侵害广大用户和消费者，这些问题引起中央领导的高度重

* 在中国质协第八届四次理事会、八届八次常务理事会议暨2011年全国质协系统秘书长工作会议上的报告。

视和社会各方面的广泛关注。中央在“十二五”发展规划纲要建议中明确指出，坚持以科学发展为主题，以转变经济发展方式为主线，为今后五年以至更长时间我国的经济建设和社会发展确定了总体目标和实现方式。做到科学发展，转变发展方式，就是处理好增长速度和社会统筹协调发展的关系，就是处理好“好”和“快”、“当前”和“长远”的关系，说到底，就是要解决好社会发展的质量问题。在这当中，质量必然会得到前所未有的重视。这是因为，从国家层面讲，“质量强国”的理念体现在指导今后的国家发展规划当中；从企业层面讲，“质量强企”是在新的市场竞争条件下的必然选择。发展看重质量，竞争依赖质量，社会讲求质量，质量成为经济社会发展的推动力之一。这种态势的形成，是我国社会发展阶段和历史方位所决定的，是中央全面分析国际国内形势，做出的科学判断和决策，机遇十分难得。当前，全国质协系统要认真领会“十二五”发展规划的内涵，抓住机遇，紧紧围绕中央提出的主线和主题来开展工作，发挥质协组织的优势，为如何实现转变经济发展方式，提高质量竞争力，走出一条增长速度和质量效益相互统一、协调发展的道路，想办法、提建议、干实事。质协系统开展的各项质量推进工作，都要服从和服务于科学发展这个大局。这次理事会，建议同志们在这个问题上深入议一议，用大质量的视角，从质量在经济社会发展中的战略地位与基础作用的高度，思考质量与实现我国科学、可持续发展的关系问题；发挥质协系统作用与推动我国质量事业发展的关系问题，进一步统一大家的思想认识，明确目标和方向，对于在新的发展阶段取得良好开局，实现持续发展十分重要。

二、大张旗鼓地深入开展先进质量方法推广活动

全国质协系统的重要使命，就是要发挥协会组织优势，努

力做好质量推进工作。质协作为一个质量服务型组织、科技型社团，没有行政管理职能，也没有行业性协会历史上形成的上下级关系和人脉优势，依靠什么开展工作？很重要的一条，就是必须用专业、规范、优质的服务为我们的顾客创造价值。这样人家才肯找我们，才认可我们，愿意同我们一道做质量事业。怎样才能为顾客创造价值，这几年我们把开展多年的质量服务项目归纳为五项品牌活动。五项品牌活动的核心，还是推广先进质量管理方法。这是质协全部工作的聚焦，是我们的看家本领，也是质协组织的优势所在。去年，我们决定开展“先进质量方法推广年”活动，就是想通过这个主题，找到一个抓手，搭建一个平台，把质协的品牌和服务在更大的范围展示出来。开展这项活动，是我在调查研究的基础上，经过深入思考，向中央领导和政府主管部门提出来的。这项工作得到了中央领导同志充分肯定，也得到政府工业与质量主管部门的大力支持。去年一年，全国质协系统都积极行动起来，制定了很好的活动方案，组织和动员各方面力量干了很多事，社会反响很好。因此，我们要把这项活动作为推动质协系统工作的抓手，继续抓，连续抓几年。今年活动的名称加上了“深入”两个字，希望这项工作在去年取得成绩的基础上，进一步创新方法、完善平台、突出重点、提升活动效果。质协开展品牌活动需要不断创新。这两年，我们通过开展现场管理星级评价活动，推动基层生产单位实现质量改进，就是质量方法推广应用方式的创新，企业非常欢迎。要通过开展质量方法推广活动，帮助制造、建筑和服务业企业在质量管理方面取得实实在在的进步，从而推动我国企业整体综合竞争力的提升。

三、积极探索、总结有我国特色的质量管理理论和方法

质量管理科学是一门理论与实践紧密结合的科学。现代质

量管理，是在西方现代管理理论和实践的发展中不断积累和成熟的。上个世纪50年代以来，日本组织实施了全面质量管理，德国严格推行了以标准化为主题的质量管理，美国推广卓越绩效模式，引导企业追求卓越，从而使他们成为名符其实的质量强国和品牌大国。历史和实践证明，质量管理理论和方法能够有效的指导各类组织的质量经营，为实现系统的改进、绩效的提升及核心竞争力的形成提供有效方法和路径，这是不争的事实。

我国实行改革开放以来，从引进日本企业质量管理理念和方法开始，先后引导企业实施了质量管理知识普及教育，ISO9000族国际质量标准体系认证，卓越绩效模式等质量管理方法和模式，沿着以全面质量管理为主线的轨迹，进行了全面、先进、广泛的质量意识、理念、模式、方法的学习和借鉴，对我国各类组织的质量管理工作迅速追赶上国际先进水平产生了重要作用。随着市场经济的发展，我国企业在积极消化吸收国外先进质量方法的同时，也通过自身的质量管理实践，探索、总结、创造了一些行之有效、实用可行的质量管理方法，比如，海尔集团的“日清日高”、航天的“质量、管理双归零”等。事实证明，总结我国企业最佳质量管理实践，探索具有中国特色的质量管理理论、方法的历史责任已经摆在我们质量工作者面前。在这个问题上，全国质协系统要有作为。去年底，中国质协组建了国际质量科学研究院，一项重要任务，就是要进一步加强对中国式质量管理理论和方法的探讨和总结。开展这项工作，要做好一个规划，办好三件事。首先是要提出一个探索和总结有中国特色的质量管理理论、方法的工作规划，可以用三年或更长的时间，进行分步骤的总结、提炼，做到年年有重点，年年有收获。“三件事”就是，一要凝聚产、学、研的力量，通过形成因素分析、关键要素比较、适用方法提炼，探索、概括出具有我国企业自身管理特点和实际的质量管理方式、方法；二要形成一批可资借鉴的我国质量管理方法典型案例和创新实践；三要加强对行之有效的具有我国特色的质量管理方法的重点推广工作。我相信，经过大家的努力，具有我国特色的质量管理方法一定能够总结出来，并为广大企业所欢迎和使用。这项关系我国质量事业百年大计的基础性工程，需要从现在就做起。

四、加强业务能力建设，努力打造品牌协会

国务院国资委决定：将2011年定为“行业协会品牌建设年”。从今年开始，全面开展协会品牌建设工作。要努力做到“五个一流”即，服务质量一流、能力水平一流、发挥作用一流、规范运作一流和诚实守信一流。协会组织要努力争取成为“政府靠得住、企业信得过、行业有威信、国际有地位”的品牌协会。这是根据协会所处发展阶段的科学分析，针对协会建设问题提出的方向性指引和评价考核依据。这不仅是对中国质协提出的要求，也是对全国质协系统的要求和期望。为此，我强调几点：一是要结合落实“十二五”规划，进一步明确组织发展战略，统筹规划协会的发展目标、建设任务和保障措施。按照开展协会品牌建设的要求，结合实际，制定好协会发展规划。目前，全国质协系统已经初步走上了专业化、正规化、市场化的发展阶段，谋划下一步发展十分重要。要根据规划目标，全面加强协会建设，努力把各地方、行业质协办成高质量的品牌协会。二是结合自身特点，突出抓好几个重点，树立和打造一批品牌服务项目。全国质协系统在推进我国质量事业的过程中，培育和开展的全国性质量品牌活动，包括：全国质量奖，质量管理小组、质量信得过班组，用户满意工程，质量技术奖，质量管理知识普及教育，中国质量学术论坛，六西格玛推进，现场管理星级评价，质量文化建设等，要继续深耕细作，务求实效。要结合“深入推广质量方法年”活动，创新活动方式，提升活动价值，扩大全国性质量品牌活动的影响力。三是加强自律，切实做到协会活动程序规范、行为规范、运作规范。秉承服务立会的宗旨，坚持专业规范的管理运营原则，努力塑造中国质协和全国质协系统的品牌形象。四是要开展对标活动，加强服务能力建设，向搞得好的兄弟协会学习，向国际质量组织学习，努力在国内质量领域确立应有地位和优势，在国际同行中树立良好的影响和形象。

新的起点，新的征程，让我们更加紧密地团结在以胡锦涛同志为总书记的党中央周围，坚定不移地推进和实施质量兴国战略，为促进我国经济又好又快发展，为推动我国质量事业不断进步，为企业、政府、社会提供优质的服务，为培育和塑造全国质协系统的品牌形象，努力勤奋工作，争取做出新的更大的贡献！

关于中国质协机关建设

有为才有位*

（二○○○年七月十一日）

过去的半年，我们整个协会的工作可以说是方向明确，团结振奋，大家是在努力开拓前进。

从各部室汇报的情况和我直接了解的情况看，我们年初部署的几大项主要工作都在积极地推进实施。比如用户工作，今年上半年集中抓了七项工作，有些工作是过去没做过的，或是做得很不够的，今年有了新开端。用户工作的影响，全国用户委员会的地位，正在不断提高和扩大。最近在天津召开的用户满意理论与实践国际研讨会，这是有史以来在中国举办的第一次有关这样内容的研讨会，虽然组织工作有一些不尽如人意的地方，但这个会产生的影响是积极的。用户工作部还将“用户满意跟踪企业”扩展到温州市的民营私营工业企业，并在陕西省试办了私营企业营销人员培训班，请教授、博士为学员授课，从中探索和积累了很好的经验，也开创了新的服务领域。用户工作是对我们开展质量活动成功与否的检验，也是我们改进质量工作的重要依据。

提高我国质量的总体水平，尤其是产品质量的总体水平，主要依赖于产品的生产者。群众是推行全面质量管理的源动力，

---

* 在中国质协机关 2000 年干部职工大会上的讲话。

群众是全心全意依靠工人阶级办企业的深厚根基。没有群众的参加和参与，没有群众的创造性和积极努力，我们的目标永远实现不了。为了把坚持了22年的质量管理小组代表会议开好，开出新意，开出实效，小组工作部为此做了认真的准备工作。我最近去云南昆明参加机械质协的“双代会”，感受很深。机械质协年年开“双代会”，开了19次，我高兴就高兴在这“19”上，坚持19年不容易，这项活动长盛不衰，人数年年增加，年年都有新的创意，新的内容，会议组织工作做得非常好，真值得我们学习。小组活动是有最广泛的群众基础的，我们年年召开的小组代表会也要越开越好，年年有实际的成果和新鲜的经验，真正推动实际工作不断上新台阶。会员部在发展新会员以及推动质量效益型评比活动的深入，推动降废减损活动开展等方面都做了不少工作。这是我们的基础。我们一定要把这项基础工作抓好。

上半年，我们的咨询工作和认证工作取得了丰硕成果。咨询工作有了新的进展，市场在不断扩大。质保中心按照年初制定的“面向未来、以人为本、调整战略、开发重点、品质争胜”的发展思路抓紧努力工作，已经取得显而易见的效果。随着人类对全球环境的日益重视，协调环境与经济可持续发展的理念日益深入人心，环境管理问题已成为突出的全球问题。质保中心在努力扩大ISO9000业务的基础上，抓紧开发ISO14000业务，下一步还要开展ISO18000的业务，必能大大提高中心的竞争实力。上半年咨询，认证工作业务的扩大，一方面反映了企业需求的增长，另一方面也反映这两个部门的工作质量和信誉的提高。企业对我们工作的信任，这是我们开拓工作领域的重要源泉。

培训教育和质量研究工作，这也是中国质协的主导工作之一，必须大力加强，这一点我在全国质协秘书长工作会议上已经专门强调了。今年以来，我们的培训中心开始着手研究这个问题，提出想法。上半年编写出版了《2000 版 ISO9000 族标准——质量管理体系教程》，这本教材是有水平的，是符合企业需要的，操作性比较好，为企业和有关组织提供了比较详尽的换版实施指导，这是办得很好的一件事情。

信息部在人手减少、经费有限的情况下克服困难，建立并开通了“中国质量管理信息网”，已设有十余个栏目，100 多网页。网站的开通，与原有的《中国质量》、《现场管理》、《质量管理简讯》、《质量信息》、《全国用户委员会简报》、《ISO9000 论坛》等共同构筑成强大的信息源，努力为政府、为企业、为行业、为用户提供信息服务，同时也为宣传中国质协，扩大中国质协的地位影响创造了新的基础条件。

“两个杂志”，国际部及办公室上半年的工作都有进步，都有改进，都是努力的。“两个杂志”围绕贯彻落实国务院关于提高产品质量总体水平的决定，积极开展宣传，在扩大发行上也做了很多工作。国际部在安排好出国团组访问的同时，利用收集的国际质量方面的消息，翻译了一些文章和资料，又请专家与培训中心一起搞培训。办公室的工作比较杂，有时很琐碎，做起来很辛苦，但大家都很努力，也确实做了大量工作。还要特别说一下党办，工作也抓得紧，坚持组织政治学习，起到了政治保障作用。

除此之外，还有六件事，我和几位理事长亲自抓了一下，我与国家质量技术监督局局长李传卿同志交换了看法，希望他们多支持、多指导。一是全国质量月活动问题；二是质量工程师职称考评问题；三是先进质量管理企业的评奖工作问题；四是用户满意度指数的研究与运用问题；五是培训外审人员资格问题。还有一件事，就是关于企业质量状况的调查问题，现在企业的质量工作情况到底怎么样，并非那么清楚。我们提出要搞一次调查，我与国家经贸委刘学良副秘书长谈了，他很支持，给了一点经费。这是为政府服务的一项重要工作，以后每年都要搞，要长期搞下去。

上半年中国质协的工作在前进，但前进中仍然存在不容忽视的问题。根据大家的反映，比较集中的是四个问题：

（一）散的问题。散的问题主要表现在两个方面：一是工作散。各部门是各干各的，互不通气，缺乏统筹，缺乏沟通，缺乏合力。几位理事长就是各干各的，没有形成合力，不能发挥整体优势。我们这个小院子都合不到一起，这怎么行呢！合不到一块儿，在资源配置上就是浪费，就不能充分发挥作用。二是少数人纪律散。有的人晚来早走，有的人天马行空，独来独往，谁也不知道在干什么！内部开会迟到，来的人稀稀拉拉、进进出出，有时根本不像开会的样子。

（二）工作不够深、不够广的问题。开拓得不够，很多领域我们还没有进去。中国有30多万个企业，我们才880个会员，太少了。发展会员光靠发通知还不行，还要出去跑，出去做工作，出去做宣传。我以后也要做会员部发展会员的宣传员。我们大家都应该走出去，深入基层，积极发展会员才对。咨询、认证做了很多工作，但你们的领域还只是很少一部分。培训也同样，上海质协一个月办了40多个班，我们上半年才办27个班。我们是中国质协，工作领域广得很，必须努力开拓才行。

（三）发挥网络系统作用不够。我们和各级质协都是一个系统，虽然某些方面的工作有竞争，竞争是必要的，但可不可以联合起来搞活动，充分发挥网络作用，发挥中国质协的主导作用呢？我认为完全可以。我在年初全国秘书长工作会议上讲过这个问题，现在改进还不大。

（四）注重实效不够。我们搞了很多活动，搞活动一定要注重实效，不能为搞活动而搞活动。开展活动要少而精，多也不要紧，一定要适合各企业、各方面的口味，适合他们的需要，办得让他们愿意来参加。要组织好，要热情一点，工作上要再细一点，真正收到满意的效果。

存在这些问题，责任主要在我。当然在座的几位理事长都有责任。工作虽有改进，但根本问题没解决，主要是机制问题。激励机制、约束机制没有建立起来。

下半年以至今后中国质协的任务会更繁重，要做的事情会很多，难度也会很大。我常说：我们现在是夹缝中前进，只有有为，才能有位。

（一）进一步解放思想，转变观念，开拓奋进。要坚持学习，要深入学习，要全面领会党的十五大、十五届四中全会精神，深入学习全国经济工作会议、全国质量工作会议、全国质协秘书长工作会议的有关文件，学习“国务院关于进一步加强产品质量工作若干问题的决定”，从宏观上对我国社会主义市场经济发展的全局，对我国加入 WTO 后的国内外经济形势有一个清醒的认识。现在竞争越来越激烈，竞争越激烈，质量工作就越来越被重视，越来越重要。我们既有机遇又有挑战。关键是看我们能不能抓住机遇，要有所作为，抓住机遇。现在社会上有很多事情没有人去干，但社会上也还有很多人没有事情干。要彻底转变观念，拓宽眼界和心胸，吃苦耐劳，坚韧不拔地向新的领域进军。

（二）进一步加强内部管理，坚持从严治会。中国质协是搞质量管理的，我们自己内部的质量管理到底怎么样？我们自己内部的工作质量应该是符合标准的，应当在内部首先建立起质量保证体系。管理包括各个方面，管理要严。严才能出效率、出效益、出人才。严一定要从领导严起，从我严起、从理事长、从部门领导严起。从每一件小事儿，从方方面面严起。只有真正严起来，才能最终克服散的问题。当然严的同时，还要努力关心职工生活，还要体贴人、关心人。要多谈心，多做思想政治工作。领导做事、处事一定要公道正派，要真正能把大家的积极性调动起来。

（三）换届工作要加紧进行。要广泛的听取意见。关键是秘书长工作班子，要先把秘书长的工作班子搭建起来，然后筹备换届，今年要把这件事情抓紧干完、干好。现在艾兰、欧阳、马林他们三位主持日常工作，他们要努力把工作做好，大家也要支持他们的工作。

最后，我特别要强调的是加强质协机关党的建设，加强思想政治工作问题。质协的机关党委工作要进一步改进。机关党的工作要进一步加强，要使党组织更有战斗力和凝聚力。最近江泽民总书记在中央思想政治工作会议上发表重要讲话，我们要认真组织学习，并要研究如何贯彻落实。我们必须全面贯彻落实“三个代表”重要思想，加强和改进党的思想政治工作，这是做好质协各项工作的根本保证。

跨入新的世纪，推进实施全国用户满意工程和做好全国用户工作，都面临着新的形势和新的任务。明年，我们要通过大力宣传“用户满意”的质量观，提高全民的质量意识；要继续探索用户满意度理论，积极开拓新的实践领域；要结合宣贯2000版ISO9000系列标准，推动实施用户满意工程，促进企业建立以用户满意为中心的经营管理体系；要运用科学的方法开展用户满意度调查和评价，促进提高产品质量、工程质量和服务质量；要加强全国质量跟踪站的建设，扩大信息源，改进信息收集、反馈渠道，努力为用户、为企业提供优质、迅速、周到的服务。做好以上工作，中国质量管理协会、全国用户委员会要根据企业和用户的需求，积极组织开展多种形式的活动，但切忌搞形式主义，搞花架子，更不能搞不合理的收费，增加企业的负担。企业欢迎的、社会欢迎的，用户欢迎的，我们就努力去做。企业不欢迎的，社会不欢迎的，用户不满意的，我们就坚决不做。在这里，我向大家宣布一件事情：本届全国用户委员会已经工作五年多了，按照章程规定，要进行换届改选，我们准备明年上半年在中国质量管理协会换届后完成这项工作。希望大家关心、支持全国用户委员会的换届改选工作，认真行使民主权利，选出一个好的、大家信任的领导班子，使新的全国用户委员会能够适应新形势发展的要求，担负起新的任务，做出新的业绩。

同志们，新的世纪即将开始，让我们在以江泽民同志为核心的党中央的正确领导下，全面贯彻落实党的十五届五中全会精神和中央经济工作会议精神，求实创新，开拓进取，努力争创全国用户满意工程和全国用户工作的新局面。

务实开拓　团结协作*

（二〇〇一年三月十九日）

今天这个大会开得很好，既有思想性，也有实际内容。下面我讲几点意见：

一个是抓落实。今年我们开过换届理事会，国务院领导和咱们主管部门领导都很重视这个会议。这个会议通过大家的努力开得不错，目标、方针、任务都已经明确了。接着又开了秘书长会议，对有关工作进行了具体的部署。质协秘书处今天又对秘书处的方针目标做了具体的安排。现在关键是抓落实。这个落实靠谁呢？要靠大家来落实，那么其中落实的关键是靠我们的秘书长、副秘书长和各部门的负责人，希望大家共同来落实。作为各部门的领导和秘书处的领导，更应该以身作则，落实好理事会和秘书处的工作任务，把我们的工作进一步推向前进。落实的关键是转换机制，我认为今天所签订的聘任合同，就是机制转换的一种实际步骤，因为这里面既有激励机制，又有约束机制，责、权、利比较明确。完成的好就应该重奖，完成的差，就得受到批评或者一定的处理，就是要激励能干的，干得好的使之干得更好，干得差的促他进步，这是很重要的形式，这个形式我非常同意。刚才马林秘书长讲的绝对不能搞形

* 在2001年中国质协秘书处全体职工大会上的讲话。

式主义，一定要说到做到。说到做到就是要检查、要考核，到年底就要兑现。对极个别表现差的，通过教育不改的，就要坚决处理，这一点要坚决支持。机制很重要，这次各级聘任合同的签订和实施就是转换机制的一个步骤，所以大家一定要坚决、认真的搞好，特别是秘书处领导班子和各部室的领导班子要明确责任，切实履行好职责。

二是要特别强调开拓。部门和秘书处的工作方针都提到了开拓，确实我们要开拓，因为现在我们面临的机遇很好，但是竞争也很激烈。在这种情况下，我们一定要扎扎实实去开拓。这些年来，中国质协做了大量的工作，也有一定的社会影响，但现在我认为开拓的不够。我说包括各个部门，包括秘书处本身开拓得不够、影响不大。现在我们的机遇很好。要提到质量的问题谁都重视。国务院今年的三项工作重点之一就是整顿市场秩序、打击假冒伪劣，这是重中之重，这和质协的各个方面工作的关系很大。现在全球经济一体化，科技飞跃发展，质量工作的机遇太多了，要做的事情太多了，要靠我们去开拓啊！靠我们去扩大影响啊！用户部的工作多得很，怎么能够为用户服好务，一个方面是理论上的研究，建立顾客满意度指数，更重要的是怎么为顾客服务、为用户服务、为消费者服务，这方面为消费者办点实事，大家才愿意找咱们中国质协。我们用户工作在这方面能不能搞点老百姓关心的事？比如说食品的问题，现在怎么能让大家吃着安全呢？这些方面能不能抓点典型事例搞点声势？协会靠什么？靠会员。中国质量协会会员面窄，量小，要去开拓，去发展。昨天中国连锁经营协会找我去开会，我说你们连锁企业搞得不错，你们没经过 ISO9000，你是不是中国质协会员？人家说：“我们想搞，但找不到地方。”像这些方面我们要开拓。过去我们只盯着国有的工业企业。行业多得很，要大力发展会员。推进质量，靠会员来壮大我们的基本力量。咨询、认证的范围也很大，现在咨询搞了多少家我不清楚，刚才听黄金夫认证讲到累计3000家，我们全国上百万个企业，算上公司不知有多少，都有个质量问题，而且还有ISO9000、ISO14000、ISO18000。咨询市场广阔得很，但是竞争也非常激烈。另外教育培训市场也大得很，竞争也非常激烈。既要有高深的学术研究，更重要的是实行我们质量的普及再教育，我看这是最关键的。开拓不能老坐在屋里面，要走出去，要深入出去，要广泛地联系，要交朋友。朋友多了信息就多了，这一方面我们要加强。

三是要团结协作。部门经过调整，部门之间是你中有我，我中有你，所以希望大家一定要团结协作，要共同配合，大家共同协作，互相帮助，多加联系。除了要想好我们院子里面的事以外，还要想着全国质协系统，要发挥其作用，形成一个强大的势力。

去年9月新的秘书处班子组成以后，这一段工作干得不错，大家确实辛苦啦，经常加班加点，而且努力去开拓，努力工作。刚才我说了有了新的气象，有了新的起点，有了新的开端，我的信心也强了。我认为大家确实干得不错，我认为这半年进步不小，是大家的功劳。我看现在不像过去那样又散又乱，现在比过去强多了。当然我不否定过去，过去有过去的成绩，但现在确实有很大的进步，所以我的信心也强多了。我相信今年工作定会有突破的，是会前进的。所以希望大家在新的一年里，特别是在新世纪开始的第一年和第十个五年计划的第一年，做出更好的成绩来。

以创新求发展*

（二〇〇三年八月一日）

今天的会议很重要，会议开得也很好。听了大家上半年的工作汇报，我感到欣慰，感到高兴，也感到满意。各部门、各单位和秘书处的工作都有了很大的改进和发展，协会的整体作用发挥比以前好了，大家的精神比以前振奋了，工作干劲更大了。秘书处新班子是一个好班子，是一个勤奋、务实、团结的班子；秘书处这支干部职工队伍是一支好的队伍。在此，对大家的辛勤劳动，表示衷心的感谢和慰问。面对新的形势，新的任务，新的要求，新的机遇与挑战，我们一定要扬长避短，居安思危，任重道远，努力做好各项工作。

一、要认真深入学习江总书记在建党80周年大会上的重要讲话

江总书记的重要讲话，高屋建瓴，继承传统，立足现实，前瞻未来，全面系统地阐述了“三个代表”重要思想及其科学内涵和相互关系，精辟深刻地回答了在新的历史条件下建设一个什么样的党和怎样建党等重大课题。《讲话》集中体现了党的第三代领导集体对建设有中国特色的社会主义伟大事业的战略思考，是当代中国共产党人的新世纪宣言，是新时期党的建

* 在中国质协秘书处2003年上半年工作总结会议上的讲话。

设和社会主义现代化建设的纲领性文件，是中华民族在新世纪实现伟大复兴的行动指南。因此，我们要认真学习《讲话》，深刻领会其精神实质，把思想行动统一到《讲话》精神上来；我们要以《讲话》为思想武器，进一步解放思想，转变观念，以创新应对新的挑战，以创新做好各项工作，以创新创造新的成绩。

二、要把日常工作和已经定下来的几项重点工作继续做好

目前我们的各项日常工作正在有序地开展，几项重点工作也开了一个好头，我们要扎扎实实地把这些工作做好，尤其是要花大力气把质量普及教育、全国质量管理奖评审等几项重点工作做好，以工作质量和工作成效取信于企业，取信于政府，取信于社会，让重点工作推动、带动其他工作。此外，我们还要做到越是工作比较顺利的时候，越要保持头脑的清醒，越要严格自律和勤奋，只有这样，我们才能不急不躁、专心致志地做好工作。

三、要进一步开拓创新

我国成功申办奥运会和加入 WTO，为我们的发展提供了十分难得的机会，我们要继续拓宽工作思路。拓宽工作领域和拓宽工作范围，增强和扩大质协的影响。我们要围绕奥运做工作，做贡献，科技奥运，绿色奥运，人文奥运，质量是关键，要在建筑、住宅、环保、卫生、服务、食品等行业有所作为；我们要广泛开展用户满意评价活动，为不同所有制的企业提供服务；我们要继续扩大发展会员的范围，加快发展会员的速度，调整会员结构，增强会员的代表性；我们要开展有关质量工作的大型组织活动，加大宣传力度，增强质协的号召力和影响力。

四、要进一步加强自身建设

首先要加强思想作风建设，改进工作方法，部门中层以上负责人要处理好想大事与做具体事的关系，领导干部要想大事，想大事要站得高，想得远，想得宽，要增强宏观决策能力，当然具体事情，细小的事情也要做好，但不能成为事务主义者；其次是要真正树立服务宗旨，要依靠我们的真诚服务，依靠我们的精心组织，依靠我们与社会各界的广泛联合，解决我们的人力资源不足问题，靠自身服务动员社会方方面面的力量，共同做好质量工作；第三，要珍惜和维护质协形象，树立群众观点、实践观点，增强工作的操作性，任何人都不能因工作差错和疏忽而影响质协的形象；第四，要加强学习，努力提高理论水平和业务工作能力，进一步提高质协秘书处员工队伍素质。

坚持服务立会宗旨*

（二〇〇四年一月十九日）

秘书处2003年的工作在极其困难的情况下，各项工作有了新的突破，协会的发展又上了一个新的台阶，取得这样的成绩是非常来之不易的，这进一步说明，我们这支队伍是不错的，素质也是比较好的，秘书处班子是有战斗力的。2004年的整体工作安排有新意，比2003年的要求更高，可以看出大家是动了脑子的。计划已经提出，我看关键是要求真务实，开拓创新，真抓实干，重在落实，争取今年创造更加辉煌的业绩。下面我讲几点意见。

一、进一步认清形势，增强工作的紧迫感

我们的工作，与形势对我们的要求还有很大差距，现在国家的经济形势很好，建设发展的速度很快，效益也在提高，老百姓也得到了实惠。政府、企业、广大人民群众等方方面面都非常重视质量工作，这是质量事业发展的大好时机。与此同时，我们面临的竞争形势，也越来越激烈。因此，我们绝不能满足于现状，我们要树立忧患意识，增强危机感和紧迫感，要努力使我们的工作更上一层楼。

二、求真务实，开拓创新

我们的传统业务要进一步做好和提高，要争取做细、做实、

* 在2004年中国质协秘书处全体工作人员会议上的讲话。

做强、做大、做出精品。要开拓新的业务，我们的业务要从一般产品、中端产品向高端产品发展；要开拓新的工作领域。我们的服务领域要由第二产业向第一产业和第三产业延伸，尤其要拓展商业零售、卫生医疗、金融保险等领域的业务，我们的服务区域要从城市向农村延伸；我们要联系实际，进一步解放思想，敢想会想，要使我们的工作贴近党和国家的中心工作和老百姓关心的热点问题，围绕中心工作和热点问题，扎扎实实的工作，干出成绩来。

三、进一步加强自身建设

我们要注重学习，通过学政治和学业务，努力提高思想政治工作水平和业务能力，使我们的组织成为学习型的组织，我们的员工成为学习型人才。要强化思想政治建设和协会文化建设，真正树立以人为本的思想，调动全体员工的积极性，促进员工的全面发展和个人价值的实现。要建立健全各种激励机制和监督机制，完善有关制度，加强监督。制度定下来，就坚决执行，不要含糊。协会的各项工作要严字当头，要敢于管理和善于管理，严能出干部，严能出效益，严能增强凝聚力，严要从领导干部严起。要特别加强班子建设，希望秘书处班子成为以下四个方面的典范：一是学习的典范，二是思想道德品质（公道正派、实事求是）高尚的典范，三是开拓创新，求真务实的典范，四是团结奋进，实现三个提升一个突破的典范。秘书处班子成员要以自己高尚的思想道德品质和情操及自己的一言一行为全体员工做出表率。

四、坚持服务立会的宗旨，调动社会各方面的力量，做好质量工作

做好质量工作，是实践“三个代表”重要思想的具体体现。我们要牢固树立并实践服务立会的的宗旨，调动方方面面的力量，共同推进我国的质量事业。首先，中国质协要义不容辞地承担起对全国质协系统的牵头、协调、组织和指导作用。其次，要充分调动地方、行业质协和各分会的积极性。第三，要整合大专院校、科研单位质量专家的力量。第四，要加强与核心会员的联系，积极发展个人会员，与他们建立战略合作伙伴和朋友关系。第五，要加强与新闻媒体单位的联系和沟通。通过这些工作，把大家凝聚到我们周围，既形成合力，又发挥各自优势，共同推进我国质量事业向前发展。总之，我们要通过自身的服务质量、水平和信誉来赢得顾客、政府和社会各方面的认可和支持。

没有好的机制是不行的 *

（二〇〇四年十一月三日）

最近一段时间我和大家一起开会比较少，日常工作都是秘书处负责，我只是支持秘书处搞好工作。那么今天为什么开会呢？我想绩效考核和建立薪酬体系是个大事，是个重要的事情，需要大家共同来做，不是仅仅靠几个专家就能把事情完成的。这个问题相当复杂，牵扯到每个人的既得利益，牵扯到每个员工的培养和发展。今天这个会就是动员会，动员我们这些在座的骨干重视这件事，都来投入这项工作，把这项工作做好。

为什么说这是一项重要的工作呢？我到协会已经四年多了，协会当时的状况是散、懒、乱、差，不像个样子。后来我们抓了领导班子的建设、抓了队伍的建设、抓了协会的制度建设及机制建设等工作。几年来通过秘书处班子的领导和大家的努力，我们的情况有很大的变化。职工本身有体会，外界也有评价，说我们有很大的进步。现在我们的业务开拓了，我们的精神面貌有很大的改进，对中国质协形象的提高起到很好的作用，为中国质量事业做出了我们应有的贡献。我们有几个大事做得非常好，一个是评“全国质量管理奖”，其次就是新一轮的质量知识普及教育工作，第三是用户工作的开展、认证咨询

---

* 在2004年中国质协秘书处办公例会上的讲话。

工作的开展、学术研究的开展等，都比以前进了一大步，社会舆论和企业对我们的工作都有很高的评价。另外我们的办公环境和各方面的设施建设也有很大的变化，这体现了质协的一种形象。最近的几幅宣传标语很好，“质量第一，永远第一”，表明了我们的一种追求。这些成绩应该充分肯定，这是大家努力的结果，但我们不能满足现状。为什么说不能满足现状呢？你说工资低，但根据调查，把补助等加在一起，基本上和市场是接轨的，征求每个职工的意见，大家都热爱质协，没有一个提出要走，这说明大家日子过得不错。质协要上新台阶，要更进一步地崛起，我看没有一点真动作是不行的。只靠马林同志给我们讲“危机”是不够的，要建立一种机制，建立以人为本的机制，机制上必须有一个飞跃才行。刚才我肯定了大家取得的成就，肯定大家工作很努力，但我们的业务发展得还很慢，还不适应新形势的要求，现在的形势是停滞状态就等于落后。现在有的地方质协比我们发展快。化工出版社原来在全国是很小的出版社，现在搞得那么好，你们都去参观了。在竞争这么激烈的情况下，平稳的状态就是落后。因此大家要充分认识到竞争是越来越激烈，平稳发展就是落后，长此下去，大家和集体的既得利益就要丧失，这和每个职工的利益都有关系。

前些年我们对机制进行了研究和改革，当时提出“能上能下、能进能出”和“薪酬工资改革”等，都起到了一定的作用。但现在看起来，每个部门内部又在吃大锅饭，这种机制已经缺乏激励性。这次请咨询专家来为我们建立绩效考核体系和薪酬分配体系，我完全支持。这项工作非常重要，是推动我们质协上新台阶的关键。质协能不能上新台阶，就看这一步走得怎么样。这个工作抓得不好，就上不了新台阶，上不了新台阶就要落后，这是一个我们必须面对的现实。这项工作很难做，专家咨询是很重要的，我们要尊重他们的专业指导。我们应把专家指导和自身实际结合起来，做好此项工作。要做好这项工作，必须依靠大家共同努力。绩效考核，对每个人怎么考核，不是拿天平来秤的，就是要依靠在座的骨干，认真研究本部门的实际情况，建立公平合理的考核体系和考核目标，然后确定不同的薪酬体系，这是很重要的。我特别强调，通过大家的努力提出方案以后，就要认真执行，绩效考核不仅仅考核完成指标就行，而且要鼓励开拓新的领域，鼓励新的创造。

要推行末位淘汰制。实行末位淘汰制，包括秘书长在内，从明年开始，年年都要体现。虽然没有错误，指标也完成了，但评比中处于末位，就要被淘汰。秘书长、副秘书长、部门负责人都应这样，这样才能激励。不能搞终身制，不能端铁饭碗，这一条对部门负责人、对秘书长、对秘书处所有员工都一样。协会存在忙闲不均的现象，有的人十分繁忙，辛辛苦苦，有的人一天东看看、西望望，看报纸，看信息，这种现象必须改变，办法就是实行末位淘汰制。

现在我们质协发展的空间很大，机遇也很多，但挑战竞争也很激烈。最近我在政协搞“保护长江万里行”活动中走了八个省市、十四个城市，走了很多企业，有不少企业对质协还不了解，这说明我们工作面不够宽。像安徽的“奇瑞”，这是我们自主知识产权的轿车，现在干得很不错，他们对“卓越绩效模式”都不知道，当然我也对他们进行了一些宣传。这说明我们工作的领域很多，我们还要努力开拓，要通过良好机制激励大家继续开拓，更加努力工作，把质协工作推上新的台阶。

实行绩效考核和末位淘汰，我希望年年都要兑现，我特别强调，不是说了就完了，年终考核除了完成指标，还要排位，是末位的就要淘汰。此外我们还要加强思想政治工作，提高全员的思想认识。但从根本上讲，没有好的机制是不行的。机制是靠人去实施的。希望在座的负责人从现在开始，在完成今年任务目标的前提下，考虑好明年的工作安排，集中精力，把绩效考核和薪酬体系改革这件事情做好。这个工作是一个艰苦的过程，牵扯到我们观念的改变和既得利益的调整。今天这是个动员会，12 月底方案就定下来，希望大家重视起来，不应抱秘书处怎么定，我们就怎么执行的态度。大家要群策群力共同制定这个方案，要通过实行这项改革和实行末位淘汰制，激励我们的骨干，激励我们的员工，创造更加优秀的业绩，推动协会迈上新的台阶。

通过战略促进协会工作再上新台阶*

（二〇〇五年四月十五日）

从我2000年到质协工作以来，在原国家经贸委、国资委、国家质检总局等上级部门和常务理事会的正确领导下，在秘书长班子和大家的积极努力下，中国质协的工作有了很大的进步，各项业务也都有了很大的起色，受到了政府主管部门、企业和社会各界的好评，大家认为中国质协工作有很大地提高和进步，这是应该充分肯定的。

从去年下半年开始，我总感觉到，目前中国质协的工作好像处于一个自我满足的平稳发展状态。究其原因，大家感到质协不错了，收入有较大的提高，工作有较大的进步，工作环境也有改善，业务发展比较稳定，工作劲头不如以前那么足。这种状况与形势发展的需要、事业发展的需要、国家进步的需要、人民群众的需要还不相适应，我们的工作还有很大的差距，还有很大的发展潜力和空间。因此，我们的工作在原有的基础上，能否进一步提高，进一步发展，这是我们应该思考的，这也是事业发展的要求。怎么发展呢？仅仅讲危机感、责任感、紧迫感可能会有一定作用，但作用不会太大，工作如何上新台阶，如何不断改进、不断开拓，我想主要还是要抓好三项工作：

---

* 在2005年中国质协秘书处全体员工会议上的讲话。

一是要抓战略和战略目标的落实。我们已制定了发展战略，中国质协下一步怎么发展，就需要制定长远的战略目标，要用战略和战略目标来激励大家。我们国家现阶段的奋斗目标就是要建设全面小康社会。我们的战略目标要为全面建设小康社会做出贡献；二是要进一步抓好内部机制改革。要进一步建立激励的机制，也要建立约束的机制。协会要进一步提高，必须进一步改革现有机制；三是要努力抓好当前的工作，尤其是几项重点工作。

关于制定战略目标问题。在现有的基础上，协会下一步如何发展，发展要达到什么目标，采取什么措施，应该好好研究。前些年，我们制定了协会的发展战略要点，但还不太具体。今年春节以后，我反复强调，希望大家根据形势发展的要求，认真研究到 2010 年我们质协到底要发展成为一个什么样的组织，如何工作才能跟上形势的发展，如何不断前进和开拓等问题。现在质量事业大有可为，竞争形势又非常激烈，如果我们的工作还停留在原来的步伐上，那就会落后。刚才马林同志对协会到 2010 年的发展目标提出了一个初步的框架，这只是工作的第一步，只是一个框架，还需要反复论证，还需要深入人心。制定战略目标如果不深入人心，就无法使战略目标成为统一思想和行动的纲领。所以要让全体职工和全国质协系统都知道这个奋斗目标，而且要为这个奋斗目标努力工作，就必须充分听取协会内外的意见。因此，战略目标的制定，在协会内部应经历一个从上到下和从下到上反复讨论研究的过程，就全国质协系统而言，也要经历一个由内到外，再由外到内的反复讨论研究的过程。在协会内部，秘书处已提出了一个框架性的意见，希望各个部门发动群众，联系工作实际，对协会的发展战略及发展战略目标纲要，提出具体的书面意见和建议，并要根据协会发展战略和发展战略目标纲要的要求，提出本部门到2010年的工作目标和具体措施，确定的目标要清晰，要符合实际，实现目标的措施要扎实具体。然后将部门研究结果再反馈上来，由秘书处再研究，通过由上至下、再由下至上的形式反复研究，使战略和战略目标深入人心，这也是我们完善战略和战略目标的过程。

中国质协是全国性的质量组织，对地方行业质协，在业务上有指导的责任和义务，中国质协要起到牵头作用，在制定发展战略和战略发展目标时，还要认真听取地方行业质协和中国质协分会的意见和建议，我们要在内部研究的基础上，征求质协系统的意见，他们对中国质协发展战略和发展战略目标纲要有什么想法，有什么希望，有什么要求，有什么意见和建议，中国质协应该充分研究、听取并吸纳，这样就可以完善我们的战略和战略目标。为了做好这项工作，中国质协秘书处领导班子要分工，要征求全国大多数省市质协和行业质协的意见，通过由内到外，再由外到内征求意见，使全国质协形成一个整体，使中国质协的战略和战略目标不仅在内部深入人心，而且要在质协系统也深入人心，这样才能使我们的战略和战略目标，真正成为整个系统共同为之努力奋斗的战略和战略目标，才能推动我们真正成为中国有绝对权威的质量组织，成为中国有巨大影响力的质量组织，成为广大企业和质量工作者都信得过的质量组织。

关于进一步改革机制问题。我们要随着情况的不断发展变化，改革我们的运行机制，包括建立健全协会的激励机制和约束机制。为了突破自身的局限性和使人力资源管理项目改革具有专业性、先进性和公正性，我们聘请专家来给我们做项目咨询，在大家的共同配合下，通过半年多时间的努力，提出了人力资源管理项目一整套改革方案，我认为这套方案是不错的，现在的关键就是要抓落实和执行，使新方案发挥作用并取得实实在在的效果，真正做到能上能下、能出能进、能多能少。我们要采取坚决措施使方案得到贯彻落实，我们的工资水平是与市场接轨的，是相对比较高的，全体员工要按照岗位的要求，努力做好工作，要为协会做出贡献；各部门领导要认真负起管理考核的责任，要很好地起到带头作用，带领好部门员工，管理好部门的工作，使部门的工作上一个新台阶。执行的关键是考核，考核的关键是要用数据说话，各个部门和员工要按照协会绩效考核工作月报统计的要求，做好相关工作。再一个问题就是要加强对劳务费的发放管理工作。我们的工资已经包括了一部分劳务费，大家出去讲课，出去咨询，费了很多功夫备课，协会的相关制度规定可以给予一定的补偿，合法收入的一定要上交。这一点要靠大家的自觉，共产党员靠党性，工作人员靠职业道德，我们必须坚决执行劳务费发放管理的相关规定。与此同时，绩效考核工作的执行和落实，还要靠综合管理部有效的组织管理和党组织的监督管理，纪检书记冯锐①同志要承担起监督的责任，监督不是空的，要制定相关办法。

总之，人力资源管理项目改革提出了一个比较好的方案，能不能取得效果那就要看执行得怎么样，落实得怎么样。落实的关键就是考核，考核就是要用数据说话。各部门负责人一定要认真负责，大家都重视，把这个工作搞好，真正起到作用，从而形成一个有效的激励机制和约束机制。通过此项工作，激发大家努力为我们的质量事业贡献力量。

关于抓好当前工作的问题。目前已经是 4 月中旬了，全年

---

① 冯锐，中国质协党委副书记、纪委书记、原副秘书长。

的时间已经过去了三分之一，我们要按照年初常务理事会和秘书长工作会议确定的任务和工作目标要求，抓好重点工作和日常工作。一是要抓好卓越绩效评价准则国家标准宣贯这项龙头工作，认真开展全国质量管理奖的评审活动，同时也要抓好咨询、认证、培训、学术研究、用户评价、杂志出版、QC 小组等日常工作；二是抓好扩大协会社会影响、开拓新业务领域工作。这方面工作还要进行深入研究，希望大家不仅仅要完成年度考核指标，还要积极想办法，开拓新的业务领域，不断提高服务的档次和水平，努力扩大社会影响；三是要打造好质量协会的品牌。打造品牌，最根本的就是要搞好服务，坚持服务立会和从严治会的宗旨。我相信，今年，我们通过战略目标的制定，通过绩效考核机制的改革，希望协会的工作迈上一个新的台阶，为今后的发展打下一个良好的基础。

今年，还有一项重要工作，就是在全党范围内开展保持共产党员先进性教育活动。中国质协要严格按照中央和上级党委的精神与要求，认真开展此项活动，保证活动不走过场，每个党员要真正在思想上受到教育，并联系实际，改进工作，创造出一流工作业绩，真正发挥先锋模范作用，这就是为人民谋利益的具体表现。

建设一个好的领导班子非常关键 *

（二〇〇五年八月十日）

今天，我讲三个问题：第一个问题是这些年来对协会建设与改革的总体思考和安排；第二个问题是对协会各级领导班子提几点希望；第三个问题是如何做好当前的重点工作。

一、对协会工作的总体思考和安排

在过去的一年中，我经常思考质协如何更好地发展这个问题。在过去的五年中，在以马林同志为核心的秘书处班子领导下，在同志们的共同努力下，中国质协在原有的基础上发生了很大的变化，业务做大了，影响扩大了，为中国质量事业的发展做出了贡献。随着形势的发展变化以及党和国家对我们的要求，竞争越来越激烈，我们在平稳状态下发展，在原有基础上慢步往前走，已不能跟上形势发展的需要。不进则退，平稳发展也要落后。我反复强调要有危机感，要有新办法，要推动协会的工作在现有基础上，更进一步有所突破、有所前进，赶上形势发展的需要。经过总体考虑，我认为协会的建设和改革应分三步走：一是利用协会换届的机会，制定下一个五年的战略发展规划，明确中国质协在今后五年要发展到什么样的程度，作为大家的奋斗目标，并以此来凝聚大家和全国质协系统的力

---

* 在2005年公布中国质协秘书处新一届领导班子人选方案大会上的讲话。

量，共同把中国质量事业做强做大；二是实现这个战略目标，必须建设一个更好、更强的领导班子和更好、更强的职工队伍，经过艰苦的努力，把我们的事业做好、做强、做大；三是要进一步建立新的体制和机制，要突破原来体制和机制方面的束缚和障碍，充分发挥大家的潜能，调动大家的积极性，更好地把工作做上去。

关于制定战略工作。通过去年一年的努力，大家反复研究，反复论证，我们已经有了一个比较清晰、比较符合实际的发展战略和奋斗目标。这个战略和目标不一定十全十美，也不可能面面俱到，但是这个战略和目标是符合中央制定的“十一五”规划的，是围绕“十一五”规划中“以人为本”和“落实科学发展观”的精神制定的。战略和目标更主要的是要深入人心，而不是做完以后放在抽屉里、挂在墙壁上。为什么要反复研究？关键就是要使战略和目标深入人心，首先要深入到我们每个部门、每个职工的人心，最终要深入到全国各级质协、行业质协的人心，使大家都认识一致，并为这一目标而奋斗。通过换届大会要把这个战略和目标进一步在全国质协系统中宣传贯彻，使之成为我们共同奋斗的目标，只有这样才能达到我们的目的。

关于领导班子。建设一个好的领导班子非常关键，好的目标、好的设想需要有能力的领导班子带领大家共同努力，才能实现和超越我们既定的目标。形势的发展需要我们对领导班子进行调整、充实、提高。我对领导班子的慎重考虑是从去年开始的，其出发点就是要在现有基础上把班子搞得更好。协会员工对领导班子的考虑也是很慎重的，在征求民意基础上，在谈话中都提出了很多很好的意见，说明大家都很重视这件事情。我认真分析了每个同志的长处和短处，根据每位同志的德、才和实际表现，对一些重点人物进行个别谈话，对他的成绩加以肯定，对他的问题不客气地指出来，使他心服口服，明确问题出在什么地方？应该改进什么？这样才能真正做到对同志负责任。最后把他们组织起来，发挥互补优势，取长补短，建立起和谐的、团结的、有战斗力的领导班子。经过与同志们沟通和交换意见，经过反复的研究和考虑，确定了现在这个领导班子。这个班子是按照既定程序确定的，是一个比较符合我们实际的班子。

关于在现有基础上建立新的体制和机制。既要建立激励机制又要建立约束机制，还要规范运作，最终是要坚持以人为本，充分调动大家的积极性，把工作做得更好。

二、对领导班子和中层干部提四点希望

一是要团结和谐。领导班子包括各个部门的领导班子，关键是秘书处的班子要团结要和谐。要真正建立一支有战斗力、凝聚力、号召力以及干事业的领导班子，团结和谐非常重要。领导班子的成员都要从为质量事业、为国家做出贡献的高度来明确自己的责任并发挥自己的作用。要合心，在事业上合心，在战略目标上合心，要以共同的质量事业为追求，既各司其职，各尽所能，又长短互补，彼此配合；要合拍，工作中要合拍，但不是无原则的合拍，既要讲究原则又要维护工作的节奏，在工作中的不同意见，要通过研究达到合拍；要合力，特别是要在困难面前，在遇到矛盾尖锐的时候，要大家一起来共同解决困难、解决矛盾，达到合力，使我们的工作向既定方向前进。要做到“三合”，关键是要做好沟通工作。决定问题遇到不一致的意见，就要加强沟通，使之互相了解。如何沟通？一是重大问题一定要在决策之前事先沟通。现在党中央都非常重视这个问题，在每个重大决定之前都要召集各界人士开会进行沟通，把中央的意图告诉大家，让大家发表意见。比如，我们的激励机制改革和绩效改革，这些事情都得事前沟通，而不是几个人就能决定的；二是关键时刻要及时沟通；三是在一些紧急突发的情况下要马上沟通；四是意见不一致时要反复沟通。反复沟通之后才能拿出正确的意见，不能单纯的少数服从多数，要看事情的真实正确与否。但是反复沟通也要维护决策的集中统一。通过沟通，增强信任，凝聚力量，实现团结和谐，特别是要实现有战斗力的团结和和谐。秘书处班子、各部门班子都要这样做。

二是要敢于创新。创新是一个艰辛的过程，而不是提一些新口号、搞点新花样，如果这样，只是表皮的创新，不是实质的创新。现在质协的形势是不错的，但如何把我们的事业进一步向前推进发展呢？就需要进行真正扎扎实实的创新。中央对自主创新非常重视，在科技创新方面有“二十字”方针，有“十一五”规划。我们一定要根据中央的精神，加强自主创新，只有这样我们的工作才能有所突破，各项业务才能做大做强，才能实现我们的战略和目标，才能使中国质协成为全国最有影响、最有权威的质量组织。

三是要学习、调研和思考。学习、调研和思考不是绝对分开的，而是相辅相成的。我们要加强对党的方针政策和国家的法律法规的学习，进一步了解全局，使我们的知识面更加宽广，以提高我们的政治思想水平，提高我们做好质量事业的业务水平。我们要培养中国自己的专家，特别要培养年青一代的专家，我们应建设专家库，这样才能把我们的质量事业做好，只有加强学习，我们的知识和业务面才广泛，创新才会有本钱和资本。另外，我们要很好地进行调查研究，要了解当前质量工作中老百姓需要我们做什么，企业需要我们帮助什么，政府机关需要我们提供什么服务，只有这样我们的工作才能有的放矢，才能做好工作。再者就是要思考。要根据学习、调研的成果很好地思考，不能随波逐流。这样才能创新。要善于思考又要敢于思考。毛泽东说：在战略上要藐视敌人，在战术上要重视敌人。所以在调研的基础上要敢想，但不能是胡思乱想，这样才能敢干。只有创新，才能开拓新的领域，才能迈上新的台阶。

四是做事要严格严谨。做任何事情都要严格严谨，特别是作为领导班子成员首先要严格要求自己，要以身作则，不断加强自身政治文化素质的修养，这样才能起到领导作用和带头作用。严格才能出干部，严格才能出效率，严格才能出业绩。

三、当前的重点工作

一是要把今年的工作落实好。今年是协会实现五年战略目标的重要一年，也是国家“十一五”开局之年，我们一定要围绕中央的总体部署，认真落实协会年度各项方针目标和任务，要做出成效来，要比过去做得更好，为实现协会战略目标打下基础。

二是要在原有机制的基础上建立新的机制。秘书处班子在抓好当前工作的前提下要认真研究我们的运行机制，要理顺流程，资源共享，既要按照分工工作又要相互配合。既要发挥协会的整体品牌效应、整体作用和整体功能，又要调动各个部门的积极性和创造性。秘书处要为此很好地配置资源，这就要求秘书处领导班子要有很高的领导艺术。秘书处在机制方面要进行很好地研究，既要有激励机制，又要有约束机制。要加强监督，以制度来约束大家的行为，一定要按国家的法律、党的政策和协会的规章来办事。激励是必需的，但要强调以事业为重。要加强我们的思想政治工作，加强协会的文化建设，在原有基础上建立新的机制，调动大家的积极性，把工作做得更好。

三是做好第八届理事会换届大会的准备工作，组建换届领导小组。一方面是做好组织方面的准备，另一方面是做好会议文件的准备。这次会议的关键问题是要把今后五年的战略及目标落实到全国质协系统工作之中，整合全国质协系统的力量，实现我们的战略和目标。组织上应该以企业为主体，和各界代表一起，组成一个很好的常务理事会，进一步扩大我们的影响，搞好我们的工作。

打造协会核心竞争力*

（二〇〇七年七月三十一日）

7月27日，国务院召开了全国质量工作会议，会议的主要任务是：深入贯彻落实科学发展观，研究分析当前质量工作面临的新形势，明确今后一个时期质量工作的任务，采取有力措施，努力提高我国产品质量总体水平，促进国民经济又好又快发展。

温家宝总理在会上做的重要报告，对当前和今后一个时期的工作提出六点要求：（一）全面强化质量监管，严格市场准入制度，建立严密的食品安全监管网络，严把进出口关；（二）加快产品质量标准体系建设。要及时跟踪和掌握国外先进标准情况，加快完善国家标准，主要指标要符合国际标准；（三）坚持从源头上提高产品质量，建立健全从产品设计到售后服务全过程的质量管理体系，全面加强质量管理工作；（四）加强质量法制建设，加快完善质量工作的法律法规体系，加大执法力度，依法打击各种质量违法违规行为；（五）集中力量搞好专项整治，要在全国范围内开展以食品为重点的质量专项整治行动；（六）加强舆论和信息工作，建立统一、科学、权威、高效的质量和食品安全信息发布制度，保证群众的知情权和监督

* 在中国质协秘书处2007年中期工作总结大会上的讲话。

权。吴仪副总理主持会议并就如何贯彻温总理讲话精神做出部署。国家质检总局李长江[①]局长做了会议总结讲话。这是新时期、新形势下国务院专门就加强质量工作召开的一次非常重要的会议，充分表明党中央、国务院对质量工作的重视和关心。协会秘书处要认真学习温总理的重要讲话精神，结合协会实际工作，认真研究如何做好贯彻落实。

刚才，马林同志总结了上半年的工作，我认为讲的很全面。当然，有些绩效指标半年还不能看出结果，但是有一点是肯定的，就是班子工作抓的很紧，大家也是很努力。因为没有大家的努力，就不会有今天这样好的结果。我非常感谢大家付出的心血。下面，我讲三点意见。

第一点，当前我们协会面临的形势。

从宏观上讲，总体上分析协会目前还是处在一个好的发展机遇期。一方面，在科学发展观的引导下，我国经济和社会正朝着提高质量和效益的健康轨道发展。国务院刚刚召开了全国质量工作会议，并做出工作部署，社会和各类组织都更加关注质量，也催生了对质量管理服务的需求；另一方面，国家对如何发挥协会等社团组织作用和加强规范管理更加重视，最近国务院刚发了 36 号文件，对引导协会组织健康发展提出了指导意见。按照文件要求，将逐步形成一个好的环境。

具体结合到协会实际，今年面临的形势又有一些新特点：

一是经过前几年的快速发展，协会业务能力和服务水平有了很大的提升，我们站在新的发展起点上，面临一个如何开拓进取，实现持续、稳定、健康发展的考验。

二是根据国务院的要求，监察部等国家九部委今年开展了

① 李长江，时任国家质量监督检验检疫总局局长。

对评比、表彰活动进行清理整顿的工作。其中也涉及到我们协会目前开展的活动，有些还能不能做，怎么做的问题。

三是随着我国各行各业优秀组织管理理念和质量管理水平的提升，需要我们这样的专业化质量组织，对如何向社会提供更有价值、更优质服务做出回答。

这些变化的形势和发展的要求，现在看还没有一个完整、准确的答案。有的在实践，有的在思考，有的正在沟通。但是有一点是明确的，协会必须发展，发展必须依靠核心竞争力，核心竞争力依靠我们服务体系的建设，服务产品的开发，服务质量的提升，做到更加关注顾客价值，更加专业化、规范化、现代化。

在这个问题上我们要有紧迫感，就是说不要等，不要等各方面的条件都成熟了才行动，更不能满足现状、满足已经取得的成绩，甚至消极的对待。要面对挑战更加努力，主动调整自我，在压力面前创造出新的业绩来，以“有为”争取“有位”。

这里，我再强调一下开展五项品牌活动问题。五项品牌活动是协会多年工作实践中逐步形成、树立的，是协会根据“有所为、有所不为”的原则，放弃了一些非优势或不合时宜的做法，提炼形成的核心业务。五项品牌活动体现了协会的特点，形成了活动特色。五项品牌活动为社会提供了有质量的服务，得到了企业、政府等有关方面的认可，具有很强的生命力。因此，我们要正确看待形势的变化和外部的要求，抓住机遇，以落实协会发展战略为主线，坚持五项品牌活动不动摇，加快推进五项品牌活动的组织架构建设，不断提升队伍素质，创新提高五项品牌活动价值，促进协会服务功能的提升，实现协会全面、健康的发展。

第二点，加快健全和完善五项品牌活动的组织架构。

为什么要讲“健全组织架构”，就是围绕五项品牌活动，我们要开发哪些产品，提供什么样的服务，做出何种项目特色，靠什么样的资源配置和活动架构来支撑。说到底，就是把每个品牌活动都要干些什么，怎么干，如何来完善这个问题提出来，让大家结合各自的工作来解答。

健全和完善五项品牌活动的组织架构，我认为，首先要认真总结我国质量领域导入国际先进质量管理理论、方法、工具的实践和协会开展服务取得的成功经验，对五项品牌活动加以充实、补充、健全和完善。五项品牌活动不是凭空想的，不是从天上掉下来的，是实践当中总结出来。比如，开展用户满意工程，就是总结了各行各业树立用户满意质量观，开展为用户着想，以用户需求为导向，改进产品和服务质量的实践创建出来的。因此，要抓住五项品牌活动中的亮点，进行提炼、概括和总结，丰富各项活动的活动内涵和活动方式，完善各项活动组织框架。其次，就是坚持用创新的理念，在品牌活动项目中，大胆进行开展创新活动的尝试，组织好服务产品的开发。创新不一定就是重起炉灶，另搞一套。世界上很多质量管理的思想、方法和工具是有共性的，是可以学习、利用的。我们要关注我国的经济社会发展状况是什么，我国质量领域展开的实践是什么，我国的生产者、消费者关心什么，结合我国企业文化和员工的特点，开发我们的思维和想象，进行质量管理创新活动。我们搞全国质量奖，就是把国外先进的东西，评价方法和准则引进来了，再结合我国的实际改进一下，效果就很好，这也是服务品牌的创新。下一步，我们在全面质量经营等理念的宣传、培育；质量技术的研究、应用推广；服务业质量管理的有效模式和方法；培训教育教材引进和新课程开发；质量人员专业能力和素质的提升；协会服务产品的整体策划和营销等方面都要有所创新，大家可以思考和讨论。第三，要通过合理的组织架构把五项品牌活动项目做强，做优，还要加快做大。合理的组织架构应该考虑全面和系统性，将硬环境和软环境共同构建，既是愿景、战略和氛围的建设，也是体系、职能和制度建设。协会的各项制度、流程都要按照我们的战略和工作目标去设计和优化。按照组织设计的理论，战略是决定和影响组织活动性质和根本方向的总目标。所有的制度和体系都要围绕这个战略来稳步的推进。组织活动架构要有利于协调协会各信息、价值传导主体的关系，使各主体之间形成顺畅的传导网络，并发挥各自的功能和优势，形成合理的构架。

第三点，要围绕服务品牌组织活动架构，加强专业化服务能力建设。

落实协会战略，开展五项品牌活动，把组织活动架构设计、提出的新思路、新内容落到实处，必须依靠服务功能的不断提升，让客户真正感觉到我们提供的质量服务很有价值。不是给人家添麻烦，而是从内心里欢迎我们，希望得到我们的帮助，这就要求我们必须加强协会的质量服务能力建设。

我们要把服务上升到战略的高度，把提供有价值的服务作为协会的战略导向，把服务理念和价值贯穿到整个协会内部系统和各个岗位。服务的内涵要明确，通过优化服务流程、设定服务标准、改善服务质量，让这种内在的服务价值通过服务承诺，告知顾客。通过更便利、更人性化的服务实现顾客价值的提升。从另一个角度讲，我们提供的质量服务，开展的品牌活动也面临着市场竞争，面临着得到社会的认可。竞争的结果就是看谁的核心竞争力强，谁提供了真正有价值的服务。

如何提升专业化服务能力，我认为应主要抓好以下几点：

一是加强对员工服务理念的教育和培训，从思想到业务都完全转到“服务第一”这上面来。协会要牢固树立服务的理念，我强调了很多次。现在看，转变已经很大了。但是还不够。距离真心实意为用户、为人家着想的目标还是有距离的。因此要提升服务意识，用有质量的服务赢得人家的认可，让用户感受到我们的服务是一流的。

二是整合资源，形成合力，切实体现专业素质，具备高水平的服务能力。我们有两个资源：第一个是经过二十多年的发展，协会积累了一定的核心客户，也有了一定的人脉和人气，这是宝贵的财富，也是个金矿。但这个资源要爱护，不能乱开采。第二个是协会内部的资源。两个资源都需要整合，我今天主要强调整合内部资源，就是要扬长避短，发挥优势，形成合力。现在，我们内部部门之间活动交叉、一件事几个部门在干，有的事又没人愿干的现象是不同程度存在的。因此，秘书处除了在机构、制度、人事安排上要考虑外，要向各部门提出要求，有利于发挥优势，形成合力的事要干，而且要干好；内部拆台，不利于协会整体形象的事坚决不能干。干了要批评，要追究责任。总之，各部门之间大家要相互支持、帮助，搭台，要多打和牌，要给外部良好的社会组织形象。

三是增强协会员工素质，提高服务能力和水平。协会要尽快健全实施员工内部培养计划，创建学习型组织的氛围。要继续下大力气抓紧员工的能力的培养和素质教育，这是服务质量的根本保证。员工的素质培养主要包含三个方面：专业能力，组织意识，市场意识。

所谓专业能力，就是具备现代质量管理的系统知识。要能够正确领会协会各项业务及其相互联系、相互依存的关系，以专业的、务实的科学精神创新发展我们的各项业务。要培育一批专业素质较高的业务骨干，在工作中发挥核心作用和带动、影响作用。

所谓组织意识，就是要强化员工对于协会的存在与性质，整体利益和局部利益，组织目标与个人目标，个人潜能发挥与制度约束，团队合作与个人奋斗等这样一些基本点问题的认识，真正从思想上解决协会发展有利于实现个人成长的认同和归属，增强员工职业责任意识和工作的主动性、自觉性，逐渐降低对协会组织资源的依赖心理，逐步提高自我管理、自我实现、主动作为的能力。这几年，协会提炼和树立了核心价值观，强调了组织文化建设，我们还要继续充实内涵，广大员工要合力打造我们的协会文化，以服务能力和专业品牌为旗帜，对内产生凝聚力，对外形成竞争力，使其成为推动协会发展的内在动力。

所谓市场意识，实际讲的就是职业意识，即协会员工通过对自身价值的认识和定位，正确对待包括对能力的理解，对企业报酬与自身工作的对比，自身知识、资源的运用，工作中的努力程度，与先进分子的比较等等。树立良好的组织意识和职业意识，这是完成协会工作目标，提供规范和有价值服务的保证。

除此之外，我们还要培养和树立员工的用户意识、忧患意识和进取意识，充分发挥员工的积极性、创造性和前瞻性，养成勤于学习、善于思考、勇于创新、不断超越的习惯，以超值的服务取得市场竞争的主动。

四是要健全机制制度，保证服务到位。最近，协会的管理制度又结合形势的变化和管理提升的要求做了一些修改、完善和新制定工作，这很有必要，但关键要抓落实。比如财务制度定了下来，就要严格执行，贯彻制度不能打折扣。没有健全的制度，要抓紧搞出来。今后，协会内部管理不能仅靠领导个人的能力，要靠制度管理、发挥大家监督作用，领导要负总责。对每个岗位的工作，要加强考核。对考核结果实行正激励和负激励相结合，该表扬的表扬、奖励，该批评的严肃批评、帮助、教育；该提拔的就安排到合适岗位，不称职的就坚决换岗或走人。

在强调规范运作的同时，要研究能够让大家有积极性的机制，用有效的措施和方法吸引和激发员工充分发挥才能和潜能，促进员工的工作积极性，进而提高整个协会的工作绩效。既要提倡“我工作、我快乐”，又要提倡“我参与、我奉献”，让协会员工自觉注意提升自己的综合素质，并融入到协会的未来发展中，这样才能实现协会、个人共赢。

抓班子 促工作*

（二〇〇八年四月十八日）

从年初到现在，我们用了三个多月的时间对秘书处领导班子和中层干部进行了一次民主测评，测评以后又做了一系列的工作。它的目的是什么呢？就是要进一步推动我们的工作，让质协在当前这种既存在严峻的挑战、又存在机遇的形势下，弄清怎么更好地前进、更好的发展，就是这个目的。因为班子和中层骨干对我们质协非常非常重要，有好的班子，好的骨干队伍，质协就会不断向前，健康发展。我作为会长，就是抓班子，抓骨干队伍的建设，别的具体的事情不管。

这次测评，通过大家的努力，已经达到了预期的目的。首先，测评当天来的人数很多，填写测评表认真，我认为大家是实事求是的。我认真看了每一个同志的测评结果。哪些方面是他的优点应该充分加以肯定，哪些方面是他的不足需要改进，我认为大家的判断是很有水平的，群众的眼睛是雪亮的，确实不错，我是满意的。

当然，民主测评只是考核我们班子和骨干的手段之一，不是全部，不是什么都能代表，但是重要手段之一，是反映民情的一个重要手段。所以，根据这种情况，我又找了二十多个同

---

* 在中国质协秘书处2008年中层领导干部会议上的讲话。

志个别交谈和谈心，听听大家的意见。这其中有骨干，也有质协的老同志等，另外还找了一些年轻的、新来的同志。我看谈话很有生气，因为我很轻松，大家也都很轻松，所以说了很多真实的情况。我感到有些同志对质协还很有激情，有些新来的同志，我问他感觉怎么样，他说感觉好，感觉有劲，在这儿工作有广阔的天地。当然，有些同志也提出了一些非常尖锐的意见。假如我们这些问题不改进，那么我们质协就要停止在目前这个阶段，甚至还会后退。听了这些同志的意见，对我本人也有很大的促进，因此要很好地研究大家的意见。我认为自己受到很大的教育，对我们质协今后的发展也将有很大的作用。在这个测评基础上，经过思考后，我又分别跟秘书处的同志一个一个的谈。对他本人，在工作中间，在领导班子中间，他有哪些优点应该肯定，他有哪些问题，说实在话，我是不客气的，我是原汁原味的给他指出来。为了工作嘛，因为我没有任何私心，也不是对哪个人过不去。当然我没说是哪个人提的意见。对班子成员还是促进很大，既肯定成绩又指出问题，目的是提高嘛，没有别的什么意思。因为在测评过程中对整个质协的工作交换了意见，所以说这个测评，我认为通过大家的努力，达到了预期目的，对我们的工作促进很大，对我本人也有很大的促进。

最后，对大家的意见怎么办呢？不是谈完就完了，因此我又反复考虑，又跟秘书处几位同志反复地研究和交换意见，我认为当前除了工作照常抓以外，现在有几个问题要很好地抓。

第一个问题，质量学术活动、质量理论的研究要加强。因为这是我们的薄弱环节。上海质协在这方面有了很大进步，成立了朱兰研究院，进行了大量的质量理论研究工作，发挥了一定的作用。作为中国质协，是中国质量组织的领头羊，我们在质量理论研究上是不足的，是抓的不够的。当然做了一些工作，不是一点没做，但是做的不够，因此这方面要加强。不要轻视质量理论研究，因为这个质量理论研究，是通过实践总结出来，反过来进一步指明我们前进的道路。因此我们要加强质量理论研究，在今后的工作中要提到重要的议事日程。具体的讲，就是要在资金上投入，要加强领导力量。质量理论研究首先要确定好的项目，项目必须结合我国当前的实际，而不是脱离实际。项目确定以后，就要认真组织力量来搞，搞完以后要有成果，当然这个成果不一定马上要显现，是要逐步起到指导我们如何把质量工作更进一步引向深入的作用。这个理论研究应当既涵盖普及性的科普知识，也有专题理论，也有宏观方面的研究。因此这个问题要加强。从今天开始，应该列出我们要搞的项目，要多少投入，经过评估之后，要给予一定的投入。另外一个方面，就是要加强领导力量。从这两个方面来抓。

举例来讲，我从两三年前就提到质量白皮书的问题。因为关于我们国家当前的质量状况到底怎么样，从领导到基层现在都只是一个概念性的说法。就是说我们的质量有很大的提高，所以我们中国制造的东西才能遍布世界，但是还存在很多问题，比如今年的毒饺子问题、玩具问题等，外界对我们攻击得很厉害，以至于最近连吃什么都感觉有问题了。质量取得很大成绩，存在着不少问题，这是总的概念性说法。到底质量怎么样，现在我们质量到了什么水平，质量中间还有哪些问题需要进一步克服，要采取什么措施？我认为要做这方面的工作。现在质检总局等主管质量的部门没有做这方面的工作，所以我们要搞这项工作。我认为这个项目要坚决搞下去，下更大力量。我想不仅要我们质协努力，也希望通过有关方面，特别是得到国家有关部门的支持。

第二个问题，根据大家的意见，我认为要加强会员工作，加强与所有各个方面获奖企业的联络工作。现在我们的会员不多，但真正和我们联系的有多少？真正把我们称为“会员之家”的有多少？我看数量不太大。会员是咱们的根本啊。我们要成为最有影响力的质量组织，必须有基本的、稳定的用户群，必须加强这方面的工作，这样我们才有生命力，才能扩大影响。因此，我认为要加强与会员企业的联络。采取什么措施呢？要加强会员工作，加强获奖企业的联系，最根本的就是为会员企业服务。比如说，找我们咨询过的，认证过的，以及其他方面与我们打过交道的，要加强为他们服务，让他们感到你质协确实是对他们有用的，这样才能不断加强联系。具体的措施来讲，我认为从领导班子开始，要走访这些企业，加强联络，加强沟通，联络感情。这样，他以后有什么事情，就会多联系我们。现在我已经开始和秘书处的同志及各部门负责同志做这项工作了。我现在有机会了，从政协退了，我也有时间了，因此下决心走访一些企业。我们现在已经开始了，我利用在成都出差的机会，拜访了成都飞机公司，人家对质协的同志很客气。因此，我们要加强联络。另外，我们要充分利用网站、各种资料和其他各个方面的机会，为会员办点实事。要加强会员工作的领导，要有一位副秘书长专门管会员企业联络工作。你们定一下，看谁来管这项工作。这是我说的第二项工作，做好这项工作，质协才能扩大影响，才能让企业感到质协亲切。

第三个问题，在现有基础上，要改革协会的激励机制和约束机制。为什么这么说？现在我们的机制，在当时，在早些时候是起了作用的。后来又改了一次，在当时也是起了作用的。但到现在这个时候，发展到现在这种程度，我们非改不可，非改不行。我们现在的制度存在两大问题。一个问题是按部门下达指标，这是对的，但就造成了部门资源的壁垒，各干各的，影响我们的整体形象和资源的整体发挥。现在还有些事情，有些同志和我讲，你也出书，我也出书，最后谁都形成不了优势；你也培训，我也培训，都培训，还有好多问题了。这是一个方面，我又考虑，如果不给部门订指标，光强调什么都集中在秘书处，就会缺乏部门的积极性，也是问题，所以这个问题是很复杂的。这是我说的第一个问题，整体优势没有发挥，互相之间的交流协作是口头上的，实际行动不多，资源共享不够。第二个问题，现在已经开始吃大锅饭了，只要完成任务就有八个月奖金，我就不想再怎么样了，反正有八个月，因此每年订指标很费劲。听了大家的意见，我分析是这两个原因。因此必须下决心改，而且从今年就要改。怎么改？我的原则是既要调动大家的积极性，又要发挥整体资源共享的作用，这就是领导艺术问题，也是制定好这个激励机制和约束机制的关键问题。这个问题确实很复杂。当时有同志跟我提出今年指标都下了，下了没关系，做好衔接必须要改，不然影响大家的积极性。当然，还有一条原则，不要降低职工当前的既得收入。现在物价涨幅已经到8.4%了，不是说原来奖金能够退下多少，我不是这个意思，而是更加鼓励能够干得更好的人，给他们更多的奖励。这里面要改，也是相当复杂，现在已有初步方案，还要进一步修改，要听取大家的意见，还要建立一些必要的制度来保证新的机制运行。制度问题我的意见是不要多了，就是搞的简单明了，能够执行的，而且大家能够监督的。为了保证机制的运行，制度应该是简明的、扼要的、能够操作的，而不是锁在抽屉里面没有用的。

第四个问题，我想再谈谈加强领导班子和骨干队伍建设。因为一个单位，领导班子太重要了，骨干太重要了，所以希望我们领导班子接受群众监督，包括我在内，在政治上，要很好地学习党和国家的政策，很好地维护国家利益，在大形势下来做好我们的工作。对质协的工作，要有责任心、事业心和紧迫感，大家要更加努力，现在大家已经很努力了，但要更加更加努力！要加强团结和沟通，特别是领导班子和各个部门的同志，一定要顾全大局，加强沟通。意见不一致没关系，但要加强沟通，加强交流，取得共识，共同向前。另外，我们领导班子要特别重视公平、公正和公开。这个方面，我看有些部门搞得不错，人不少，但大家都能够互相体贴，能够互相支持。当然要做好质协工作，领导班子，包括我在内，要加强学习，不断提高自身的思想政治素质、业务组织能力和领导艺术。总的来说，我就是希望我们领导班子要带领大家共同前进。

突破工作瓶颈 *

（二〇〇九年一月十九日）

今天的会议是对2008年工作进行总结，对2009年工作进行部署。协会每年都要召开这种会议，今天会议有创新、有目标，很具体、很实在，我听了很高兴。全面工作我就不多说了，谈谈个人的一些想法，和同志们交换一下意见。

一、关于2008年工作

去年一年在秘书处的领导和组织下，各个部门确实做了大量的工作，这应该充分加以肯定。我认为去年的工作是有所突破的，质协从换届开始到现在进了一步，上升了、前进了。但在近两年，也就是前年下半年和去年，我感到我们工作处在一种阶段性发展瓶颈上。所以我给大家出题目，怎么才能让质协工作上新的台阶？要进一步鼓劲才行。去年通过大家的努力，我们在软实力上有所提高。一是扩大了我们的影响，多交了朋友，为质量事业的发展扩大了影响。另外，经济效益上升了。为什么会这样？最根本是抓了一条，是我们的立会之本，就是强调服务。作为协会这种组织，没有什么手段，关键就看你能不能服务，是不是服务到点子上。企业需要你、离不开你，你才能发挥作用。所以我们在理事会换届时就确定服务是立会之

* 在中国质协秘书处2008年绩效总结暨2009年方针目标发布大会上的讲话。

本，我们的根本任务就是靠服务，才能把我们的组织做强做大。但是，服务不能只在口头上，要服务到点子上。因此，我们根据中央、国务院的总体安排和部署，围绕中央的中心工作，落实科学发展观，来促进经济持续健康发展；围绕“质量是关键”这一命题，来为企业、为政府、为消费者服务。去年我和秘书处的同志去了十多个省市、一百多家企业进行调研，就是去调查研究、了解需求，为我们的服务提供明确的方向和点子，为下一步再上新的台阶创造了条件、打下了基础。针对当前的质量状况，通过深入调查和充分研究，集大家的意见，我向总书记呈报了报告，得到了重视，得到了批示，这是对我们工作最大的鼓励，是对我们最大的鞭策。另外，我们和企业交了很多朋友。我们的愿景是成为有影响力的质量组织，通过交朋友，扩大了我们的影响。

在内部机制方面我们也做了一些工作。领导干部测评工作，促进了领导班子的建设；中层干部竞聘工作，完善了干部用人机制，等等，这些都是内部机制的改进。

二、对2009年工作提几点要求

（一）创新开拓，扎实工作

刚才秘书处的报告已经对2009年的形势进行了分析。2009年形势确实严峻，但是隐含着重大的机遇。现在在保增长、扩内需、调结构方面很重要的一条就是“质量”，中央把今年定为“质量安全年”。“质量”越来越受到大家的重视，越来越得到大家的关心。这为我们创造了更广阔的环境，可以发挥我们更大的作用。金融危机对实体经济的冲击有很大的影响，他们没有更多精力做培训，我们的业务量相对就会减少，服务的对象就会减少。这种情况下，就要创新开拓，扎实工作。要大胆地想，扎实地干。就是要把原来的业务做精做好之外要大胆开拓新的业务，这个领域很广泛。刚才在秘书处的报告中提到，现在我们要在普遍的日常服务之外，着重开展个性化的服务，针对不同的需要需求开展我们的服务。我们要围绕国家质检总局、工信部和国务院国资委的要求，开展我们的服务，使我们的服务领域不断地扩大，开拓新的领域。另外，更重要的就是要扎实工作，要在调查研究的基础上有针对性的思考。

（二）加强班子队伍建设

只有这样，才能不断前进，才能把质协工作做好。班子做了调整以后，希望新的秘书处领导班子带动全体同志，更好地发挥大家各方面的作用，调动大家的积极性，把工作做得更好。在 2009 年困难和机遇共存的情况下，做出更加突出的成绩来。

班子很重要，一定要团结协作，要作风正派，在各方面成为表率。我对上届秘书处领导班子提出了要实现“四个典范”，班子要在各个方面起到带头作用。真正领导的魅力，不是靠你的权势，不是靠你的地位，而是要靠你的领导能力和领导水平，要让员工从心底里佩服你。因此，首先自己要正，要带领大家向前进。另外特别强调现在要以人为本，要尊重每一位同志，要爱护他们，这样才能让他们心齐，踏实工作。所以，领导班子要严格要求自己，做好表率。希望大家进一步增强责任感，为了我们自己的工作，为了我们的国家，为了我们的质量事业，我们要努力工作。有很重要的一句话，就是做事情“不是你要我干，而是我自己要干”，这就说明要有内在的责任心。要认识到自己工作的重要性，很好地发挥自己的作用，大胆去开创新的局面。

（三）完善我们的激励机制和约束机制

除了要有为质量事业的觉悟以外，还要有一定的鼓励和奖励，并在物质方面给予一定激励。去年我们对激励机制做了一定的调整，以后还要不断地进行完善，促进和提高大家的积极性。同时，要加强约束机制，对独立核算的单位要加强审计。

（四）建立工作的规则和制度

既要调动各个部门的积极性，发挥部门作用，又要发挥整体作用。要建立和完善工作流程和工作制度，这是领导艺术问题。要处理好局部和整体这两方面的关系。调动大家的积极性，发挥整体效益，做到资源的集中、有效利用。

（五）严以律己

很多年以来，质协有一个好的声誉，工作很规范，大家一定要保持这种良好的作风，要做得更好。绝对不能乱搞，不能打着协会的旗号在外面搞活动、搞资金。应该严格要求，不能出任何事情。

还要强调的就是要加强学习。只有不断提高我们的水平，才能使我们的组织更好地为大家服务。

靠公信力开展好工作*

（二〇一〇年一月十二日）

去年是我国进入新世纪以来经济发展最困难的一年，这种大环境给我们工作带来很大影响。年初，我与很多部门交换意见的时候，大家普遍感觉心里没底。但是，面对这种不利的情况，我们克服了很多困难，想了很多措施，终于取得了良好绩效。从硬的方面讲，我们不仅完成了任务，而且创新、拓展了很多新业务；从软的方面讲，中国质协的影响力不断扩大，得到了政府部门、社会和企业的广泛支持，普遍认为中国质协还是能办事的，还是能发挥作用的。

我们从硬的和软的两个方面都取得了良好绩效，这首先是因为大家的不懈努力；其次是因为领导班子确实战斗有力，工作有序，团结奋进，我们的队伍是个好队伍、我们的班子是个好班子；更为重要的是大环境对我们有利，党中央、国务院领导非常重视质量工作，不仅多次亲自批示而且亲自抓质量工作，给我们克服困难带来机遇，为我们开展工作创造了很大的发展空间和条件。

今年形势，开局不错，特别是召开“全国推行全面质量管理暨中国质量协会成立30周年大会”以后，各地、各有关部门、

* 在中国质协秘书处2010年中层副职以上干部工作研讨交流会上的讲话。

社会上对中国质协的印象有了很大的提升，协会的社会影响力进一步增强。

在大好形势下，我们一定要保持头脑清醒，靠头脑、靠实力、靠公信力、凝聚力开展好工作。现在我们是二万五千里长征才走完第一步，后面还有很多困难需要克服，需要我们继续努力艰苦奋斗。针对今年工作，我谈几点看法：

一是从全国的大环境来看，今年形势既有机遇又有挑战。虽然整个国家经济形势恢复的不错，但是还有很多困难需要克服，因此今年中央经济工作会议提出调整经济结构，转变生产方式仍是今年工作的重中之重。

二是从内部来讲，虽然工作做了很多，但是在深度、广度上有很大差距，还有很多改进、创新的空间。今年要进一步强化战略导向，以“强化战略导向，健全体制机制，巩固创新成果，提升服务能力”为总目标，把我们工作更深入、更广泛的开展下去。

三是要把“先进质量方法推广年”活动作为协会今年工作的重心、核心，当成我们工作的龙头，当成我们工作的牛鼻子来抓，把各项工作和各个部门的积极性调动起来开展工作。

四是要进一步加强班子建设、队伍建设。只有好的班子，才能带出好的队伍，才能冲得上去，才能打的下来。现在班子不错，要不断加强班子建设，要更进一步的团结，更进一步的奋进，更进一步的严于律己，带好队伍。

五是今天会议中的关于加强内部建设的几个文件非常重要。例如，员工职业发展双通道制度可以有效的鼓励专业技术人员发展；内外部满意度调查制度有助于进一步完善我们的工作；要与我们的考核制度和激励机制结合起来；要支持审计工作。审计工作要引起大家重视，要敲响警钟，要严于律己，要严格执行，要在制度上严格管理。搞审计的同志也要帮助各个部门完善工作流程。这些文件，非常重要，对于加强制度建设、加强班子建设，有很好的推进作用。

六是要深入贯彻党中央、国务院领导的讲话精神，把工作抓实、抓紧、抓好。

七是中国质协要做大家的朋友。要发挥地方质协、行业质协和分会的作用。他们是我们的朋友和助手，是我们需要依靠的力量。今年以来我们与质协系统的联系更加紧密了，我们要团结他们，要让利于他们，整合质协系统的力量。另外要广泛联系社会上、企业中的质量专家，搭建平台，发挥专家作用。

做好质量工作要提倡“三个热爱”*

（二〇一〇年一月二十二日）

要做好质量工作，在座各位要增强责任心、增强紧迫感。我提出“三个热爱”供大家参考。

一要热爱质量事业，终身为质量事业而奋斗。因为质量关系老百姓的生活，关系企业的生存，关系国家的荣誉。二要热爱中国质量协会。中国质量协会创建三十多年了，它是老一辈质量、经济界的领导、同志们苦心经营建立起来的，从岳志坚、袁宝华同志到宋季文同志，都热心地为中国质量协会这个品牌、这个组织奋斗过、奉献过。我们在座各位要向老一辈质量人学习，更加热爱中国质量协会。三要热爱本职工作。我们要以这“三个热爱”来提高工作激情，这也是一名社会主义建设者责任心的具体体现。

怎么实现“三个热爱”？我认为就是学习和实践。要不断的学习，不断的实践，来提高我们的水平，提升我们的工作。一是加强学习。任何人都要学习，要学习当前国内外的形势，要学习理论知识，要学习专业知识。特别是领导班子，要带头加强学习，加强政治学习、加强业务学习。为了促进班子成员学习，我建议你们都出去讲课，并把讲课纳入到今年的绩效考

* 在中国质协秘书处2009年度总结大会上的讲话。

核中。二是加强实践。只有深入企业、深入社会了解需求，才能进一步巩固成果、开拓创新、发展新业务。同时，加强内部实践，我非常赞成今年推行的内外部满意度调查制度，对我们职工，对我们领导班子，包括我在内，满意度到底怎么样，要进行测评和考核，使其成为一种鞭策的机制。三是除了精神上的鼓励激励外，物质上实施职业发展双通道制度，要不断的完善我们的激励机制，奖励制度，调动大家的积极性。四是要团结，调动起大家的积极性，才能把工作做好。我们要尊重别人，要互利共赢，要发挥大家的作用。全国 13 亿多人口，光靠我们质协的二百多人来推动全国质量工作是不够的，我们必须联合全国各级质量协会及有关组织，共同做好这项工作。我们要依靠社会上的专家、大专院校、各种研究机构的专家来共同做好质量事业，特别是要充分发挥质量科学研究院这个平台的作用，调动全社会的力量来搞好质量理论研究。我们特别要得到政府部门的支持，这是我们做好质量工作的重要推手，因此要努力争取政府的领导和支持。支持就是多给任务，信任我们协会能够有所作为。首先是要得到我们的主管部门国资委的支持，同时还需要工信部、质检总局的支持以及工商总局等等各方面的支持，把工作做好。五是要严格要求。做任何事情都要严格，严是为了大家好，一定要遵守纪律，要严格要求、严于律己。严才能出效果、才能出效率，才能出效益，才能出干部。

建设“四型”组织*

（二〇一一年一月三日）

今年乃至以后若干年，我们的任务任重道远。我们虽然做了很多工作，但是距离质量事业对我们的要求，还有很大的差距。我们要不断地努力、不断地前进，把我们的组织建立成为“四型”组织：

一是要建立和谐型组织。就是要以人为本，调动大家的积极性，使我们大家心情舒畅。什么是和谐？就是要团结战斗，同心同德。我们现在的情况不错，但是还要进一步加强我们的团结，形成我们和谐的气氛，把大家的积极性调动起来，通过提升业绩为质量事业做出贡献，来增加收入、改善生活。我们要采取实实在在的措施，进一步建设和谐型组织。

二是要建立学习型组织。要经常想我们怎么才能把工作做得更好。要更好的工作，更好地开拓，就必须要学习，就必须提高我们的水平，开阔我们的视野。要学习政治，学习理论，学习业务，要在理论和实践方面探索建立一套中国模式的质量管理先进方法和理论体系。我们现在推广的这些质量方法工具大多是从国外学来的，当然也都结合了我们实际情况并加以改进。如何形成一套有中国特色的质量管理方法，这就需要我们

* 在中国质协秘书处2010年度全员总结大会上的讲话。

必须加强学习和理论研究，建立学习型组织。

三是要建立开拓奋进型组织。为什么这样讲呢？我们工作的领域还很窄。全国有4900多万个企业，还有几千万个服务类组织，而我们现在的工作范围还很小；另外，我们工作的深度也还不够，我们的影响力还比较小。这些方面都需要我们去开拓，需要我们去努力，积极把我们的工作做得更好。

四是要建立服务型组织。服务是我们立会之本，也是我们的根本宗旨。服务就要全心全意，这样才能得到用户的认可。我们的认证、咨询、培训、用户评价、小组等活动，只有客户认可你的服务才能来找你。所以，你必须要很好的服务，让客户知道你的服务是有价值的。

我们要在这四个方面再进一步地努力，在服务中严格要求自己，塑造我们高尚的职业道德规范，把我们的工作做得更好。

关于班子和队伍建设问题 *

（二〇一一年一月二十四日）

任何一个组织，有了好的领导班子和队伍，就能勇往直前，取得不断的胜利。我们在座的班子和同志是关键的关键。去年我们的工作取得了很大的成绩，说明我们的领导班子和队伍是不错的。今年的民意测评，大家（群众）对这项工作是认真的，对在座各位的评价也比较实事求是，大家的测评分数都同时上涨了，比前年有提高，说明群众认可我们的班子，说明在座的同志得到了大部分群众的拥护。今年和以后的任务更艰巨，更要建设好我们的班子和队伍。怎么建设呢？关键是要给大家创造和谐的环境，班子要公正、公平、廉洁、奋进。但是，创造和谐气氛，绝不是和稀泥，一定要严格管理，要以身作则，管得公平，管得公正。另一方面，在机制上，既要有激励机制又要有约束机制。比如去年在员工职业发展方面搞了两个通道，这就是一种激励机制，还搞了顾客满意度调查，这也是激励。但必须有约束机制，比如内部审计等，千万不能出事，不能为蝇头小利损害协会的形象。三是要有明确的战略目标和每年的具体工作目标。就是要制定我们质协的“十二五”规划，规划要实事求是，不是要言辞漂亮。而且每一年都要有具体工作目

* 在中国质协秘书处2011年中层以上干部工作研讨交流会议上的讲话。

标，这样规划才能落实。我们领导的责任就是要给大家出题目，这样大家才有奋斗目标。四是要加强学习，这样才能认清形势，更好的开拓和奋进。我们真正服务的对象还很少，所以要广交朋友，扩大影响。今天我听到会员部提出质量奖评审要进入医疗领域，用户部满意度测评要进金融领域，这都很不简单，我很高兴。

总之，我们质协的工作有好的趋势，但思想不能放松，要进一步把工作做好。

四个给力 *

（二〇一一年七月十九日）

我很高兴参加这次会议。刚才，我认真的听了13个部门的发言和焦根强①同志的总结、戚维明同志对下半年工作的几点重要意见。上半年大家确实做了很多工作，每个部门都有开拓、有创新。

肯定的讲，通过秘书处和各部室、直属单位的精心组织，以及全体员工的共同努力，上半年各项重点工作取得了很大的成功。一是取得了较好的财务绩效，二是我更看重的开拓创新精神。但是，正如刚才戚维明同志和焦根强同志所讲的，我们距离政府、企业以及协会战略发展的要求，还有很大的发展空间，我们还做得很不够。

记得我曾经讲过，天津有个民间组织每年组织一千多人的大会，都是重点企业来开会，它靠什么？我就认为人上有人、天外有天，不要小瞧民营企业。最近我参加了机械工业三十周年的小组会，这个会开的不错，有很多地方值得我们学习。当然我们在这方面做得也比较好，但就如刚才戚维明同志讲的，我们还有很多要做的事情还没做、很多应该做好的事情还没做好，还要继续努力。

---

* 在中国质协秘书处2011年上半年总结大会上的讲话。

① 焦根强，中国质量协会副秘书长。

怎么努力呢？现在有个新词叫“给力”，我就讲“四个给力”吧。

第一个给力就是要开拓创新

一个是把原有的核心业务和品牌活动，根据工作进展的实际情况不断的改进、创新，不断提高我们服务的价值。另外，我想到一个很重要的问题，就是如何让已经开展认证、咨询的企业，通过贯彻国家质量标准一定要落地，使企业质量真正得到提高。所以我们不但要抓质量技术的推广，更重要的是抓落地，这方面工作量很大。在全国质量奖评审工作中，现在很多企业希望二次评审，我认为很好，这说明他们要持续改进、不断前进。但有的企业，只要拿到认证证书了，拿到你的这个奖了，就拜拜了，这就说明要达到我们帮助企业提高质量水平的目的，就是要在原有项目的基础上，要善于创新、要善于抓落地，真正帮助各类组织进一步提高管理和产品质量水平。另外，在质量工作领域方面，我们还有很多领域没有进去。在今天的工作总结中有几个部室讲到开发了新的领域，像用户部、培训部、会员部，听完后我很高兴。还有认证中心，保持稳定的发展不简单啊，竞争那么激烈，搞了五维一体管理，特别对下属机构的统一领导、统一部署，体现他们的创新意识。所以，我希望大家一个是把我们原有的重点工作项目不断的创新、巩固和发展；另外就是开拓新项目、开拓新的领域，比如现场星级评价等。

第二个给力就是诚信交友

我一到协会就提出来我们以服务为立会之本，服务的核心是什么呢，根据我这么多年的体会，核心就是讲诚信，这样才能得到企业和客户的认可。另外就是要跟企业广泛交朋友，怎么能交朋友呢，就是要诚信，互相尊敬，不要搞一锤子买卖，所以这次我们跟三一重工搞这种全面的合作协议，跟海尔搞的项目，都是很好的范例，需要多搞一些。要通过广泛交友来扩大我们的影响。

第三个给力就是人才的引进和培养

大家都提到人力不够，这反映出我们的业务工作发展很快，但是人员配备没有跟上，力量不够。当然这个方面我们一个是要抓人才引进，另一个是抓现有员工的培训，这是我们发展质量事业的最重要、最关键的一件事。要做好这件事，我希望大家要加强学习，挤时间多读书，不光是看本职工作需要的书，而且看书要广泛，只有这样才能增加各个方面知识，才会有开拓创新和解决问题的思路。同时我们要加强对现有人员的培训。在引进人才方面，只要是我们事业发展需要的人才，就要抓紧引进，对于重点岗位高素质人才就是要高薪聘请。

第四个给力就是运作要规范，要严于律己，不要出事

郭美美事件给红十字会带来了严重的负面影响，我们要引以为戒。我们在这方面一定要严加注意，不能出现这方面的问题。

附　录

陈邦柱质量工作大事记

（二〇〇〇年至二〇一一年）

二〇〇〇年

1月5日 国家经济贸易委员会决定由中共十五大中央委员、国家经贸委常务副主任陈邦柱同志担任中国质量管理协会会长。中国质协召开职工大会欢迎陈邦柱会长，国家经贸委主任盛华仁亲自陪同陈邦柱会长到会，并宣布了国家经贸委党组决定。

2月26日 陈邦柱会长出席2000年全国质协秘书长工作会议并讲话。指出“中国质协要创新发展，首先要摆正位置、找准位置”，强调“集中力量，统一策划，上下拧成一股绳，共同去办大事，办好事，办实事”。

4月27日 陈邦柱会长在崛起的中国品牌研讨会上讲话指出：品牌是一个企业的素质、信誉和形象的集中体现，也是一个民族的素质和一个国家形象的有力体现。品牌的核心是产品质量。品牌的背后包含着先进的技术、优秀的员工素质、严格的质量保证体系、可靠周到的售后服务，也包含着大量的资金投入、精心的广告宣传和成功的营销策略，但是最基础的、最根本的还是质量。一个成功的品牌，始终是依靠高质量的产品作为支撑。一个成功的企业，始终是把质量视为命根子。

5月29日 “西部开发质量研讨会”在甘肃省会兰州市召开，陈邦柱会长在强调质量管理重要性的致辞中，首次提出“协会应以服务为主”。

5月30日 陈邦柱会长开始西部两省两区质量管理状况考察活动。甘肃省副省长韩修国，省政协副主席杜颖，省技监局三任局长张乃让、金宝铮、李建华接待并陪同。陈邦柱会长参观兰新电器、兰州制药、威信制药、长风电器，并为长风信息科技集团题词“面向新世纪，再创新业绩”。

5月31日 陈邦柱会长在新疆乌鲁木齐市迎宾馆内与新疆自治区主席阿不来提·阿布都热西提，常务副主席张文岳晤谈。

5月31日 陈邦柱会长驱车前往位于昌吉的民营企业——新疆特变电工参观，为特变电工题词：“特变奋进，‘新特’扬名”；续后到新疆八一钢厂考察。

5月31日 新疆生产建设兵团王建臻副司令员到宾馆造访陈邦柱会长。

6月1日 陈邦柱会长抵新疆生产建设兵团石河子市，在兵团司令员张庆黎陪同下参观天业化工（生产滴灌设备）、新疆兵团一四五团地膜滴灌示范地，陈邦柱会长充分肯定：“滴灌是造福子孙万代的好事，是高科技，天业化工是很先进的企业。”在与兵团主要领导座谈时，陈邦柱会长强调“开发西部有个质量问题，有决策质量、工作质量、管理质量，要进一步提高广义质量意识”；“质量是关键、是系统工程，搞好质量就是要严，要从领导严起”；“关键在于培养人才，质量工作要有专门人来做才行”。

6月6日 陈邦柱会长抵四川省成都市考察，黄寅逵书记、王金祥副省长、省政协孙同川副主席接待。下午前往四川省质量技术监督局座谈，韩儒理局长向陈会长介绍情况，随后前往位于成都市黉门街79号的四川省质量管理协会视察，与四川省质协傅世乾秘书长（“五一劳动奖章”获得者）及主要负责同志合影留念。

6月7日 陈邦柱会长冒雨前往什邡市，李克明副市长接待，陈会长参观四川蓝剑集团，为蓝剑题词“蓝剑兴旺、名扬天下”；参观位于绵竹市的剑南春集团，乔天明总经理介绍“市场是海，企业是舟，质量是帆”的企业铭言，陈邦柱会长对剑南春人的质量意识给予肯定，并为剑南春题词“酒中奇葩”。

6月8日 陈邦柱会长飞抵西藏拉萨市，受到自治区人大主任热地、自治区主席列确热情接待，陈邦柱会长在与自治区技术监督局郭跃、葛山副局长会晤时提出“设立自治区质量协会”的建议，借以开启与推动自治区质量与质量管理工作。

6月12日 陈邦柱会长到四川省乐山市乐山汽车客运中心站、峨嵋市峨嵋山竹叶青茶叶有限公司考察，对乐山汽车客运中心站为旅客周到服务的做法倍加赞赏；为竹叶青茶叶有限公司题词“竹叶青茶、芳香入心”。

6月13日 陈邦柱会长到四川省自贡市自贡硬质合金有限责任公司考察，题词“再创辉煌”。

6月14日 陈邦柱会长到四川省宜宾市五粮液酒厂考察，受到王国春总经理接待。陈会长为五粮液酒厂题词“酒中瑰宝五粮液”。

6月14日 陈邦柱会长前往四川省长宁县参加“四川省争创2000年全国优秀质量管理小组（信得过班组）会议”，饶有兴趣地观看了全兴酒厂QC小组成果发表。

6月15日 陈邦柱会长在四川省成都市考察成都科龙电冰箱有限公司以及成都府南河治理工程和活水花园，对成都市治理污水、保护环境的做法表示肯定、赞赏与鼓励。

6月30日 陈邦柱会长出席“用户满意理论与实践2000年天津国际研讨会”并讲话。

7月3日 陈邦柱会长出席全国机械工业第十九次质量信

得过班组和质量管理小组代表会议。

7月11日 陈邦柱会长在秘书处职工大会上讲话时提到：秘书处必须从四方面改进，才能有所发展。1. 散的问题；2. 工作不够深、不够广的问题；3. 发挥网络系统作用不够的问题；4. 注重实效不够的问题。“我们是在夹缝中前进，只有有为，才能有位”。

9月 由中国质协承办的“2000年中国质量高层论坛”在钓鱼台国宾馆隆重举行，中国质协顾问袁宝华到会讲话，陈邦柱会长作了主题发言。

10月13日 中国质协复函国家质量技术监督局，由陈邦柱会长出任中国名牌战略推进工作委员会副主任。

10月25日 全国第22次质量管理小组代表会议在江苏省南京市召开，陈邦柱会长出席并讲话。

12月20日 全国用户满意工程暨用户工作会议在海南省海口市召开。陈邦柱会长到会并讲话。提出“用户是质量的主体和核心，用户满意对生产和服务质量产生着直接的导向作用。企业依存于用户，用户对企业的美誉度是企业发展的推动力和源泉”。

二〇〇一年

1月16日 国家经贸委印发《国家经贸委主管的行业协会管理意见》，陈邦柱会长组织中国质协班子成员认真学习。

2月25日 中国质协第七届理事会暨全国会员代表大会在

北京京西宾馆召开。会议选举产生了293名理事组成的第七届理事会，陈邦柱当选为会长，李盛霖、郑一军、娄勤俭、栾恩杰、蒋以任、王金祥、商保坤、常志海、纪明波、孙金龙等26人为副会长。本届理事会首次推选知名企业领导人担任中国质协的副会长。全国人大常委会委员长李鹏为大会题词："加强质量立法宣传，提高全民质量意识。"国务院副总理吴邦国给陈邦柱会长发来贺信，袁宝华为大会题词："发展国民经济，质量工作十分重要，必须大力加强之。"中国质协第七届理事会外籍顾问、瑞典质量管理专家桑德霍姆，美国质量管理专家克劳斯比，日本久孚盛名的质量管理专家久米均先生也分别给大会发来贺信，表达了"全力支持中国质协事业，祝愿中国质协兴旺发达"的良好祝愿。当晚中央电视台在《新闻联播》中播报；新华社发通稿；中央人民广播电台、《人民日报》、《人民日报（海外版）》、《经济日报》、《工人日报》、《北京日报》、《北京青年报》等媒体均及时报道。

4月5日　全国用户委员会在湖南省长沙市召开"第六届全国用户委员会暨2001年全国质量跟踪工作会议"。陈邦柱会长到会并作重要讲话。会议选举产生以叶柏林为主任的第六届全国用户委员会；修订了全国用户委员会章程；表彰先进单位和先进个人；交流用户工作经验；研究和讨论了今后用户委员会和质量跟踪工作。

6月12日　全国质量效益型先进企业经验交流会在云南省昆明市召开。陈邦柱会长与副会长、直属团体会员工作委员会主任陆燕荪，云南省副省长程晓萱出席会议并为获奖单位颁奖。

7月5日　国家质量监督检验检疫总局、国家经济贸易委员会、中华全国总工会、共青团中央联合发文（国质检联[2001]46

号），决定在全国企业中广泛开展新一轮质量管理培训。文件要求："动员社会各方面力量，群策群力，共同努力，使新一轮质量管理培训具有一定声势，并取得实效。"新一轮质量管理培训工作委托中国质量管理协会承办。陈邦柱会长提出：要把新一轮质量基本知识普及教育活动做成"品牌"。

9月5日 经中华人民共和国民政部批准，"中国质量管理协会"正式更名为"中国质量协会"（民发[200] 253号）。陈邦柱会长指出：更名标志着"质量"观念的拓展与提升。

9月6日 国家经贸委办公厅以"国经贸厅企改[2001]557号"文件形式转发了《中国质量管理协会关于弘扬海尔文化的报告》。指出："企业文化建设对于引导广大国有企业加快改革发展具有重要的现实意义。《中国质量管理协会关于弘扬海尔文化的报告》对海尔集团企业文化建设进行了很好的总结和概括，揭示了海尔集团发展的动力和源泉。"

9月15日 "2001年全国用户满意工程联合推进大会"在北京人民大会堂举行。全国用户满意工程联合推进领导小组组长、陈邦柱会长在大会上讲话；全国用户满意工程联合推进办公室主任欧阳庆林做了"学习'海尔'追求卓越 深入推进实施用户满意工程"的报告。会议向荣获"全国实施用户满意工程先进单位"称号的50家企业颁发了奖牌，会议通过了由50家获奖企业提出的开展"9·15——用户满意日"活动的倡议。

9月28日 "2001年全国质量管理奖颁奖大会"在北京钓鱼台国宾馆举行，全国政协副主席赵南起、陈邦柱会长、中华全国总工会书记处书记纪明波、信息产业部副部长娄勤俭、建设部副部长傅雯娟，韩中国际文化交流协会会长李敏燮、韩国标准化协会理事长张基重、香港生产力促进局总裁邓观瑶、中国台北品管学会理事长叶若春等出席会议并在主席台就座。会议通过多媒体投影装置向与会者介绍了获奖企业。开启“全国质量管理奖”创奖品牌活动。

9月 在陈邦柱会长促使下，中国质协提议，并获建设部的支持与指导，中国质协、全国用户委员会、华夏建设公司联合开展“百万用户评住宅”活动，开辟了用户评价新领域。

9月 为学习借鉴国外用户满意有关理论，交流研究我国用户满意实践与经验，提高对用户满意度的运用水平，提高组织质量管理体系有效性和效率，促进产品、工程、服务质量改进，提高我国企业、行业产出质量及经济效益，中国质协决定成立“中国用户满意与用户满意度（CCS&CCSI）论坛委员会”。并自9月起开始编印出版《中国用户满意与用户满意度论坛》，陈邦柱会长题写了刊名。

10月10—12日 全国第23次质量管理小组代表会议在山东省济南市召开。陈邦柱会长、副会长兼秘书长马林、山东省常务副省长韩愚群、省府秘书长杜昌祚、省经贸委主任王仁元出席会议。山东省委书记吴官正、省长李春平拨冗会见陈邦柱会长等中国质协领导。

11月2日 “2001年全国用户工作会议”在海南博鳌的海航培训中心召开。陈邦柱会长出席会议并讲话，全国用户委员会主任叶柏林做了“追求卓越　用户满意”的工作报告以及“加入WTO后的应对贸易技术壁垒和质量竞争”报告，全国实施用户满意工程联合推进办公室主任欧阳庆林作了“当前经济形势及企业对策”的报告。

二〇〇二年

1月17日 陈邦柱会长在中国质协第七届二次常务理事会议上讲话时指出：中国质量协会是全国性的社团组织，常务理事来自各条战线和各个方面，有卓越的组织能力和丰富的经验。大家应该积极充分发挥各自的作用，发挥常务理事会的领导和监督作用，不仅仅是开开会，更重要的是让各位常务理事多参与协会的各项领导工作，发挥他们的才能。

1月18日 陈邦柱会长在2002年全国质协秘书长工作会议上提出“一体化”的概念。即：要把中国质协这块牌子做大、做强、做亮，就要强化一体意识，发挥整体的作用，这也可以叫做“一体化”。首先中国质协秘书处要起到牵头、指导、协调作用，要为各地方、行业质协服好务，这是整体意识的首要基础。

4月 遵照陈邦柱会长“借助各方媒体助力，强化质量管理宣传”的要求，为了广泛宣传我国企业近年来在质量、质量管理、质量经营中取得的成效，扩大企业影响，提高企业信誉，由中国质量协会主办并联合中央电视台、《经济日报》、《市场报》、《中国消费者报》、《中国质量报》、《中国企业报》6家媒体推出“中国质量行”宣传报道活动。

6月6日 “2001年度全国质量效益型先进企业表彰暨经验交流大会”在山东省青岛市举行。陈邦柱会长出席会议并作重要讲话。副会长陆燕荪、艾丰，副会长兼秘书长马林，青岛市副市长宗和出席了会议。

7月18日 中国质协秘书处紧紧围绕陈邦柱会长提出的“开拓 服务”的方针，统一认识，调整思路，为全面提升中国质协的品牌，以崭新的面貌给用户留下深刻的印象，发扬和宣传质协文化，启动“重塑中国质协形象 打造中国质协品牌”的形象工程。并提出节约资源、降低成本的八举措。

7月25日 为落实陈邦柱会长“借势而上，重启新一轮全面质量管理基础知识培训，打造中国质量协会培训品牌”指示精神，“北京中质协卓越培训中心”成立并取得企业法人营业执照，注册号码：1101021397574。

9月15日 作为亚太质量组织核心委员会成员国代表的中国质量协会，受该组织委托，在国家经贸委、国家质检总局、中国科协的大力支持、参与下，在北京成功举办以“全球经济一体化的质量”为主题的第八届亚太质量组织（APQO）会议。陈邦柱会长出席并主持会议。这是中国质协跨入新世纪后举办的第一次质量界最高级别的国际会议。同期举办“中国市长质量论坛”。北京市刘海燕副市长，上海市蒋以任常务副市长（因事由江上舟副秘书长代为发言），天津市杨栋梁副市长（因临时有事改为书面发言），青岛市宗和副市长，温州市冒康夫副市长演讲。

9月17日 中国质协在北京国际会议中心召开“2002年全国质量管理奖颁奖大会”。会上，我国经济界、质量界老领导袁宝华，中国质协会长陈邦柱，国家经贸委副主任欧新黔，中国工经联会长林宗棠，中国轻工业联合会会长陈士能，中国机械工业联合会副会长陆燕荪，全国人大常委朱育理，亚太质量组织查克主席，中国质协弋辉副会长，香港生产力促进局邓观瑶总裁，北京科技大学张公绪教授，瑞典质量协会前会长桑德霍姆等向获奖企业颁奖。

9月19日 陈邦柱会长到贵州省六盘水市调研。

10月17日 全国第24次质量管理小组代表会议在云南省昆明市举行，陈邦柱会长出席并讲话。提出QC小组活动要与时俱进，以创新为核心解决质量问题。

11月27日 陈邦柱会长出席在汕头召开的“2002年全国用户满意工程联合推进大会暨用户工作会议”并讲话。

12月10日 陈邦柱会长出席中国质协第七届三次常务理事会议并讲话。提出：1.要认真学习和贯彻十六大精神，进一步做好质协工作，开拓质协工作的新局面；2.要特别强调抓好质量的基础工作；3.就是抓用户、抓消费者满意的工作；4.质协必须加强自身的建设。

12月13日 陈邦柱会长及副秘书长冯锐在新加坡SPRING大厦会见了新加坡标准生产力与创新局（SPRING SINGAPORE）局长李泉香等。双方就最近两年各自组织的重大变革与感兴趣的事宜交换了意见，并一致同意在质量奖和六西格玛等领域开展合作，包括聘请优秀检验师和共享国际绩效标准等。

12月17日 陈邦柱会长在印度勒克瑙市会见了印度质量学会会长，这是中印质量机构第一次最高级首脑的会晤。对于同为世界上最大的发展中国家，又同处亚洲、互为近邻，双方应相互借鉴与合作，共同致力于国家经济发展与质量提高。会谈达成意向：支持每年互派学习交流团到对方国家进行学习和企业观摩。

二〇〇三年

1月 为了贯彻落实陈邦柱会长提出的“服务至上”的宗旨，全面实现中国质协“成为中国质量事业最有影响力的传播者、最有号召力的组织者、最有价值的服务提供者”的愿景，中国质协首次编印了向社会推介自己的宣传材料——《中国质量协会2003年服务指南》，并通过各种渠道传播。

3月25日 中共党员，中国质协原副理事长、全国用户满意工程联合推进办公室主任欧阳庆林因病医治无效，在北京逝世，享年63岁。陈邦柱会长送去花圈。

3月26—28日 在香港国际会议展览中心宴会厅，香港生产力促进局与中国质量协会共同举行记者招待会，宣布双方将共同开发“卓越绩效模式”咨询师和绩效评估师的培训课程，合作开展培训，并共同颁发双方认可的培训及注册证书。同日，第十届香港品质管理大会在香港会议展览中心举行。作为本次大会的主礼嘉宾——陈邦柱会长向获得香港品质圈大奖的飞利浦电子香港有限公司、富士施乐（香港）有限公司、九广铁路公司、香港邮政等十一家企业颁奖，并在会上作了“中国的人口、资源和环境”的专题演讲，受到与会者高度评价。

8月19日 国务院副秘书长汪洋来中国质协与陈邦柱会长交谈并做调研。

9月17日 陈邦柱会长出席“广东省实施名牌战略工作会议”。

9月22日 由亚洲质量网（ANQ）主办、中国质量协会承办、国务院国有资产监督管理委员会和中国科学技术协会支持的以“质量——亚洲经济可持续发展的保证”为主题的首届亚洲质量网大会暨第17届亚洲质量研讨会、首届中国质量学术论坛在北京隆重开幕。来自日本、韩国、印度、新加坡、伊朗、泰国、中国香港及台湾地区等亚洲11个国家和地区质量组织的领导和质量专家等120名境外代表及我国质量界、企业界的近300名代表参加了会议。国际质量组织、美国质量学会、欧洲质量组织也派代表出席会议并致辞。陈邦柱会长出席。

10月28—30日 全国第25次质量管理小组代表会议暨质量管理小组活动25周年大会在北京隆重召开。中央政治局委员、第十届全国人大常委会副委员长、中华全国总工会主席王兆国接见了部分与会代表，听取了全国质量管理小组活动情况汇报及质量管理小组代表发表的成果，并讲了话。全国政协副主席王忠禹，我国质量界元老、88岁高龄的袁宝华先生，全国政协常委、中国质量协会陈邦柱会长、国家质量监督检验检疫总局王秦平副局长，国务院国有资产监督管理委员会吴晓华副主任，中华全国总工会周玉清副主席，共青团中央王晓书记，日本科学技术连盟理事长井田勝久先生，韩国KSA原副会长赵重完先生，国务院参事室参事、北京理工大学教授郎志正先生出席会议开幕式。

11月7—8日 由中国质量协会六西格玛管理推进工作委员会主办，卓越国际质量研究中心、上海朱兰质量研究院承办的全国六西格玛成果推广、经验交流会在上海举行。陈邦柱会长，上海市政协主席、上海市质量协会名誉会长蒋以任，中国工程院院士刘源张教授，中国质量协会副会长兼秘书长马林，上海市质量协会会长俞国生出席了会议开幕式。陈邦柱会长、蒋以任主席、刘源张教授分别致开幕词。六西格玛创始人之一、美国SBTI公司总裁Steve Zinkgraf先生作了精彩的开幕演讲。

11月21—22日 全国质量管理奖颁奖大会暨全国质量效益型先进企业表彰大会在北京京西宾馆召开。全国人大常委会副委员长顾秀莲，我国质量界元老、著名经济学家袁宝华先生，陈邦柱会长以及国家质量监督检验检疫总局副局长王秦平，国务院国有资产监督管理委员会副主任黄淑和，全国人大常委、中国轻工业联合会会长陈士能，中国机械工业联合会副会长陆燕荪，中国钢铁工业协会会长吴溪淳，国家人事劳动部原副部长程连昌，经济日报社原总编艾丰，中国质量协会副会长弋辉、张公绪、马林，香港生产力促进局副总裁宋兆麟出席会议并在主席台就座。国家质量监督检验检疫总局副局长王秦平，国务院国有资产监督管理委员会副主任黄淑和分别代表政府有关部门对获得全国质量管理奖、全国质量效益型先进企业称号的企业表示祝贺，对中国质量协会开展的上述活动表示鼓励与支持。

12月8日 全国用户工作会议暨纪念全国用户委员会成立20周年大会在云南省昆明市召开。陈邦柱会长出席。

12月11日 陈邦柱会长出席由中共重庆市委、重庆市人民政府和国务院研究发展中心主办的“重庆发展论坛·首届高层质量论坛”会议并发表了重要讲话。指出，提高我国企业的国际竞争力，增强我国国民经济的综合实力，必须重视质量，质量是兴国之道，质量是提高西部经济发展效益和竞争力的根本之策。西部大开发，质量最重要。没有质量的西部大开发，是不会赢得持续发展和长期经济效益的。

二〇〇四年

1月1日 《现代企业车间主任现场管理运作实务》出版，陈邦柱会长作序。指出：在体制创新，建立现代企业制度前提下，要优化现场要素，强化质量管理，加强标准化和计量检测工作及其现场生产过程控制；改善实行现场核算，确立现场消耗的评价体系。把管理的落脚点放在基础和作业现场。

2月6日 第七届四次常务理事会议在北京召开。陈邦柱会长及副会长娄勤俭、纪明波、陈士能、栾恩杰、陆燕荪、李新超、马林、艾丰、弋辉出席会议。

2月19日 “2004年全国质协系统秘书长工作会议”在北京召开。陈邦柱会长、国家发改委副主任欧新黔、国家质检总局惠博阳副司长等政府质量、业务主管部门领导人出席会议开幕式。国家质检总局质量管理司副司长惠博阳宣读国家质检总局、中国质协“关于表彰2003年全面质量管理基本知识普及教育工作先进单位和个人的决定”。

2月22日 陈邦柱会长出席由中国质量协会联合建设部、信息产业部、中国商业联合会、中国机械工业联合会、中国轻工业联合会等十四个部、会共同举办的全国用户满意工程联合推进大会暨首次“全国用户满意服务明星”表彰大会，全国人大副委员长顾秀莲给大会发来贺信。

4月1日 陈邦柱会长提出以“加强全国质协系统力量整合，发挥好整体优势，共同推进中国质量事业发展”为目标对全国质协系统进行力量整合。

5月10日 中国质量鼎、中国用户满意鼎首授仪式在北京举行，陈邦柱会长出席会议并致辞。

6月4日 陈邦柱会长随全国政协副主席郝建秀就北京绿色奥运环保工作在京进行视察。

8月26—27日 全国第26次质量管理小组代表会议在广东省广州市举行。陈邦柱会长及原人事部常务副部长程连昌、中国质协秘书长马林出席会议。

9月1日 “中国名牌暨质量管理先进表彰大会”在北京人民大会堂召开，由此拉开了2004年质量月活动的序幕。全国人大常委会副委员长热地，全国政协副主席徐匡迪，中国名牌战略推进委员会顾问袁宝华，中国工业经济联合会名誉会长、中国名牌战略推进委员会主任林宗棠，中华全国总工会副主席周玉清和陈邦柱会长等领导同志出席了会议。

9月2日 由国家质量监督检验检疫总局、国家发展和改革委员会、中共中央宣传部、共青团中央、中华全国总工会联合主办，中国质量协会承办的第十二届“中国高层质量论坛”在北京召开，论坛主题：“追求卓越——从卓越绩效模式做起”。陈邦柱会长作了“继往开来，齐心协力，努力推动我国实现从制造大国到质量强国的历史性跨越”的讲话。

9月23—24日 陈邦柱会长出席在北京举行的“2004年全国六西格玛大会”并发表主题演讲，强调，“实施六西格玛一定要结合国情，要有创新精神，要善于成功地将国外先进的管理理论、方法和模式与中国企业的具体实际相结合，探索出一条适合中国企业发展要求的全新管理模式”。

9月28日 “2004年全国质量管理奖颁奖大会” 在北京

隆重召开。陈邦柱会长，全国政协副主席李兆焯，中国质量协会名誉会长袁宝华，以及国家质量监督检验检疫总局、国务院国有资产监督管理委员会的领导出席了大会。

10月14日 陈邦柱会长考察三峡工程，中国三峡总公司总经理李永安、副总经理毕亚雄等陪同考察并介绍了工程建设进展情况。

11月17日 “2004年全国用户工作会议”在贵州省贵阳市隆重召开。陈邦柱会长，贵州省副省长张秀山，中国质量协会副会长、全国用户满意工程联合推进办公室主任弋辉，全国用户委员会主任叶柏林，贵州省经贸委党组书记、常务副主任金隆昆等领导出席会议。陈会长指出，要保持社会、经济发展的良好势头，实现全面、协调、可持续发展，质量工作是重要的一环。要进一步宣传用户满意是最高质量标准的理念，企业要切实建立以用户为中心的经营管理体系，提高企业的核心竞争力。

12月9日 根据陈邦柱会长提议：对年满70岁以上，为中国质量事业或中国质量协会做出过突出贡献的知名专家、学者（获得过国家级奖励、中国质量协会副会长以上、在国内外质量界有一定影响），选择适当时间，由中国质量协会组织集体贺寿仪式。经过精心筹备，中国质量协会首次为刘源张、张公绪、郎志正三位老先生组织了集体贺寿仪式。

12月10日 以陈邦柱为会长的中国质量协会因符合“模范遵纪守法，组织机构健全，内部制度完善，运作程序规范，社会责任感强，社会公信度高，在经济和社会发展中发挥了积极的作用，树立了良好的形象”等条件，被民政部授予“全国先进民间组织”荣誉称号。这是建国以来第一次在全国范围内表彰做出了优异成绩的社会先进中介组织。

12月18日 陈邦柱会长出席“全国用户满意服务明星表彰大会”并讲话。

二〇〇五年

1月24日 中国质协在北京召开“2005年全国质协系统秘书长工作会议”。陈邦柱会长作了“全面加强能力建设，共同推进中国质量事业”的重要讲话，提出对全国质协系统进行“力量整合”。指出：“整合最终要达到以下几个目的：一是要维护全国质协的品牌信誉，增强整体意识，推进中国质量事业的发展；二是要明确中国质协和地方、行业质协及中国质协分会的权利和义务，加强组织整合，建立战略合作伙伴关系，增强系统竞争力，促进共同发展；三是要建立工作和利益协调机制，保证中国质协和地方、行业质协及中国质协分会，工作上协调配合，资源上共享互补，活动上互动共赢。中国质协要在全国质协系统力量整合工作中发挥好牵头、组织、协调和服务作用。”

3月 在陈邦柱会长关注指导下，中国质量协会根据中华人民共和国国家标准GB/T19580—2004《卓越绩效评价准则》及GB/Z19579—2004《卓越绩效评价准则实施指南》，组织研制开发了《顾客满意度测评应用软件》。

4月7日 为奖励在质量技术创新、质量技术成果转化、推广应用及在质量技术研究工作中做出突出贡献的组织和个人，在陈邦柱会长的提议与督促下，经中国质量协会申请，中华人民共和国科学技术部批准，国家科学技术奖励工作办公室准予“中国质量协会质量技术奖”办理登记（国科奖字[2005]31号），中国质量协会质量技术奖登记证书号码为“国科奖社证字第0116号”。

4月15日 中国质协秘书处召开全体员工会议，陈邦柱会长告诫大家要有危机感、责任感、紧迫感。抓好当前主要工作：1.抓好卓越绩效评价准则国家标准宣贯这项龙头工作；2.抓好扩大协会社会影响、开拓新业务领域工作；3.要打造好质量协会的品牌。以及认真开展保持共产党员先进性教育活动。

8月5日 陈邦柱会长出席“第二届全国构建和谐社区高层论坛”并发表“‘和谐’早就是古哲先贤的追求”的讲话。

8月10日 “第二届中国质量学术论坛暨2005年度中国质量协会质量技术奖励大会”在北京举行。国家发改委、国务院国资委、国家质检总局、科技部、中国科协的有关领导出席了会议，在会议开幕式上，陈邦柱会长作了题为“全面质量管理是提升我国企业竞争力、实现可持续发展的强大思想武器”的发言。

9月20日 中国质协在北京召开“2005年全国质量管理奖颁奖暨全国实施卓越绩效模式先进企业表彰交流大会”。全国人大常委会副委员长顾秀莲、热地，全国政协副主席郝建秀，国家发改委、国家质检总局、国务院国资委、信息产业部、建设部等政府部门负责人，美国质量学会当选主席唐纳德·哈金森先生和美国质量学会全球市场开发部经理谭志华先生参加大会。陈邦柱会长讲话。

10月17—19日 全国第27次质量管理小组代表会议在福

建省福州市隆重召开。陈邦柱会长及福建省李川副省长，全国政协委员、中国质协质量管理小组工作委员会主任程连昌，福建省经济贸易委员会主任郑松岩出席会议。陈邦柱会长作了“以人为本，坚持创新”的重要讲话。

11月17日 “2005年全国用户工作会议”在江西省南昌市召开。陈邦柱会长、江西省副省长凌成兴，全国用户满意工程联合推进办公室主任弋辉，全国用户委员会主任叶柏林，江西省技术监督局局长朱秉发等出席会议。

二〇〇六年

1月8日 由中国质量协会主办、中华全国总工会协办的“首届中国杰出质量人推选活动”结果揭晓，颁奖典礼暨新闻发布会在北京钓鱼台国宾馆俱乐部举办，新浪财经全程直播。陈邦柱会长出席并致辞。

1月9日 2005年全国用户满意服务明星表彰大会暨中国质量鼎·中国用户满意鼎授受仪式，在北京人民大会堂新闻发布厅隆重举行。陈邦柱会长出席并讲话。指出：提升服务质量，实质是要提升管理质量，要建立合理而完善的服务流程，这是很重要的一个方面。全国人大副委员长、全国妇联主席顾秀莲，全国政协副主席郝建秀，商务部副部长姜增伟，全国商业联合会会长何济海，全国物流与采购协会会长陆江等出席大会。

3月19日 国务院总理温家宝在陈邦柱会长呈送的《关于加快我国质量事业发展的建议》上批示：“请吴仪、培炎同志阅示后转国资委、国家质检总局研究。”曾培炎、吴仪两位副总理分别于3月21日和3月22日阅。

4月20日 中国质量协会第八次全国会员代表大会在北京京西宾馆召开。会议总结了中国质量协会第七届理事会的工作，选举产生了由319名理事组成的第八届理事会，陈邦柱再次当选为会长，娄勤俭、刘燕华、王秦平、栾恩杰、郑一军、张凤楼、周玉清、王晓、莫文秀、冯长根等29人为副会长。会议审议通过中国质协2006年至2010年发展战略，研究规划中国质协落实“十一五”规划的重点工作。陈邦柱会长在讲话中指出：党中央、国务院和政府有关部门对提升我国经济发展质量问题十分重视，国务院总理温家宝对加快我国质量事业发展作出了重要批示。中国质量协会在今后五年的重点工作是：实现“五个创新”，打造“五个品牌”。五个创新是：创新质量观念；创新质量模式；创新质量服务水平；创新质量推进机制；创新质量活动。五个品牌是：全力做好新一轮全面质量管理知识普及教育活动，打牢我国质量管理的基础；继续推进全国用户满意工程活动，引导企业树立用户满意的质量观；广泛开展群众性质量管理小组活动，充分调动广大员工参与管理与创新的主人翁积极性；认真抓好卓越绩效评价准则国家标准的宣贯工作，严格全国质量奖评审工作；大力开展质量学术研究和交流，推动我国质量科学和技术进步迈上新的台阶。

6月27日 陈邦柱会长在浙江省质协姚守豪秘书长陪同下到中国移动浙江省公司进行考察并参观了客服中心的热线服务室。

8月7日 《经济日报》发表对陈邦柱会长的专访文章《贯彻落实科学发展观 推进质量事业进一步发展》。陈邦柱会长详细阐述了“大质量”的观念。

9月8日 陈邦柱会长出席上海国际现代服务质量论坛并致辞。

9月12—14日 “全国第28次质量管理小组代表会议”在江苏省南京市举行。陈邦柱会长发表了题为“强化领导作用，推进质量管理小组活动持久有效地开展”的讲话。

9月26日 陈邦柱会长出席“第十四届中国质量企业家论坛”并发表讲话。

10月17日 陈邦柱会长接受人民政协报记者采访。指出：森林是城市中唯一有生命的基础设施，它不仅从质量和数量上改变了城市冰冷的钢筋水泥外貌，满足了城市人群与自然亲近的渴望，而且改善和提高了城市居民的人居环境和生活质量，舒缓了城市人群在工作和生活快节奏中形成的紧张情绪。加快城市森林建设已经成为构建和谐城市的必然要求。

11月3日 《经济日报》发表对陈邦柱会长的专访文章《实施卓越绩效标准答问》。

11月4—5日 中国质协在北京召开“2006全国追求卓越大会”，这次会议的主题是“创新——持续追求卓越”。全国人大副委员长顾秀莲、全国政协副主席王忠禹和国务院国资委主任李荣融出席会议。陈邦柱会长在会上发表了“追求卓越，永无止境”的重要讲话。指出：2006年，全国质量奖评选工作有了新的发展：第一，从2006年起将“全国质量管理奖”更名为“全国质量奖”，以便更准确体现质量奖的意义和内涵。第二，将“全国质量奖颁奖大会”更名为“全国追求卓越大会”。

11月8日 根据陈邦柱会长“中国质协要起表率，要讲究质量，要遵法守法，要自警自律”要求，中国质协发出紧急通知。

就全国质协系统开展评比表彰活动提出五点要求。

11月12日 陈邦柱会长出席首届国际经贸友好论坛。

11月30日 “2006年全国用户工作会议”在浙江省温州市召开。陈邦柱会长及中国质量协会副会长、全国用户满意工程联合推进办公室主任弋辉出席会议。陈邦柱会长作了“提高创新能力，发挥专业优势，推动用户工作再上新台阶”的讲话。

12月24日 陈邦柱会长在“纪念实施质量振兴纲要十周年座谈会”上发表讲话，提出六点建议。

二〇〇七年

1月18日 中国质协、全国总工会、共青团中央、全国妇联、全国用户满意工程联合推进办公室在北京人民大会堂新闻发布厅召开“2006年全国用户满意服务明星推进大会”。陈邦柱会长发表讲话。指出，实现我国服务业的大发展和加快发展，服务质量是基础和关键。实践证明，创建用户满意服务明星活动是起到了促进服务质量提升这一作用的，是有价值、有成效的。

2月8日 中国质协第八届二次常务理事会暨2007年全国质协系统秘书长工作会议在北京召开。陈邦柱会长在会上发表了题为“以实现共赢为平台，构建和谐发展的质量组织”的讲话。强调了三点：第一点，中国质协与各地方和行业协会的关系，不是计划经济体制下的上下级领导关系，而是市场经济体制下具有共同的质量事业和奋斗目标的战略联盟关系。第二点，全国质协系统在统一认识的前提下，创造性地开展工作的问题。

第三点，加强质协系统的建设问题。

3月18日 陈邦柱会长在深圳市副市长陈应春，市政协副主席廖军文陪同下，出席了深圳西门子中压开关有限公司新厂房落成仪式。

4月15日 第七届全国用户委员会会议在江西省南昌市召开。陈邦柱会长出席并发表重要讲话。江西省副省长洪礼和，全国政协委员、原国家质检总局党组副书记、副局长王秦平，中国质协副会长、全国用联办主任弋辉，中国质协副会长、党委书记戚维明，第六届全国用户委员会主任叶柏林等出席会议。

5月1日 赴美参加“世界质量与改进大会”的陈邦柱会长率中国质量代表团在美国奥兰多市罗森中心酒店会晤了美国质量学会（ASQ）主席龙生、当选主席迈克尔。陈邦柱会长介绍了一年来中国质协在双方合作方面所做的努力与成果，并提出了进一步的切实可行的合作方案。包括：1. 共同举办有影响的活动，促进中美双方优秀企业间的标杆学习和互利合作。2. 合作转化并开发适用于中国企业的培训课程，促进先进质量方法在中国企业的应用。3. 合作编辑出版《质量进展》杂志中文版，扩大双方在华语国家和地区质量界的影响力。

7月27日 陈邦柱会长出席全国质量工作会议，与温家宝总理握手。

7月31日 陈邦柱会长在中国质协秘书处年中绩效考核大会上讲话，传达了全国质量工作会议精神和温家宝总理工作报告，并讲了三点意见：1. 当前我们协会面临的形势；2. 加快健全和完善五项品牌活动的组织架构；3. 要围绕服务品牌组织活动架构，加强专业化服务能力建设。

7月 陈邦柱会长谈推进全面质量管理体系建设。当前，各行各业抓产品质量的力度非常大。在好的形势面前，我们还应当看到，要真正搞好产品质量，任务还相当艰巨。企业自觉把质量看作是自己的生命，需要一个认识过程。因此，建议进一步加大宣传力度。

8月2日 《中国质量万里行》记者采访了陈邦柱会长。陈邦柱会长就“树大质量意识，促进社会和谐”回答了记者提问。

8月22日 陈邦柱会长出席第十二届香港质量管理大会暨第二届泛珠地区质量论坛并在大会上发表重要讲话。

8月28日 陈邦柱会长出席在吉林省长春市举办的通化葡萄酒成立70周年新闻发布会、金禧70纪念酒揭幕仪式、收购加拿大皇家冰酒酒庄签约仪式以及通化葡萄酒70周年庆典活动。

9月上旬 为勉励和嘉奖太平洋产险在客户服务上的突出贡献，陈邦柱会长为太平洋产险创建“双十佳服务明星”活动题词“追求卓越的保险业服务品质”。

10月18日 第13届亚太质量组织国际会议暨第六届上海国际质量研讨会在沪召开。陈邦柱会长和上海市副市长周太彤出席开幕式并致辞，上海市市长韩正发来贺信。

10月25—27日 经国务院批准，由国家质量监督检验检疫总局、中华全国总工会、共青团中央、中国科学技术协会和中国质量协会共同主办的北京2007年国际质量管理小组大会暨全国第29次质量管理小组代表会议在北京国际会议中心召开。全国人大常委会副委员长顾秀莲，全国政协副主席王忠禹，陈邦柱会长和国务院国资委以及各主办方的领导出席会议。

11月26日 “2007年全国追求卓越大会”在北京京西宾馆召开，全国人大常委会副委员长顾秀莲，国务院国资委副主任黄淑和出席会议。陈邦柱会长在讲话中着重强调：全国各类企业和质协系统要深刻学习和领会十七大报告精神，以科学发展观统领我国质量推进事业，按照新时期发展要求，坚持以质取胜战略，下大力气从源头抓好产品和服务质量的提升，通过追求卓越绩效提升各类组织的核心竞争力，为全面建设小康社会贡献力量。会议特别邀请博鳌亚洲论坛龙永图秘书长和著名经济学家魏杰教授分别就“企业国际化战略”和“十七大后中国企业发展中的两大问题”作专题演讲。

12月1日 由中国质量协会、中华全国总工会主办、品质杂志社承办的第二届“中国杰出质量人”推选活动揭晓，颁奖大会在北京钓鱼台国宾馆举行，全国人大常委会副委员长顾秀莲、中华全国总工会副主席乔传秀和陈邦柱会长共同为获奖者颁奖。

12月18日 2007年全国用户工作会议暨实施用户满意工程推进大会在四川省成都市召开，陈邦柱会长出席并讲话。四川省人大常委会副主任钮小明，中国质量协会副会长、全国用户委员会主任弋辉，四川省质量技术监督局局长刘云夏等有关领导出席会议。

二〇〇八年

2月 中国质协在陈邦柱会长关怀下完成了“可靠性工作现状调查”课题项目。该课题受国家质检总局质量司委托，对于全面了解和掌握我国重点行业可靠性工作现状，为政府有关部门制订和实施“十一五”期间可靠性工程规划，提供了重要的依据。

2月25日 创建“全国用户满意服务明星”推进大会在北京人民大会堂隆重召开，全国人大常委会副委员长顾秀莲以及中国质量协会、中华全国总工会、共青团中央、全国妇联、全国用户满意工程联合推进办公室五家主办单位和商务部、信息产业部的有关领导出席了大会。陈邦柱会长讲话。

3月25日 陈邦柱会长出席舍得酒业立鼎揭幕仪式。陈邦柱会长表示：质量，不仅仅是产品质量，还包括产品质量赖以形成的工作质量及与用户相关的服务质量。质量关系到企业的生存与发展，质量的好坏体现了一个企业的质量文化素质。

4月16日 陈邦柱会长出席“中华环保联合会第一届第七次主席办公会”并发言。

4月25日 陈邦柱会长致信王岐山副总理，提出“关于推进我国质量事业发展的几点建议”。

4月27日 陈邦柱会长，戚维明副会长一行在安徽省质协李代忠秘书长的陪同下到安徽江淮汽车股份有限公司考察指导。

4月28日 陈邦柱会长到安徽芜湖五七二〇厂考察工作。会见安徽省省委常委、芜湖市委书记詹夏来。

6月28日 中国质协第八届四次常务理事会议暨2008年全国质协系统秘书长工作会议在北京召开。陈邦柱会长在会上发表了“统一思想，开拓创新，推动全国质协系统工作又好又快地发展”的主题讲话，对质协系统工作提出四点意见：1.以全国质量奖活动为龙头，规范和创新核心业务和品牌活动。2.积极探索适合我国经济社会发展要求的质量理论体系和质量管理模式。3. 要继续下大力气抓好质量教育培训和质量状况调查工作。4. 要利用开展纪念活动的契机，把总结、表彰、宣传活动搞好，扩大质协系统的品牌影响力。

7月1日 中共中央政治局委员、国务院副总理王岐山听取陈邦柱会长汇报工作。陈邦柱会长就中国质量协会在国务院国资委的领导下，在国家质检总局的业务指导下，以服务为宗旨，发挥质量组织的优势，发挥政府助手、企业桥梁的作用，宣贯卓越绩效模式国家标准，开展全国质量奖评审，推进“五个品牌”活动，服务企业、服务社会的做法和今年正在开展的工作情况做了汇报。王岐山副总理对中国质量协会成立30年来，在质量推进方面所做的积极努力和取得的成绩给予肯定。希望中国质量协会继续发挥专业、规范的优势，主动、积极地围绕落实国家质量振兴战略，开展好各项工作，为推进中国质量事业和促进我国经济社会又好又快的发展，做出更大的成绩。

8月15日 国家质量监督检验检疫总局副局长蒲长城、质量司司长孙波、副司长惠博阳一行来中国质量协会考察工作并就有关中国质量发展的重要问题与中国质量协会进行了座谈和磋商。陈邦柱会长，马林、戚维明副会长就相关问题进行了汇报并对双方的合作与发展提出了重要建议。

9月2日 2008年上海市质量月活动系列之一——“改革开放与推行全面质量管理30周年纪念大会”召开。陈邦柱会长、上海市副市长胡延照出席会议并讲话。

9月6日 陈邦柱会长到波司登考察，并了解波司登的质量奖创奖情况。陈邦柱对波司登在企业绩效管理方面取得的成绩表示肯定，并为波司登题字“追求卓越、创造辉煌”。

9月25—26日 第14届国际质量功能展开(Quality

Function Deployment，简称 QFD）研讨会在北京举行。来自中国、美国、英国、日本、德国、墨西哥、泰国等 12 个国家的代表参加会议。陈邦柱会长作了“共谋 QFD 发展，共创质量未来”的大会发言。

10 月 10 日 陈邦柱会长致信胡锦涛总书记，提出“关于加强质量工作的几点建议”。

10 月 15—16 日 主题为“质量管理小组——分享·和谐·提升”的全国质量管理小组活动 30 周年纪念大会暨全国第三十次质量管理小组代表会议在北京隆重召开。党和国家领导人对我国开展质量管理小组活动十分重视，中共中央政治局委员、国务院副总理张德江于 10 月 12 日在中国质量协会呈报的全国质量管理小组活动 30 周年工作总结报告上作了重要批示。十届全国政协常务副主席王忠禹、全国政协副主席白立忱出席大会。陈邦柱会长在会上发表了题为《坚持科学发展观，开创质量管理小组活动新局面》的重要讲话，着重就如何坚持科学发展观，开创质量管理小组活动新局面发表了意见。

10 月 31 日 陈邦柱会长出席工业行业协会负责人座谈会并发表“充分发挥专业的质量组织作用”的讲话。

11 月 6 日 “2008 年全国追求卓越大会”在北京隆重召开。这次会议的主题是“质量经营——核心竞争力”。全国政协副主席白立忱、十届全国人大副委员长顾秀莲、十届全国政协副主席郝建秀、国家质检总局原副局长王秦平，以及全国性行业协会领导、我国优秀企业的代表近 400 人出席会议。陈邦柱会长在会上作了重要讲话。

11 月 11 日 胡锦涛总书记在陈邦柱会长呈报的《关于加强质量工作的几点建议》上作了“德江同志：邦柱同志的建议

值得重视，质量是企业的生命。改革开放以来，我国产品质量水平有了很大提高。但一些领域与国际先进水平相比，还存在较大差距。在当前经济形势下，提高产品质量，增强竞争力，对扩大市场需求具有重要意义。望加强领导，认真落实有关法律法规，科学实施，常抓不懈，把我国产品质量提高到新水平。”的重要批示。

11月12日 张德江副总理在陈邦柱会长呈报的《关于加强质量工作的几点建议》上作了“毅中同志：锦涛总书记关于提高产品质量的批示，非常及时，非常重要，为我们指明了下一步的工作重点和方向。建议工业和信息化部领导班子结合学习实践科学发展观活动，认真学习领会总书记的批示精神，会同有关部门制定加强产品质量建议的工作方案，把提高产品质量工作作为工业和信息化部的工作重点，常抓不懈，抓出成果，在工作中，要注意发挥行业协会的作用，有关工作情况，望及时报告。”的重要批示。

11月14日 国务院副总理张德江同志在北京亲切会见陈邦柱会长并听取“关于当前我国质量工作现状”的情况汇报。

11月24日 陈邦柱会长出席由国家质检总局联合工业和信息化部、住房和城乡建设部、中华全国总工会、共青团中央共同主办的第十六届中国质量高层论坛。本次论坛的主题为“质量与发展”。是“质量和安全年”活动的一项重要内容。

12月4日 陈邦柱会长就当前中国质协贯彻党中央、国务院领导同志对质量工作重要批示精神所开展的工作，向工业和信息化部部长李毅中同志汇报，并就如何加强质量调查、培训工作，与李毅中同志深入交换意见。

12月2—4日 全国用户工作会议暨实施用户满意工程推

进大会在海南省海口市召开。陈邦柱会长出席并作了《坚定信心，应对挑战，充分发挥用户工作在新形势下的作用》的重要讲话。海南省副省长李国梁、全国用户委员会主任弋辉、中国质量协会党委副书记、全国用户委员会常务副主任冯锐等出席会议。

12月12日 陈邦柱会长主持召开会长办公会，陈士能、冯长根、吴溪淳、程连昌、王秦平、唐晓芬、弋辉、许达哲、马林、戚维明等中国质协副会长和顾问参加了会议，工业和信息化部科技质量司司长闻库、副司长沙南生和罗国英、金国强、安景文、马义中、韩福荣等质量专家也应邀出席了会议。陈邦柱会长通报了呈报胡锦涛总书记《关于加强质量工作的几点建议》报告的主要情况，传达了胡锦涛总书记、张德江副总理、李毅中部长、娄勤俭副部长对报告的重要批示。并介绍了中国质协遵照领导批示精神所开展的工作。

12月17日 陈邦柱会长同国家质检总局王勇局长就当前贯彻中央经济工作会议精神和贯彻落实党中央、国务院领导同志对加强质量工作的重要批示以及加强质量普及教育、开展质量管理现状调查和做好“质量安全年”工作等问题深入交换了意见。王勇局长代表国家质检总局对中国质协开展的工作表示充分肯定和支持，对进一步发挥协会在质量领域中的作用提出指导意见。

12月30日 陈邦柱会长参加首届广东质量论坛并讲话。本次论坛的主题是“以质取胜、以质取信，打造质量竞争力”。

二〇〇九年

1月1日 陈邦柱会长发表“抓质量 促增长 转危为机 把我国产品质量提高到一个新的水平”的新年献词。

1月20日 陈邦柱会长做客中国质量技术监督数字报刊平台，就“QC小组：企业追求卓越的助推器”座谈，指出：一是要明确使命，提升价值。二是要加强指导，提高水平。三是要持续创新，全面发展。 四是要力戒形式，注重质量。

2月20日 根据陈邦柱会长的指示和委托，为了传承协会的历史和文化，进一步做好协会工作，中国质量协会秘书处班子成员和职工代表为玄锐、钟良、罗国英三位老秘书长贺寿并举行了题为“感恩传承，创新发展”的座谈会。

2月21日 陈邦柱会长出席2009年全国创建用户满意服务明星推进大会并讲话。

3月14日 陈邦柱会长赴上海世博局调研。陈邦柱会长说，相信上海世博会组织者有能力办好一届成功、精彩、难忘的世博会。

3月15日 陈邦柱会长在上海市质量协会秘书长金国强陪同下到上海新世界股份有限公司考察指导工作，并为新世界题词“追求卓越，创造辉煌”。

3月23日 陈邦柱会长在空装工管部刘大滨部长、成空装备部陆凌副处长及五七一九工厂向巧厂长、梁绍华书记陪同下，前往中国人民解放军第五七一九工厂考察指导，高度赞扬工厂追求卓越绩效开展的工作，并题词“追求卓越，再造辉煌”。

4月8日 中国质协第八届六次常务理事会议暨2009年全国质协系统秘书长工作会议在北京召开。陈邦柱会长和十届全国人大副委员长、中国质量协会名誉会长顾秀莲，以及国家质检总局，工业与信息化部领导，全国性行业协会，地方、行业质协，中国质协各分会的领导和代表出席了会议。

4月28日 陈邦柱会长在“2008年度全国质量技术奖励大会暨第六届全国六西格玛大会”上作了“用质量技术的力量为国家质量提升工程做贡献”的讲话。

5月12日 中国质量协会在中国航天科工集团公司举行了质量管理创新基地启动仪式，陈邦柱会长出席仪式并向航天科工集团总经理许达哲授予“质量管理创新基地”铭牌。

5月14日 工业和信息化部召开了全国加强工业产品质量工作电视电话会议。工业和信息化部部长、部党组书记李毅中，副部长、部党组成员娄勤俭，中纪委驻部纪检组组长、部党组成员郭炎炎在主会场出席了会议。李毅中在会上作了题为《适应形势明确任务 科学实施 常抓不懈 努力把我国工业产品质量提高到一个新水平》的讲话。中国质量协会会长陈邦柱、中国轻工业联合会会长步正发参会并发言。

5月25日 工业和信息化部在北京召开了“落实中央领导批示，提高工业产品质量”座谈会，工信部部长李毅中同志出席会议并发表重要讲话，国家工商总局、国家质检总局、国家发改委、国务院国资委等国务院有关部门的领导和代表出席了会议，中国质量协会会长陈邦柱等九个行业协会的主要领导也应邀参加了会议。中国质量协会副会长兼秘书长戚维明同志在会上发言。

5月27日 中国质协、全国用户委员会、中国电子质量管理协会宣布，经过近两个月的紧张筹备，首次中国手机质量跟踪活动已正式启动。陈邦柱会长担任活动组委会主席、原国家技术监督局王秦平副局长担任组委会副主席。品质杂志社承办该项活动。

6月5日 由中国质量协会主办、中交第二航务工程局有限公司协办、品质杂志社承办的“2009中国卓越企业领导人论坛”在武汉举行。陈邦柱会长，以及中国工程院资深院士刘源张，国务院参事、北京理工大学教授郎志正，中交第二航务局工程有限公司董事长兼总经理王海怀等领导、专家以及优秀企业家代表出席了会议并发表演讲。

6月18日 陈邦柱会长到东莞市质量监督检测中心调研。陈邦柱会长与质检中心领导及东莞市质量协会相关人员进行座谈。陈邦柱会长肯定了东莞市质检中心的建设成果，同时要求东莞市质量协会积极发挥桥梁作用，紧密地与企业联系在一起，共同把质量做好。

6月25—26日 中共中央政治局委员、国务院副总理张德江先后考察了连云港市、南京市部分企业，27日在南京市主持召开“加强工业产品质量工作座谈会”。陈邦柱会长全程陪同张德江副总理考察调研，出席座谈会并发言。

6月28日—7月6日 以陈邦柱会长为团长的中国质量协会代表团，对日本科学技术连盟进行了工作访问。双方就信息、出版物、培训教育等方面的资源共享和最大化使用等事项交流了意见，同意在质量技术、可靠性、维修性、安全性、国际标准、认证等方面的所有领域开展紧密的合作。陈邦柱会长和日本科学技术连盟Tadaaki Jagawa(蛇川忠晖)会长分别代表双方组织，共同签署了合作协议书。

9月22日 陈邦柱会长出席全国第31次质量管理小组代表会议并发表讲话。

10月23日 陈邦柱会长，中国质量协会副会长、党委书记、秘书长戚维明做客人民网“强国论坛”，以进一步加强我国质量管理基础工作为题与网友在线交流。本场访谈是强国论坛举办的“国家质检总局‘质量和安全年’系列访谈”第六场。陈邦柱会长为人民网题词：祝人民网越办越好。

11月3日 以“迎接挑战的质量使命”为主题的第七届上海国际质量研讨会暨国际质量科学院院士论坛在上海举行。陈邦柱会长，全国政协常委蒋以任等领导出席开幕式并致辞。上海市市长韩正发来贺信。

11月12日 陈邦柱会长就《我国工业企业质量管理现状调查》等两个调查报告向张德江副总理进行汇报，得到肯定。

11月15日 第三届“中国杰出质量人”颁奖典礼在北京钓鱼台国宾馆隆重举行，陈邦柱会长出席。人民网现场视频直播盛典实况。

12月4日 陈邦柱会长出席全国用户工作会议暨实施用户满意工程推进大会并讲话。

12月8日 中国质协在北京召开“中国推行全面质量管理暨中国质量协会成立30周年纪念大会”，张德江副总理出席会议、与参会代表合影并做重要讲话。陈邦柱会长出席会议并在会上发表讲话。

12月30日 陈邦柱会长发表“不断创新我国质量培训教育工作”的文章。

二〇一〇年

1月11日 陈邦柱会长在中国质量协会向中共北京市委书记刘淇同志报送的“关于恢复中国质量协会海淀区三虎桥百胜村6号规划用途的请示”上签名。

1月13日 陈邦柱会长在《经济日报》上发表署名文章，提出四点建议。第一，进一步组织开展集中宣传，讲清牢固树立“质量是企业的生命”的道理，不断加深对国家质量法律法规和方针政策及时性、方向性、战略性、长远性的认识和理解，使之深入人心。第二，继续加强质量培训教育工作。第三，大力加强先进质量管理方法的应用推广工作。第四，抓企业应当抓质量，抓质量应当抓“源头”，把工业产品质量控制、质量改进贯穿在产品设计、研发、制造、检验、销售及用户的全过程。

1月21日 陈邦柱会长在经济日报上发表署名文章：质量是企业的生命。

1月22—23日 陈邦柱会长到湖南省张家界市考察指导工作。市委书记胡伯俊，市委副书记、市长赵小明，市委副书记范运田等陪同考察。

2月4日 由国务院国资委行业协会办公室、工业和信息化部科技司和国家质检总局质量司支持，由中国质量协会承办的“2010年先进质量方法推广年”活动新闻发布会在北京举行。陈邦柱会长、国务院国资委研究局彭华岗局长、工业和信息化部中小企业司王黎明司长、工业和信息化部科技司沙南生副司长、国家质检总局质量司惠博阳副司长以及来自二十多个全国性行业协会、联合会、行业质协、地方质协和新闻媒体出席新闻发布会。

3月18—29日 陈邦柱会长深入四川省和重庆市部分中央企业调查研究，宣传中央领导同志关于加强质量工作的指示精神，了解企业质量管理现状，调查质量服务需求，鼓励和推动企业开展先进质量方法推广年活动，强调中央企业要在加强质量管理方面做出表率。陈邦柱会长表示，中国质量协会作为质量领域的专业服务组织，十分愿意为各企业提供专业规范的服务，帮助企业提升质量管理水平和核心竞争能力。

4月10日 中国质协八届七次常务理事会暨2010年全国质协系统秘书长工作会议在北京召开。陈邦柱会长，国家质检总局副局长刘平均，中国质协顾问刘源张、程连昌，中国质协副会长陈士能、陆燕荪、王秦平、周玉清、刘海燕、许达哲、张凤楼、郎志正、陈兰通、弋辉、马林、戚维明、唐晓芬等领导出席了会议。陈邦柱会长在会上作了题为“不辱使命，创新发展，推动我国质量事业迈上新的台阶”的讲话。

4月21日 中国质量报第224期刊登“中国质量协会会长陈邦柱：丰田事件的三点启示”的文章。

4月27–28日 2009年度全国质量技术奖励大会暨第七届全国六西格玛大会在深圳市隆重举行。陈邦柱会长在会上作了“推广先进质量技术，助力企业健康成长”的重要讲话。

5月10—17日 陈邦柱会长深入浙江省的杭州、湖州、丽水、温州等地区部分民营企业考察调研质量工作情况。陈邦柱会长认为，浙江省的民营企业在激烈的市场竞争中发展起来，对产品质量和品牌建设有深刻感受，也有丰富的实践体会。因此，学习、实践先进质量工具和方法的热情很高，成效显著；经过市场的洗礼，浙江省的民营企业表现出较强的市场竞争能力和较高的经营管理水平；浙江省的民营企业对促进地方经济发展，支援国家建设，造福社会，改善和提高广大群众的生活质量，做出了积极重要的贡献。

6月7日—13日 陈邦柱会长深入江苏省的南京、扬州、无锡、苏州等地区部分企业考察调研企业质量管理和技术创新工作情况。陈邦柱会长充分肯定了此次考察的企业在困难局面下，坚持自主创新，艰苦努力，奋力拼搏，严格质量管理，最终获得成功的做法。要求企业联系自身实际，自我加压，不断提高。他要求企业落实国家有关部委关于加强质量管理工作的部署，积极参与中国质量协会组织开展的先进质量方法推广年活动，不断提升企业的经营管理水平，抓好质量基础工作，做好自主技术创新，争取做到好上加好，在追求卓越的道路上大步前进。

6月19日 “创建全国用户满意服务明星活动表彰大会”在北京召开，全国政协副主席张榕明以及中国质量协会、中华全国总工会、全国妇联、全国用户满意工程联合推进办公室有关领导出席了大会，陈邦柱会长在会上发表了讲话。

7月7日 陈邦柱会长在广东省质量协会与质协工作人员交谈时指出：1.质量关系着人民生活、企业存亡和国际声誉；2.质量体系在企业真正落地还有很大改进空间；3.服务是我们中国质量协会立会之本；4.必须重视质量和安全，才能保证企业的生存和发展。

7月12日 陈邦柱会长为广东省质量协会成立30周年题写了“继往开来　再创佳绩”的字幅，并题写了“质量，与责任同行——广东省质量协会三十年巡礼”刊名。

7月16日 陈邦柱会长致函国家质检总局王勇局长，对设立“国家质量奖”提出意见和建议。（一）不宜设立两个全国性质量奖；（二）妥善处理国家质量奖的设置和运作问题；（三）中国质协能够为国家质量奖评审提供优质服务。

8月1日 国务院副总理张德江在陈邦柱会长7月30日的信函上批示：“毅中同志：邦柱同志提出的在企业推广先进质量管理方法的建议很重要。请工信部会同有关部门认真研究，制定相关工作方案。”

8月4日 陈邦柱会长与副会长王秦平一行到滨州盟威集团就全国质量奖争创工作进行调研。滨州市委常委、副市长孙承志，山东省质量评价协会秘书长李韶南，滨州质监局局长张毅等领导同志陪同活动。

8月27日 首次中国质量学术与创新论坛在北京隆重举行。陈邦柱会长在大会开幕式上作了“抓住机遇，努力进取，开创质量管理学术研究的新局面”的重要讲话。中国工程院刘源张院士，中国机械联合会陆燕荪顾问，中国航天科工集团许达哲总经理，以及工信部、国家质检总局等部门的领导出席了会议开幕式。

8月31日 在陈邦柱会长积极推动下，西藏自治区质量协会成立（2010年6月13日获取登记证书）。登记证号码：00224；组织机构代码：72490811—0。至此，全国所有省、直辖市、自治区均成立了质量协会。标志全国质协系统的凝聚力获得进一步的提升。

9月2日 由工业和信息化部、国家发改委、商务部、海关总署、国家质检总局、国家工商总局共同主办，中国质量协会承办的首届中国工业产品质量信誉论坛在北京召开。中共中央政治局委员、国务院副总理张德江出席开幕式并致词。工业和信息化部部长李毅中、中国质量协会会长陈邦柱以及其他主办单位领导作了重要讲话与发言。

9月19日 由国家质检总局、工信部、中华全国总工会、全国妇联、共青团中央、中国科学技术协会和中国质量协会共同主办的全国第32次质量管理小组代表会议在陕西省西安市隆重召开。陈邦柱会长出席会议并作了重要讲话。

10月8日 陈邦柱会长出席广东省质量协会成立30周年庆典活动。

10月15日 陈邦柱会长参观广东省盐业总公司碘盐生产加工车间，并提出相关指导意见。特别指出：盐是每天生活的必需品，必须抓好盐的源头质量。

10月21日 “第十届全国追求卓越大会”在北京召开。全国政协副主席张榕明、十届全国人大副委员长顾秀莲、国务院国资委副主任黄淑和等国家、政府部门领导、全国性行业协会领导、我国优秀企业的代表出席了大会。陈邦柱会长在会上作了重要讲话。指出：2010年，经中央、国务院同意，批准全国质量奖评审工作继续由中国质量协会负责承办，这是对全国质量奖活动的充分肯定。

12月2日 全国实施用户满意工程推进大会在昆明隆重召开。陈邦柱会长及云南省省委常委、副省长李江、全国用户委员会主任弋辉、云南省质量技术监督局局长李元书等领导参加会议。陈邦柱会长作了《深入推进用户满意工程 为加快提升发展质量提供有力支撑》的重要讲话。

12月4日 陈邦柱会长由戚维明秘书长及上海市质量协会有关领导陪同，前往申通地铁集团公司视察指导。集团公司总裁俞光耀向陈会长一行介绍了上海地铁建设运营基本情况与发展规划。

12月8日 2010年全国现场管理星级评价经验交流大会在南京召开。陈邦柱会长出席并在大会作了重要讲话。江苏省副省长史和平、工业和信息化部科技司副司长沙南生等有关领导出席了大会。

12月10日 陈邦柱会长对中质协质量认证中心黄金夫总经理撰写的《科学谋划，积极行动，迈向管理体系认证强国》的文章作出批示。“金夫同志：此件是下了功夫的，对标准的内涵有了更深的理解，对认证组织的职责提出了更高的要求，对今后的发展指出了努力的方向，并提出好的建议。望努力实践，不断完善，持续发展，做强做大。”

二〇一一年

1月3日 陈邦柱会长在中国质协秘书处2010年度绩效考核及2011年方针目标发布大会上发表重要讲话，他要求把中国质协建成“四型”组织。他指出：“一是要建立和谐型组织。二是要建立学习型组织。三是要建立开拓奋进型组织。四是要建立服务型组织。我们要在这四个方面再进一步地努力，在服务中严格要求自己，塑造我们高尚的职业道德规范，把我们的工作做得更好。”

1月6—7日 陈邦柱会长应邀参加凌志环保有限公司在宜兴举办的十二周年庆典系列活动。

1月21日 卓越国际质量科学研究院一届一次理事会在北

京举行。会议选举陈邦柱同志为第一届理事会理事长兼院长。陈邦柱理事长在会上作了热情洋溢而又语重心长的讲话，指出研究院的工作任重而道远，理事会要充分发挥领导决策作用，全体同志要努力提高学术研究水平，做好研究成果的交流与推广，为建立中国模式的质量管理体系做出努力。

2月6日 陈邦柱会长前往迅达科技集团股份有限公司调研并指导工作。

3月18日 陈邦柱会长出席在四川省泸州市举办的“中国白酒金三角2011年酒业博览会”开幕式。

4月8日 陈邦柱会长出席由北京质量协会牵头，以“和谐、创新、卓越”为主题的2010年度“北京质量奖”评审和以“质量、责任、荣誉、诚信”为主题的“北京知名品牌”评选颁奖典礼并讲话。北京市副市长洪峰出席会议并讲话，北京质量协会会长刘海燕致颁奖辞。

4月9日 由中国质量协会、中华全国总工会主办，品质杂志社承办的第四届“中国杰出质量人”推选活动揭晓庆典在北京举行。原工业和信息化部部长、全国政协常委、全国政协经济委员会副主任李毅中同志获第四届中国杰出质量人最高荣誉奖。全国政协副主席白立忱等领导为获奖者颁奖。陈邦柱会长致辞。此次颁奖活动由新浪微博(http://t.sina.com.cn)进行全程直播。

4月10日 中国质协第八届四次理事会议、八届八次常务理事扩大会议暨2011年全国质协系统秘书长工作会议在北京召开。中国质协名誉会长、十届全国人大副委员长顾秀莲出席会议并作重要讲话，中国质量协会会长、卓越国际质量科学研究院院长陈邦柱在第八届四次理事会议上作了《抓住机遇，提高能力，切实加强全国质协系统服务品牌建设》的讲话。

4月27日 全国质量技术奖励大会暨第八届全国六西格玛大会在南京举行。陈邦柱会长作了题为“深入推广先进质量方法，提升质量科学技术水平”的重要讲话。指出：一、从经济社会发展的战略地位和基础作用的高度认识质量。二、应用和创新质量技术方法，要注重提升科学性、有效性。三、认真总结我国企业的实践，凝炼中国特色的质量管理技术方法。陈邦柱会长强调：质量管理工作面临着空前的发展机遇和挑战。我们要更加重视质量技术，提高先进质量方法的应用和推广，为转变经济发展方式、提升经济增长质量、促进经济长期平稳较快发展做出新的更大贡献。

6月8日 2011年全国宣贯《卓越绩效评价原则》国家标准交流会在太钢不锈钢材料厂召开。陈邦柱会长出席会议并致辞。

6月10日 中国质量协会与中国航天科技集团公司在全国政协礼堂举行了“质量管理创新基地”成立及“质量问题双归零管理方法推广应用研究”课题启动仪式。陈邦柱会长出席并讲话。指出，当前我国正处在转变经济增长方式的关键时期，提高质量是实现又好又快发展的必由之路。要有效提高产品质量和经营绩效，必须借助于科学、有效的质量管理方法。

6月15—24日 陈邦柱会长率领中国质量代表团参加中德双边质量交流会和欧洲质量年会。

后　记

为了认真总结中国质协新世纪以来创新发展的经验，牢记服务宗旨，坚持规范运营，提升专业能力，扩大品牌影响，促进组织进步，推进我国质量事业的发展，经中国质协研究决定，我们编辑出版了《陈邦柱质量工作文集》。

《文集》由图片、正文和大事记三部分组成，选材时间范围为2000年1月至2011年6月。正文收录了陈邦柱同志担任中国质量协会会长期间文章100余篇，是《文集》的主体部分，其内容包括：联系实际，加强我国质量工作，向中央和国务院领导提出的意见和建议；关注各类企业运用质量管理方法和工具，引导企业走以质取胜的发展道路；推动中国质协及全国质协系统加强服务能力建设，提升专业水平等。编者在不改变原文内容的基础上，对有关文章的标题、内容等进行了适当的加工和删减。

《文集》的特点，一是反映中国质协主要领导同志在我国经济社会建设发展中，对实现我国经济社会又好又快发展，以及对质量的认识，做出的思考和付诸的实践；二是客观反映了对以行业协会为主体的新社会组织的建设、改革和发展的指导思想、基本原则和具体方法，对规范行业协会行为，发挥协会组织作用，促进协会可持续发展等有现实意义；三是对加强协会自身建设，充分发挥专业优势和职能职责，做好核心业务和品牌活动，以及协会的自律发展，做强做大，提供借鉴。

中国质协秘书处高度重视《文集》的编辑工作，专门成立了编辑工作小组。副秘书长焦根强任执行组长，负责组织协调和谋篇布局，李星华、杨渤伟、王琳、郑红在文献与图片搜集和编辑、校对、文字排版等方面做了大量工作。中国质协名誉会长袁宝华欣然为《文集》写了序言。借此机会，对大家付出的辛勤劳动，一并表示感谢。

《文集》的编辑出版，得到中央文献出版社的鼎力支持与指导。在此，表示衷心的感谢。

由于编者的水平有限，如有不当之处，恳请批评指正。

《文集》编辑工作小组

2011年10月18日